신화에서 역사로

일러두기
- 외국의 인명과 지명 등은 원칙적으로 외래어 표기법을 따랐으나, 중국의 경우 한자로 표기할 때 의미가 더 명확하게 통하는 경우가 많아 한자음 그대로 표기했다.
- 북한의 자료를 인용할 때는 북한식 표기를 유지했다. 다만 성과 이름을 띄어쓴 표기 대신 남한 표기대로 붙여서 썼다.
- 단행본, 정기간행물은 『 』, 논문 등은 「 」로 표기했다.

신화에서 역사로

신화는 어떻게 역사를 말하는가

김명옥 지음

만권당

들어가는 글

　살아 있는 모든 것에는 DNA가 있듯이 문화에도 유전자 정보가 있다고 나는 믿는다. 혹자는 이런 나를 보고 '문화결정론자'라고 할지도 모른다. 하지만 신화를 공부하면 할수록 문화에도 유전자 정보가 새겨져 있다는 확신이 든다. 신화에는 그것을 만들고 향유했던 사람들의 생각이 오롯이 담겨 있는데, 약간의 변이는 있어도 핵심 고갱이는 그대로 전승되기 때문이다.
　문자가 없던 시절 그들은 동시대와 후손에게 들려줄 역사와 정보를 어떻게 전승할 것인가 고민한 끝에 이야기를 만들어냈고, 그 속에 그들에게 가장 중요한 무언가를 새겨 넣었을 것이다. 특히 건국신화는 그들의 건국이념과 역사를 상징적으로 표현했는데, 나는 이 글에서 핵심이 되는 단어를 통해 그들의 생각을 유추해보고자 했다. 바로 천손사상이다.
　천손의 자손이라는 생각이 '알'이라는 형상으로 표현되기도 하지만, 환웅처럼 하늘에서 직접 하강하기도 한다. 천손이라는 자부심은 널리 인간을 이롭게 한다는 홍익인간의 실천으로 나타난다. 우리는 정신(무의식)에 홍익인간이 내재되어 있어서 '나'보다는 '우리'라는 말을 지향하고, 개인의 사생활도 존중하지만 역사적으로 공동체적 삶을 지향했던 것이다. 세계적으로 우리나라보다 '우리'라는 말을 많이 쓰는 민족이나 국가는 없다. '우리'라는 말 속에 이타심과 융합정신이 들어 있기 때문에 타인의 행복과 복리를 생각한다. 오늘날 우리나라가 문화 강국이 될 수 있었던 것도 홍익인간 정신이 기저에 흐르고 있기 때문일 것이다.

이 책은 총 4부로 이루어졌는데, 1부는 난생신화와 동이족의 관계를 연구한 논문들로 구성했다. 난생신화는 중국 한족과 관계가 없는 우리 동이족의 신화임을 여러 논거를 바탕으로 쓴 글이다. 또한 중국 한족이 그들의 시조로 섬기는 황제가 과연 한족의 시조인지도 살펴보았다.

2부는 단군신화와 난생신화의 연관성에 관해서 쓴 글이다. 내가 동이신화를 연구한 이유이기도 하다. 동이신화는 모두 난생형 신화다. 제곡의 차비 간적은 하늘에서 떨어진 알을 먹고 아기를 낳았는데, 그가 은나라 시조 설이다. 진나라 시조 대업도 그의 어머니인 여수가 현조가 떨어뜨린 알을 먹고 낳았다. 주몽은 하늘의 빛을 받아 알로 태어났고, 김수로는 하늘에서 알로 내려온다. 학자들마다 이구동성으로 동이족 신화는 난생신화라고 하는데, 단군신화는 왜 난생신화가 아닐까? 이러한 의문의 답을 찾으려다 신화의 숲속을 헤매게 되었다. 단군신화 속에 담긴 역사적 상징들을 해석하는 한편, 단군을 부정하는 계보를 추적했다.

가장 먼저 쓴 것이 3부다. 3부의 「고구려 건국신화 하백의 출자에 대한 인식 재검토」는 식민사학 카르텔이 얼마나 견고하게 작동하는지를 인식하게 해준 논문이다. 「하백녀 유화 연구사에 대한 비판적 검토」는 한국고전번역원에서 발행한 학술지 『민족문화』에 투고했었는데, 한 심사자는 조현설의 논문을 비판한 필자의 글에 관해서 "조현설 선생은 민족사관을 주장한 조윤제 선생의 증손자"이기 때문에 식민사관으로 글을 쓸리가 없다고 했다. 근거 없이 조현설의 배경만 보고 하는 주장은 학문하는 태도가 아님에도 그들은 학술지를 장악하고 있어서 우리 시각으로 역사와 문학을 서술하면 모두 차단했다. 우여곡절 끝에 여러 편의 논문을 발표할 수 있었는데, 천운이라고 생각한다.

4부는 가야 건국신화와 일본 신화에 관해서 쓴 글이다. 문재인 정부에서는 가야사 복원사업을 실행했는데, 이 연구에 참여한 연구자들은 가야를 임나로 만들었다. 가야가 임나가 되려면 김수로와 허왕후는 실존 인물이어서는 안 된다. 그들은 김수로와 허왕후가 모두 허구의 인물이라고 주장했다. 따라서 정말 김수로와 허왕후가 허구의 인물인지를 살펴본 글이다.

신화의 숲속은 많은 길이 있다가도 어느새 하나도 남김없이 사라지기도 한다. 길이 뚜렷이 나 있는 것 같아서 막상 그 길로 들어서면 길이 끊기는 일이 허다하다. 길을 잃을 때마다 내게 위로와 격려를 해준 분들이 많다. "하백녀는 당신이 오리지널리티를 가지고 있어. 앞으로 그렇게만 써"라고 칭찬과 격려를 해주신 구사회 교수님은 의기소침해 있던 나에게 많은 힘이 되어주셨다. "외국인들은 이런 글을 좋아해"라며 논문을 재미있게 읽었다고 말해준 캘리포니아 대학 김효정 교수님 덕분에 어깨가 으쓱해지기도 했다. 언제나 글의 영감을 준 한가람역사문화연구소 이덕일 소장님께는 한 번도 감사하다는 말을 못했다. 쑥스러워서였다. 글이 막힐 때나 아이디어가 고갈될 때, 한마디씩 던져주신 말씀이 길잡이가 되었다. 깊이 존경하고 감사드린다.

신화 속에 숨어 있는 역사라는 넝쿨을 붙잡고 씨름하면서 김재복·

이미정 선생님의 도움을 많이 받았다. 어려운 글을 읽어주고, 아낌없이 조언을 해주었다. 가장 재미있게 공부하던 때였다. 서로 글을 읽어주던 그 시간이 그립다.

내 정신적 지주는 어머니 손정자 여사와 형제자매들이다. 시간에 쫓겨 사는 나를 이해해주고 배려해준다. 그들이 있어 나는 행복하다. 꼼꼼하게 잘 읽어준 김진희 편집장에게도 감사하고, 독자의 입장에서 글을 읽어준 조카 소희와 아들 상현에게도 감사하다.

스승이신 김환희 선생님은 '10년 공부'라고 말씀하셨다. 한 주제에 관해서 10년은 공부해야 그 주제에 관해 제대로 말할 수 있다는 뜻일 것이다. 신화라는 숲에서 희미하게 보이는 한 가닥 길을 붙잡고 오다 보니 어느새 10년이 되었다. 감히 세상에 내놓을 정도는 아니지만, 앞으로 더 좋은 연구를 하겠다는 다짐으로 여겨주길 바랄 뿐이다.

차례

들어가는 글 • 4

1부 난생신화의 주인공은 모두 동이족이다

1장 동아시아 난생신화와 중국 한족과의 관계 연구   13
2장 『사기』「오제본기」의 황제 실존성 연구   53
3장 『사기』로 보는 황제의 민족귀속성에 관한 소고   81

2부 단군신화와 난생신화는 다른가?

1장 고조선 건국신화와 난생신화의 연관성 연구   113
2장 단군신화 인식에 대한 역사적 고찰   145
3장 단군신화 역사성 인식에 관한 남북한 비교 연구   192
4장 신석호와 리지린을 통해 본 남북한 단군 인식의 비교 연구   232

3부 하백은 동이족이다

1장 고구려 건국신화 하백의 출자에 대한 인식 재검토   273
2장 '하백녀 유화' 연구사에 대한 비판적 고찰   302
3장 어린이책에 나타난 고구려 건국신화의 전승 양상   333

4부 가야와 일본은 소호금천씨의 후손이 세운 나라다

1장 「가락국기」를 통해 본 가야 건국 주체세력 출자에 관한 연구   369
2장 한국과 일본 천손강림신화로 본 니니기노미코토 원적 연구   402
3장 허왕후는 만들어진 신화인가   431
4장 백승충의 가야사 연구에 대한 비판적 검토   467

참고문헌 • 504   찾아보기 • 514

1부

난생신화의 주인공은
모두 동이족이다

1장
동아시아 난생신화와 중국 한족과의 관계 연구

1. 머리말

이 글의 목적은 동아시아 지역에 분포된 난생형 건국사화(建國史話)[1] 와 한족의 관계를 살피는 데 있다. 오늘날 중국 주류를 형성한 한족의 계보, 그들이 주장하는 하·상·주 건국의 주인공이 과연 한족인가에 방점을 둔 것이다. 사마천(司馬遷)은 중국의 역사가 황제로부터 비롯되었다고 서술했다. 오늘날 중국은 역사공정을 통해 그들의 근원을 신화로 일컫는 삼황에서 찾는다. 삼황오제[2]가 한족의 주류라는 것인데, 중국의 1차 사료에 기록된 난생형 건국사화를 통해 과연 그러한가를 살피려는 것이다.

난생형 건국사화는 부여, 고구려, 신라, 가야 등 한국의 1차 사료에

---

1 건국사화는 건국신화라는 용어와 등치되는 말로, 역사적 사건을 상징과 은유를 통해 이야기로 전승된 서사물이라는 뜻으로 사용한다. 건국이라는 역사적 사실에 방점을 둔 것이다. 이 글에서는 건국신화라는 말도 건국사화와 같은 의미로 사용한다.
2 삼황오제에 대한 서술은 후술한다.

나타나고, 중국의 1차 사료인 『사기(史記)』에 따르면 상나라를 비롯해 주나라, 서국(徐國), 북위 등과도 깊은 관련이 있다. 베트남 건국사화에도 난생 모티프가 나타난다. 한국을 비롯해 중국과 베트남의 건국사화에 나타난 알 모티프는 그 민족 구성과 관련이 있을 것이다.

아리엘 골란(Ariel Golan)에 따르면 "고대인들은 자신들이 중요하다고 여기는 삶의 정보를 표현물 속에 기록하여 동시대인과 후손에게 전달했다. 결과적으로 이들 상징은 종족의 기억과 사회 구성원의 관계를 나타내는 데 중요한 의미를"[3] 지닌다. 아리엘 골란의 말처럼 신화에 공통으로 내재된 구조와 상징은 종족의 기억이자 구성원들 간의 관계를 표상한 것이다. 종족 사이에서 공간의 이동과 시간의 흐름에 따라 약간의 변이는 생길 수 있으나 '정보'의 핵심은 크게 변하지 않기 때문이다. 상징은 그들만의 지식이자 지혜이며 역사 상징일 터이므로 종족 간에 전승된 신화를 통해 유사성 또는 동일성을 추출하고 그 안에 내재된 보편성과 특수성을 변별한다면 종족 간의 연관성을 설명하는 데 유효할 것이다.

유영선은 고구려 '주몽신화'와 만주 '포고리옹순 신화'의 비교 분석을 통해 동이문화권에 귀속될 개연성을 논했는데, 주지하다시피 두 신화는 난생설화 계열이다.[4] 이지희는 아시아의 난생신화를 소개하면서 우주란, 신란, 인란으로 유형을 나누고 각 의미와 특징을 논했다.[5] 과학

---

[3] 아리엘 골란, 정석배 옮김, 『선사시대가 남긴 세계의 모든 문양』, 푸른역사, 2004, p. 19.
[4] 유영선, 「한·만족 시조신화 비교 연구」, 『아세아문화연구』 5, 경원대학교 아시아문화연구소, 2001.
[5] 이지희, 「아시아 지역 난생신화의 유형과 의미 연구」, 성균관대학교 대학원 석사학위

적인 방법론으로 난생신화를 살핀 연구자는 김홍겸이다.[6] 그는 초학제적 연구를 통해 인류의 일상의 실천에 대한 인식과 경험이 긴밀하게 연관되었음을 난생신화를 통해 논증했다.

난생신화 기원설과 관련한 논자는 문일환, 김재붕, 김화경, 박명숙이다. 문일환은 새숭배사상에서 난생신화가 발생했고, 서기전 20세기경에 발전했으나 산동반도나 중국 남방에서 수로로 전파된 도작문화의 전입으로 경천사상과 천신의식, 천제 관점이 출현했다고 보았다.[7] 김재붕은 난생신화의 분포권을 통해 미시나 쇼에이(三品彰英)의 설을 구체화한다.[8] 미시나 쇼에이는 난생신화가 남방에서 발생하여 일본을 통해 신라와 가야의 신화에 영향을 주었다고 주장하는데, 그가 주장하는 남방전래설은 식민지 지배 이론과 정책에 따른 결과물이다. 김화경은 이를 비판하면서 난생신화가 동이족의 신화이며, 동이족이 중국의 남쪽과 한반도로 이동하면서 두 지역으로 전승되었다고 설명한다.[9] 박명숙은 동이계열 민족들과 난생설화 사이의 관계성에 초점을 두고 난생설화 중 현조(玄鳥: 제비)의 신성성 유무 등의 현상을 분석하고 있다.[10] 난생설화와 동이족의 관계에 연구 목적을 두고 있으면서 신화의 분석과

논문, 2005.
6 김홍겸,「중국 난생신화의 초학제적 연구: 알의 상징성과 그 인식」,『동양고전연구』61, 동양고전학회, 2015.
7 문일환,「한국 고대 조(鳥) 숭배와 난생신화의 기원 및 그 진화 연구」,『한국어문학국제학술포럼대회 자료집』, 한국어문학국제학술포럼, 2007.
8 김재붕,「난생신화의 분포권」,『한국문화인류학』4(1), 한국문화인류학회, 1971.
9 김화경,「한국 난생신화의 연구: 난생신화의 남방기원설에 대한 비판적 접근」,『민속학연구』43, 국립민속박물관, 2018.
10 박명숙,「고대 동이계열 민족 형성 과정 중 새 토템 및 난생설화의 관계성 비교 연구」,『국학연구』14, 국학연구소, 2010.

새 토템과의 관계에 치중한 것이다.

난생신화에 관한 선행 연구는 신화의 기원과 전래 또는 내용 분석에 치중하거나 동이족 신화임을 밝히는 데 방점이 맞춰져 있다. 선행 연구는 난생신화가 동이족이 세운 나라와 깊은 관련이 있음을 말한다.

그러나 동이족이 세운 나라와 그들의 계보는 오늘날 한족의 역사와 그들의 건국사화로 '만들어지고' 있다. 그래서 이 글에서는 난생형 건국사화를 중심으로 동이족이 세운 나라의 계보와 신화 주체를 살펴보고, 그것이 언제 어떻게 한족의 건국사화로 왜곡되었나를 밝히고자 한다.

글의 목적을 위해 우주란이나 인류의 기원을 다룬 설화를 제외하고[11] 알을 모티프로 한 건국사화를 그 대상으로 삼는다. 은나라 시조 설(契)의 이야기를 포함해서 부여, 고구려, 신라, 가야 신화와 춘추전국시대의 서국, 베트남 설화가 그 대상이다. 따라서 이러한 자료가 수록되어 있는 중국의 1차 사료 『사기』, 『논형(論衡)』, 『박물지(博物志)』와 『영남척괴열전(嶺南摭怪列傳)』을 중심으로 살핀다.[12]

---

[11] 아시아 지역의 난생설화는 대략 50여 편이다. 이지희는 아시아 지역 난생신화를 유형별로 구별하면서 알을 삼킨 은나라 시조 설의 이야기는 포함하지 않고 한국, 베트남, 미얀마, 중국, 인도네시아, 몽골, 필리핀, 대만, 일본, 인도 등 10개국 46종으로 분류했다. 그러나 설의 이야기는 간적(簡狄)이 알을 삼켜 설을 낳았기 때문에 난생설화에 포함되어야 한다. 또한 고구려 건국신화와 동명왕 신화는 동일한 구조지만 고구려 건국신화와 부여 건국신화로 각각 다르기 때문에 둘을 하나로 볼 수 없다.

[12] 『영남척괴열전』은 14세기 후반경의 베트남의 신화 전설집이다. 이 책은 "베트남 민족의 기원과 국가 형성에 관한 신화를 수록한 베트남 최초의 문헌일 뿐만 아니라, 베트남 민족의 신앙과 세계 인식, 베트남 민족의 강한 자의식, 베트남에 존재하는 독특한 풍속들, 베트남의 산천과 영웅들, 이 모두에 대해 베트남인 스스로 이야기한 책"으로 "문학이나 역사만이 아니라 사상사, 인류학, 민속학, 신화학 등의 영역과 관련된 책이다."

2. 난생형 건국사화의 내용

아시아 난생설화는 크게 우주란 유형과 시조란 유형으로 구별된다. 우주란에서 탄생한 존재(기운, 인간, 신)는 인간을 포함한 천지만물을 창조한다. 대표적으로 반고 신화를 비롯해 중국의 이족·마오족·장족·나시족·다이족과 미얀마의 까친족 설화, 인도네시아 레장족과 순다족, 인도, 몽골의 가룽빈가, 베트남의 므엉족 등이 포함된다.[13]

시조란 설화는 다시 두 가지로 나뉜다. 시조신화와 건국신화다. 시조신화는 인류의 기원이나 종족의 기원을 다룬다. 이때 종족 시조가 인류의 기원이 되기도 한다. 예를 들어, 중국의 나시족, 모수어인족, 동족, 다이족, 마오족, 리족 그리고 인도네시아, 필리핀, 대만, 일본 등의 신화가 있다.

난생형 건국신화는 건국 주체가 알에서 태어난 신화를 말한다. 난생형 건국사화는 건국 주체가 하늘과 인간 여성 사이에서 태어나거나 또는 비인간을 매개로 해서 태어난다. 은나라, 서국, 부여, 고구려, 문랑국(文郎國) 등의 신화는 전자이고, 신라, 가야 등의 신화는 후자다.

먼저 전자의 이야기를 보자. 『사기』 「은본기(殷本紀)」에 따르면 설은 그의 어머니가 알을 삼켜서 태어났다.[14]

---

13 이지희, 앞의 글 「아시아 지역 난생신화의 유형과 의미 연구」.
14 이와 관련해서 박명숙은 광의의 난생신화라고 한다. 광의의 난생신화는 알과 관련이 있는 신화이고, 협의의 난생신화는 출생 인물이 알에서 태어난 것을 의미한다. 박명숙, 앞의 글 「고대 동이계열 민족 형성 과정 중 새 토템 및 난생설화의 관계성 비교 연구」.

사마천공원에 조성된 은나라 설 탄생신화 조형물

은나라 설의 어머니는 간적이다. 간적은 유융씨(有娀氏)의 딸이며, 제곡의 차비가 되었다. 세 사람이 목욕하러 갔을 때 현조가 알을 떨어뜨렸는데, 간적이 이것을 삼키고 설을 잉태했다.[15]

알은 생명의 탄생과 관련이 깊고,[16] 새로운 광명의 시대를 알리는 상징성이 있다.[17] 서언왕(徐偃王) 이야기도 보자. 서언왕은 알에서 직접 태어난다. 서군의 궁녀가 임신하여 알을 낳았는데, 상서롭지 못하

---

15 『사기』「은본기」. "殷契 , 母曰簡狄 , 有娀氏之女 , 爲帝嚳次妃. 三人行浴 , 見玄鳥墮其卵 , 簡狄取呑之 , 因孕生契."
16 아리엘 골란, 정석배 옮김, 앞의 책 『선사시대가 남긴 세계의 모든 문양』, p. 137.
17 김홍겸, 앞의 글「중국 난생신화의 초학제적 연구: 알의 상징성과 그 인식」, p. 519.

다고 물가에 버린 것을 곡창이라는 개가 물고 과부에게 갔다. 과부가 알을 따뜻하게 덮어주었더니 알에서 아이가 태어났는데, 똑바로 누워 있어서 이름을 언(偃)이라고 했다. 서군의 궁에서 그 소식을 듣고 언을 데려와 아들로 삼았는데, 이후 서군의 뒤를 이어 서국의 왕이 되었다.

서언왕은 어느 시대 인물일까? 그는 주나라 목왕과 동시대인으로 전해지지만, 동시대인이 아니라는 설이 유력하다.[18] 『후한서(後漢書)』「동이전」에 "(주나라) 강왕 때 숙신이 다시 왔고, 서이(徐夷)가 왕호를 참람되게 일컬으며 구이(九夷)를 이끌고 주나라를 쳐서 서쪽으로 황하 상류에 이르렀다. 목왕은 서이의 세력이 성할 것을 두려워하여 동쪽의 제후들을 나누어 주어 서언왕이 이들을 주장하게 했다"[19]는 기사가 있다. 강왕과 목왕은 서기전 11세기경 내지 서기전 10세기경 인물로, 강왕은 주나라 3대 왕이고 목왕은 5대 왕이다. 서언왕은 강왕과 목왕 시기에 서국을 다스렸던 것이다. 서언왕과 같은 맥락의 신화를 지닌 인물은 부여 동명왕과 고구려 주몽이다.

『논형』「길험(吉驗)」편에 실린 동명왕 이야기는 다음과 같다. 북이(北夷) 탁리국(槖離國) 왕은 시비가 임신하자 그녀를 죽이려고 했다. 시비는 "계란과 같은 큰 기운이 하늘에서 내려와 임신을 했습니다"라고 말했는데, 그 후에 아들을 낳았다. 그가 동명왕이다. 고구려 주몽 이야기도 이와 유사하다. 시비 대신에 수신(水神) 하백(河伯)의 딸인

---

18 원가, 김선자·이유진·홍윤희 옮김, 『중국신화사(상)』, 웅진지식하우스, 2010, p. 384.
19 『후한서』「동이열전」. "康王之時, 肅愼復至. 後徐夷僭號, 乃率九夷以伐宗周, 西至河上. 穆王畏其方熾, 乃分東方諸侯, 命徐偃王主之."

유화(柳花)가 햇빛을 받아 알을 낳았고, 그 알에서 태어난 사람이 주몽다.[20] 서언왕, 동명왕, 주몽의 이야기와 유사한 또 하나의 이야기는 베트남 건국신화인 문랑국 웅왕(雄王)의 이야기다.

> 염제신농(炎帝神農)의 후예 재래(帝來)는 치우(蚩尤)에게 국사를 맡기고 딸 구희(嫗姬)와 시비를 데리고 남방의 적귀국(赤鬼國)을 둘러본다. 마침 그때 적귀국을 다스리는 낙용군(貉龍君)은 수부에 가고 없었다. 재래는 구희를 행재에 남겨두고 천하를 두루 살피러 갔는데, 낙용군이 수부에서 돌아와 혼자 있는 구희를 보고 기뻐했다. 용군과 구희가 함께 산 지 1년 만에 구희는 삼을 하나 낳는데, 상서롭지 못하다 하여 들판에 버렸다. 7일이 지나자 삼이 열리고 100개의 알이 나왔다. 알마다 사내아이가 태어나자 그들을 데려와서 길렀다. 젖을 주지 않아도 각자 자랐고, 용모가 수려하고 기이했으며, 지혜와 용맹함을 다 갖추었다. 사람들이 두려워 복종하면서 비상한 형제들이라고 했다. 용군은 수부에 있었으므로 자식이 있는지 몰랐고, 자식도 아버지가 있는지 몰랐다. 모자가 북쪽 나라로 돌아가려고 하자 국경에서 황제가 이 사실을 알고 두려워 변방에서 막았다. 다시 남쪽 나라로 돌아와서 구희는 수부의 용군을 불러 50명씩 나눠서 기르기로 하고 용군은 50명의 자식을 데리고 떠났다. 구희와 50명의 자식은 봉주에서 거처했는데, 자식 중 가장 웅장한 이를 추대해 임금으로 삼았고, 국호를 문랑국이라고 했다.[21]

---

20 김부식, 이재호 옮김, 『삼국사기 2』, 솔, 1997.
21 무경, 박희병 옮김, 『베트남의 신화와 전설』, 돌베개, 2000.

설, 대업(大業), 동명, 주몽 등의 신화와 달리 웅왕의 신화에서는 하나의 삼[22]에서 알이 100개가 나온다. 그러나 이것을 상징으로 본다면 하나의 삼에서 100개의 알이 나오는 것은 하나의 계통 또는 뿌리로 이해할 수 있을 것이다.

석탈해(昔脫解) 신화도 이와 다르지 않다. 탈해왕의 아버지는 용왕이고 어머니는 적녀국(積女國)의 양녀인데,[23] 이들은 혼인한 지 7년 만에 한 개의 알을 낳았다. 이에 신하들이 불길한 징조로 여기자 석탈해의 보모는 궤를 하나 만들어 인연이 있는 곳에 닿아 나라를 세우라며 띄워 보낸다. 그가 도착한 곳이 신라다.[24]

지금까지의 이야기는 건국 주체가 인간 어머니에게서 알로 태어났다. 설과 대업은 직접 알에서 태어난 것은 아니지만, 간적과 여수(女脩)는 현조가 떨어뜨린 알을 먹고 태어났으므로 이 범주에 넣을 수 있다. 서언왕을 비롯해 동명왕과 주몽 그리고 웅왕이 알로 태어나 세상 밖에서 알을 깨고 탄생했다면 설과 대업은 어머니 뱃속에서 알을 깨고 태어난 것으로 해석할 수 있을 것이다.

신라의 혁거세왕과 가야의 수로왕 이야기는 하늘과 땅 사이의 매개물이 다르다. 신라 혁거세왕 이야기를 보자. 6부의 촌장들이 알천(閼川)의 언덕에서 임금을 추대하는 회의를 하던 중 남쪽을 바라보니 양산 밑 나정(蘿井) 곁에 이상한 기운이 전광처럼 땅에 비치고 흰말 한 마리

---

22 뱃속의 아이를 싸고 있는 막과 태반을 가리킨다.
23 『삼국사기』에는 "탈해는 본디 다파나국(多婆那國)에서 태어난 사람이다"라고 했고, "아버지가 여국왕(女國王) 딸에게 장가들어 아내로 삼았다"고 했다. 김부식, 이재호 옮김, 『삼국사기 1』, 솔, 1998.
24 일연, 이재호 옮김, 『삼국유사 1』, 솔, 2002.

가 꿇어앉아 절하는 형상을 하고 있었다. 찾아가 보니 붉은 알 한 개가 있었는데, 말은 사람을 보더니 길게 울다가 하늘로 올라가버렸다. 그 알을 깨보니 사내아이가 나왔다.[25]

수로왕 이야기도 보자. 구지봉(龜旨峰)이라는 곳에서 "신이여 신이여, 수로를 내놓아라. 내놓지 않으면 구워 먹겠다"고 노래 부르며 춤추라는 소리가 들렸다. 그 말에 따르니 하늘에서 자주색 줄이 내려왔다. 줄 끝에는 붉은 단이 붙은 보자기에 금합이 싸여 있는데, 열어보니 해처럼 둥근 알 여섯 개가 있었다.[26] 이처럼 신라와 가야의 건국사화의 매개물은 흰말과 금합이다.

그런데 매개물 차이는 영웅이 겪어야 하는 고난의 차이를 나타낸다. 어머니에게서 알로 태어난 건국 주체는 정형적인 영웅의 길을 걷는다는 특징이 있다. 신이한 탄생과 버려짐이라는 고난의 길을 걷고, 그것을 극복하고 이후 나라를 세우는 대업을 이룬다. 설과 대업은 기아 모티프를 통한 고난 과정이 생략되어 있지만, 신이한 탄생만으로도 건국의 당위성을 획득한다.

또 다른 특징은 대체로 모계사회의 흔적이 남아 있다는 것이다. 설과 대업 그리고 서언왕, 동명왕, 주몽은 그들의 어머니 이름이나 신분은 나타나지만 아버지는 누구인지 알 수 없다. 막연하게 하늘을 지칭할 뿐이다. 또 주몽과 웅왕의 아버지는 해모수(解慕漱)와 낙용군으로 이름만 있을 뿐, 하늘로 올라가거나 수부로 돌아간다. 따라서 인간 어머니를 매개로 한 난생형 건국사화에는 모계사회에서 부계사회로 이

---

25 위와 같음.
26 위와 같음.

행되는 과정이 담겨 있다.

반면 매개물이 흰말이거나 금합 등 비인간일 때는 부계사회 확립과 관련이 깊다. 건국 주체가 하늘에서 하강한 빛의 끝자리에 있던 매개물 안에서 나온 것, 즉 직접적인 하강이 부계사회의 확립을 상징한 것이다.[27]

지금까지 살펴본 바와 같이 난생 모티프 건국사화는 모두 하늘과 연관되어 있다. 햇빛을 받거나, 하늘에서 현조를 시켜 떨어뜨리거나 직접 내려온다. 건국 주체가 하늘의 명으로 내려오거나 하늘에서 보낸 신성한 하늘의 자손, 천손으로서 건국의 당위성을 획득한 것이다.

3. 난생형 건국사화의 분포

그렇다면 난생신화는 어느 지역에 분포되어 있을까? 은나라부터 살펴보자. 은나라는 지금의 하남성 일대다. 정주는 은나라 초기 수도 중 하나였으며, 안양 일대에서는 은허 왕궁터가 발굴되었다. 부사년(傅斯年)은 『이하동서설(夷夏東西說)』에서 "숙신연박(肅愼燕亳)의 박(亳)은 숙신(肅愼), 연(燕)과 나란히 일컬어진 것으로 보아 아마도 그들의 인근이었을 것이다. 만약 그렇다면 여기서 언급된 '박'은 바로 지금 하북성의 발해 연안에 해당"[28]된다고 했다. 또한 산동성 일대는 동이족이

---

[27] 문일환, 「한국 고대 남북 난생신화 연원 연구」, 『Journal of Korean Culture』 9, 한국어문학국제학술포럼, 2007.
[28] 부사년, 정재석 역주, 『이하동서설』, 우리역사연구재단, 2011, p. 115.

활동한 지역이었다.[29]

서국의 위치도 보자. 부사년은 서국이 "본래 영토는 노나라 영역에 있었으나 나중에 주공(周公)과 노공(魯公)에게 쫓기며 회수(淮水)를 지킨다.『춘추좌전(春秋左傳)』 '희공 3년'조에 대한 두예의 주석에 의하면 '서국은 하비군(下邳郡) 동현(偅縣)의 동남방에 있었다'[30]"고 한다. 하비군은 지금의 강소성(江蘇省) 숙천현(宿遷縣) 동남쪽에 있다.[31]

그렇다면 베트남 건국신화의 문랑국은 어디쯤 있었을까? 문랑국의 영토를 알 수 있는 지명이 사화에 나온다. 베트남 신화에서는 구희와 나머지 50명의 자식은 봉주(峯州)에 거처했다고 전한다. 또 "문랑국은 동으로 남해를 끼고, 서로 파촉(巴蜀)을 경계로 했으며, 북으로는 동정호(洞庭湖)에 닿고, 남으로는 호손정국(狐猻精國)에 접했다"[32]고 그 강역을 전하고 있다.

먼저 봉주에 대해서 보자. 원주석에 봉주를 "지금의 백학현(白鶴縣)이 그곳이다"라고 했다. 무경은 서문에 홍덕(洪德) 임자년(壬子年), 그러니까 1492년 봄에 처음 이 책을 얻어서 교정했다고 쓰고 있다.[33] 무경이 주석을 단 1492년의 봉주는 백학현이지만, 오늘날에는 베트남 북부에 해당한다.[34]

『영남척괴열전』의 역자인 박희병은 남해에 대해서 지금의 광동성 일

29 장웨이, 이유진 옮김, 『제나라는 어디로 사라졌을까』, 글항아리, 2011.
30 부사년, 정재석 역주, 앞의 책 『이하동서설』, p. 219. "徐國在下邳偅縣東南."
31 臧厲龢 編, 『中國古今地名辭典』, 商務印書館, 重印, 1982, p. 48.
32 무경, 박희병 옮김, 앞의 책 『베트남의 신화와 전설』, p. 21.
33 무경, 박희병 옮김, 앞의 책 『베트남의 신화와 전설』.
34 臧厲龢 編, 『中國古今地名辭典』, 商務印書館, 重印, 1982, p. 694. "在今安南北境."

대로, 호손정국은 베트남 중부 지역으로 주석을 달았다. 동정호는 호남성 북부에 있으며, 중국 제일의 담수호다.[35]

웅왕은 문랑국을 세우고 "나라를 15부로 나누었는데, 교지(交趾), 주연(朱鳶), 육해(陸海), 복록(福祿), 월상(越裳), 영해(寧海), 양천(陽泉), 계양(桂陽), 무녕(武寧), 회환(懷驩), 구진(九眞), 일남(日南), 진정(眞定), 계림(桂林), 상군(象郡) 등"[36]이 그것이라고 했다.

문랑국의 건국 시기는 알 수 없지만, 문랑국의 15부는 진·한 때의 기사를 통해 대략의 위치를 추적해볼 수 있다. 15부 위치의 단서가 되는 기사는 『사기』에 있다. 『사기』 「남월열전」에 남월왕(南越王) 위타(尉佗)에 대한 기사가 있는데, "남월왕 위타는 진정 사람으로 성은 조씨다. 진(秦)나라 때 이미 천하를 아우르고 양월(楊越)을 평정했다. 계림, 남해, 상군을 설치하고 백성을 옮겼는데, 그곳에서 13년 동안 월과 섞여 살았다"[37]고 전한다. 양월, 계림, 남해, 상군이라는 지명에 대해서 『사기』 주석자들이 달아 놓은 주석을 참고하면 그 위치가 더 선명해진다. 상군을 보자.

상군에 대해서 『사기집해(史記集解)』는 서광(徐廣)이 말하길 "진나라가 천하를 아우른 후 2세 원년까지의 13년이다. 천하를 아우르고 8년에는 월 땅을 평정했고, 2세 원년까지 6년이다"[38]라고 했다. 즉, 진나

---

35 臧厲龢 編, 『中國古今地名辭典』, 商務印書館, 重印, 1982, p. 641.
36 무경, 박희병 옮김, 앞의 책 『베트남의 신화와 전설』, pp. 21~22.
37 "南越王尉佗者, 眞定人也, 姓趙氏. 秦時已幷天下, 略定楊越, 置桂林, 南海, 象郡, 以謫徙民, 與越雜處十三歲."
38 『사기집해』. "徐廣曰:「秦幷天下, 至二世元年十三年. 幷天下八歲, 乃平越地 至二世元年六年耳」."

라가 월나라를 평정한 때는 서기전 213년이니 상군은 이때 설치된 것이다. 상군의 군치(郡治)는 임진(臨塵)으로 지금의 광서숭좌(廣西崇左)다.[39]

남월에 대해서 『사기정의(史記正義)』는 "도읍은 광주 남해현"[40]이라고 했다. 진정에 대해 사마정은 응소(應劭)의 말을 빌려 "옛 군의 이름인데 나중에 현으로 고쳤으며 상산(常山)에 있다"[41]고 했으며, 『신역(新譯) 사기』는 진정이 "지금의 하북성 석가장 동북쪽에 있다"[42]고 했다. "계림은 진나라 군의 이름이자 군치로 지금의 광서 계평 서남쪽에 있다"[43]고 했다.

또 남월왕 위타는 진나라 때 남해군의 용천령(龍川令)이 되었는데,[44] 용천에 대해서 사마정은 "현의 이름으로 남해에 속한다"[45]고 했고, 장수절(張守節)은 안사고(顔師古)를 인용해서 남해현은 지금의 순주라고, 또 용천이라는 이름의 유래에 대해서는 『배씨광주기(裴氏廣州記)』를 인용해서 용이 땅을 뚫고 나와서 이름이 되었다[46]고 주석을 달았다. 남해의 군치는 번옹(番禺)으로 지금의 광주시다.[47]

양월에 대해서 『사기집해』는 "장안은 '양주가 남월이다'라고 했다"

---

[39] 『신역 사기』, (臺灣)三民書局, 2011. "象郡, 秦郡名, 郡治臨塵(今廣西崇左)."
[40] 『사기정의』. "都廣州南海縣."
[41] 『사기색은』. "韋昭曰:「故郡名, 後更爲縣, 在常山」."
[42] 『신역 사기』, (臺灣)三民書局, 2011. "眞定 漢縣名, 縣治在今河北石家莊東北."
[43] 『신역 사기』, (臺灣)三民書局, 2011. "桂林 秦郡名, 郡治在今廣西桂平西南."
[44] 『사기』「남월열전」. "佗, 秦時用爲南海龍川令."
[45] 『사기색은』. "地理志縣名, 屬南海也."
[46] 『사기정의』. "顔師古云:「龍川南海縣也, 卽今之循州也」. 裴氏廣州記云:「本博羅縣之東鄕, 有龍穿地而出, 卽穴流泉, 因以爲號也」."
[47] "南海 秦郡名, 郡治番禺(今廣州市)."

고, 『사기색은』은 "살펴보니 『전국책(戰國策)』에서 '오기(吳起)가 초나라를 위해 양월을 거두었다'고 했다"고 전한다. 『사기정의』는 "하우의 구주(九州)는 본래 양주에 속한다. 그래서 양월이라고 한다"고 했다.[48] 양월에 대해 『신역 사기』는 "지금의 광동성과 복건성, 광서 동부, 호남 남부, 월남 북부 등 광대한 지구를 가리킨다"고 한다.[49] 중국 남부 일대와 베트남 북부에 걸쳐 있는 것이다. 베트남 건국신화는 백월(百越)에 대해서 말하고 있는데, 백월은 문랑국을 이루는 종족이므로 그들이 어떤 종족인지 가늠해볼 수 있을 것이다.

> 당시 숲과 산록의 백성들이 강에서 물고기를 잡을 때 왕왕 교룡(蛟龍)에게 해를 입었다. 그래서 왕에게 아뢰었더니 왕이 말하기를 "산만(山蠻)의 종내기는 수족과 다르거늘, 교룡은 자기 부류를 좋아하고 다른 부류를 싫어하는지라 너희들을 침해하는 것이다"라고 했다. 그리고 사람을 시켜 백성들의 몸에다 먹으로 용군의 모습과 수중 괴물의 형상을 새기게 했는데, 이후 백성들이 교룡에게 물리지 않았다. 백월의 문신하는 풍속은 실로 여기서 비롯되었다.[50]

백월이 몸에 문신을 새기는 풍속은 산만과 교룡이 같은 부류라는 것을 표식하기 위한 것이었다. 그런데 번역자 박희병은 산만에 대해서 산간에 거주하는 중국 남방 민족을 일컫는 말인데 여기서는 베트남인

---

48 『사기집해』. "張晏曰:「楊州之南越也」"; 『史記索隱』. "案: 戰國策云吳起爲楚收楊越"; 『사기정의』. "夏禹九州本屬楊州, 故云楊越."
49 『신역 사기』. "楊越, 指今廣東·福建·以及廣西東部·湖南南部·越南北部等廣大地區."
50 무경, 박희병 옮김, 앞의 책 『베트남의 신화와 전설』, p. 22.

을 가리킨다고 했다. 또 백월에 대해서는 중국 남부, 베트남 북부에 살던 월인(越人)을 총칭한다고 했다.[51] 『춘추곡량전(春秋穀梁傳)』에는 "오나라는 이적이다. 그 백성은 머리를 깎고 문신을 한다"[52]고 했다. 오나라는 양자강 남쪽에 있던 나라로, 문신을 하는 풍습이 같다는 것은 문화적으로 백월과 친연성이 있다는 뜻이다. 베트남은 월남이란 단어를 베트남의 언어로 발음한 것이므로 백월은 오늘날 베트남을 구성하는 종족임을 알 수 있다.

백월에 대해 『사기』 「항우본기(項羽本紀)」에서는 "파군(鄱君)[53]의 오예(吳芮)는 백월을 인솔하고 제후들을 보좌했으며, 또 종군해 함곡관(函谷關)으로 들어갔다"[54]고 했다. 『사기집해』는 오예에 대해서 "처음에 오예가 파령(鄱令)이 되었다. 그래서 파군이라고 했다. 지금 파양현(鄱陽縣)이 이곳이다"[55]라고 주석을 달았다. 파군의 파령인 오예가 백월을 인솔해서 함곡관으로 갔다면 파군에는 당시 백월족이 살았다는 의미다. 파양현은 오늘날 강서성 동북부에 있는 파양호 동쪽에 위치해 있다. 즉, 양자강 남쪽에 있다.

「진시황본기(秦始皇本紀)」에는 진시황이 "남쪽으로는 백월의 땅을 빼앗아 계림과 상군으로 삼으니 백월 군주가 머리를 숙이고 목에 줄을 매고 와서 낮은 벼슬아치에게 목을 위탁했다"[56]고 했다. 백월에 대해

---

51 위와 같음.
52 "吳,夷狄之國也.祝髮文身."
53 『사기정의』. 파군(番君)이다. 파(番)는 '파(婆)'로 발음한다.
54 『사기』 「항우본기」. "鄱君吳芮率百越佐諸侯又從入關."
55 『사기집해』. "韋昭曰:「⋯初, 吳芮爲鄱令, 故號曰鄱君. 今鄱陽縣是也」."
56 "南取百越之地, 以爲桂林,象郡, 百越之君俛首係頸, 委命下吏."

동이 난생신화 분포도

『사기집해』는 "위소는 월나라에는 여러 읍이 있다"고 했다며 주를 달았다. 진시황이 전국을 통일하는 과정에서 남쪽으로는 백월의 땅을 빼앗았다고 했는데, 이를 토대로 삼는다면 백월은 양자강 남쪽으로 볼 수 있을 것이다.

지금까지 살펴보았듯이 난생을 모티프로 한 건국신화의 분포는 한반도를 비롯한 발해 연안과 중국 동해안과 남해 일대 그리고 베트남까지 연결된다. 고대 중국이 대부분 난생사화의 영향권에 있음을 알 수 있다.

4. 난생형 건국사화의 주인공들과 한족의 관계

사마천은 한족의 조상을 황제로 세우고 그들의 후손이 하·상·주를 잇는다고 했다. 하·상·주가 오늘날 중국에 귀속되어 있으므로 이 나라들을 마치 한족이 세운 나라처럼 인식한다. 그런데 중국 동북과 발해 연안, 그리고 산동반도와 남부에 걸친 난생신화의 분포도를 보면 이러한 의문이 생긴다. 첫째, 난생사화의 주인공은 한족인가? 둘째, 만약 난생사화의 주인공이 중국의 한족이 아니라면 한족과는 어떤 관계가 있는가 하는 의문이다. 건국신화는 건국 주체들의 건국 당위성과 신성성을 확보하는 중요한 이념물이기 때문에 건국 주체들에 의해 생성되고 유포되기 마련이다.

난생신화의 주인공이 누구인지 중국의 신화학자 원가(袁珂)의 말을 들어보자. 원가는 "'서(徐)'라는 성(姓坷)은 본래 '영(嬴)'에서 나왔는데, 이는 중국 고대 동이 민족의 한 갈래다. 고대 중국의 동방 민족에게 새에 관한 신화와 난생신화가 널리 전해졌다"[57]고 했다.[58] 원가는 새와 난생에 관한 신화가 동이족의 신화라고 한다. 장광직(張光直)도 "난생형의 시조신화는 고대의 중국 동해안과 동북아시아 사람들 사이에 퍼져 있었다"[59]고 했다.

새의 이름으로 관직명을 삼았던[60] 소호금천씨(少昊金天氏) 일족은 여러 성씨로 번성했는데, 저명한 성으로 영(嬴), 기(己), 언(偃), 윤(允)이 있다. 『춘추좌전』이나 기타 옛 문헌에서는 본래 가족을 분류해놓은 의미로 씨(氏)를 사용했는데,[61] 소호금천씨는 중국 학계에서도 동이족으로 인정한다.

원가와 장광직에 따르면, 난생형 시조신화를 가진 족(族)은 모두 동이족이다. 그렇다면 은나라는 물론 진나라도 본디 동이족이다. 사마천은 "진나라의 선조는 제전욱(帝顓頊)의 후예로서 여수라고 했다. 여수가 어느 날 베를 짜고 있는데 현조가 떨어뜨린 알을 여수가 받아 삼켜서 임신해 아들 대업을 낳았다"[62]고 했다. 진나라 시조설화는 은나라 시조설과 동일하다. 진나라 시조는 현조가 떨어뜨린 알을 삼켜서 태어난 대업이다. 전욱이 황제의 손자이니 난생형 사화로 황제의 가계가

---

57 원가, 김선자·이유진·홍윤희 옮김, 앞의 책 『중국신화사(상)』, p. 387.
58 원가는 중국 고대라고 표현했지만, 오늘날 중국 영토에 귀속된다는 뜻으로 봐야 할 것이다. 고대에 동이라는 말은 '동쪽의 오랑캐'라는 뜻으로, 자국의 민족을 오랑캐라고 부르지 않은 것은 상식이다.
59 張光直, 伊藤淸司·森雅子·市瀨智紀 譯, 『中國古代社會』, 東方書店, 1994, p. 26. "卵生型の始祖誕生神話は 古代の中國東海岸や東北アジアの人人の間で廣まっていた."
60 『춘추좌전』 「소공」 권17 '전'.
61 부사년, 정재석 역주, 앞의 책 『이하동서설』.
62 『사기』 「진본기」. "秦之先, 帝顓頊之苗裔孫曰女脩. 女脩織, 玄鳥隕卵, 女脩吞之, 生子大業."

동이족임을 알 수 있다. 손자가 동이족인데 조부는 한족일 수는 없기 때문이다.

한편, 사마천에 따르면 서국도 영씨다. 사마천은 "진나라의 선조는 영씨인데, 후에 봉분되어 성으로 나라를 삼았다. 서씨, 담씨, 거씨, 종려씨, 운엄씨, 도구씨, 장량씨, 황씨, 강씨, 수어씨, 백명씨, 비렴씨, 진씨가 있다"[63]고 했다.

서국이 진나라 시조인 영씨에 봉분된 13개 나라 중 하나라는 사실을 알 수 있다. 난생형 사화를 가진 은나라, 진나라, 서국은 동이족인 것이다.

그렇다면 베트남 문랑국 난생신화는 동이족 사화와 어떤 연관성이 있을까? 보리스 모이셰존(Boris Moishezon)에 따르면 동이족 사화와 베트남 사화는 상호유전적 관련을 맺고 있다. 모이셰존의 말을 들어보자.

> 두 현상에서 몇몇 공통적 특징이 나타난다면 우리는 그 일치가 공통적인 원인을 가지고 있다는, 그 뒤에는 겉으로는 드러나지 않지만 뭔가 비밀스럽고 중요한 것이 숨겨져 있을 것이라는 생각을 떨쳐버릴 수가 없다. 역사가는 과거의 사건을 분석하면서 실험으로 자신의 견해를 입증할 수는 없다. 이 경우 유일한 검증 방법이 있다면, 그것은 다양한 형태의 일치, 특히 여러 번에 걸쳐 일어나는 일치를 지적하고 열거하는 것뿐이다.

---

[63] 『사기』 「진본기」. "太史公曰：秦之先爲嬴姓. 其後分封, 以國爲姓, 有徐氏, 郯氏, 莒氏, 終黎氏, 運奄氏, 菟裘氏, 將梁氏, 黃氏, 江氏, 脩魚氏, 白冥氏, 蜚廉氏, 秦氏. 然秦以其先造父封趙城, 爲趙氏."

그렇게 해서 고대 문헌 자료가 제대로 해독되었음을, 여러 언어와 고고 문화가 유전적으로 가깝다는 사실을 증명해 보일 수 있을 것이다.[64]

모이셰존은 현상에서 공통적 특징이 나타난다면 드러나지 않은 중요한 것이 숨겨져 있을 것이라고 했다. 아리엘 골란은 "고대인들은 자신들이 중요하다고 여기는 삶의 정보를 표현물 속에 기록하여 동시대인과 후손에게 전달"[65]하며, 그 표현물은 "종족의 기억과 사회 구성원의 관계를 나타내는"[66] 의미를 지닌다고 했다. 표현물 속의 상징은 "단지 약간의 변형이나 혹은 아무런 변형 없이 수년 동안 보존된다."[67] 이러한 상징들은 "그 민족의 먼 조상이나 혹은 선사시대 다른 민족과의 연관성을 말해준다"[68]는 것이다.

한편 원가는 "각국의 신화는 특유의 민족성을 반영하고 있다"[69]고 했다. "어느 나라의 신화든 제각기 자기 나라의 민족적 특성을 반영한 것이 사실이다"[70]라고 했다. 따라서 신화는 "민족성의 뿌리를 이해하는 계기가 되며, 그 민족성의 장단점도 파악할 수 있게"[71] 해준다는 것이다. 원가와 아리엘 골란의 말처럼 각 나라의 신화가 특유의 민족성을 반영하고 있다면, 그리고 모이셰존의 주장처럼 현상에서 공통적 특징

---

64 아리엘 골란, 정석배 옮김, 앞의 책 『선사시대가 남긴 세계의 모든 문양』, p. 22에서 재인용.
65 아리엘 골란, 정석배 옮김, 앞의 책 『선사시대가 남긴 세계의 모든 문양』, p. 19.
66 위와 같음.
67 아리엘 골란, 정석배 옮김, 앞의 책 『선사시대가 남긴 세계의 모든 문양』, p. 20.
68 아리엘 골란, 정석배 옮김, 앞의 책 『선사시대가 남긴 세계의 모든 문양』, p. 21.
69 원가, 정석원 옮김, 『중국의 고대신화』, 문예출판사, 2012(2판), p. 28.
70 위와 같음.
71 위와 같음.

이 나타나며 그 현상에는 드러나지 않은 중요한 것이 숨겨져 있다면 그것은 무엇일까?

은나라를 비롯해 서국, 진나라, 부여, 고구려, 문랑국, 신라, 가야의 건국신화에는 약간의 변형은 있지만 근본적인 원형은 동일하다. 건국 주체가 알에서 태어났으며 그 알은 하늘에서 내려보냈다는 천손사상이 난생을 모티프로 한 건국신화에 동일하게 나타난다.

또 베트남 건국사화에는 치우가 제유망(帝楡罔) 때 반란을 일으켜 탁록(涿鹿)에서 황제에게 패한 것으로 나온다.[72] 그런데 중국의 서욱생(徐旭生)은 『중국 고대사적 전통시대(中國古代史的傳統時代)』에서 "탁록대전 후 치우 계열의 몇 개 씨족이 남하해 남방 삼묘족(三苗族)이 되는데 이들도 구려족의 후예"라고 했다.[73] 치우에 대해서 『사기정의』에서는 "공안국(孔安國)이 '구려의 임금 칭호가 치우다'라고 했다"[74]고 전한다. 이덕일과 김병기는 "구려족은 동이족의 한 갈래"이며 "지금의 산동성, 하남성, 하북성에 거주한 민족"[75]이라고 했다. 즉, 치우는 "동이족과 남방 묘만족의 공동 조상이 된다"는 것이다. 태호가 다스렸던 구역에 봉해졌다는 점도 치우가 동이에 속한다는 증거로 제시한다.[76] 부사년도 "태호가 동방의 부족"[77]이라고 했다. 이것은 난생신화의 분포도

---

[72] 낙빈기에 따르면 사마천이 『사기』에서 제시한 중국 시조의 계보는 잘못되었다. 소호금천씨가 동이족이라는 중국 및 한국 학계의 견해를 받아들인다면 황제도 동이족이 된다. 황제의 아들이 소호이기 때문이다. 이렇게 보면 고대 중국의 신화와 역사는 동이족의 역사인 것이다.

[73] 이덕일·김병기, 『고조선은 대륙의 지배자였다』, 역사의아침, 2006, p. 238.

[74] "孔安國曰「九黎君號 蚩尤」是也."

[75] 이덕일·김병기, 위의 책 『고조선은 대륙의 지배자였다』, p. 238.

[76] 徐旭生, 「我國古代部族三集團考」, 『中國上古史論文選集 上』, 華世出版社, 1980.

[77] 부사년, 정재서 역주, 앞의 책 『이하동서설』, p. 192.

와 크게 다르지 않다. 이는 무엇을 의미하는가? 한 나무에서 뻗어 나간 가지들처럼 동이족에서 뻗어 나온 여러 국가들이라는 의미다. 그러니까 난생 모티프의 건국사화를 가진 나라들은 같은 뿌리에서 나온 여러 가지인 셈이다. 그리고 난생 모티프라는 상징을 통해 그 뿌리를 후손에게 전승했던 것이다. 또 신화에 민족성의 뿌리가 반영되었다면 베트남과 부여, 고구려, 서국 등의 건국신화에서 보이는 난생형이라는 특징은 같은 동이족이라는 표상이다.[78] 동이족 신화의 특징은 난생신화이고, 은나라, 주나라, 부여, 서국, 고구려 등의 건국사화의 유사성이 말해주는 것은 이들이 모두 같은 종족이라는 것이다. 모이셰존이 말하는 '숨겨져 있는 중요한 사실'은 베트남과 은나라, 주나라, 부여, 서국, 고구려가 인류학적 개념으로 포족(胞族)이라는 것이다. 포족은 동일 조상에서 발생한 여러 씨족의 무리를 가리킨다.[79] 베트남이 동이족이라는 또 다른 근거는 건국신화에 있다. 베트남 건국신화는 조상의 내력을 읊는 것으로 시작하는데, 신화에서 읊은 베트남의 조상을 정리하면 〈표 1〉과 같다.

문랑국 웅왕의 조상을 거슬러 올라가면 부계와 모계가 다 염제신농의 후예다. 그런데 낙빈기(駱賓基)는 금석문 연구를 통해 염제, 복희, 황제, 소호 등이 동이족이라고 했다.[80] 고구려 오회분묘의 벽화에는 염

---

[78] 여기에서 사용된 민족은 근대 국민국가(nation-state)를 의미하는 것은 아니다. 'nation'이 '땅, 혈통, 언어, 역사, 종교를 가진 집단'이라는 의미의 '민족'으로 번역된 근대적 산물이지만, 이런 의미로 사용된 언어가 근대 이전에 없었던 것은 아니다. 예를 들면, 아족(我族)이라는 표현이 그것이다. 국민국가의 의미가 아니라 종족의 의미로 쓴 것이다.
[79] 원가, 김선자·이유진·홍윤희 옮김, 앞의 책 『중국신화사(상)』, p. 72.
[80] 낙빈기, 태산 역주, 『염제신농씨』, 미래교류, 2011.

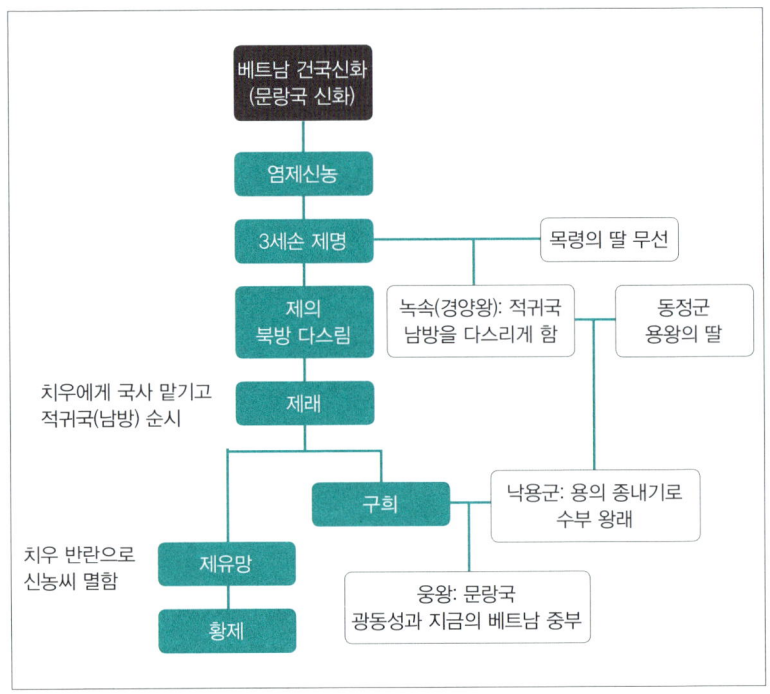

〈표 1〉 베트남(문랑국) 신화 계보

제와 복희가 그려져 있다. 지도층의 묘가 확실해 보이는 오회분묘, 특히 사후에 거하는 영원한 집의 벽에 염제, 복희, 수인(燧人) 등을 그린 것은 무엇을 의미할까? 또 고려 때 현종이 염제신농씨에게 제사를 지내고 후직(后稷)의 신위를 함께 모신 이유는 무엇일까?[81] 제사를 지낸다는 것은 조상을 숭배하고 기리는 일이다. 자기 뿌리이기 때문에 무덤에 조상의 모습을 그리고 숭배하고 기리는 것이다. 적어도 고구려 오회분묘의 주인공과 고려인들은 염제를 그들의 조상으로 여긴 것이

---

81 고전연구소 편찬, 『고려사 1』, (평양)과학출판사, 1962.

다. 문일다(聞一多)는 복희가 동이족이라고 밝혔다.[82] 부사년은 여러 문헌 자료를 통해 이들이 모두 동이족이라고 했다. 낙빈기는 고대인들이 남긴 청동기에 새긴 글자 분석을 통해 모두 염제가 내린 성씨이며 동이족이라고 했다. 이렇게 주장한 학자들은 모두 중국인이다. 지금까지 살펴본 결과, 난생형 건국사화의 주인공들은 모두 동이족이다.

그렇다면 둘째 중국의 주류를 형성한 한족과는 어떤 관계가 있을까? 이를 살펴보기 전에 중국이라는 개념은 언제 생겨났고 그들의 계보는 어떻게 되는지 살펴보자.

중국이라는 명칭은 자신들이 천하의 중심이라는 인식을 보여준다. 때문에 먼저 천하를 중국인들이 어떻게 인식하고 있는지부터 살펴야 한다. 또한 방위 개념도 형성되어야 한다. 동서남북이라고 부를 수 있는 기준이 있어야 하기 때문이다. 또한 내가 속한 종족이 중심이 되려면 나와는 구별되는 타 종족에 대한 인식도 있어야 한다. 즉, 이러한 인식들은 지리적 개념이 먼저 형성되어야 나타날 수 있다. 어느 곳에서 좌표를 찍고 그것을 중심으로 거리 및 방위를 정할 수 있기 때문이다. 이러한 점을 염두에 두고 천하에 대한 중국인들의 인식부터 살펴보자.

『상서(尙書)』「주서(周書)」 '태서(泰誓)'조는 중국인들의 천하관을 알려주는데, 『상서』는 『서경(書經)』이라고도 한다.[83]

---

[82] 원이둬, 홍윤희 옮김, 『복희고』, 소명, 2013.
[83] 사마천, 한가람역사문화연구소 사기연구실 옮김, 『신주 사마천 사기 1: 오제본기』, 한가람역사문화연구소, 2020, p. 403; 이상진, 이지한 해역, 『서경』, 자유문고, 2004(개정증보), p. 3.

> 하늘과 땅은 만물의 부모요, 사람은 만물의 영장(靈長)이다. 진실로 총명하면 천자(天子)가 될 수 있고, 천자는 백성의 부모가 될 수 있다. (……) 하늘이 아래로 백성을 도와 그들에게 임금을 마련해주고 그들을 다스리게 하신 것은 오직 하늘을 도와 천하를 거느리고 편안하게 하기 위해서다.[84]

이 말은 부모인 천지의 뜻을 잘 아는 총명한 자만이 천자가 될 수 있고, 백성들을 다스리는 부모가 될 수 있다. 즉, 하늘이 천자를 만들고, 천자는 하늘을 도와 천하를 편안하게 다스려야 한다는 것이다. 이후 이어지는 글을 보면 하늘은 처음에 하나라에게 백성들을 다스리라고 했으나 걸왕(桀王)이 하늘의 뜻을 따르지 못하자 천명을 내려 은나라의 성탕(成湯)에게 하나라를 치게 했으며, 또 은나라 주왕(紂王)이 천명을 어기자 하늘은 주(周)나라 무왕(武王)에게 천명을 내려 은나라를 정벌하게 했다는 것이다. 즉, 주나라 무왕이 천자가 된 것은 하늘의 명령이라는 것이다.[85]

그런데 중국인들은 천자가 도읍한 곳을 천하의 중심이라고 여겼다. 사마천은 "삼대(하·은·주)가 모두 하락(河洛) 사이에 있었다"라고 했다.[86] 사마천의 말을 들어보자.

> 옛날 당나라 사람들은 하동(河東)에 도읍했고, 은나라 사람들은 하내(河

---

84 『상서』「주서」 '태서'조. "惟天地 萬物父母 惟人 萬物之靈 亶聰明 作元后 元后作民父母 (……) 天佑下民 作之君作之師 惟其克相上帝 寵綏四方."
85 『상서』「주서」 '태서'조 참조.
86 『사기』「봉선서(封禪書)」. "昔三代之 (君) 〔居〕 皆在河洛之間."

內)에 도읍을 정했으며, 주나라 사람들은 하남(河南)에 도읍을 정했다. 대저 삼하(三河)는 천하의 중앙에 있고 솥의 세 발과 같아서 왕들이 번갈아 도읍을 정한 곳이다.[87]

요(堯)임금의 도읍지는 황하의 동쪽 진양(晉陽)이고, 반경(盤庚)은 은허(殷墟)에 도읍했는데, 그곳은 하내에 속한다. 주나라 평왕 이후에는 낙양(洛陽)에 도읍했다. 즉, 요임금 이후 하·상·주가 도읍한 곳은 하락지대인데, 이곳이 천하의 중심이라는 것이다. 하락은 황하와 낙수가 만나는 이락(伊洛) 평원 중심의 예서(豫西: 하남성 서북부)지대를 말한다.[88]

또 『사기』 「주본기(周本紀)」에서 주공(周公)은 다음과 같이 말했다.

이곳은 천하의 중심으로 사방에서 공물을 바치러 들어오는 거리가 모두 같다.[89]

이곳이란 지금의 낙양시를 말한다. 주공은 성왕(成王)에게 건의하여 소공(召公)에게 낙읍(洛邑)을 경영하게 했는데, 주공이 낙읍에 가서 구정(九鼎)을 그곳에 두고 한 말이다. 즉, 천하의 중심은 하락지대이며,

---

[87] 『사기』 「화식열전(貨殖列傳)」. "昔唐人都河東, 殷人都河內, 周人都河南. 夫三河在 天下之中, 若鼎足, 王者所更居也."
[88] 陈玉龙, 「序一」, 『河洛文化论纲』, (中國)河南人民出版社, 1994, p. 3. 진시황은 통일 후 함곡관 동쪽의 낙양을 중심으로 한 지역을 하동군, 하내군, 삼천군으로 나누었다. 이후 한나라 고조가 삼천군을 하남군으로 바꾸었다. 그래서 삼하는 하남군, 하동군, 하내군을 말한다.
[89] 『사기』 「주본기」. "此天下之中 四方入貢道里均."

이러한 천하의 개념은 주나라 때 형성된 것으로 보인다. 실제로 『상서』를 살펴보면 천하라는 용어는 하나라와 은나라보다 주나라 때 더 자주 등장한다.

한편 천하라는 개념은 지리적인 인식과도 연결되는데, 『사기』「하본기(夏本紀)」에서는 하나라 우공이 "구주를 개척하고, 구도를 통하게 하고, 구택에 보를 쌓고, 구산을 측량했다"[90]라고 했다. 이에 관해서 한가람역사문화연구소 사기연구실에서는 사마천의 『사기』를 번역하면서 새로운 주석을 달았는데, 구주에 관해서 다음과 같이 언급하고 있다.

> 우가 구주로 나누고 치수 사업을 시작한 곳이 이곳이다. 『상서』「우공(禹貢)」에 기재되어 있는데, 예주(豫州), 청주(靑州), 서주(徐州), 양주(揚州), 형주(荊州), 양주(梁州), 옹주(雍州), 기주(冀州), 연주(兗州)가 그것이다. 중국은 우공 구주를 현재 중국 전역으로 비정하고 있는데, 하나라 우가 개척한 구주는 하나라 영역을 넘을 수가 없었다. 하는 하남성과 산동성, 산서성 일부에 불과했다. 현재의 구주는 한나라 이후에 현재 중국사의 강역으로 크게 확대시킨 것이다.[91]

『사기』와 『상서』에 따르면, 고대 중국인의 지리적 인식은 하나라 우가 구주를 나누는 데서 시작되었다. 즉, 우가 다스릴 때 하나라 강역이

---

90 『사기』「하본기」. "開九州 通九道 陂九澤 度九山."
91 사마천, 한가람역사문화연구소 사기연구실 옮김, 『신주 사마천 사기 2: 하본기』, 한가람역사문화연구소, 2020, p. 34. 『신주 사마천 사기』는 사마천의 『사기』와 『사기』의 삼가주석서인 『사기집해』, 『사기색은』, 『사기정의』를 번역하고 더불어서 우리 한민족과 역사에 관해 우리 민족의 관점으로 주석을 단 책이다.

설정되었다는 것이다. 하나라 우가 개척한 구주는 하남성과 산동성, 산서성 일부다.

그런데 『상서』「주서」에는 주나라 무왕이 상나라 왕인 수(受)[92]를 정벌하고 천하를 바로잡으려고 천지신명에게 제사를 지내면서 이렇게 말한다.

> "……소인은 이미 어진 이를 얻어 감히 삼가 하느님을 받들어 어지러운 정사를 막으려 하니, 중화의 백성과 미개인인 만족(蠻族)과 맥족(貊族)이 모두 따르고 좇지 않는 자가 없사옵니다. 하늘을 공경하고 천명을 이루고자 하여 나는 동쪽을 정벌하여 그곳 남자와 여자들을 편안하게 해주었습니다. 그곳의 남녀들은 바구니에 검고 누른 비단을 담아 와서 우리 주나라 왕실을 빛나게 했습니다. 하늘의 축복이 진동하니 우리 큰 나라인 주나라에 돌아와 의지했습니다." (……) 편안히 앉아 팔짱을 끼고 있어도 천하는 다스려졌다.[93]

중화(中華)는 화하족(華夏族)을 말한다. 하(夏)는 화하(華夏), 중국을 가리키기도 한다.[94] 즉, 만족과 맥족은 주나라 때의 화하족과 구별되는 미개인으로 구분하고 있다.

한편 무왕이 상나라를 멸망시킨 후 그 나라의 귀족인 기자를 데리고 와서 하늘의 도를 묻자 기자는 홍범(洪範), 즉 아홉 가지 규범에 대해

---

92 수는 은나라 마지막 왕인 주왕(紂王)을 말한다. 『상서』「주서」 본문에 "今商王受無道"라고 써 있다. 본문에 따라 수라고 쓴 것이다.
93 이상진, 이지한 해역, 앞의 책 『서경』, pp. 231~232.
94 指中国: 华~ 漢典 https://www.zdic.net/hans/夏, 2024년 12월 18일 검색.

1부 난생신화의 주인공은 모두 동이족이다 • 41

말한다. 그중에 오기(五紀)는 천자가 법을 제정하고 확립하는 것을 말하는데, 그곳에서 "천자는 백성의 부모가 되고, 천하의 왕이 되기 때문이다"[95]라고 했다. 또 「여오(旅獒: '여나라의 개'라는 뜻)」에는 상나라를 정벌하자 사방에서 공물을 바치는 기사가 있는데, 다음과 같다.

> 상나라를 쳐 승리하자 드디어 사방의 미개국인 구이팔만(九夷八蠻)으로 통하는 길이 열렸고, 서쪽의 여족(旅族)이 그 지방의 큰 개를 공물로 바쳐왔다.[96]

여기에서의 구이팔만은 사방의 이족(異族)을 말한다. 주나라가 상나라를 정벌함으로써 사방의 이족과 교류할 수 있었다는 것이다. 한편 『예기』에서는 동이(東夷), 북적(北狄), 서융(西戎), 남만(南蠻) 등 사방의 이족을 통칭해서 이만융적(夷蠻戎狄)이라고 불렀으며, 옛 사적에서 백만(百蠻)이라고 말한 것이라고 했다.[97] 사방이라는 개념은 동서남북의 기준이 되는 지점이 있어야 한다. 따라서 주나라는 그들을 중심에 두고 사방에는 미개한 오랑캐가 있다고 인식한 것이다.

『상서』「우공」에는 왕권의 중심에서 500리 단위로 다섯 개의 영역을 표시했는데, 전복(甸服), 후복(侯服), 수복(綏服), 요복(要服), 황복(荒服)이다. 전복은 왕이 다스리는 곳으로, 백 리 단위로 부세를 바치는 방법에 관해서 서술되어 있다. 후복은 경대부, 남작, 제후들이 다스리는 땅

---

95 이상진, 이지한 해역, 앞의 책 『서경』, p. 241.
96 이상진, 이지한 해역, 앞의 책 『서경』, p. 251.
97 『한서』「부상정감진단전(傅常鄭甘陳段傳)」, "禮云東夷·北狄·西戎·南蠻, 然夷蠻戎狄亦四方之總稱耳, 故史傳又云百蠻也."

을 말한다. 수복은 300리 안의 백성을 교화의 대상으로 삼았고, 나머지 200리는 무공을 떨쳐 나라를 지키게 했는데, 군인들을 정주시켜 나라를 지키게 한 것으로 보인다. 요복은 이족과 죄인들이 거주했으며, 황복은 만족의 거주지이자 중죄인들의 유형지였다.

즉, 하나라는 오복제도로 왕과 제후, 교화의 대상자와 이족, 그리고 만족과 죄수들이 사는 지역을 구분했지만, 자신들을 문명인으로 설정하고 이족을 야만인으로 취급했다고는 보기 어렵다. 이족을 죄인과 거주하게 했다는 것은 도덕적이고 윤리적인 교화의 대상으로 본 것이다.

문명인과 야만인으로 나누고 사방을 남만, 북적, 서융, 동이로 구분하여 화하족을 제외한 나머지 민족들을 모두 이(夷)로 부른 것은 주나라 때로 보인다. 앞서 언급한 『예기(禮記)』는 공자와 관련이 있는데, 공자는 삼대의 문물제도와 의례, 예절 등을 체계화하는 것을 의무로 여겼다. 공자 사후 그의 제자들이 공자로부터 들은 이야기나 공자와의 대화 등을 문자로 남기면서 점차 예학이 정착되어 갔는데, 한나라 때는 예절 및 의례에 관한 공자와 제자들의 대화 기록이 200여 편이나 되었다. 예학을 연구하는 학자들이 생겨났으며, 정현(鄭玄)의 『육예론(六藝論)』에 따르면 대덕(戴德)의 『대대례(大戴禮)』와 대성(戴聖)의 『소대례기(小戴禮記)』가 있다. 정현이 『소대례기』에 주석을 붙여 『예기』라고 칭하게 되었는데, 『예기』는 『대대례』와 『소대례기』를 같이 묶어서 『소대례기』라고 편찬했는지 아니면 개별로 편찬되어 전승되었는지 불분명하다.[98]

한편 『상서』 「우공」은 하나라 때 문자들을 수집해서 편찬했다고 하

---

[98] 『한국민족문화대백과사전』(https://encykorea.aks.ac.kr), 2024년 12월 22일 검색.

지만, 이 책이 쓰인 시기를 전국시대로 보고 있다. 『상서』는 『금문상서(今文尙書)』와 『고문상서(古文尙書)』가 있다. 『고문상서』는 한나라 때 노(魯)나라 공왕(恭王)이 궁전을 지으려고 공자의 옛집을 헐었는데, 그 집 벽 속에서 진시황의 분서갱유를 피해 감춰두었던 여러 고서와 함께 나왔다. 이후 공자의 후손인 공안국이 본래의 책에다 16편을 더해 전한 책이 『고문상서』다. 『금문상서』는 진(秦)나라 때 복승(伏勝)이 편찬한 책으로 모두 29편이 수록되어 있다. 『상서』는 중국의 요·순시대부터 하나라, 상 또는 은나라, 주나라까지의 군주들의 문서를 수집하여 공자가 편찬한 것으로 알려져 있다. 따라서 편찬할 당대의 사회적 맥락을 무시할 수 없는 것도 자명하다.

『예기』는 공자로부터 나온 말들이 후대에 전승되어 문자로 남겨진 것으로 볼 수 있고, 『상서』도 공자와 무관해 보이지 않는다. 공자는 주나라의 문물제도를 따르는 것이 이상적인 정치라고 할 만큼 주나라를 높이 세웠다. 주나라와 풍습이 다른 이족은 야만으로 구분했던 것이다.

그런데 하·은·주 삼대가 있었던 하남은 중국 사람들이 관습적으로 '중주(中州)'라고 부르던 곳으로 천하의 가운데라고 했다.[99] 주나라의 강역은 그들이 이민족의 땅이라고 부른 지역들을 제외하면 수도 낙양 및 황하 유역 인근이다. 그리고 중국이라는 용어의 본래 의미는 "화하족이 황하 유역, 특히 황하 중류 남안의 하락 지역에 국가를 세움으로써 세상의 중심(지중, 토중, 국중 등)으로 여겨졌기 때문에 붙여진 이

---

[99] 陈玉龙, 「《东方文化研究丛书》序」, 『河洛文化论纲』, (中國)河南人民出版社, 1994, p. 1. "河南, 古中原之地, 人们惯称 '中州', 东·西·南·北·中, 中者 '宅天下之中'也, 是华夏文明的摇篮和发祥地."

보계시 「하존」 영문(출처 바이두)

름."[100]이라고 했다. 사선강(史善剛)은 여러 사료를 근거로 삼아 주나라 때 이미 낙양을 천하의 중심으로 부르고 있음을 알 수 있다고 했다.[101]

중국이라는 용어의 기원은 1965년 섬서성 보계(寶鷄)에서 출토된 「하존(何尊)」이라는 청동기 명문(銘文)에서 확인된다.

> 왕이 처음 성주에 거주를 정하고, 다시 상서로운 복을 천으로부터 받으니, 이는 4월 병신일에 왕이 경실에서 종소자에게 말하기를, "옛날 너의

---

100 史善剛, 『河洛文化论纲』, (中國)河南人民出版社, 1994, p. 14. "其原意在于华夏族建国于黄河流域一带, 特别是黄河中游南岸的河洛地带, 以此作为居天下之中(地中·土中·国中等), 故称."
101 위와 같음.

1부 난생신화의 주인공은 모두 동이족이다 · 45

> 조상 공씨가 문왕을 따랐다. 문왕은 하늘로부터 통치할 큰 명을 받았다. 무왕이 대도읍 상을 정복한 후 하늘에 고하여 말하기를, '나는 이 천하 사방의 중심인 중국(성주)을 도읍으로 삼아 이곳을 통해 백성을 다스리겠다'"라고 했다.[102]

「하존」의 내용은 성왕이 즉위 5년째 되는 해에 사방의 중심지인 중국(성주)을 도읍으로 삼아 백성들을 다스리겠다는 내용이다. 성주는 낙읍, 즉 지금의 낙양을 말한다. 따라서 여러 사적과 청동기의 명문 등이 말하는 중국이라는 개념은 주나라 때 형성된 것으로 보인다.

중국은 황제를 그들의 조상으로 꼽는다. 사마천은 황제 이전 시대는 삼황시대라고 하고 황제부터 전욱, 제곡, 제요(帝堯), 제순(帝舜)을 역사인물로 꼽아 하·은·주로 이어지는 한족 중심의 역사를 체계화했다. 사마천은 『사기』를 편찬하면서 삼황에 대해서는 말하지 않고 오제부터 서술하는데, 삼황은 신화시대라고 여기기 때문이다. 오늘날 전하는 「삼황본기(三皇本紀)」는 당나라 때 『사기』 주석자인 사마정이 내용을 보완하여 넣은 것이다.

삼황이 누구인지는 의견이 분분하다. 황보밀(皇甫謐)이 쓴 『제왕세기(帝王世紀)』와 『세본(世本)』에는 삼황은 복희, 신농, 황제이고, 오제는 소호(少昊), 제욱(顓頊), 고신(高辛), 당(唐), 우(虞)라고 했다.[103] 그러나

---

[102] "唯王初遷宅于成周, 復禀王礼福自天, 在四月丙戌, 王誥宗小子于京室, 曰:昔在尔考公氏克逑(来)文王肆文受玆因(命), 唯武王既克大邑商, 則廷告于天, 曰:余其宅玆中國, 自之乂(治)民." 史善剛, 『河洛文化论纲』, (中國)河南人民出版社, 1994, p. 15에서 재인용.
[103] 『사기정의』. "皇甫謐帝王世紀, 孫氏注世本, 並以伏犧, 神農, 黃帝爲三皇, 少昊, 顓頊, 高辛, 唐, 虞爲五帝."

사마정은 삼황을 복희, 여와(女媧), 신농으로 쓰고, 황제를 오제의 첫 번째라고 했다. 학자들마다 다르나 대체로 복희와 신농, 그리고 여와, 수인, 황제, 공공(共工), 축융(祝融) 중 한 명으로 요약된다. 그러나 부사년을 비롯한 중국의 저명한 학자들은 문헌과 금석문을 통해 복희, 신농, 황제가 모두 동이족이라고 했다.

사마천은 『사기』를 편찬하면서 황제를 가장 먼저 서술했는데, 이것은 중국 역사가 황제로부터 시작되었음을 의미한다. 황제 다음에는 전욱, 제곡, 제요, 제순으로 기술했는데, 황보밀의 『제왕세기』와 『세본』의 「제왕세본(帝王世本)」은 소호, 전욱, 제곡, 제요, 제순을 오제로 서술했다.

그런데 사마천은 왜 소호를 오제에서 뺐을까? 사마천이 오제에서 뺀 소호에 대해 살펴보자. 「제왕세본」에 "소호는 황제의 아들이다. 소호금천씨이고 청양(靑陽)이 즉 소호다"[104]라고 했다. 『세본』은 『사기정의』에서 인용한 『춘추좌전』 '소공'조를 끌어와 이와 같이 서술했는데, 주지하다시피 소호는 동이족이다. 그런데 소호는 황제의 아들이라고 기록되어 있다. 아들 소호가 동이족이면 그의 아버지 황제도 동이족이다. 아버지와 아들의 종족이 다를 수 없기 때문이다.

한편 「제왕세본」에 따르면, 소호는 황제의 아들이고, 전욱은 황제의 손자이며,[105] 제곡은 황제의 증손자다.[106] 제요도 황제의 증손[107]이고, 제순은 황제의 8대손이다. 맹자는 순을 동이족이라고 했다. 하나라의

---

104 『세본』, 「제왕세본」. "少皞是黃帝之子. 金天氏少皞. 靑陽卽少皞."
105 『세본』, 「제왕세본」. "顓頊是黃帝之孫."
106 『세본』, 「제왕세본」. "嚳, 黃帝之曾孫."
107 『세본』, 「제왕세본」. "堯是黃帝曾孫. 黃帝生元囂, 元囂生僑極, 僑極生帝嚳, 帝嚳生堯."

시조 우는 전욱의 후손이고, 은나라의 시조 설은 제곡의 아들이다.[108] 하나라의 시조 우와 은나라 시조 설은 모두 황제의 후손으로 동이족이다.

그런데 사마천이 한족 중심의 역사를 체계화하려고 보니 중국의 역사는 모두 동이족의 역사였다. 그래서 그는 황제를 한족의 시조로 만들어야 했다. 사마천은 황제와 치우의 탁록대전을 시작으로 『사기』를 서술하는데, 치우와 황제의 대결을 마치 동이족과 한족의 대결인 것처럼 서술했다. 이어 사마천은 오제에서 소호를 빼고 황제→전욱→제곡→요→순으로 계보를 만들었다. 『세본』에 소호가 "황제의 대를 이어 천하를 가졌다"[109]는 기사가 있는데, 소호는 당시에 황제보다 더 이름을 떨쳤던 제왕이었음을 말해준다. 또 소호가 동이족이라는 사실이 너무 분명하기 때문에 소호를 뺀 것이다.

이제 한족과 동이족의 난생사화가 어떤 관계인가에 대한 질문에 답할 때다. 결론적으로 말하자면, 한족과 동이족의 건국사화는 무관하다. 위에서 확인했듯이 오늘날 중국에 귀속된 계보는 삼황오제부터 하·은·진나라까지 모두 동이족이며, 그들의 신화인 난생사화가 전승되었다. 한족이 자기들의 조상이라고 여긴 황제가 동이족이니, 그의 어머니 부보(附寶)가 들판에서 큰 번개가 북두칠성을 감싸는 것을 보고 감응해서 24개월 만에 수구(壽丘)에서 낳았다는 설화도 동이족 설화인 것이다.

그러나 중국은 그들의 기원이 동이족이라는 사실을 덮고 한족이 장

---

108 『세본』「제왕세본」. "契是帝嚳子."
109 『세본』「제왕세본」. "代黃帝而有天下."

구한 역사와 인류 문명을 이끌어왔다는 논리로 그들의 지위를 확보하고, 나아가 21세기 세계 최고의 중심 국가로 서고자 했다. 그들의 욕망은 역사공정이라는 역사 왜곡으로 나타난다.

최근 중국은 그들이 동이족이라고 지칭했던 신화 속 인물을 한족의 조상으로 만들고 있다. 중국은 "통일적다민족국가론을 바탕으로 거대한 '대(大)중화주의'를 건설하여 21세기 세계 중심 국가로 서고자 하는 국가 전략"[110]으로 역사공정을 진행하고 있다. '통일적다민족국가론'은 백수이(白壽彝)와 하자전(何玆全)이 1950년부터 내세운, 민족, 강역, 역사 등을 지금의 국토 범위로 정하자는 주장이 바탕이 된다. 이를 바탕으로 손진기(孫進己)와 담기양(譚其驤)은 역사상의 전통적 국경이 지금의 국경을 대신한다고 주장하는데, 1980년대 이후에 이들의 주장을 채택하여 역사상 정권과 민족의 귀속을 확정지어 역사공정을 진행한 것이다.[111]

역사공정은 하상주단대공정→중화문명탐원공정→동북공정→요하문명론→문명선전공정으로 이어진다. 1996년부터 2000년까지 지속된 하상주단대공정은 신화의 시대를 일컫는 하나라와 상나라를 역사상으로 규정하고 그 나라의 존속 연대를 정한 것이다. 중국의 주장에 따르면, 하나라는 서기전 2070~서기전 1600년, 상나라는 서기전 1600~서기전 1046년, 주나라는 서기전 1046~서기전 771년에 존속했다. 중국은 이어서 2000년부터 중화문명탐원공정을 실시하는데, 이는

---

110 우실하, 「'통일적다민족국가론'의 전개와 적용」, 『고구려발해연구』 29, 고구려발해학회, 2007, p. 63.
111 우실하, 위의 글 「'통일적다민족국가론'의 전개와 적용」.

중화 문명의 근원을 탐구한다는 뜻으로, 신화와 전설의 시대로 알려진 '삼황오제'시대를 중국의 역사로 편입시키기 위한 것이다.

동북공정은 역사상의 정권과 민족의 귀속을 지금의 국토로 한다는 주장에 따라 고구려 역사를 중국의 역사로 편입시킨 것이며, 요하문명론은 홍산문화를 주도한 주체가 '황제족의 후예'인 전욱과 제곡이며, 그들이 북방민족의 시조이자 고구려 주몽의 선조가 된다는 것이다.[112] 황제족의 후예는 곧 한족의 후예라는 주장인데, 위에서 살펴봤듯이 황제는 동이족이다. 문명선전공정은 하상주단대공정부터 요하문명론까지 국내외적으로 선전을 통해 역사공정을 사실로 확정지어가는 것이다.

그들이 주장한 역사공정의 핵심은 대부분 동이족이 세운 국가를 한족의 역사로 만드는 데 있다. 하나라의 시조인 우를 비롯해 그들이 근원으로 삼은 삼황오제는 위에서 살펴보았듯이 모두 동이족이다. 동이족은 난생형 건국사화로 종족의 기억과 뿌리를 전승했던 것이다.

사마천은 이족의 역사를 한족의 역사로 편입시킨 장본인이다. 오늘날 동북공정은 이처럼 저 먼 과거부터 시작되어 길고도 긴 역사 왜곡의 역사를 가진 것이다. 그러나 장대한 역사를 왜곡하기란 쉽지 않다. 많은 자료가 산발적이나마 남아 있고, 종족의 기억과 뿌리를 전승한 난생신화의 주인공은 동이족임이 분명하다. 즉 난생사화는 한족과 관계가 없다.

---

[112] 우실하, 「동북공정의 최종판 요하문명론」, 『고조선단군학』 15, 고조선단군학회, 2006.

5. 맺는말

　난생형 건국사화와 한족과의 관계를 살펴보았다. 난생형 건국사화는 한반도를 비롯해 중국 대륙의 동북부와 발해 연안, 그리고 산동반도와 중국 남부 그리고 베트남까지 분포되어 있다. 거대한 지역에 걸쳐 있는 건국사화의 주인공들은 중국 학자들이 주장하는 것처럼 중국의 한족과는 무관한 동이족이다. 건국사화는 건국 주체들의 건국의 정당성과 신성성을 확보하기 위한 매개물이며, 중요한 정보를 담고 있다. 즉, 후대에 전승하기 위해 건국 주체의 민족과 그 뿌리 그리고 기억 등을 새겨 넣은 것이다.

　모이셰존과 원가가 주장하듯 고대 국가들 간에 건국사화가 다르면 종족도 다르다. 반면 약간의 변형은 있을지라도 건국사화의 원형이 같으면 나라들은 달라도 동일한 조상에서 발생한 씨족들이 세운 나라였다. 따라서 난생형 건국사화를 가지고 있는 은나라를 비롯해 진나라, 서국, 부여, 고구려, 신라, 베트남 문랑국은 모두 동이족이다.

　그런데 중국은 난생형 사화를 그들의 사화로 만들었다. 그들이 오늘날의 화하족 중심의 중국 개념을 만들면서부터다. 주나라는 그들의 수도인 낙양과 황하 유역 등 그들의 정치세력이 영향을 미치는 곳을 제외하고 남만, 북적, 서융, 동이로 나누어 중국 개념을 만들었는데, 이러한 이름은 이족을 폄하하는 뜻을 담고 있다.

　동이족의 난생사화를 한족 사화로 만든 이는 사마천이다. 사마천은 한족 중심의 역사체계를 서술하면서 황제를 비롯해 전욱과 제곡 그리고 요와 순을 하-상-주로 이어지는 한족의 조상 계보로 만들었다. 사마천은 고대에도 명백히 동이족으로 알려졌던 소호는 빼고 황제를 오제의 처음으로 세웠는데, 황보밀을 비롯한 다른 역사가들은 오제의 처음이 소호이고 그는 황제의 아들이라고 했다. 즉, 황제 또한 동이족인 것이다.

사마천은 동이족을 한족으로 만들어 그들의 조상으로 삼았는데, 당대의 저명한 중국의 역사학자들이 사마천의 역사 왜곡을 지적한 것이다. 또한 부사년과 문다일 그리고 낙빈기의 연구 성과를 무시하고 역사공정을 통해 복희, 염제 등 삼황을 중국인들의 근원으로 삼고 있다. 21세기 한족 중심의 세계 중심 국가를 꿈꾸며 현재 중국에 귀속된 강역에 있는 민족과 그들의 역사는 모두 중국의 역사라고 주장하는 것인데, 난생형 건국사화 하나만으로도 중국의 역사 왜곡이 얼마나 터무니없는지 알 수 있다. 한족은 난생형 건국사화는커녕 건국의 당위성과 건국 주체의 신성성을 확보하고 문학적 완결성을 갖춘 건국사화가 없다.

2장
『사기』「오제본기」의 황제 실존성 연구

1. 머리말

사마천이 지은 『사기』 권1 「오제본기(五帝本紀)」는 황제, 제전욱, 제곡, 제요, 제순의 사적을 기록하고 있다. 여기에는 한족의 역사가 고대 황제로부터 시작되었으며, 그들의 조상은 황제라는 사마천의 의도가 담겨 있다. 그런데 사마천과 달리 『세본』과 후한 말 서진 초의 학자인 황보밀은 오제를 소호, 제전욱, 제곡, 제요, 제순이라고 했다.

오제 이전에 삼황이 있었는데, 황보밀과 『세본』은 태호복희와 신농염제 그리고 황제를 삼황이라고 했고, 사마정은 복희, 여와, 신농을 삼황이라고 했다. 학자들마다 다르나 삼황에 복희와 신농은 공통으로 들어가고, 나머지는 여와, 수인, 황제, 공공, 축융 중 한 명이 들어간다.[113] 즉, 사마천이 『사기』를 편찬할 당시에 삼황오제에 관해서 여러 설이 있

---

[113] 김명옥, 「동아시아 난생신화와 중국 한족과의 관계 연구」, 『문화와융합』 42(5), 한국문화융합학회, 2020, p. 815.

었는데, 사마천이 자료를 수집한 후 취사 선택해서 삼황은 지우고 황제를 한족의 조상으로 설정한 것이다.

사마천 이후 황제가 부각된 시기는 청나라 말이다. 외세에 대한 저항의 거점으로 황제를 호명했던 것이다. 당시 현실을 고민하는 지식인들은 혁명파와 유신파로 나뉜다. 혁명파는 반청혁명을 주도하는 세력이고, 유신파는 변법유신을 주창한 세력이다. 혁명파는 만주족을 주적으로 상정하고 한족만의 조상으로 황제를 호명했지만, 유신파는 만주족을 포함한 회족, 장족, 한족, 몽골족 등 오족의 공동 시조로 황제를 호명했다.[114]

그러나 중화민국(1912) 이후 고사변학파는 황제의 실존성에 의문을 제기한다. 고사변학파인 양관(楊寬)은 황제가 야설에 불과하다고 했다.[115] 한국의 김선자,[116] 홍윤희,[117] 이유진[118] 등도 중국이 근대적 '민족국가' 또는 '국민국가'를 포획하는 과정에서 황제가 만들어졌다고 주장한다. 청말에 중국이 그들 민족을 구축하는 과정에서 조상 시조 황제가 형성되었다는 것이다.

이유진은 황제를 역사로 보느냐 신화로 보느냐는 진실 프로그램에

---

[114] 백광준, 「청말, 한족 표상의 구축」, 『동아시아문화연구』 58, 동아시아문화연구소, 2014.

[115] 楊寬, 「中國上古史導論」, 『古史辨』 冊7, 開明書店, 1942(民國 30年).

[116] 김선자, 「황제 신화와 국가주의: 중국신화 역사화 작업의 배경 탐색: 하신의 『논정치국가주의(論政治國家主義)』」, 『중국어문학논집』 31, 중국어문학연구회, 2005.

[117] 홍윤희, 「1920년대 중국, '국가의 신화'를 찾아서: 호적(胡適), 노신(魯迅), 모순(茅盾)의 중국신화 단편성 논의를 중심으로」, 『중국어문학논집』 28, 중국어문학연구회, 2004.

[118] 이유진, 「끊임없는 담론: 신화의 역사화, 역사의 신화화」, 『중국어문학논집』 24, 중국어문학연구회, 2003.

따라 달라지는데, 역사 또는 신화 프레임들의 담론 배경에는 '염황의 자손'이라는 중국인들의 민족 정체성과 관련이 있으며 다민족 국가를 유지하는 민족 통합의 '문화부호'로서 황제가 자리한다고 주장한다.[119] 황제가 근대에야 비로소 중국인(민족)의 공동 시조로 만들어졌다는 것이다.

한편, 대만의 왕명가(王明珂), 심송교(沈松僑), 중국의 서욱생은 한족의 조상 만들기가 전국시대 말부터 한나라 초기에 이루어졌다고 주장한다. 이들은 '화하' 또는 '중국'의 형성 과정을 살피면서 근대와 똑같은 현상이 이미 전국시대 말에서 한나라 초기에 있었다고 주장한다. 이들에 따르면, 전국시대 말 진·한 초기에 황제는 중국인의 공동 시조로 만들어졌고, 사마천이 '황제'를 종족 기원으로 삼아 정사를 창조해 역사를 신화 전설과 분리시켜 한족의 시조로 세웠다.[120] 한마디로 황제는 "현실정치 내지는 공동체 관계의 수요에 의해서 창조"[121]되었다는 것이다.

---

[119] 이유진, 위의 글 「끊임없는 담론: 신화의 역사화, 역사의 신화화」. 이유진은 하상주단대공정 이후 중국 학계에서는 고힐강(顧頡剛)과 호적(胡適) 등의 고사변학파가 삼대에 대한 부정으로 중화문화와 중국 민족의 정체성에 혼란을 초래했다고 비판하면서, 하상주단대공정으로 하·은·주 단대가 확정지어졌을 뿐만 아니라, 이러한 단대의 확정으로 "오제시대를 역사로 복원하여 중국인 스스로 염황자손(炎黃子孫)이라고 부르는 것은 역사적 근거가 있음을 증명함으로써 민족 단결과 국가 통일을 보증하는 것"이라고 한다.

[120] 왕명가, 조우연 옮김, 「'염황자손'과 관련된 근대 '네이션' 관념 구축의 고대적 기반: 황제와의 연줄 만들기[攀附]에 대해」, 『황제, 그리고 중국의 민족주의』, 한국학술정보, 2009; 심송교, 조우연 옮김, 「"나의 피 헌원에 바치리라": 황제신화와 청말 '네이션(민족)' 구조의 확립」, 『역사민속학』 27, 한국역사민속학회, 2008; 서욱생, 조우연 옮김, 『중국 전설시대와 민족 형성(상)』, 학고방, 2012.

[121] 심송교, 조우연 옮김, 위의 글 「"나의 피 헌원에 바치리라": 황제신화와 청말 '네이션(민족)' 구조의 확립」, p. 275.

사마천 동상

그렇다면 정말 황제는 만들어진 신화인가? 이 글은 이러한 질문에 답을 찾아가는 과정이다. 실존성에 대한 질문은 역사의 신화화, 신화의 역사화 담론의 일종일 것이다. 필자는 신화가 역사에서 재료를 뽑아 만든 이야기라는 믿음을 갖고 있다. 따라서 흩어지고 완전하지 않지만, 전해오는 문헌과 금석문 등은 황제의 실재를 말한다고 여긴다.

불완전한 기록들은 문자가 없던 시절 오랫동안 집단적 기억에 의해 전승되다가 잊히고 흩어져 그 잔존들만 전해오던 것을 채록해 문자로 기록한 구비전승의 특성이다. 또한 역사는 신화의 재료이기 때문에 역사가 선행되어야만 그것을 재료 삼아 신화[122]를 구성할 수 있다.

한편, 필자는 사마천이 『사기』를 쓰면서 봤던 여러 역사 전적과 역사 현장 탐방을 통해 황제의 실존성을 확인했을 것으로 보고 『사기』 「태사공자서(太史公自序)」를 논지의 주 대상으로 삼고자 한다.

---

[122] 여기에서 신화는 문자로 기록한 역사 이전 선사시대의 역사를 뜻한다.

2. '만들어진 황제'설의 기원

사마천은 그의 자서전인 「태사공자서」에서 『사기』에 대해 "나는 황제를 거쳐 한나라 무제(武帝)의 태초(太初)에 이르기까지를 기술해서 마쳤다. 총 130편이다"[123]라고 말했다. 「오제본기」에 대해서는 다음과 같이 말했다.

> 오직 옛날의 황제는 하늘을 본받고 땅을 법칙으로 삼았는데, 전욱, 제곡, 요, 순, 네 명의 성인(聖人)이 차례를 따라 각각 법도를 성취했다. 당의 요임금이 천자의 자리를 물려주었으나 우의 순임금은 기뻐하지 않았다. 그러한 제왕의 공적을 아름답게 여겨서 이를 기록해 길이 전할 것이다. 이에 「오제본기」를 지어 첫 번째에 둔다.[124]

한나라의 역사는 황제로부터 시작되어 전욱, 제곡, 요, 순으로 이어졌다는 선언이다. 『사기』 이후에 황제는 2,000여 년 동안 한나라의 조상 시조로서 그 자리가 굳건해 보인다.

전통적인 황제 관념은 하나의 왕조나 하나의 성씨만의 전유물이었는데, 근대에 와서는 "민족 공동의 시조로 간주"되고, 또 조상 개념에서 '국통'으로 전화되었다.[125] 이는 근대라는 시대적 상황에서 이루어졌다.

---

[123] 『사기』「태사공자서」. "余述歷黃帝以來至太初而訖 百三十篇."
[124] 『사기』「태사공자서」. "維昔黃帝 法天則地 四聖遵序 各成法度 唐堯遜位 虞舜不台 厥美帝功 萬世載之 作五帝本紀第一."
[125] "이러한 정치단체들은 각자 이익과 의식 상태, 정치적 목적이 크게 달랐음에도 이들의 공통점은 바로 '황제'라는 조상 관념이었다. 단, 전통적인 황제 관념과는 달리, 어

오제

　사마천 이후 황제가 호명되기 시작한 때는 제국주의 침략이 가시화되는 청나라 말이었다. 다윈의 진화론은 자연과학만의 지각 변동이 아니었다. 이민족의 지배를 받은 민족은 열등한 민족이 된다는 허버트 스펜서(Herbert Spencer)의 사회진화론에 따르면 '문명'의 한족이 '야만'스러운 만주족의 지배를 받는 상황을 설명할 수 없어진다. 그래서 청말 지식인들은 황제를 통해 이 문제를 극복하고자 했다. 반만주족주의인 혁명파는 황제가 한족만의 조상이어야 했다. 추용(鄒容)의 말을

느 한 왕조거나 한 성씨만의 전유물이 아닌, '중화민족'의 '공동의 시조'로 간주하고 있다. 다시 말해서, '황제'가 일종의 공인된 '기호(심볼)'로서 이미 구시대의 제왕 세계(世系)적인 '황통' 맥락에서 벗어나, 새롭게 구성된 민족 전승, 즉 '국통'의 맥락으로 전환되었음을 의미한다." 심송교, 조우연 옮김, 앞의 글 「"나의 피 헌원에 바치리라": 황제신화와 청말 '네이션(민족)' 구조의 확립」, p. 280.

들어보자.

> 나는 우리 동포에게 분명히 말한다. 예전 「우공」의 구주와 지금의 18행성은 우리 황한 민족의 육친혈육의 동포가 태어나고 자라나 국족이 모여 있는 땅이 아닌가? 황제의 자손이자 신명의 후예라는 점은 우리 황한 민족의 적친 동포들의 명예가 아니더란 말인가? 중국의 화하와 만(蠻), 이(夷), 융(戎), 적(狄)은 우리 황한 민족의 적친 동포들이 인종을 구분하는 불문율이 아니던가? 만주족이 우리와 통혼을 하지 않았으니, 우리는 여전히 명명백백 황제의 자손이다.[126]

추용은 전국시대 말기에 형성된[127] 화하의 개념으로 한족과 이민족을 분류하고 있다. 그러면서 "안으로는 만주족의 노예가 되어 만주족의 포악함을 겪고 밖으로는 열강의 핍박을 당하여 수많은 노예가 되었"[128]다고 주장한다. 그는 한족이 만주족의 굴레를 벗어나더라도 열강으로부터 자유로울 수 없기 때문에 "지금 우리 황제 신명의 한족이 혁명 독립"[129]을 하자고 외친다.

진천화(陳天華)는 「경세종(警世鐘)」에서 "황제는 우리의 대시조이시다. 한종(漢種)과 같지 않으며 황제의 자손이 아니다"[130]라고 했다. 즉,

---

[126] 추용, 백광준 옮김, 「혁명군」, 『20세기 초 반청혁명운동 자료선』, 성균관대학교출판부, 2011, p. 242.
[127] 왕명가, 조우연 옮김, 앞의 글 「'염황자손'과 관련된 근대 '네이션' 관념 구축의 고대적 기반: 황제와의 연줄 만들기에 대해」.
[128] 추용, 백광준 옮김, 앞의 글 「혁명군」, p. 249.
[129] 위와 같음.
[130] 진천화, 민정기 옮김, 「경세종」, 『20세기 초 반청혁명운동 자료선』, p. 288.

혁명파는 중국 내의 여타 민족을 적으로 규정하고, 한족의 시조인 황제를 중심으로 한족이 뭉쳐서 이족을 물리치자는 주장이다.

그러나 유신파는 종족을 떠나 '하나 되는 중국'을 주장한다. 그들은 하나 되는 중국 만들기에 나섰으며, 한족뿐만 아니라 여타 중국 내의 모든 종족의 시조로서 황제를 호명했고, 황제를 외세에 저항하는 기점으로 삼고자 했다. 외세를 만주로 보느냐 서양세력으로 보느냐의 차이는 있지만, 어느 쪽이든 외세에 대항할 '영웅 계보'를 창조하고 "고대로부터 전승되어 온 황제신화"[131]에 관해서 "새로운 의미를 부여하는 작업이었다"[132]는 공통점이 있었다.

『민심(民心)』 「양이(攘異)」편[133]에는 시조 황제가 묘족과 훈육을 물리치고 제국을 건국했고, 그 후손인 진시황과 한나라 고조가 외세를 물리치고 중원을 통일한 역사에서 보이듯이 한족은 "오랑캐를 물리치는 일종의 천부적인 특성을 가지고"[134] 태어났다고 했다. 황제 후손인 중국인들이 외세를 물리치는 천부적인 특성을 바탕으로 힘을 모아 외세

---

[131] 심송교, 조우연 옮김, 앞의 글 「"나의 피 헌원에 바치리라": 황제신화와 청말 '네이션(민족)' 구조의 확립」, p. 303.
[132] 위와 같음.
[133] "우리 황제 시조님께서 파미르고원에서 동방으로 나오셔서, 남으로는 묘민(苗民)을 쫓고, 북으로는 훈죽(燻鬻)을 몰아내고, 중심에 제국을 건립하셨다. 그 정신을 후손들이 물려받았으니, 전국시대 여러 관대(冠帶)의 제후국들이 (……) 오랑캐를 물리치고 국토를 넓혀갔던 것이다. 진의 시황제와 한의 무제 시기에 이르러서는 변방에 명성을 떨치고 중국의 새로운 기원을 열어갔다." 「攘異篇」, 『民心』 2期, 1911년 4月, 『辛亥革命前十年間時論選集』 3卷, p. 824를 심송교, 조우연 옮김, 앞의 글 「"나의 피 헌원에 바치리라": 황제신화와 청말 '네이션(민족)' 구조의 확립」, pp. 306~307에서 재인용.
[134] 「攘異篇」, 『民心』 2期, 1911년 4月, 『辛亥革命前十年間時論選集』 3卷, p. 824를 심송교, 조우연 옮김, 앞의 글 「"나의 피 헌원에 바치리라": 황제신화와 청말 '네이션(민족)' 구조의 확립」, p. 307에서 재인용.

에 대항하자는 것이다.

이렇듯 중국은 청말에서 신해혁명 이전까지는 대체로 황제의 실존성에 대한 의심이 없었다. 그러나 혁명 이후 고사변학파는 황제의 실존성에 의문을 제기했다. 고사변학파는 "황제의 전설은 제나라 사람의 저작에서 처음 보이며"[135] "제나라 동쪽 야설"[136]에 불과하다고 했다. 의고파가 보기에 고대인들은 "허황한 이야기를 지어내기 좋아한다는 절대적인 기준을 갖고"[137] 있는 듯했다. 그들은 "춘추 이전 사람들의 기록에 관한 내용이 나타나지 않으면 춘추시대 사람들이 날조한 것이라고 한다거나, 전국시대 이전 사람들의 기록에 없으므로 반드시 전국시대 사람들이 날조한 것이라고"[138] 판단한다. 한마디로 의고파는 상고에 관한 이야기가 후대로 내려올수록 자세하기 때문에 믿을 수 없다는 주장이다.

그런데 왕명가가 보기에 황제를 조상으로 삼고자 한 '조상 창조'는 근대의 발명이 아니라 고대 역사와 역사 기억을 계승하는 작업이었다. "'황제'를 종족 기원으로 하는 논술 방식이 '근대'뿐만 아니라 전국시대 말에서 한나라 초기에"[139] 이미 등장했다는 주장이다. 이러한 주장은 화하 또는 중국, 중원이라는 관념의 형성 과정과 밀접한 관계가 있다. "전국 시기부터 한대에 이르는 시기의 '화하' 관념"은 "사실상 '화

---

135 楊寬,「中國上古史導論」,『古史辨』冊7, 開明書店, 1942, p. 193. "黃帝之傳說初見於齊人之著作."
136 楊寬,「中國上古史導論」,『古史辨』冊7, 開明書店, 1942, p. 193. "齊東野語耳."
137 서욱생, 조우연 옮김, 앞의 책『중국 전설시대와 민족 형성(상)』, p. 66.
138 서욱생, 조우연 옮김, 앞의 책『중국 전설시대와 민족 형성(상)』, p. 72.
139 왕명가, 조우연 옮김, 앞의 글「'염황자손'과 관련된 근대 '네이션' 관념 구축의 고대적 기반: 황제와의 연줄 만들기에 대해」, p. 218.

하' 관념에 대한 진일보한 정의(定義)였으며 재해석"[140]이었다.

　화하 관념의 형성이 '황제 조상설'에 영향을 끼쳤다는 왕명가의 논리를 요약하면 다음과 같다. ① 황제에 관한 초기 문헌에서 황제는 여러 제왕 중 하나로 거론되었다. ② 전국시대 이후에 나타난 문헌에서 황제 가문의 시조와 제왕적 성격이 드러난다. ③ 염제와 황제가 형제 관계로 묘사된 것은 황제시대의 통일과 문명, 진보 및 그 역사적 성격을 부각하기 위한 것이다. ④ '화하' 또는 '중국' 개념은 정치적 통일성과 화하에 대한 동질성 인정을 배경으로 해서 전국시대 말 한나라 초에 형성되었다. ⑤ 화하 개념이 형성되면서 황제를 시조로 만들고 이를 통해 제왕들의 계보가 만들어졌다. ⑥ 주나라 왕실의 성씨가 희씨이기 때문에 황제의 성씨도 희씨로 인식했다.[141] 즉, 왕명가는 전국시대부터 한나라 초에 중국 개념이 형성되면서 그때 황제를 한족의 조상으로 만들었다는 주장이다.

　근대 민족주의를 연구하는 현대 학자들은 황제를 '만들어진 신화', '만들어진 한족의 조상'이라고 주장하지만 만들어진 시기에 관해서는 의견이 엇갈린다. 일부는 근대에 만들어졌다고 하고, 일부는 전국시대 말 한나라 초기에 만들어졌다고 주장한다. 전자와 후자 모두 황제를 한족의 시조로 만들어버린 사실은 인정하지만 실존성은 부정한 것이다. 이제 왕명가의 논리를 중심으로 황제는 정말 만들어진 인물인지 살펴보자.

140　왕명가, 조우연 옮김, 앞의 글 「'염황자손'과 관련된 근대 '네이션' 관념 구축의 고대적 기반: 황제와의 연줄 만들기에 대해」, p. 165.
141　왕명가, 조우연 옮김, 앞의 글 「'염황자손'과 관련된 근대 '네이션' 관념 구축의 고대적 기반: 황제와의 연줄 만들기에 대해」, pp. 149~158.

3. 황제는 만들어졌나?

앞에서 언급한 왕명가의 논리 중 ①~③은 황제의 기록에 관한 것으로, 서로 같은 맥락이다. 문자 기록이나 그 기록에 일관성이 없다고 해서 황제가 실존하지 않았다고 말할 수는 없다. 초기 문헌에 황제가 제왕의 모습으로 나타나지 않았는데 점차 시간이 지나면서 제왕적 성격이 드러난 것은 문자 탄생과 연결해서 생각해볼 여지가 있다. 대체로 한자는 황제의 사관인 창힐(倉頡)이 만들었다고 전한다.[142] 황제 시기에 문자가 만들어졌다고 해서 일반적으로 널리 통용되지는 않았을 것이며, 문자를 사용하는 사람도 한정되었을 것이다.[143] 이를테면 제정일치 사회에서 종교의식 주관자만 제의에서 상징적으로 사용했을 것이다. 우리는 그것을 은나라 갑골문에서 확인할 수 있다. 은나라는 문자를 사용했지만, 주로 복사(卜辭)에 관한 내용일 뿐 그들의 역사를 세세하게 기록하지 않았다. 또한 초기 문자로는 기록하는 데 한계가 있었을 것이다. 따라서 창힐이 만든 글자로 모든 역사를 기록할 수는 없었을 것이다.

이러한 점을 감안한다면 창힐이 문자를 만들었어도 여전히 역사 기

---

[142] 『설문해자(說文解字)』 '서'. "黃帝之史 蒼頡."
[143] 세종대왕이 한글을 만든 지 500여 년이 지난 1945년 해방 직후 미군정기 초에 우리나라 문맹률은 80퍼센트에 육박했다. 이항재와 이희수는 해방 직후에 12세 이상 총인구의 약 78퍼센트인 800만 명이 문맹자였는데, 여기에 학력 아동 중 미취학 아동 수가 상당하므로 이것을 감안한다면 이보다 훨씬 높았을 것으로 추정한다. 이항재·이희수, 「미군정기 성인 문맹퇴치운동의 정치적 동인」, 『학생생활연구』 1, 순천대학교 학생생활연구소, 1994.

록은 기억에 의한 구비전승 방식이 주류였을 것이다.[144] 창힐 이후에 은나라의 갑골문자가 발전해서 오늘날 한자로 발전했는데,[145] 문자로 기록하기까지의 역사는 대체로 구비전승되다가 문자가 보편화되면서 흩어져 전승되어온 것을 채록해서 기록한 것이다. 따라서 전국시대 문헌에 황제의 제왕적 성격, 문명의 진보를 보여주는 기록들이 나타난다고 해서 그 기록이 후대에 생겨난 것으로 단정 지을 수 없다. 전국시대에 문자가 보편화되면서 구전되어온 역사가 채록돼서 기록된 것으로 봐야 한다.

④~⑥도 같은 맥락이다. 정치적 통일성과 화하에 대한 동질성 인정을 배경으로 '화하' 개념이 형성되면서 성씨가 만들어지고, 성씨라는 혈연적 기반을 통해 조상 시조가 만들어졌다는 주장이다.

중국 보학(譜學)은 춘추전국시대와 한대에 집대성되었다. "좌구명(左丘明)이 편찬했다고 전해오고 『세본』「성씨편(氏姓篇)」에서 비롯"[146]되었다는 것이다. 동한시대 응소는 『풍속통의(風俗通義)』 안에 춘추전국시대와 한대의 보학을 집대성해서 「성씨편」을 수록했는데, 이 책은 중국 보학사에서 중요한 위치를 차지한다. 본래 30권이었는데, 당나라까

---

[144] 서욱생도 "고대 문헌에 상고시대 전설이 수록되어 전해지는데, 사건 발생 당시에는 문자가 존재하지 않아 기록되지 못한 사료다"라고 했다. 그는 이 시대를 전설시대라고 하면서 '반경(盤庚)이 은으로 천도하기 이전'까지를 하한선으로 잡았다. 서욱생, 조우연 옮김, 앞의 책 『중국 전설시대와 민족 형성(상)』, p. 9.
[145] 장문(長文)은 "대문구문화는 중기 후반부터 시작하여 양저문화의 영향을 받은 것이다. (……) 뒤에 산동 용산문화의 발전을 거쳐서 마지막으로 갑골문자의 만듦을 이끌어낸 것이다"라고 했다. 張文, 「大汶口文化陶尊符號試解」를 진태하, 앞의 책 『한자는 우리의 조상 동이족이 만들었다』, pp. 39~40에서 재인용.
[146] 안광호, 「응소의 『풍속통의』에 수록된 '성씨편'의 유실과 집일(輯佚)」, 『전북사학』 62, 전북사학회, 2021, p. 156.

지 전해지다가 송대에 10권만 전해졌다.[147]

주지하다시피 『사기』의 삼가주석자들은 응소의 말을 인용했는데, 응소는 한나라 전장(典章: 제도와 문물)에 매우 박식한 것으로 알려져 있다. 보학이 춘추전국시기와 한대에 체계화되었다고 해서 그때 만들어졌다고는 할 수 없을 것이다. 한편, 낙빈기는 금석문 연구를 통해 성씨가 염·황시대부터 있었다고 했다. 고대의 금석문은 씨칭을 의미하며, 혼인 등이 이루어질 때 또는 매우 중요한 일이 발생할 때 씨칭을 새겨 넣은 그릇을 만들었다고 했다.[148]

사마천은 「오제본기」에서 "황제는 소전(少典)의 아들이다. 성은 공손(公孫)이고 이름은 헌원(軒轅)이다"[149]라고 했다. 헌원에 대해서 사마정은 황보밀의 말을 인용하여 "황제는 수구에서 태어났는데 희수(姬水)에서 자랐다. 그로 인해 성으로 삼았다"[150]라고 했다. "본래의 성은 공손인데, 희수에서 오래 살아서 성을 희(姬)로 바꾸었다"[151]는 것이다. 이러한 점으로 볼 때, 염제와 황제 때에 성씨가 나타났다 해도 왕족 중심으로 사용되었을 것이다. 성씨의 유래에 대해서 장열(張說)은 다음과 같이 주장했다.

> 옛날에는 오랑캐들과 마찬가지로 성씨가 없었다. 태어난 곳에 따라 염제가 강씨를, 황제가 희씨를 칭하면서부터 성씨가 처음 생겨났다. 그 후 천

---

147 안광호, 위의 책 「응소의 『풍속통의』에 수록된 '성씨편'의 유실과 집일」.
148 낙빈기, 김재섭·최영택·홍천표 옮김, 앞의 책 『금문신고』.
149 『사기』. "黃帝者 少典之子 姓公孫 名曰軒轅." https://hanchi.ihp.sinica.edu.tw.
150 『사기색은』. "黃帝生於壽丘 長於姬水 因以爲姓." https://hanchi.ihp.sinica.edu.tw.
151 『사기색은』. "是本姓公孫 長居姬水 因改姓姬." https://hanchi.ihp.sinica.edu.tw.

자께서 덕 있는 자를 세우고 그 출생지에 따라 성씨를 하사했다. 황제에게 아들 스물다섯이 있었는데, 성씨를 얻은 자가 열넷이다. 덕이 같으면 성씨 또한 같고, 덕이 다르면 성씨 또한 달랐다. 그 후부터 혹은 관직에 따라, 혹은 국명에 따라, 혹은 왕부 이름에서 따다가 가문의 성씨로 하사했는데, 그것이 오랫동안 이어져 내려오면서 성씨가 된 것이다. 당, 우에서 전국시대에 이르는 동안 성씨의 사용이 점차 많아졌다. 주나라가 쇠하고 열국이 곧 멸하자 사람들은 옛 나라의 이름을 따서 성씨로 사용해, 양한 무렵에 이르러서는 사람들마다 모두 성씨가 있게 되었다.[152]

장열에 따르면, 염제와 황제가 각각 강씨, 희씨로 칭하면서 성씨가 처음 생겨났다. 염제는 강수에서, 황제는 희수에서 살았기 때문에 살던 곳의 이름을 따서 성씨로 삼은 것이다. 처음에는 출생지에 따라 성씨를 하사하다가 이후에 관직, 국명, 왕부 등에 따라 하사했는데, 전국시대에 성씨가 점차 많아졌다고 한다.

헌원이나 염제가 사는 지역 이름을 따서 생겨난 성씨 유래가 관습이 되어 전국시대까지 이르고 있음을 알 수 있다. 문자가 없던 시대에 성씨의 연원은 구전되었던 것인데, 구전되어 내려온 "사료는 대부분 해당 시기 역사를 핵심으로 하고 있으며 사실적(史實的) 연원을 갖고 있"[153]다. "이는 후대의 2차 수정을 거치지 않은 채 산재되어 나타나는

---

[152] 『신당서』. "說曰 古未有姓 若夷狄然 自炎帝之姜 黃帝之姬 始因所生地而為之姓 其後天子建德 因生以賜姓 黃帝二十五子 而得姓者十四 德同者姓同 德異者姓殊 其後或以官 或以國 或以王父之字 始為賜族 久乃為姓 降唐 虞 抵戰國 姓族漸廣 周衰 列國既滅 其民各以舊國為之氏 下及兩漢 人皆有姓."

[153] 서욱생, 조우연 옮김, 앞의 책 『중국 전설시대와 민족 형성(상)』, p. 10.

자료로서 (……) 소박한 특징이 있다."¹⁵⁴

조상을 기억하고 기리는 것은 고대에서 매우 중요한 일이었다. "기억이 만들어지고 전승되는 데는 각종의 장치가 필요하다. 상징, 텍스트, 그림, 의례, 기념비, 장소 등이 그것이다. 그러한 문화적 표현물들은 실상 제도적인 장치다. 따라서 집단적 기억은 대부분 제도적 기억이다."¹⁵⁵ 조상에 대한 제사는 제도적 기억이라고 말할 수 있

중국성씨원류수상시의도

는데, 고대 유물의 많은 부분이 제기라는 점이 이를 말해준다. 신이 된 조상을 기리는 의식은 전국시대 이전부터 있었다. 『국어(國語)』를 보자.

> 유우씨(有虞氏)는 황제에게 체제(禘祭)를 지내고, 전욱에게 조제(祖祭)를 지내며, 요(堯)에게 교제(郊祭)를 지내고, 순(舜)에게 종제(宗祭)를 지냈

---

154 위와 같음.
155 김학이, 「얀 아스만의 "문화적 기억"」, 『서양사연구』 33, 한국서양사연구회, 2005, p. 235. 피에르 로라는 다가올 미래에 대한 불확실성이 현재에 무엇인가를 기억해야 할 의무로 부여되었으며, "박물관, 기록보존소, 도서관, 자료집, 연대기 등 기억의 기구와 제도를 양산한다"고 했다. 피에르 로라, 이용재 요약 번역, 「기억의 범세계적 도래」, 『프랑스사 연구』 14, 한국프랑스사학회, 2006.

1부 난생신화의 주인공은 모두 동이족이다 · **67**

다. 하후씨(夏后氏)는 황제에게 체제를 지내고, 전욱에게 조제를 지내며, 곤(鯀)에게 교제를 지내고, 우에게 종제를 지냈다. 상나라 사람들은 순에게 체제를 지내고, 설에게 조제를 지내며, 명(冥)에게 교제를 지내고, 탕(湯)에게 종제를 지냈다. 주나라 사람들은 곡(嚳)에게 체제를 지내고, 직(稷)에게 교제를 지내며, 문왕에게 조제를 지내고, 무왕에게 종제를 지냈다.[156]

체제, 조제, 교제, 종제는 하늘에 제사하여 조상을 배향하는 것을 말한다.[157] 유우씨는 황제의 손자인 전욱의 후손이다. 그래서 황제와 전욱에게 제사한 것이다. 즉, 후손이 선조를 배향한 것인데, 이러한 문화가 오랫동안 지속되었다. 제기와 같은 유물들은 제사의 기원이 매우 오래되었음을 의미한다. 따라서 제사라는 실천적 행위가 전해지다가 문자로 기록된 것이다. 제사라는 제도가 황제의 실존성, 즉 우·하·상·주의 조상이었다는 것을 말해준 것이다.

근대의 연구자들은 황제가 만들어졌다고 주장한다. 그 근거로 드는 것이 초기 문헌에 비해 후대의 문헌에 나타난 황제의 모습이 제왕적이라는 것이다. 그러나 위에서 살펴보았듯이 초기 문헌에 비해 후대의 문헌에 나타난 황제의 모습이 제왕적이었던 것은 문자 보급과 관련이 있다. 또한 전국 말 진·한대에 성과 씨가 만들어졌고, 이때 '조상 만들기'를 통해 황제가 만들어졌다고도 주장했다. 그러나 이러한 설은 여

---

[156] 『국어』 「노어 상」. "有虞氏 禘黃帝而祖顓頊 郊堯而宗舜 夏后氏 禘黃帝而祖顓頊 郊鯀而宗禹 商人 禘舜而祖契 郊冥而宗湯 周人 禘嚳而郊稷 祖文王而宗武王."
[157] 동양고전종합db(db.cyberseodang.or.kr).

러 학자가 참고한 보학에 관한 문헌을 통해 '조상 만들기'가 아니라는 점이 증명되었다. 또 황제에 대한 제사 기록이 있는데, 집단적 기억은 제도적 기억이라는 점에서도 황제의 실존성을 말해준다. 즉, 황제를 허구적인 인물로 보기 어렵다.

4. 황제의 기록에 관한 전적들

사마천은 「오제본기」에 "황제는 소전의 아들이다. 성은 공손이고 이름은 헌원이다."[158]라고 했다. 소전에 관해서 『사기집해』 주석자인 배인(裴駰)은 초주(譙周)를 인용해 "유웅국(有熊國) 군주인 소전의 아들"이라고 했다. 유웅국에 대해서 황보밀은 하남의 신정(新鄭)이라고 했다.[159] 『사기색은』 주석자인 사마정도 "소전은 나라 이름이고, 사람 이름이 아닌 것이 명백하다"고 했다. 또 『국어』 「진어(晉語)」를 인용해 "소전이 유교씨(有蟜氏)의 딸에게 장가들어 황제와 염제를 낳았다"고 했다.[160]

배인과 사마정은 초주를 인용했다. 초주는 "촉(蜀)땅 사람인데, 위나라에서 산기상시(散騎常侍)의 벼슬로 불렀으나 제수되지는 않았다"[161]고 했다. 배인뿐만 아니라 사마정도 주석을 달면서 어디에 근거했는지를 명확히 밝힌 것이다. 『국어』는 서기전 350년경 노나라 좌구명이 썼

---

158 『사기』 「오제본기」. "黃帝者 少典之子 姓公孫 名曰軒轅."
159 『사기집해』. "譙周曰 「有熊國君 少典之子也」 皇甫謐曰 「有熊 今河南新鄭是也」."
160 『사기색은』. "少典者 諸侯國號 非人名也 又案 國語云 「少典娶有蟜氏女 生黃帝·炎帝」."
161 『사기』 「오제본기」. "蜀人. 魏散騎常侍徵不拜."

다고 전해지므로 서기전 109년에서 서기전 99년으로 추정되는 『사기』 편찬 시기보다 250여 년이 앞선 책이다.

사마천은 여러 자료를 보고 그것을 취사선택해서 『사기』를 기술했다.[162] '유실된 옛 전적'이란 진시황의 분서갱유로 소실된 문헌과 자연적으로 소실된 문헌들일 것이다. 사마천의 표현대로라면 그 당시에 상고사에 대해서 전해져오던 기록일 것이다.

사마천의 집안은 주나라 때부터 대대로 사관을 역임했다.[163] 그의 말에 따르면, 전욱 때 중(重)과 여(黎)가 관장하던 하늘과 땅의 일을 그 후손들이 주나라 선왕(宣王) 전까지 맡았는데, 선왕 때 중과 여의 후손들이 직분을 잃고 사마씨가 사관으로 종사하게 되었다고 했다.[164] 따라서 사마천도 대대로 가업을 잇기 위한 수업을 받았다. "나이 10세에 고문(古文)을 암송했다"[165]는 그의 증언에서도 알 수 있듯이, 사마천은 집안 대대로 내려오던 역사에 대해 많이 듣고 보고 자랐을 것이다.

한편, 사마천은 "태사령이 되어 역사의 기록과 석실(石室) 및 금궤(金匱) 속의 글을 철집(綴集)했다"[166]라고 했다. 석실과 금궤에 관해서

---

162 "천하에서 유실된 옛 전적을 망라해서 왕들의 발자취와 흥기한 바를 시작을 캐묻고 끝을 살피며 흥망성쇠를 보고 관찰해서 행사(行事)들을 논하여 고증했다." 『사기』 「태사공자서」. "罔羅天下放失舊聞 王迹所興 原始察終 見盛觀衰 論考之行事."
163 사마천은 『사기』 「태사공자서」 사관의 역사를 기술하는데, 전욱시대의 중과 여로부터 시작해서 그 후손들이 계승하다가 주나라 선왕대에 그들이 직분을 잃고 사마씨가 대대로 사관이 되었다고 한다. 이후 사마씨의 후손들을 열거해서 부친인 사마담(司馬談)에 이르기까지 서술한다.
164 『사기』 「태사공자서」. "昔在顓頊 命南正重以司天 北正黎以司地 唐虞之際 紹重黎之後 使復典之 至爲司馬氏 司馬氏世典周史于夏商 故重黎氏世序天地 其在周 程伯休甫其後也 當周宣王時 失其守而."
165 『사기』 「태사공자서」. "年十歲則誦古文."
166 『사기』 「태사공자서」. "卒三歲而遷爲太史令 紬史記 石室金匱之書."

사마천의 어린 시절(한성시 사마천공원 벽화)

사기 주석서인 『사기색은』에서는 "석실과 금궤는 모두 나라에서 책을 저장하는 곳이다"[167]라고 했다. 여순(如淳)은 철집에 관해서 구서(舊書)와 고사(故事)를 살펴서 차례로 기술한 것이라고 했고, 소안(小顔: 안사고)도 모아서 엮은 것을 말한다고 했다.[168] 즉, 나라의 오래된 책과 오래된 사건을 두루 살피고 통달해서 차례로 엮었다는 뜻이다. 따라서 사마천은 한나라의 역사를 쓰려는 마음을 일찍부터 가지고 있었을 것이며, 오랫동안 자료를 수집하고 정리했을 것이다. 배인에 따르면, 사

---

167 『사기』 「태사공자서」. "案 石室金匱 皆國家藏書之處."
168 『사기』 「태사공자서」. "如淳云 抽徹舊書故事而次述之 徐廣音抽 小顔云 紬謂綴集之也."

마천은 무제의 태초 원년에 『사기』를 기술했으며,[169] 이때 "사마천의 나이는 42세였다.[170]

태사공이 된 사마천은 왕실에 있던 역사서들을 읽었다. 그래서 표를 작성하면서 "하·은·주 3대는 아주 옛날이어서 연기(年紀)를 고찰할 수는 없다. 대개 보첩(譜牒)이나 옛 소문에서 취하고 여기에 근본을 두어 대략 미루었다"[171]고 했다. 족보와 옛 소문을 참고해서 서술했다는 것이다. 사마천은 20세부터 역사 현장 여러 곳을 답사했다.

> 20세에 남쪽으로 강수(江水)와 회수를 유람하고, 회계(會稽)에 올라 우혈(禹穴)을 찾아보고 구의(九疑)를 살펴보았으며, 원수(沅水)와 상수(湘水)에서 배를 타고 다녔다. 북쪽으로 문수(汶水)와 사수(泗水)를 건넜고, 제나라와 노나라의 도읍에서 학문을 연구하며 공자의 유풍(遺風)을 관람했다. 향사(鄕射)의 예를 추(鄒)와 역(嶧)에서 익혔으며, 피(鄱)와 설(薛)과 팽성(彭城)에서 운수가 나빠서 심한 고생을 하다가 양나라와 초나라를 거쳐서 돌아왔다.[172]

위 인용문은 사마천이 답사를 다닌 곳과 다니면서 겪었던 여러 일을 서술하고 있다. 역사 현장을 답사하는 일은 역사적 사건의 사료와 현장을 고증하는 작업이자, 역사에 기록되지 못한 사건들, 그 지역에서

---

[169] 『사기』「태사공자서」. "李奇曰 遷爲太史後五年 適當於武帝太初元年 此時述史記."
[170] 『사기』「태사공자서」. "案 遷年四十二歲."
[171] 『사기』「태사공자서」. "維三代尙矣 年紀不可考 蓋取之譜牒舊聞 本于玆 於是略推."
[172] 『사기』「태사공자서」. "二十而南游江淮 上會稽 探禹穴 闚九疑 浮於沅湘 北涉汶泗 講業齊魯之都 觀孔子之遺風 鄕射鄒嶧 戹困鄱薛彭城 過梁楚以歸."

사마천의 청년 시절(한성시 사마천공원 벽화)

전승된 역사를 듣는 작업이다. 사마천이 살던 시기에 문자 사용자는 소수 유생 및 지배층이었을 것이며, 대다수의 백성은 문맹이었다. 즉, 사마천은 입으로 전승되어 오던 오랜 사건, 기억할 만한 가치가 있는 사건들에 관한 이야기를 답사 현장에서 들었을 것이다. 서욱생의 말을 빌리자면, "'구전'되어 내려온 사료"를 사마천이 참고한 것이다.

구전된 사료는 채록자에 따라 다른데, 황제의 어머니에 관한 기록도 그렇다. 『국어』에서는 유교씨의 딸이라고 했고, 『사기정의』의 주석자 장수절은 "어머니는 부보"[173]라고 했는데, 장수절은 "살펴보니[案]"라고 해서 여러 문헌을 참고했음을 알 수 있다. 그러니까 부보가 유교씨

---

[173] 「오제본기」 '황제'조. "母曰附寶."

의 딸인지 아닌지는 알 수 없다. 단지 『국어』에서는 유교씨의 딸로, 장수절은 부보라고 이름을 쓴 것이다. 그런데 『제왕세기』에서는 염제의 "어머니는 임사(任似)인데, 유교씨의 딸이고 이름은 여등(女登)이며 소전의 비"[174]라고 했다. 사마천이 황제를 소전의 아들이라고 했으니, 염제와 황제가 형제라면 아버지는 같고 어머니가 다른 이복형제라는 뜻이다.

사마천은 그의 집안에서 대대로 내려온 이야기 속에, 여러 문헌 속에, 답사 현장에서 들은 이야기 속에 빠짐없이 황제에 관한 이야기가 있었기 때문에 황제를 오제의 첫 번째로 설정한 것이다. 이를 통해 염제나 황제는 실존했던 인물임을 알 수 있다. 존재하지 않은 인물의 어머니 이름까지 전승될 리가 없다. 만약 황제나 염제가 만들어진 인물이라면 그의 어머니 이름도 똑같이 지었을 것이다.

『사기정의』에서 장수절은 사마천이 사기를 지을 때 『세본』과 『대대례』에 근거해서 「오제본기」를 썼다고 했다.[175] 그런데 공안국의 『상서』 '서'와 황보밀의 『제왕세기』, 『세본』은 모두 황제를 삼황이라고 했고, 오제의 첫머리에 소호를 세웠다. 여러 전적에 황제가 기술되어 있는 것을 볼 때 황제의 실존성에 무게를 두고 있음을 알 수 있다.

황제의 실존성을 알 수 있는 단서는 금석문에 있다. 서기전 356년 제위왕(齊威王)이 금석문을 만들어 이르기를 "오직 내[인제(因齊)]가 돌아가신 부친을 빛내고 고조 황제의 세계를 계승하여 제환공(齊桓公)

---

[174] 『제왕세기』. "炎帝神農, 母曰任姒, 有蟜氏女, 名女登, 小典妃."
[175] 『사기정의』. "(……) 案 太史公依世本 大戴禮 以黃帝 顓頊 帝嚳 唐堯 虞舜為五帝."

진문공(晉文公)의 공업을 어루만져 본받겠다"[176]라고 했다. 또 『국어』 「노어(魯語)」에는 "우씨가 있어 황제에 제사 지내고 전욱을 조상으로 모시며, 또 요임금에게 제사 지내고, 순임금을 조상으로 모신다. 하우씨(夏禹氏)는 황제에게 제사 지내고 전욱을 조상으로 모신다"[177]는 기록이 있다.

사마천은 이릉(李陵) 사건에 연루되어 궁형을 당했다. 한나라 초에 유방(劉邦)은 흉노를 정벌하려다 오히려 백등산(白登山)에서 7일 동안 포위되었다가 진평(陳平)의 계책으로 묵돌선우(冒頓單于)의 왕비에게 막대한 뇌물을 주고 포위가 느슨한 틈을 타 달아났다. 이후 한나라는 매년 막대한 조공을 흉노에게 바쳤다.

한무제 때 이광리(李廣利)는 흉노와의 전쟁에서 여러 번 공을 세웠는데, 천한(天漢) 2년(서기전 99)에도 흉노와 대치 중이었다. 한무제는 이릉을 기도위(騎都尉)로 임명하여 보병 5천 명을 거느리고 이광리의 군을 지원하도록 했다. 그러나 이릉의 군대는 이광리의 군대와 합류하기 전에 흉노 3만 명을 만나 전투를 치러야 했다. 이 전투에서 이릉의 군사 1만 명이 전사했다. 이릉은 이 과정에서 활이 다 소진되고 칼이 부러져 더 이상 전투를 할 수 없게 되자 흉노에 항복했다. 이 소식을 들은 한무제는 신하들에게 이릉의 처분에 관해서 의견을 물었는데, 대부분의 신하들은 한무제의 분노에 영합해 이릉이 처벌받아야 마땅하다고 입을 모았으나 사마천만이 이릉의 군사가 흉노의 대군을 맞아 분

---

[176] "其惟因揚考, 紹踵高祖黃帝, 米嗣桓, 文." 顧頡剛, 「黃帝」, 『史林雜識初編』, 臺北影印本, 無出版年, p. 179를 심송교, 조우연 옮김, 앞의 글 「"나의 피 헌원에 바치리라": 황제신화와 청말 '네이션(민족)' 구조의 확립」, p. 275에서 재인용.
[177] 『국어』 「노어 상」. "有虞氏 禘黃帝而祖顓頊 郊堯而宗舜 夏后氏 禘黃帝而祖顓頊."

이릉 사건에 연루된 사마천(한성시 사마천공원 벽화)

전했다고 이릉을 변호하다 궁형에 처하게 된 것이다.

이릉을 변호하다 궁형을 당한 사마천은 『사기』를 쓴 이유에 대해서 자신과 같이 마음이 답답하고 맺힌 것이 있는 저자들이 쓴 책을 열거하면서 "노나라의 좌구명은 눈이 멀자 『국어』가 있게 했다"[178]라고 했다. 즉, 사마천은 『국어』를 봤다는 의미다. 또한 유학자로서 궁형의 수치를 당하고도 자결하지 않고 살아남은 이유는 『사기』를 저술하기 위한 것이었다.

서욱생은 상고시대의 역사 연구 방법론에서 금석문에 보이는 『금문

---

[178] 『사기』 「태사공자서」. "左丘失明 厥有國語." 마음이 답답하고 맺힌 것이란 사마천이 이릉 사건에 연루되어 궁형을 당한 일을 말한다.

사마천의 『사기』 완성(한성시 사마천공원 벽화)

상서』「우하서(虞夏書)」의 감서(甘誓) 1편,『상서』,『주역(周易)』의 괘효사(卦爻辭),『시경(詩經)』,『춘추좌전』,『국어』,『산해경(山海經)』 등 선진시기 저술들을 1등급 사료로 꼽았다.[179] 전설시대의 사적들은 역사시대의 사료처럼 일목요연하게 정리된 것이 아니기 때문에 이 사료들이 오히려 1차 사료에 가깝다[180]는 것이 그 이유였다.

따라서 사마천이 여러 전적을 보고 옛 소문을 참고하여「오제본기」를 쓴 점, 선진시대 전적들에 황제의 사적이 일목요연하게 정리되지

---

[179] 서욱생, 조우연 옮김, 앞의 책『중국 전설시대와 민족 형성(상)』, p. 84.『산해경』「대황경(大荒經)」이하는 후한 시기의 첨삭을 거쳤다고 해서 내용상 후한 시기의 의작으로 보기 어렵다고 했다.
[180] 위와 같음.

않은 채 기술되어 있다는 점, 즉 오래된 전설이기 때문에 정리되지 않은 1차 사료가 된다는 점에서 황제는 만들어질 수 없는 실존 인물이다.

5. 맺는말

근대 중국에서 황제는 청말 시대에 부각되었다. 황제를 구심점으로 삼아 외세를 물리치고자 했던 것이다. 외세를 만주족으로 보느냐 서구로 보느냐에 따라 혁명파와 유신파가 나뉜다. 혁명파는 만주족을 외세로 규정했으므로 황제는 한족만의 시조여야 했다. 유신파는 하나 되는 중국의 시조로서 황제를 호명했고, 황제를 통해 국난을 극복하고자 했다. 혁명 이후에는 황제의 실존성을 부인하는 고사변학파가 등장한다. 고사변학파는 상고시대의 사적은 후대로 내려올수록 자세하기 때문에 믿을 수 없으며, 황제는 동쪽의 야설에 불과하다는 입장이었다. 이후 황제의 실존성은 부정되었고, 조상 시조로 언제 만들어졌나에 초점이 맞춰졌다. 일부는 근대에 조상 시조로 만들어졌다고 주장했고, 일부는 전국 말기 진·한 초에 만들어졌다고 주장한다. 전자와 후자 모두 황제의 실존성을 부정한 것이다.

왕명가는 황제가 후대 문헌에 제왕적 모습으로 나타났다고 주장했다. 또한 화하 개념이 형성되면서 전국 말기 한나라 초에 조상 시조였다는 설이 만들어졌다고 했다. 주나라 성씨가 희성이기 때문에 황제도 희성이 되었고, 이를 통해 황제를 시조로 해서 제왕적 계보를 만들었다는 것이다.

그러나 전자는 문자 발생과 관련이 있다. 창힐이 문자를 만들었다고 하지만, 그 문자가 보편화되기까지는 오랜 시간이 걸렸다. 즉, 역사는 여전히 구전으로 기록될 수밖에 없었다. 그래서 서욱생도 고대 문헌에 나타난 상고시대의 전설은 사건 발생 당시에는 문자가 존재하지 않아서 기록되지 못한 사료라고 했다. 즉, 황제의 문명 진보를 보여주는 기록은 구전되어 오다가 문자가 보편화된 전국시대에 채록된 것으로 봐야 한다.

성씨의 기록도 마찬가지다. 염제와 황제 시대 이후 왕족 중심으로 사용되다가 전국시대에 보편화되었다. 성씨 또한 구전되어 오다가 문자가 보편화되면서 전국시대에 보편화된 것이다.

제도는 기억을 만들고 보존하는 데 중요한 장치다. 집단적 기억은 대부분 제도적 기억이다. 제사도 제도적 기억인데, 고대 유물 대부분이 제기이며 황제에 대한 제사의 기록이 있다는 것은 황제의 실존성을 말하는 것이다.

근대의 연구자들은 황제가 만들어졌다고 주장한다. 그 근거로 드는 것이 초기 문헌에 비해 후대의 문헌에 나타난 황제의 모습이 제왕적이라는 것이다. 그러나 초기 문헌에 비해 후대의 문헌에 나타난 황제의 모습이 제왕적인 것은 문자 보급과 관련이 있다. 또한 전국 말 진·한대에 성과 씨가 만들어졌고, 이때 '조상 만들기'를 통해 황제가 만들어졌다고도 주장했다. 그러나 이러한 설은 여러 학자가 참고한 보학에 관한 문헌을 통해 '조상 만들기'가 아니라는 점이 증명되었다. 또 황제에 대한 제사 기록이 있는데, 집단적 기억은 제도적 기억이라는 점에서도 황제의 실존성을 말해준다. 즉, 황제를 허구적인 인물로 보기 어렵다.

사마천은 『사기』를 지을 때 여러 전적을 살폈을 뿐만 아니라, 20세부터 역사 현장을 답사했다. 사마천의 집안은 주나라 때부터 대대로 사관을 역임했는데, 사마천도 가업을 잇기 위해 열 살부터 고문을 암송했다. 그의 집안은 대대로 내려오던 역사서를 읽었을 뿐만 아니라 역사에 관해서 많은 이야기를 들었을 것이다. 그도 태사공이 되어 왕실의 역사서들을 읽었다.

사마천은 집안에서 대대로 내려온 이야기 속에, 여러 문헌 속에, 답사 현장에서 들은 이야기 속에 빠짐없이 황제에 관한 이야기가 있었기 때문에 황제를 오제의 첫 번째로 설정했다.

『사기정의』에서 장수절은 사마천이 사기를 지을 때 『세본』과 『대대례』에 근거해서 「오제본기」를 썼다고 했는데, 공안국의 『상서』 '서'와 황보밀의 『제왕세기』, 손씨가 주석한 『세본』은 모두 황제를 삼황이라고 했다. 즉, 여러 전적에 황제가 기술되어 있다. 이것도 황제의 실존성에 무게를 두고 있음을 알 수 있다.

서기전 356년 제위왕의 금석문에도 고조 황제의 세계를 계승했다고 쓰여 있다. 『국어』「노어」에서는 하우씨가 황제에게 제사를 지낸다고 했다. 서욱생은 『금문상서』「우하서」의 감서 1편, 『상서』, 『주역』의 괘효사, 『시경』, 『춘추좌전』, 『국어』, 『산해경』 등 선진 시기 저술이 1등급 사료라고 했는데, 전설시대의 사적들은 역사시대의 사료처럼 일목요연하게 정리된 것이 아니기 때문이라고 했다.

사마천이 여러 전적을 보고 옛 소문을 참고하여 「오제본기」를 쓴 점, 선진시대 전적들이 황제의 사적을 일목요연하게 정리하지 않은 채 기술되어 있다는 점, 즉 오래된 전설이기 때문에 정리되지 않은 1차 사료가 된다는 점에서 황제는 만들어질 수 없는 실존 인물이다.

3장
『사기』로 보는 황제의 민족귀속성에 관한 소고

1. 머리말

사마천의 『사기』는 황제(黃帝)로부터 시작한다. 한족의 역사는 황제로부터 시작되었다는 뜻이다. 사마천이 황제를 화하족의 시조로 세운 이후 황제의 실존성 여부에 대한 논쟁은 있었어도 황제의 민족귀속성에 대한 논쟁은 없었다. 황제는 고대부터 현대까지 화하족의 시조로 인식되고 있다. 그런데 황제의 민족귀속성을 알려주는 중국의 1차 사료들에는 황제가 화하족의 시조임을 의심케 하는 기록들이 다수 있다. 그렇다면 한 번도 의심하지 않았던, 그리고 너무나 당연하게 여겼던 황제의 한족 조상설에 대해 합리적인 의심을 할 수밖에 없어진다. 황제는 정말 한족의 시조인가? 이 글은 이러한 질문에 대한 답을 찾아가는 과정이다. 왜냐하면 황제는 한족인데, 그의 후손은 소호를 비롯해 전욱, 순 등이 모두 동이족임이 분명하기 때문이다. 아버지는 한족인데 아들과 손자가 동이족일 수 있을까?

이러한 의문은 비단 필자만이 가진 것은 아니다. 중국 및 대만 학자들은 한족의 기원 또는 중국의 형성 과정을 연구하면서 황제의 민족귀속성과 그 후손들의 민족귀속성이 다른 것에 관해 각자의 해석을 내놓았다. 서욱생은 중국의 형성 과정에 관해서 전국시대 말 진·한 초기에 섬서성 황토 고원에서 발원한 염제와 황제가 동북쪽으로 이동했는데, 상대적으로 남쪽으로 이동한 염제가 토착민인 치우족과 싸우다 힘에 겨워 황제에게 도움을 요청했고, 동이족인 치우를 물리친 황제가 상대적으로 화하족에 우호적인 소호에게 동이족의 위임통치를 맡겼다고 했다.[181] 즉, 한족은 동이족과 융화되어 형성되었다는 것이다.

심송교는 후대의 이족들이 자기 조상을 '구조적으로 기억상실'한 후 그들의 조상을 잊어버리고 황제와 연결해서 황제의 후손이 되었다고 했다.[182] 왕명가는 심송교의 구조적 기억상실을 반부(攀附: 연줄 만들기)라는 용어로 설명한다.[183] 이족들이 뛰어난 문화를 가진 황제집단에 대한 모방 욕망으로 황제의 후손이 되었다는 것이다.

심송교와 왕명가는 근대에 황제에 대한 관심이 높았던 것처럼 전국시대 말에서 한나라 초에도 높은 관심으로 황제에 대한 탐구가 이루어졌다고 주장한다. 근대에 외세의 침략을 받은 중국은 황제를 저항의 거점으로 삼고자 지식인들 중심으로 그들 조상의 기원을 탐구하면서 황제를 호명했는데, 이러한 현상은 이미 진나라 말 한나라 초에 있었다는 것이다. 이민족이었던 진시황이 중국을 통일한 이후 한족이 처음

---

[181] 서욱생, 조우연 옮김, 앞의 책 『중국 전설시대와 민족 형성(상)』.
[182] 심송교, 조우연 옮김, 앞의 글 「"나의 피 헌원에 바치리라": 황제신화와 청말 '네이션(민족)' 구조의 확립」.
[183] 왕명가, 조우연 옮김, 앞의 글 「'염황자손'과 관련된 근대 '네이션' 관념 구축의 고대적 기반: 황제와의 연줄 만들기에 대해」.

으로 통일된 나라를 세우면서 한족의 기원과 역사를 쓰고자 했기 때문이다. 이것은 『사기』의 「태사공자서」에서 확인된다.

「태사공자서」는 『사기』 130권의 마지막 장으로 사마천의 자서전이다. 사마천의 집안은 대대로 사관을 역임했는데, 사마천의 아버지 사마담도 예외는 아니었다. 그는 공자가 『춘추(春秋)』를 지은 이후 그것을 법칙으로 삼았는데 이후로 역사 기록이 단절되었다면서 사마천에게 "지금 한나라가 일어나 천하 하나로 통일되었고, 밝은 군주와 어진 임금과 충신과 의사(義士)가 있는데도 내가 태사(太史)가 되어 역사를 논하여 기술하지 못했으니, 천하의 글이 폐해질까 봐 나는 심히 두렵다. 너는 그것을 생각하라!"[184]라고 유언한다. 사마담은 통일된 한족의 역사를 쓰려고 했으나 쓰지 못하고 아들인 사마천에게 그것을 쓰라고 유언을 남긴 것이다.

사마담은 황제를 언급하지 않았지만, 통일된 나라에서 그들의 기록을 살피고 역사를 서술하려면 가장 먼저 그 기원이 되는 시조 조상을 살피는 것은 지극히 당연한 일이다. 그 이유는 달라도 진나라 말 한나라 초에 근대에서처럼 황제에 대한 관심이 일어났던 것이다. 그러나 진나라 말 한나라 초나 오늘날이나 여전히 황제의 민족귀속성은 한족이라고 말할수 없다. 금석문과 1차 사료들에서 황제의 후손이 동이족으로 나오기 때문이다. 따라서 오늘날 서욱생이나 심송교, 왕명가가 하는 화하족의 기원에 대한 고민은 사마천이 『사기』를 편찬하면서 한족의 조상을 설정하는 고민과 이어져 있다.

---

[184] 『사기』 「태사공자서」. "今漢興 海內一統 明主賢君忠臣死義之士 余爲太史而弗論載 廢天下之史文 余甚懼焉 汝其念哉."

「태사공자서」에 따르면 사마천은 가업을 잇기 위해 열 살부터 고문을 암송했고, 스무 살이 되자 전국의 역사 현장을 답사했다. 사마천이 섭렵한 여러 역사서와 현장 답사, 그리고 답사 현장에서 듣는 구전 사료에 따르면 황제가 한족의 조상일 수가 없었다. 여기에서 구전 사료는 구전되는 이야기라는 의미도 있지만, 구전으로 전해지다가 오랜 시간이 경과된 후에 채록되어 흩어져 있던 것을 모아 정리한 사료를 말하기도 한다. 이를테면 『산해경』이나 서욱생이 말하는 『사기』의 「오제본기」, 「하본기」, 「은본기」와 같은 사료다. 서욱생은 "상고시대부터 전승되어 내려온 오래된 전설 속에는 나름대로 역사적 요소와 핵심이 있으며"[185] 이러한 사료들에 덧씌워진 신화의 외피를 벗겨내면 역사의 핵심을 포착해낼 수 있고, 이러한 역사적 요소들은 단지 날조해낸 허황된 이야기로 취급할 수 없다고 했다.

따라서 이 글에서는 경전이나 정사에 기록된 구전 사료들, 서욱생이 전설시대라고 규정하는 반경 이전의 사료들을 통해 황제의 후손 및 황제의 민족귀속성을 살피려고 한다. 구전 사료나 금석문 그리고 당대의 기록을 믿지 않을 이유가 없기 때문이다.

황제의 민족귀속성에 관해서 낙빈기는 1980년대에 금석문 연구를 통해 황제 및 오제가 모두 동이족이라고 했고,[186] 이덕일은 문헌 조사를 통해 삼황 및 오제는 물론 하·상·주 3대 제왕들이 모두 동이족이라고 했다.[187] 하지만 낙빈기와 이덕일은 오늘날 중국 및 대만의 학자

---

[185] 서욱생, 조우연 옮김, 앞의 책 『중국 전설시대와 민족 형성(상)』, p. 58.
[186] 낙빈기, 김재섭·최영택·홍천표 옮김, 앞의 책 『금문신고』.
[187] 이덕일, 「『사기』「오제본기」황제 및 전욱에 관해서」, 『역사와융합』 6, 바른역사학술원, 2020.

들이 황제의 민족귀속성에 대한 고민으로 황제의 후손들을 어떻게 왜 곡하는지에 관해서는 연구를 확대하지 않았다. 이 연구는 낙빈기와 이 덕일의 연구 토대 위에서 오늘날의 중국 및 대만의 학자들이 황제의 후손들을 어떻게 왜곡하는지 비판적으로 검토할 것이다.

2. 한족의 기원에 관한 사마천의 고민

사마천이 한나라의 역사를 정리하려고 할 때 가장 큰 고민은 한족의 기원이었다. "한나라는 오제(의 쇠미해진) 유업을 잇고 3대(하·은·주)의 단절된 사업을 이었다"[188]라는 사마천의 서술은 이러한 고민의 반영이었다. 양관이 『춘추좌전』 「노소공(魯昭公)」 4년과 11년을 근거로 "동이와 은(殷)은 동족"[189]이라고 말한 것처럼, 은나라는 중국에서도 인정하는, 명백한 동이족이 세운 나라이기 때문이다. 그런데 서술을 하려다 보니 황제의 민족귀속성이 문제가 되었다. 주지하다시피 사마천은 여러 전적을 살폈고, 20세부터 여러 지역을 답사했다.

> 나이 열 살에 고문을 암송했다. 스무 살에 남쪽으로 강수와 회수를 유람하고, 회계에 올라 우혈을 찾아보고 구의를 살펴보았으며, 원수와 상수에서 배를 타고 다녔다. 북쪽으로 문수와 사수를 건넜고, 제나라와 노나라의 도읍에서 학문을 연구하며 공자의 유풍을 관람했다. 향사의 예를

---

[188] 『사기』 「태사공자서」. "維我漢繼五帝末流 接三代(統)〔絶〕業."
[189] 楊寬, 「中國上古史導論」, 『古史辯』 七, 上海古籍出版社, 1982, p. 148.

추와 역에서 익혔으며, 피와 설과 팽성에서 운수가 나빠서 심한 고생을 하다가 양나라와 초나라를 거쳐서 돌아왔다.[190]

위 인용문은 사마천이 스무 살에 편력한 곳들이다. 우혈은 우임금이 순수(巡狩)하다가 회계에서 붕어(崩御)한 곳이며, 구의는 순임금을 장사지낸 곳이라고 『사기』 삼가주석자인 배인과 사마정, 그리고 장수절은 말한다. 사마천의 집안이 대대로 사관이라는 점에서 고문은 역사와 관련된 책일 것이다. 그래서 고문에 관해 사마정은 『고문상서』, 『춘추좌전』, 『국어』, 『세본』 등의 서적이라고 했다. 여러 역사책을 익혔고, 답사를 통해 역사 현장을 확인했던 것이다. 역사 현장에서는 책에서 전하지 않은 많은 구전 사료들을 들었을 것이다. 사마천은 보고 듣고 확인하면 할수록 한족의 기원은 알 수 없었고, 상고시대는 모두 동이족의 역사임을 확인했을 것이다.[191] 사마천의 아버지 사마담은 사마천에게 통일된 한나라의 역사를 쓰라는 유언을 남겼다. 그런데 여러 전적에서 보이는 삼황오제는 모두 동이족이었다.

사마천은 삼황은 신화시대로 여기고 서술하지 않았지만, 삼황에 복희와 신농은 공통으로 들어가고, 학자에 따라서 여와, 수인, 황제, 공공, 축융 중 한 명이 들어간다.[192] 오제에 관해서 사마천은 황제, 제전욱, 제곡, 제요, 제순이라고 했지만, 『세본』과 후한 말 서진 초의 학자인 황

---

[190] 「태사공자서」. "年十歲則誦古文 二十而南游江淮 上會稽 探禹穴 闚九疑 浮於沅湘 北涉汶泗 講業齊魯之都 觀孔子之遺風 鄕射鄒嶧 戹困鄱薛彭城 過梁楚以歸."
[191] 이덕일, 『사기, 2천 년의 비밀』, 만권당, 2022. 이덕일은 문헌 사료와 현장 답사 등을 통해 삼황오제의 민족귀속성을 자세히 밝히고 있다.
[192] 김명옥, 앞의 글 「동아시아 난생신화와 중국 한족과의 관계 연구」.

중화삼조당(중국인들이 한족의 조상이라고 여기는 황제·염제·치우)

보밀은 소호, 제전욱, 제곡, 제요, 제순이라고 했다. 황보밀은 취미가 '사료 수집'이라고 전해질 정도로 많은 사료를 수집하고 섭렵했다.[193] 그런 황보밀과 『세본』의 저자가 태호복희와 신농염제 그리고 황제를 삼황이라고 하고 오제의 첫 번째를 소호라고 한 것은 분명 사료에 근거했을 것이다.

사마천의 고민은 여기에 있었다. 한족의 기원과 역사는 알 수 없고, 그가 본 역사서는 모두 동이족의 역사였다. 그렇다고 동이족의 역사를 서술할 수는 없었다. 그가 선택한 방법은 '구려(九黎)의 임금'으로 동이족의 수장이 명백한 치우와 황제의 탁록대전을 동이족과 한족의 싸움으로 만들고, 황제의 아들 중 동이족이 명백한 소호를 지운 것이

---

[193] 서욱생, 조우연 옮김, 앞의 책 『중국 전설시대와 민족 형성(상)』, p. 85.

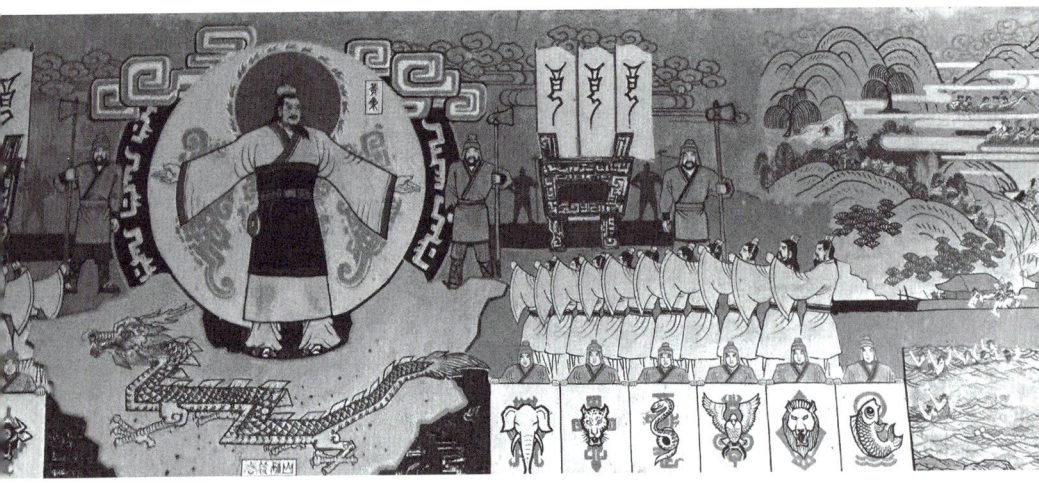

치우와 황제의 탁록대전(탁록현 중화삼조당 벽화)

었다.[194]

즉, 사마천이 『사기』를 편찬할 당시에는 삼황오제에 관해서 여러 설이 있었는데, 사마천이 자료를 수집한 후 취사선택해서 삼황은 지우고 황제를 한족의 조상으로 설정함으로써 한나라의 세계(世系)를 만들었던 것이다.

---

[194] 이덕일, 앞의 책 『사기, 2천 년의 비밀』.

3. 황제의 민족귀속성을 말해주는 후손들

『산해경』은 황제의 후손을 다음과 같이 말한다.

> 유사(流沙)의 동쪽, 흑수(黑水)의 서쪽에 조운국(朝雲國)과 사체국(司彘國)이 있다. 황제의 아내 뇌조(雷祖)가 창의를 낳았는데, 창의는 약수(若水)에 내려와 살며 한류(韓流)를 낳았다. 한류는 길쭉한 머리에 근이(謹耳), 사람의 얼굴에 돼지 주둥이, 비늘 돋힌 몸에 통뼈로 된(굵은) 다리, 돼지의 발을 하고 있는데, 촉산씨의 자손인 아녀(阿女)를 아내로 맞아 전욱 임금을 낳았다.[195]

> 전욱이 환두(驩兜)를 낳고 환두가 묘민을 낳았는데, 묘민은 성이 이씨이고 육식을 한다.[196]

『산해경』「해내경」에서 황제의 세계는 ① 황제→창의→한류→전욱→환두→묘민으로 이어진다. 그런데 같은 「해내경」에 "황제가 낙명(駱明)을 낳고 낙명이 흰말을 낳았는데, 흰말이 곧 곤이다"[197]라고 해서 황제의 후손이 ② 낙명→곤으로 이어지고 있다. 같은 책 「대황서경(大荒西經)」에는 황제의 손자가 시균(始均)이고 시균이 북적(北狄)을 낳았다고 한다.[198] 즉, ③ 황제→??→시균→북적으로 이어진다. 「대

---

195 정재서 역주, 앞의 글 「해내경」, p. 320.
196 정재서 역주, 앞의 글 「대황북경」, p. 317.
197 정재서 역주, 앞의 글 「해내경」, p. 327.
198 정재서 역주, 앞의 글 「대황서경」, p. 298.

황북경」에는 "황제가 묘룡(苗龍)을 낳고 묘룡이 융오(融吾)를 낳고 융오가 농명(弄明)을 낳고 농명이 흰 개를 낳았는데, 흰 개는 암수가 있다. 이것이 견융(犬戎)으로 육식을 한다"[199]고 하여 ④ 황제→묘룡→융오→농명→견융으로 이어짐을 알 수 있다. 즉, 황제의 후손 계보는 네 개가 된다.

주지하다시피 『산해경』은 신화·지리서인데, 그 성립 연대는 부분에 따라서 서기전 12세기부터 늦게는 서기 3~4세기까지 그 시차가 크다. 작자는 미상이지만 초국(楚國)에서 지었을 것으로 보는 견해가 지배적이다.[200] 즉, 적층 문화이기 때문에 그 계통이 산발적일 수밖에 없을 것이다.

그런데 『사기색은』의 저자 사마정은 황제에게 네 명의 비가 있다고 했다. 황보밀이 "원비는 서릉씨(西陵氏)의 딸이며 누조라고 하는데, 창의를 낳았다. 다음 비는 방뢰씨(方雷氏)의 딸이며 여절(女節)이라고 하는데, 청양을 낳았다. 다음 비는 동어씨(彤魚氏)의 딸이며 이고(夷鼓)를 낳았는데, 일명 창림(蒼林)이라고 한다. 다음은 모모(嫫母)이며 반열이 3인의 아래에 있었다"[201]라고 했다는 것이다. 그런데 '이고=창림'이라는 황보밀의 말에 대해 사마정은 자신이 살펴보니 『국어』에서는 이고와 창림이 각각 다른 사람이고, 『한서(漢書)』 「고금인표(古今人表)」에서는 동어씨가 이고를 낳고, 모모는 창림을 낳은 것으로 되어 있다고 했다.[202]

---

199 정재서 역주, 앞의 글 「대황북경」, p. 316.
200 정재서 역주, 앞의 책 『산해경』, p. 14.
201 사마천, 한가람역사문화연구소 사기연구실 옮김, 앞의 책 『신주 사마천 사기 1: 오제본기』, p. 177.
202 위와 같음.

『산해경』에서 말하는 황제 후손의 계보는 네 개이고, 사마정이 주장하는 계보도 네 개다. 구체적인 인명에서는 차이가 있지만, 큰 줄기는 같다. 계보가 네 개인 이유는 황제와 각 비들의 사이에서 낳은 후손들의 계보이기 때문일 것이다. 황제의 신하인 창힐이 문자를 만들었다고 해도 그 당시에는 문자가 보편적으로 사용되었던 시대가 아니며, 제의적인 기호로 사용했을 가능성이 크다. 때문에 역사적 사실이나 계보는 구전으로 전승될 수밖에 없었다. 따라서 전승 과정에서 누군가가 빠지기도 했을 것이다. 『산해경』「대황서경」에서 황제의 아들은 나오지 않고 바로 손자 시균이 나온 것이 이를 말해주고 있다.

그런데 사마천은 황제의 후손을 두 명만 서술하고 있다. 『사기』「오제본기」를 보자.

> 누조는 황제의 정비가 되어 두 명의 아들을 낳았다. 그의 후손들은 모두가 천하를 얻었다. 첫째가 현효(玄囂)인데, 이이가 청양이다. 청양은 강수로 내려가 살았다. 둘째가 창의인데, 약수로 내려가 살았다.[203]

『산해경』「해내경」에서는 황제와 누조 사이에서 창의만을 언급했지만, 사마천은 현효와 창의 두 명을 낳았다고 했다. 그런데 첫째 아들인 현효가 청양이라고 했다. 현효 청양에 대해서 사마정은 이렇게 말했다.

---

[203] 『사기』「오제본기」. "嫘祖為黃帝正妃 生二子 其後皆有天下 其一曰玄囂 是為青陽 青陽降居江水 其二曰昌意, 降居若水."

현효는 제곡의 조부다. 살펴보니 황보밀과 송충(宋衷)[204]은 모두 현효와 청양이 곧 소호라고 말했다. 지금 이 본기 아래 "현효는 제위(帝位)에 오르는 것을 얻지 못했다"라고 말했는데, 곧 태사공의 뜻은 청양이 소호씨가 아니라는 것이 분명하다. 그런데 이곳에 또 이르기를 "현효가 바로 청양이다"라고 했으니 이것은 마땅히 잘못된 것이다. 두 사람을 모두 황제의 아들이라고 이르고 나란히 그 이름을 열거했는데, 앞의 사(史)의 잘못으로 인한 까닭이며, 현효와 청양은 한 사람일 뿐이다. 송충이 또 이르기를 "현효와 청양이 바로 소호다. 황제를 계승 즉위했다. (……)"라고 말했다.[205]

사마정의 말처럼 사마천은 청양이 소호가 아니라는 뜻으로 현효는 제위에 오르지 못했다고 했으면서 또 현효가 바로 청양이라고 했다. 황보밀이나 송충에 따르면, '현효=청양=소호'가 된다. 즉, 한 사람이다.

그런데 사마정은 사마천이 『대대례』에 근거해서 누조가 창의와 '현효=청양'을 낳았다고 했는데, "황보밀은 청양이 소호라고 하고 이에 방뢰씨의 소생이라고 한 것은 그들이 본 바가 다른 것이다"[206]라고 했다. 서로 다른 기록들이 존재했는데, 사마천은 『대대례』에 근거해서 썼다. 즉, 사마천은 '소호=현효=청양'이라는 것을 알고 있었다.

---

204 송충은 후한 말의 학자로서 고문 연구에 일가를 이룬 사람이다. 그는 여러 경서(經書)에 주석을 달았는데, 그 가운데 『주역』에 주석을 단 『주역주(周易注)』를 명주석으로 평가한다.
205 사마천, 한가람역사문화연구소 사기연구실 옮김, 앞의 책, 『신주 사마천 사기 1: 오제본기』, p. 178.
206 사마천, 한가람역사문화연구소 사기연구실 옮김, 앞의 책, 『신주 사마천 사기 1: 오제본기』, p. 177.

사마천은 '소호=현효=청양'이라는 사실을 알고 있었으면서도 의도적으로 삭제했을 가능성이 큰데, "한족의 시조로 설정한 황제의 큰아들이 누구인지 몰랐을 수는 없기 때문이다."[207]

황제의 민족귀속성을 증명하고 한나라의 고대사를 세우는 데 소호는 매우 중요한 위치에 있다. 양관이 "예(羿)와 소호와 지(摯)는 모두 동이의 사신"[208]이라고 했듯이 소호는 동이족이 명백하기 때문이다. 즉, 한나라의 입장에서 소호가 황제의 아들이라고 하면 그들의 고대사는 동이족의 역사가 되기 때문이다.

그런데 사마정은 송충을 인용해서 "황제를 계승해 즉위했다"라고 했다. 송충뿐만 아니라 "자료 수집이 취미였던"[209] 황보밀의 『제왕세기』에서도, 『세본』「제왕세본」에서도 "소호는 황제의 아들이다. 이름은 설이고 자는 청양이다. 황제가 몰하자 설이 섰는데, 금덕으로써 왕이 되어 금천씨라고 부른다"[210]라고 해서 오제를 소호-전욱-제곡-요-순으로 설정했다. 전욱은 황제와 누조 사이에서 둘째 아들로 태어난 창의의 아들이자 소호의 조카다. 제곡은 소호의 손자이고, 요는 소호의 증손자다. 순은 전욱의 6세손이다.

황제의 아들은 소호이며, 소호는 동이족이 명백하고 전욱은 황제의 손자다. 낙빈기는 염제의 뒤를 이어 소호가 계승했다고 했다. 지금의 동이박물관은 임기시에 있는데, 복희를 비롯해 소호, 치우, 전욱, 제곡,

---

207 이덕일, 앞의 책 『사기, 2천 년의 비밀』, p. 92.
208 楊寬, 「中國上古史導論」, 『古史辯』 七, 上海古籍出版社, 1982, p. 151.
209 서욱생, 조우연 옮김, 앞의 책 『중국 전설시대와 민족 형성(상)』, p. 85.
210 『세본』「제왕세본」. "少昊 黃帝之子 名契 字青陽 黃帝沒 契立 王以金德 號金天氏."

우순 등을 모두 동이족이라고 표시하고 있다.[211]

좌구명이 공자의 『춘추』를 해석한 『춘추좌전』 '노소공 17년(서기전 525)'조에도 담국의 제후인 담자(郯子)가 노국(魯國)의 제후 소자(昭子)에게 "우리 고조 소호씨가 즉위하셨다"고 했다. 담국의 제후인 담자가 노국의 제후 소자에게 없는 말을 만들어서 하지는 않았을 것이다. 이처럼 많은 학자들이 소호가 황제의 아들이며 제위에 오른 사실을 말하고 있는데, 사마천이 그것을 몰랐을 리가 없다. 사마천은 "화하족의 역사를 서술"하려는 의도에서 제위에 오른 소호를 의도적으로 삭제한 것이다.[212]

사마천은 염제도 이러한 이유로 황제의 형제가 아닌 것으로 서술했을 것이다. 사마천은 염제가 쇠약해지자 황제가 군사들을 훈련해 염제와 파천들에서 세 번 싸워 제왕의 자리에 올랐다고 했다. 그런데 사마천은 '염제와 황제의 형제설'에 관한 기록을 봤거나 들었을 가능성이 매우 높다. 사마천보다 600여 년 뒤의 장수절이 여러 전적에서 그것을 확인했다면, 사마천이 못 봤을 리가 없기 때문이다. 사마천은 후대의 주석자들도 알 수 있었던 '염제와의 형제설'을 삭제했다. 『국어』에는 '황제와 염제가 형제'라고 했는데, 사마천은 「오제본기」에서 그 사실을 서술하지 않았다.

이것은 아마도 사마천이 유교적 관점에서 고대 역사를 바라봤기 때

---

211 임기동이문화박물관 편, 『도설동이(圖說東夷)』, 2015. "我国关于"三皇"·"五帝"等传说故事, 其中涉及到的许 多人物就来自东夷. 传说中的东夷部族首领, 以太昊·少昊时代 为最早, 约在北辛和大汶口文化时期, 蚩尤·颛顼·帝喾·虞舜 约在大汶口晚期与龙山文化时期的五帝时代, 进入有夏一代, 东夷集团的势力仍然很强盛, 有皋陶·伯益·后羿等."
212 이덕일, 앞의 글 「『사기』「오제본기」 황제 및 전욱에 관해서」.

문일 것이다. 염제와 황제가 형제라고 서술하면 황제가 형인 염제의 왕위를 찬탈한 것이 된다. 즉, 시조의 도덕성에 문제를 제기할 수 있다. 또 다른 한편에서는 염제가 동이족이었기 때문에 삭제했을 것이다. 낙빈기는 염제가 "산동 곡부에 도읍을 건설했다는 것은 이미 옛날부터 내려온 정설"[213]이라고 했다. 서욱생도 산동성 곡부는 "동이집단의 본거지"[214]라고 했다.

샤를 세뇨보(Charles Seignobos)는 "현존하는 문헌에 어떠한 사건에 관한 내용이 수록되지 않았다고 해도, 이는 그것이 발생하지 않았다고 단정 짓기 위한 충분한 증거가 될 수는 없다."[215]라고 했다. 염제는 상고시대의 인물이다. 문헌 자료가 없다고 해서 구전된 자료까지 무시할 근거는 없다는 말이다.

염제에게는 딸이 있었는데, 물에 빠져 죽어서 정위(精衛)라는 새가 된다. 정위의 생김새는 "까마귀 같은데 머리에 무늬가 있고 부리가 희며 발이 붉다"[216]고 한다. 정위는 물에 빠져 죽은 것이 한이 되어 날마다 작은 돌이나 나뭇가지를 입에 물어다 바다를 메웠다는 이야기가 전해진다.[217] 임기시 동이박물관은 정위를 동이족이라고 소개하고 있다. 황제와 소호처럼, 딸인 정위가 동이족인데 아버지인 염제가 한족일 리가 없다. 따라서 염제가 동이족임이 명백하므로 염제와 황제가 형제라면 황제를 한나라의 시조로 만들 수가 없기 때문에 형제설 대신에 제

---

[213] 낙빈기, 김재섭·최영택·홍천표 옮김, 앞의 책 『금문신고』, p. 204.
[214] 서욱생, 조우연 옮김, 앞의 책 『중국 전설시대와 민족 형성(상)』, p. 104.
[215] 서욱생, 조우연 옮김, 앞의 책 『중국 전설시대와 민족 형성(상)』, p. 64에서 재인용.
[216] 정재서 역주, 앞의 책 『산해경』, p. 125.
[217] 정재서 역주, 앞의 책 『산해경』, pp. 125~126.

왕 자리를 놓고 다투는 것으로 설정했을 것이다.

한편 오랫동안 전승되어 온 신화 속에 내재된 역사는 상징성을 띨 수밖에 없는데, 부보가 "기(祁) 들판에 가서 큰 번개가 북두추성을 감싸는 것을 보고 감응해서 임신해 24개월 만에 수구에서 황제를 낳"[218]은 것도, 태어날 때 얼굴에 일각(日角: 이마 중앙의 뼈가 해 모양으로 돋은 것)을 가지고 태어났다[219]는 기록도 하늘과 깊은 상관관계가 있음을 상징적으로 표현한 것이다. 번개는 "하늘이 인간에게 내리는 계시를 상징"[220]하며, 이마 중앙의 뼈가 해 모양으로 돋는 것은 하늘과의 연관성을 말한다. 즉, 하늘 또는 하늘의 자손임을 나타낸 것이다. 빛에 의한 감응신화 및 난생신화는 동이족 신화의 특징이다.[221]

4. 황제 후손의 민족귀속성과 현재 중국의 고민

사마천이 했던 '화하족'의 기원에 대한 고민은 2,000여 년이 지난 오늘날에도 여전히 진행 중이다. 사마천이 황제를 한족의 조상으로 세웠지만, 고대사를 연구하면 할수록 황제의 후손들이 모두 동이족으로

---

218 『사기』, 「오제본기」. "黃帝母曰附寶之祁野見大電繞北斗樞星,感而懷孕,二十四月而生黃帝於壽丘."
219 사마천, 한가람역사문화연구소 사기연구실 옮김, 앞의 책, 『신주 사마천 사기 1: 오제본기』, p. 114.
220 한국문화상징사전편찬위원회, 『한국문화상징사전 1』, 두산동아, 1992, p. 335.
221 김명옥, 앞의 글 「동아시아 난생신화와 중국 한족과의 관계 연구」; 김명옥, 「한국과 일본 천손강림신화로 본 니니기노미코토 원적 연구」, 『문화와융합』 43(3), 한국문화융합학회, 2021.

기록되어 있기 때문이다. 근현대 중국 학자들은 황제를 화하족의 조상으로 확고히 하면서, 대신 황제 후손의 민족귀속성을 의심한다. 황제와 그의 후손과의 관계를 ① 위임통치를 했다고 하거나, ② 동이족이 황제를 중심으로 혈연 맺기를 했다고 하거나, ③ 황제의 뛰어난 문화를 선망해 자기 조상에 대해서 '구조적으로 기억을 상실'해서 황제의 '잊힌 후손'이 되었다고 주장하는 것이다.

고사변학파는 고대 상고사의 인물에 대한 전설이 후대에 만들어졌다고 보는데, 양관도 이와 다르지 않다. 양관은 본래 동이족과 서방계(화하계) 신화가 따로 전승되었는데, 오제 동이계설은 태호, 염제, 황제, 소호, 전욱이고, 오제 서융계설은 황제, 전욱, 제곡, 요, 순이라고 주장한다. 오제 동이계설이 처음 보이는 것은 진나라 재상 여불위(呂不韋)가 빈객(賓客)들을 모아 지은 『여씨춘추(呂氏春秋)』「12기(十二紀)」다.[222] 진나라가 본래 동이계이기 때문에 오제 동이계설을 지었다는 것이다.

오제 서융계설은 『대대례』「오제덕(五帝德)」에서 처음 보인다.[223] 이렇게 보면 동이족과 화하족의 오제 가운데 황제와 전욱이 겹치는데, 이것은 이 두 민족이 섞여 산 지 오래되면서 그 문화가 점차 융합됐듯이 신화 전설도 점차 융합되었기 때문이라고 한다.[224]

서욱생은 화하집단이 오늘날의 섬서성 황토 고원지대에서 기원했는데, 희씨 성을 가진 황제와 강씨 성을 가진 염제가 황하 연안을 동쪽으로 이동했다고 한다. 염제집단은 중원으로, 황제집단은 그 북쪽으로 진

---

222 楊寬,「中國上古史導論」,『古史辯』七, 上海古籍出版社, 1982, pp. 148~153.
223 위와 같음.
224 楊寬,「中國上古史導論」,『古史辯』七, 上海古籍出版社, 1982, pp. 152~153.

출했는데, 염제는 토착세력인 동이족과 맞닥뜨려 충돌하다가 동이집단을 이끈 치우에게 대패당한다. 염제집단은 북방의 황제집단에 구원을 요청하고, 참전한 황제집단은 처음에는 염제집단과 충돌하지만, 염제집단을 수용하고 남쪽으로 가 치우가 이끄는 동이족과 싸워 이긴다는 것이다. 전쟁이 끝난 후 황제는 동이족 중에서 상대적으로 협조적이었던 소호에게 동이집단 통치권을 위임해서 큰 충돌 없이 두 집단이 하나의 집단으로 동화되었다는 것이다.[225] 황제가 동이족을 식민지로 만들었다는 것인데, 이러한 해석에는 서욱생의 고민이 반영된 것으로 보인다. 그의 딜레마는 황제를 한족이라고 믿어 의심치 않지만 소호는 동이족이 명백하다는 점이었다. 또한 소호가 황제의 아들이라는 기록을 무시할 수 없었기 때문에 황제가 치우와의 전투에서 승리한 후 동이족 중에서 상대적으로 협조적인 소호에게 동이 통치권을 위임했다고 해석한 것이다.

또 요·순·우 시대에 묘족과 충돌이 있었는데, 화하족이 묘족을 대파해서 묘족의 일부를 서북쪽으로 이주시켰고, 춘추전국시대에 이르러서야 화하, 동이, 묘만이 완전히 동화되어 진·한 시기 이후에 '중국인'으로 지칭되는 집단이 되었다고 주장한다.[226]

서욱생은 화하족의 기원에 대한 의문과 황제의 아들이 소호라는 충돌된 기록을 황제가 치우를 물리치고 통치권을 소호에게 이임했다는 것으로 해결하고, 이후 세 집단이 동화되어 현재의 화하족이 되었다고 주장한다. 추군맹(鄒君盟)도 "화하족은 중국 원시 사회 말기에 있어서

---

[225] 서욱생, 조우연 옮김, 앞의 책 『중국 전설시대와 민족 형성(상)』, pp. 28~29.
[226] 서욱생, 조우연 옮김, 앞의 책 『중국 전설시대와 민족 형성(상)』.

중원의 염제, 황제 집단을 기초로 하여 동방 일부 이인집단(소호와 소호 일파)과 남방 일부 묘만집단(여와와 반호 일파)을 융합해서 형성되었다"[227]라고 했다.

심송교는 중국의 근대 학자들이 "'황제'라는 기호(심볼)를 이용하여 '구조적 기억상실'의 메커니즘을 가동시켜 (……) 기억을 창조"[228]해냈다고 했다. 그리고 이러한 구조적 기억상실의 메커니즘은 한대에 이미 이루어졌다는 것이다. '구조적 기억상실'은 "'조상의 잊힌 후손'을 되찾는 방식으로 집단적 기억을 바꾸어"[229] 놓는 것이다. 가령 중앙의 지배적인 A라는 존속(尊屬)과 주변부의 B라는 존속이 있다고 하자. B라는 주변부의 존속들이 A라는 지배적인 존속들에게 인정을 받고 포섭되고자 할 때, 그들은 A 조상에서 기원한 가상의 조상을 창조하여 A화한다. 그래서 B라는 존속은 "스스로 과거에 대한 '구조적 기억상실'에 의존한다." 반면 A라는 존속은 B라는 존속을 포섭할 때, 그들의 조상에서 파생된 후손이 B의 존속이므로 그들을 새로이 수용한다. 이렇듯 구조적 기억상실의 메커니즘은 현실정치에 따라서 작동한다는 것이다.

그런데 구조적 기억상실의 메커니즘을 가동하려면 공인된 조상 기호(심볼)가 필요하며 "연대가 오래되고 모호한 것일수록 효과적인데, 그런 의미에서 황제는 아주 이상적인 대상"[230]이다. 황제의 세계가 상

---

[227] 진태하, 앞의 책 『한자는 우리의 조상 동이족이 만들었다』, p. 35에서 재인용.
[228] 심송교, 조우연 옮김, 앞의 글 「"나의 피 헌원에 바치리라": 황제신화와 청말 '네이션(민족)' 구조의 확립」, p. 323.
[229] 심송교, 조우연 옮김, 앞의 글 「"나의 피 헌원에 바치리라": 황제신화와 청말 '네이션(민족)' 구조의 확립」, p. 321
[230] 위와 같음.

세하지 않고 확실치 않아 고증이 어렵기 때문이다. 그러나 황제에 대한 기억은 구조적으로 기억을 상실할 수 없는 구조다. 그래서 사마천이 소호를 지우고 황제를 한족의 시조로 만든 점은 당시에도 그리고 이후에도 납득하기 어려울 뿐만 아니라, 한족 조상 시조에 관한 연구는 지속되지만 뚜렷하게 해명이 되지 않고 있다.

고대에서 성씨는 씨족의 계보를 알려주는 지표로, 황제는 희수에서 일어났고, 염제는 강수(姜水)에 기반을 두었는데. 황제의 성씨는 '희'이고 염제의 성씨는 '강'이다.[231] 『국어』에 따르면, "황제의 아들 25명 중 성씨를 얻은 자가 14명이고, 도합 열두 성씨인데, 희(姬), 유(酉), 기(祁), 기(己), 등(滕), 잠(箴), 임(任), 순(荀), 희(僖), 길(姞), 현(儇), 의(依)이다."[232] 그러니까 황제의 후손으로 볼 수 있는 성이 열두 성인 것이다. 성에 대해서 『춘추좌전』에서는 천자가 제후에게 출생한 지명으로 성을 하사한다고 했다. 또 성은 백대를 계승하고 이어진다고 했다. 배인이 인용한 『춘추좌전』을 보자.

> "『춘추좌전』에는 (……) 중중(眾仲)이 대답하기를, '천자는 덕이 있는 사람을 제후로 삼을 때 출생한 지명으로 성을 하사하고, 내려준 토지로써 씨의 이름을 명합니다. 제후는 자를 씨로 삼는데, 이를 따라 족명으로 삼습니다. 관직으로 대대로 공로가 있으면 벼슬 이름으로 족명을 삼기도 하는데, 고을 이름도 또한 이와 같습니다'라고 말했다." 이에 은공(隱公)

---

231 『국어』. "黃帝 以姬水成 炎帝 以姜水成 (……) 黃帝爲姬 炎帝爲姜."
232 『국어』. "黃帝之子 二十五宗 其得姓者十四人 爲十二姓 姬酉祁己滕葴[箴]任荀僖姞儇依是也."

이 그의 자로 족명을 삼아 전시(展氏)로 하라고 명했다. 이렇게 볼 때 천자는 성을 하사하고 씨를 명하고 제후는 족명을 명하는 것이다. 족명이란 씨의 별명이다. 성이란 백세를 거느리고 묶어서 나누어지지 않는 것이다. 씨란 자손이 나온 바를 분별하는 것이다. 그러므로 『세본』편에는 "성씨를 말하면 위로 두고 씨를 말하면 아래에 두는 것이다"라고 했다.[233]

『춘추좌전』「노소공」'28년'에 "주나라는 점차 사방을 정벌해서 종친을 봉분했는데, 71개국을 세웠고, 그중 희씨 성을 가진 나라가 40개에 달했다"[234]는 말이 있다. 주나라가 황제와 혈연으로 연결하고자 했다면, 71개국 모두 희씨 성을 가진 나라가 되어야 하지 않았을까? 그런데 왜 40개국만 종친인 희성으로 봉분했겠는가? 성씨에 관한 보학이 존재했기 때문이다. 희씨가 국성인 나라는 모두 황제의 후손이다. 당시 성씨는 일부 지배층이나 왕조에서만 사용했다.

제사라는 의례 행위도 계보를 알려주는 지표다.

> 제사는 국가의 큰 제도이고, 제도로써 정치가 이룩되는 것이다. 그러므로 제사를 신중히 해서 국가 전법(典法)으로 삼거늘, 지금 까닭 없이 전

---

[233] 『사기집해』. "春秋左傳 (……) 眾仲對曰 '天子建德 因生以賜姓 胙之土而命之氏 諸侯以字為氏 因以為族 官有世功 則有官族 邑亦如之' 公命以字為展氏 以此言之 天子賜姓命氏 諸侯命族 族者 氏之別名也 姓者 所以統繫百世 使不別也 氏者 所以別子孫之所出 故世本之篇 言姓則在上 言氏則在下也." 성을 위로 두고 씨를 아래에 둔다는 표현은 세로로 쓰기 때문에 성이 먼저이고 씨가 그다음이라는 뜻이다.

[234] 서욱생, 조우연 옮김, 앞의 책 『중국 전설시대와 민족 형성(상)』.

> 법을 가하는 것은 정치의 마땅함이 아니다. 성스러운 왕께서 제사를 제정함에 백성에게 법을 베풀었으면 제사 지내고, 죽음으로 일을 부지런히 했으면 제사 지내고, 애써서 나라를 안정시켰으면 제사 지내고, 큰 재앙을 잘 막았으면 제사 지내고, 큰 근심을 잘 막았으면 제사 지내니, 이 족류(族類)가 아니면 제사 지내는 전법에 들지 못한다.[235]

제사는 곧 국가의 제도이며 전법이기 때문에 같은 족류가 아니면 제사 지내는 규범이나 법칙에 들지 못한다고 했다. 즉, 제사를 지내는 한 구조적으로 기억을 잊을 수 없다. 제사 대상을 기억해야만 제사라는 행위가 가능하기 때문이다.

심송교의 이론을 응용한 왕명가는 '구조적 기억상실의 메커니즘'을 '반부'라는 명칭으로 사용한다. '구조적 기억상실의 메커니즘'이 상실된 기억 공간에 의도적으로 다른 조상을 세우거나 후손을 넣어서 조상을 왜곡한다면 반부는 핏줄로 황제와의 연줄을 만드는 것이다.

반부에 관한 설명을 보자.

> 반부는 일종의 모방 욕구나 갈망에서 비롯되는데, 사람들은 이를 통해 어떠한 신분이나 이익과 보장을 이끌어내고자 한다. 그러므로 사람들의 반부의 대상은 곧 정치, 사회 및 문화적으로 월등한 위치에 있다고 인식되는 상징체로 설정된다. (……) 즉, 중국 문화의 우월함으로 인해 주변

---

[235] 『국어』, 「노어 상」. "夫祀 國之大節也 而節 政之所成也 故 愼制祀 以爲國典 今無故而加典 非政之宜也 夫聖王之制祀 法施於民則祀之 以死勤事則祀之 以勞定國則祀之 能禦大災則祀之 能扞大患則祀之 非是族也 不在祀典."

이민족들이 이를 학습, 모방하게 되는데, 그것이 곧 한화라는 것이다. (……) 문화나 동질성 인정과 관련된 반부 욕망은 그 행위를 하는 자와 받는 자의 사회와 문화적 차이로 인해 발생하게 된다는 것이다. (……) 정치적으로 '변경' 지역을 정복·통치하거나, 혹은 '한인'들이 변경 지역의 '토착민'과 '토착문화'에 대해 폄하하고, '변경 집단'에 대한 '한인'들의 문화 우월성을 주장함으로써 비롯된다.[236]

왕명가에 따르면 사마천은 『사기』를 지을 때 자료를 편집하여 목적성을 가진 사회기억을 재창조했다. 사마천은 "혼란의 시대를 종말"시킨 황제의 "영웅적 행적에 대한 묘사를 통해" "영웅적 조상의 통치 영역을 확인함으로써 영웅과 혈연적 관계를 맺고 있는 후손들을 하나의 공동체로 묶"었다. 이를 통해 황제에 대한 기억이 확대 강조되면서 화하에 대한 동질성이 확고해졌는데, 그 예로 하·상·주 3대가 황제와 연결되어 있다는 것이다. 우임금이 황제의 현손이라는 것, 상나라 시조 간적이 제곡의 차비라는 것, 주나라 시조 기(棄)의 어머니가 제곡의 원비라는 것이 이를 잘 보여준다. 또 이족인 형만의 땅에 나라를 세운 점을 들고 있다. 태백(太伯)과 중옹(仲雍)이 주나라 태왕의 아들로 황제와 혈연적 연결고리를 구축했다는 주장이다. 이는 초나라, 진나라가 전욱의 후손이라는 연줄 만들기를 통해서 화하와의 동질성을 강조한다는 것이다.[237]

---

[236] 왕명가, 조우연 옮김, 앞의 글 「'염황자손'과 관련된 근대 '네이션' 관념 구축의 고대적 기반: 황제와의 연줄 만들기에 대해」, p. 203.
[237] 왕명가, 조우연 옮김, 앞의 글 「'염황자손'과 관련된 근대 '네이션' 관념 구축의 고대적 기반: 황제와의 연줄 만들기에 대해」, pp. 159~167.

그런데 "반부의 대상은 곧 정치, 사회 및 문화적으로 월등한 위치에 있다고 인식되는 상징체로 설정"된다고 했다. 이 주장대로라면 반부는 모방의 욕구인데, 열등한 동이족이 문화적으로 월등한 화하족이 되고 싶어 모방하고 학습한다는 주장이다. 정말 화하족 문화는 월등하고 동이족 문화는 열등했는지 확인해보자.

주지하다시피 현재 중국 신석기시대의 유적들은 중국인들도 인정하듯이 동이족 문화다. 중국 고고학의 아버지라고 불리는 양사영(梁思永)은 삼첩층(三疊層)문화인 앙소(仰韶)문화(서기전 5000~서기전 3000), 용산(龍山)문화(서기전 2300~서기전 1800), 상(商)문화(서기전 1600~서기전 1046)는 서로 연결되어 있다고 했다. 상나라는 공인된 동이족 국가다. 즉, 앙소문화에서 상문화까지 연결되어 있는 이 문화들이 동이족의 문화라는 뜻이다.

한편, 앙소문화와 용산문화 사이의 시기에 후기 신석기 문화인 대문구문화(서기전 4300~서기전 2300)가 발굴되었는데, 중국의 사학자 장문은 소호족의 문화라고 단정했다.[238] 선진사와 민족사를 전공한 중국의 유명한 역사학자 당가홍(唐嘉弘)도 "대문구문화와 용산문화의 자료를 볼 때 최소한 이 시기의 동이족 문화는 서로부터 동으로 발전한 것이 아니라 오히려 동으로부터 서로 발전해간 추세가 뚜렷"[239]하다고 했다.

대문구문화는 제기를 비롯한 도기와 문자, 금속제련 기술 등의 문명 발생 요소를 가지고 있으며, 도시로 진입하는 사회 발전 단계를 보여

---

[238] 진태하, 앞의 책 『한자는 우리의 조상 동이족이 만들었다』, p. 39에서 재인용.
[239] 당가홍, 정재서 역주, 「동이와 그 역사적 지위: 『동이고국사론(東夷古國史論) 서언(序言)』」, 『이하동서설』, 우리역사재단, 2011, pp. 254~255.

준다.²⁴⁰ 종교적인 의미를 내포하고 있는 도기에 새겨진 부호들은 문자 발생 요소일 터인데, 이렇게 본다면 이러한 부호가 발전해서 갑골문자로 이어졌을 가능성도 배제할 수 없다. 이경재도 중국 문자는 동이족이 다 창조했다고 했다.

> 우리나라(중국: 인용자 강조) 문자는 동이인이 다 창조한 것인데, 설이 널리 보급한 까닭에 조자(造字)의 공이 설에게로 돌아갔음을 알 수 있다. 여러 가지 고문을 대략 비교한즉, 동이가 문자의 지혜에 대해서는 서하(西夏)보다 우세했으며, 동이인이 이미 교육권을 장악했기 때문에 제하(諸夏)가 동이의 문화를 전적으로 수용했음을 알 수 있다. (……) 공자는 은나라 사람이며 창힐의 후예요, 상탕의 자손이다. 송(宋)에서 노(魯)로 이사했으니, 곧 지금의 상구에서 곡부로 옮긴 것이다. 곡부는 소호의 고도이며, 상구는 삼박의 중심이며, 모두 동이문화의 발원지다.²⁴¹

대만의 학자들이 주장한 것처럼 문자(한자)는 동이족이 창조한 것인데, 이를 수용한 것은 한족임을 알 수 있다. 복희는 8괘를 만들었고, 황제는 산을 개척해서 길을 통하게 했고, 누조는 누에를 쳤으며, 신농은 농사와 의술을 발전시켰다. 우는 황하의 물줄기를 다스려서 홍수 피해를 줄여 백성들의 삶을 안정시켰다. 북신문화, 앙소문화, 대문구문화, 용산문화, 상문화의 유물에는 의식용 제기가 많다. 제사 의례 문화가

---

240 원중호, 「중국 신석기시대 사회 구조에 대한 연구: 교동반도 대문구문화를 중심으로」, 『인문사회 21』 8(1), 아시아문화학술원, 2017.
241 진태하, 앞의 책 『한자는 우리의 조상 동이족이 만들었다』, p. 41에서 재인용.

있었다는 뜻이다. 따라서 "토착민 및 두령가문에서는 한족의 문화를 모방 및 그에 반부하여 한족과 연관되는 조상의 기원을 만들어냄으로써 상대적으로 한족의 문화와 거리가 먼 집단을 향해 자신의 우월성을 과시하고자 한다"[242]는 표현은 한족의 문화가 동이족 문화 기반에 세워졌다는 사실을 망각한 표현이다.

현재 제남시 등에서 발굴되는 유물은 동이족의 문화가 명백하고, 뛰어난 문화를 증명하는 유물들 때문에 양관은 "주나라는 비록 힘으로 은나라 동이를 복종시켰지만 문화 면에서는 이기지 못했다"[243]라고 했다. 이경재도 "무공 방면에서는 제하가 비록 승리를 획득했으나 문화 방면에서는 동이에 동화되었다"[244]라고 했다. 그런데 오늘날에 비춰 보면 문화가 발전한 나라가 국력도 강하다. 문화 선진국이 무기 개발에서도 선진적이다. 선진국이 후진국에서 무기를 수입했다는 기사를 본 적이 없다. 양관과 이경재는 황제를 화하족의 조상이라는 틀에 맞춰 놓고 치우와의 전투에서 이긴 황제족 '제하'가 승리했다고 한 것이다. 황제가 동이족이라는 생각을 조금도 하지 못한, 아니 하지 않은 것이다.

한족의 조상을 황제로 세운 것은 사마천이 없는 선조를 만드는 방식으로 고유한 한족의 집단적 기억을 바꾸어 놓은 것이다. 이것은 도그마가 되어 절대적 위치에 있다. 현대 학자들은 한족의 기원을 여러 방법론, 동이족과 서융의 융합, 구조적 기억상실, 반부 등으로 설명하려고 하지만, 황제의 민족귀속성 문제를 해결하지 않고서는 화하의 기원

---

[242] 왕명가, 조우연 옮김, 앞의 글 「'염황자손'과 관련된 근대 '네이션' 관념 구축의 고대적 기반: 황제와의 연줄 만들기에 대해」, p. 209.
[243] 楊寬, 「中國上古史導論」, 『古史辯』 七, 上海古籍出版社, 1982, p. 152
[244] 진태하, 앞의 책 『한자는 우리의 조상 동이족이 만들었다』, p. 67에서 재인용.

을 설명할 길이 없다.

    화하족 기원에 관한 연구의 근본은 황제에 있다. 사마천이 황제를 한족 조상의 기원으로 세운 이후 황제의 민족귀속성을 말하지 않고 한족의 기원을 말할 수 없기 때문이다. 따라서 2,000여 년 전에 사마천이 한 고민은 지금도 지속되고 있으며, 황제를 바로 세우지 않고는 이러한 고민은 아무리 많은 세월이 흘러도 해결할 수 없다. 1차 사료가 존재하는 한 중국은 황제가 동이족이라는 민족귀속성 문제로부터 자유롭지 못할 것이다.

5. 맺는말

    황제의 민족귀속성 문제는 고대 중국의 문제가 아니라 지금 현실의 문제다. 지금까지 황제의 민족귀속성에 관해서는 이견이 없어 보인다. 사마천은 『사기』 곳곳에 황제의 민족귀속성과 관련된 수수께끼들을 남겨 놓았고, 삼가주석자들은 고대의 여러 전적을 통해 황제가 동이족임을 서술해 놓았다. 이러한 점을 볼 때, 사마천은 『사기』를 편찬할 당시에 '한족의 조상은 누구일까?'라는 고민을 했을 것이다.

    사마천 집안은 대대로 사관이었기 때문에 역사와 관련된 많은 이야기를 듣고, 문헌을 보았을 것이다. 또 스무 살부터 역사 현장 답사를 통해 '구전되어 내려온 사료'를 접했을 것이다. 여러 정황은 사마천이 황제가 동이족이었다는 것을 알고 있었음을 말하고 있다. 그러나 보고 듣고 확인하면 할수록 한족의 조상에 대해서는 알 수 없었다. 그래서 사마천은 황제와 치우의 전투를 한족과 동이족의 전투로 만들었다.

그러나 탁록대전은 동이족 간의 전투였는데, 동이족으로 유명한 소호가 황제의 아들이기 때문이다. 사마천은 「오제본기」에서 현효가 청양이라고 했는데, 황보밀을 비롯한 여러 학자들은 현효와 청양이 소호라고 밝혔다. 소호는 너무나 유명한 동이족이기 때문에 그를 한족으로 바꿀 수 없었던 사마천은 소호를 삭제하고 황제를 한족의 시조로 삼았다.

사마천이 『사기』를 지을 당시의 고민은 현재에도 지속되고 있다. 한족의 시조는 황제인데 그의 후손들은 동이족이기 때문이다. 현재 화하족의 기원에 관한 연구는 황제와 그 후손 동이족들 간의 관계를 해명하는 연구라고 볼 수 있다. 이와 관련해서 서욱생은 황제와 염제족이 섬서성 황토 고원에서 발원해서 황제는 동북쪽으로, 염제는 동남쪽으로 이동하다 토착세력인 치우를 만나 싸우게 되는데, 이때 염제는 황제에게 도움을 요청하고 이에 황제가 참전해서 치우를 물리친 후 자신에게 비교적 협조적인 동이족 소호에게 통치권을 위임했다고 해석했다.

심송교는 '구조적 기억상실'이라는 메커니즘으로 설명한다. 동이족은 한족으로 포섭되고자 한족의 조상에서 기원한 가상의 조상을 창조해서 한족화되었다고 주장한다. 황제의 세계가 상세하지 않고 고증하기 어려운 점을 이용했다는 것이다. 왕명가는 반부를 통해 동이족이 한족과의 혈연적 연결고리를 구축했다고 말한다. 반부는 정치적·사회적·문화적으로 월등한 위치에 있는 대상을 모방하고자 한 것이다. 그런데 양사영은 삼첩층문화가 동이족 문화라고 했다. 이후에 발굴된 대문구문화도 동이족 문화다. 즉, 동이족이 한족보다 문화 선진족이었다. 우수한 동이족의 유물과 유적이 발굴되면서 중국은 동이족과 한족이 융합되어 화하족을 형성했다고 설명한다.

문제는 한족의 조상의 기원인데, 황제의 민족귀속성을 말하지 않고는 한족의 기원을 설명할 길이 없다. 사마천 이후 많은 세월이 흘렀지만 여전히 화하의 기원에 대해서 시원하게 해명하지 못하고 있는 것이 그것을 증명한다.

발터 벤야민(Walter Benjamin)은 역사의 연속성을 파괴한 '메시아적 시간 개념'을 말한 바 있다.[245] '메시아적 시간 개념'은 우리의 시각에서 그동안 잘못 인식되었던 것을 다시 되돌릴 구원의 시간이다. 즉, 사마천 이후부터 현재에 이르기까지 황제를 중국의 조상으로 여겼던 관념의 단절이 필요하다. 중국 고대 문명을 연 황제는 동이족이었는데, 사마천 이후 한족의 조상으로 둔갑되어 지금까지 지속되고 있다. 이제 황제를 한족의 시조로 여겨왔던 '역사적 연속성'을 해체하고, 동이족 문화 기호로서 구축해야 할 시간이다.

---

[245] 김영룡, 「'지금 이때'와 '남은 시간': 발터 벤야민의 「역사의 개념에 관하여」에 나타난 성스러운 구원의 시간 연구」, 『카프카연구』 34, 한국카프카학회, 2015.

2부

단군신화와
난생신화는 다른가?

1장
고조선 건국신화와 난생신화의 연관성 연구

1. 머리말

이 글의 목적은 고조선 건국신화[1]와 난생신화의 연관성을 밝히는 데 있다. 주지하다시피 우리 역사는 단군이 고조선을 세운 후 부여로 이어져 오늘날에 이르렀다. 고조선과 발해를 제외한 그 밖의 건국신화는 모두 난생형이다. 그러나 고구려를 계승한 발해를 제외하면 고조선 신화만이 난생형이 아니다. 이 점이 이 글을 쓰게 된 동기다. 역사적 계보로 볼 때 왜 고조선 신화만 난생형이 아닌가 하는 점에 의문을 가진

---

[1] 우리나라에서 신화라는 용어는 일반적으로 역사보다 허구라는 의미의 스펙트럼이 더 크다. 그러나 서구에서 신화는 글로 기록하기 이전의 역사라는 의미로 사용된다(카렌 암스트롱, 이다희 옮김, 『신화의 역사』, 문학동네, 2005). 신화는 만들어질 당시 구전으로 전승하는 점을 감안해서 기억하기 쉽게 하려고 여러 장치를 사용했다(노에 게이치, 김영주 옮김, 『이야기의 철학』, 한국출판마케팅연구소, 2009). 정형구나 상징적 표현이 그것이다. 특히 건국신화는 더 상징화되어 있다. 역사를 재료로 해서 만들기 때문이다. 그런데 역사를 상징 등의 수사법으로 표현하기 때문에 마치 허구의 이야기처럼 전해지고 있다. 이 글에서는 신화를 역사 이야기라는 의미(사화)로 사용한다.

것이다.

그런데 이러한 의문을 풀 실마리가 없는 것은 아니다. 아리엘 골란에 따르면, 같은 종족 간에는 핵심 정보를 표현물 속에 기록하여 전승하기 때문에 시간의 흐름에 따라 약간의 변이가 생기기 마련이다.[2] 약간의 '변이'라는 해석이 고조선 건국신화(단군신화)와 난생신화의 연관성에 관한 실마리를 풀 가능성을 제공한다. 따라서 이 글에서는 고조선 건국신화와 난생신화의 화소(話素)를 비교·분석한 후 공통점과 차이점을 추출해서 두 신화가 별개의 신화인지 아니면 연관성이 있는지를 살필 것이다. 만약 연관성이 있다면 화소의 공통점에서 차이점으로 '변이'되었을 가능성을 탐구할 예정이다.

고조선 신화와 난생신화의 연관성에 관한 연구는 이제 시작되었다고 해도 무방할 것이다. 개별 주제 연구 과정에서 두 신화의 연관성에 대한 단초들이 언급되었을 뿐이다. 이를테면 난생신화에 관한 연구는 분포,[3] 기원설,[4] 상징,[5] 유형,[6] 동이족과의 관계[7] 등이 연구되었는데, 천손사상과 태양숭배사상은 고조선 신화와의 연관 속에서 언급되고 있다. 역으로 천손사상이나 태양숭배사상의 연구 과정에서 고조선 신화가 언급되기도 하는데, 김성환은 고조선 신화를 빛의 삼대 서사로 파악하면서 태양 신격을 논하고,[8] 정경희는 '밝문화(배달문화)' 관점에서

---

2   아리엘 골란, 정석배 옮김, 앞의 책 『선사시대가 남긴 세계의 모든 문양』.
3   김재붕, 앞의 글 「난생신화의 분포권」.
4   김화경, 앞의 글 「한국 난생신화의 연구: 난생신화의 남방기원설에 대한 비판적 접근」.
5   문일환, 앞의 글 「한국 고대 조 숭배와 난생신화의 기원 및 그 진화 연구」.
6   이지희, 앞의 글 「아시아 지역 난생신화의 유형과 의미 연구」.
7   위와 같음.
8   김성환, 「한국 고대 선교(仙敎)의 '빛'의 상징에 관한 연구(하): '밝'의 신화와 서사를

환웅을 동아시아 천손사상의 원류로 제시한다.[9] 임재해는 고조선 종족의 문화 상징으로서 해 상징과 천신신앙 상징이 역사적으로 지속되고 있음을 살피고 있다.[10] 이처럼 상징과 사상의 개별 연구 과정에서 환웅의 상징물이 '알'이라는 사실, 또는 태양과 해의 음차를 통해 고조선과 난생신화의 연관성을 언급하고 있다.

최근에는 태양숭배사상의 문화적 기원을 추적하면서 북방 초원 유목민의 태양숭배신앙이 산동으로 들어가 상(商)의 건국신화 형성에 영향을 미쳤고, 상나라가 멸망한 후 그 유민이 요하 유역을 통해 한반도로 이동하면서 난생신화가 부여 및 고구려, 백제, 신라, 가야의 건국신화 형성에 영향을 미쳤는데, 그 가교 역할을 고조선이 했다고 본 이창윤의 연구가 있다.[11] 요하 지역에서 고조선이 건국, 성장, 사멸하는 과정에서 산동과 한반도를 잇는 가교 구실을 했다는 것이다.[12]

이처럼 선행 연구는 고조선과 난생신화와의 연관성에 방점을 두기

중심으로」, 『도교문화연구』 32, 한국도교문화학회, 2010, p. 10.
9 정경희, 「동아시아 '천손강림사상'의 원형 연구: 배달고국(倍達古國)의 '북두(北斗: 삼신하느님)신앙'과 천둥번개신(電神) 환웅」, 『백산학보』 91, 백산학회, 2011.
10 임재해, 「신시고국 환웅족 문화의 해 상징과 천신신앙의 지속성」, 『고조선단군학』 23, 고조선단군학회, 2010.
11 이창윤, 「동북아 태양신화의 문화사적 전개와 한국신화의 문화 융합」, 안동대학교 대학원 박사학위 논문, 2020.
12 이창윤은 "진·한의 세력이 강해졌을 때는 압록강, 청천강 이남이 동이의 경계선이 되기도 했다"라고 한다(이창윤, 위의 글 「동북아 태양신화의 문화사적 전개와 한국신화의 문화 융합」, p. 10). 이 말은 고조선이 요하에서 건국했다가 그 중심지를 평양으로 옮기고 한(漢)에 의해서 멸망한 후 평양에 한사군이 설치되었는데, 그 영향으로 난생신화가 부여 및 고구려 건국신화의 바탕이 되었다는 뜻이다. 그러나 중국의 1차 사료들에 따르면, 고조선의 서쪽 강역이 지금의 난하 지역이고 한나라가 설치했다는 한사군에 관한 기록도 이 지역과 같다. 윤내현, 『고조선 연구(상)』, 만권당, 2015; 이덕일, 『한국사 그들이 숨긴 진실』, 역사의아침, 2009.

보다는 각 주제의 연구 과정에서 언급되었다. 두 신화가 같은 계통의 신화라고 믿어 의심치 않았거나 전혀 다른 유형의 신화라고 여겨서 두 신화의 연관성에 주목하지 않았던 것이다. 따라서 이 글은 종족의 문화적 상징이 어떻게 변형되었는지 그 변이 과정을 통해 두 신화의 연관성을 살피고자 한다.

2. 고조선 건국신화와 난생신화의 비교

고조선 건국신화는 하늘에서 내려온 환웅이 웅녀와 혼인해서 단군을 낳고, 단군이 서기전 2333년에 고조선을 세운 이야기다. 난생신화는 건국 주체가 하늘에서 떨어뜨린 알을 먹은 여성에게서 태어나거나, 햇빛을 받아 알로 태어난 후 인간이 되거나, 하늘에서 내려온 알에서 태어난 사람이 건국한 이야기다. 난생신화를 가진 나라는 은나라, 진나라, 서국, 부여, 고구려, 신라, 가야, 베트남(문랑국) 등이 있다.

고조선 건국신화와 난생신화를 화소 중심으로 정리하면 〈표 2〉와 같다. 고조선 건국신화와 난생신화 건국 주체들의 선조는 하늘에서 내려온 존재이며, 그들의 존재 형상은 신(환웅) 또는 알이나 햇빛 형태다. 건국 주체 선조들은 인간 여성과 결합해 건국 주체를 낳지만, 결합 형태는 다르다. 고조선의 선조인 환웅은 인간으로 화하여 본래 곰이었던 웅녀와 혼인하는 반면, 난생신화는 하늘에서 내려온 본래의 빛 또는 알 형상으로 인간 여성과 결합한다.

고조선 건국신화는 환인(천계), 환웅(하강), 단군(건국)으로 이어지는 3대의 이야기다. 천계에는 단군의 선조인 환인과 환웅의 이야기와 환

〈표 2〉 고조선 건국신화와 난생신화의 비교

화소	고조선 신화	난생신화						
		은·진	서국·부여	문랑국	고구려	신라	가야	석탈해
하늘 신격	환인·환웅	현조	해	재래·구희	해모수	하늘	자줏빛	×
하강	환웅	알	햇빛	남방 순례	해모수	흰말	금합	×
지상에서 활약	인간사 360여 가지	×	×	순례	정사	×	×	×
변신	곰→웅녀	×	×	○	해모수 하백	×	×	×
인간과의 결합 형태	웅녀와 혼인	알을 삼킴	궁녀 시비 +빛	구희+용군	하백녀 +빛	×	×	기도
건국 주체 탄생 형태	사람	사람	알	알 100개	알	알	알	알
기아 (棄兒)	×	×	○	○	○	×	×	×
동물 보호	×	×	○	×	○	×	×	○
건국	○	○	○	○	○	추대	추대	추대

웅이 지상으로 하강한 동기가 나온다. 하강한 환웅은 곡식, 수명, 질병, 형벌, 선악 등 인간의 360여 가지 일을 주관한다. 인간을 위해 도시를 건설하고, 사회 제도들을 만들며 인간의 일을 주관했다는 내용이다. 마지막 부분은 단군이 고조선을 건국한 후 수도를 천도하는 부분인데, 환인과 환웅의 업적보다 매우 소략하다.

고조선 건국신화는 건국 주체보다 선조를 기리고, 아울러 그가 신성한 혈통, 천손임을 천명하는 내용이다. 은나라와 주나라 건국신화도 마찬가지다. 하늘에서 떨어뜨린 알을 먹은 여성에게서 건국 주체가 태어났다는 설정은 건국 주체의 신성한 혈통을 강조한 것이다.

반면 건국 주체가 햇빛을 받고 알로 태어난 서국, 부여, 고구려의 건국신화와 석탈해, 그리고 베트남 문랑국 건국신화는 건국 주체의 행적에 방점이 있다. 또한 건국 주체는 '신이한 탄생'-'기아 모티프'-'건국'이라는 정형적인 영웅 서사와 연결된다.[13] 영웅은 보통의 인간보다는 뛰어나지만, 신의 능력에는 못 미치는 인간이다. 따라서 환웅이 신으로서 인간 일을 주관했다면, 난생신화 건국 주체들의 신이한 탄생과 버려짐은 인간보다 뛰어난 면을 드러낸다.

버려짐은 영웅의 고난을 상징한다. '설' 신화와 '대업' 신화에는 나타나지 않지만, 알로 태어난 서언왕과 동명왕 그리고 주몽, 웅왕, 석탈해 등은 상서롭지 못하다고 해서 버려진다. 버려짐 자체가 고난을 상징하지만, 동물들이 그들을 보호한다는 점에서 신성성이 확보된다.

서언왕은 곡창이라는 개가 알아보고 물고 와서 따뜻하게 보호해주고, 동명과 주몽은 새와 짐승들이 그들을 품는다. 왕들은 버려짐으로써 고난을 받지만, 신성한 존재이기에 온갖 짐승들의 보호를 받아 결국은 국가 건설이라는 대업을 이룬 것이다. 기아 모티프는 베트남 건국신화에서도 뚜렷하게 나타난다. 상서롭지 못하다고 버려지지만 알에서 태어난 아이들은 지혜와 용맹함을 다 갖추고 젖을 먹이지 않아도 각자 자라나 이후에 문랑국을 세운다. 알로 태어난 1차 탄생은 자연적인 탄생이지만, 버려진 후 알을 깨고 태어난 2차 탄생은 통과의례다. 즉, 고난을 극복하고 나라를 건국한 것을 상징화한 것이다. 이 점은 인간성이 더 강조된 것으로, 후대에 발생한 신화다.

매개물이 흰말이거나 금합일 때는 기아 모티프가 없다. 신비로운 탄생 그 자체로 구성원들이 신성한 존재로 받아들인 것이다. 수로왕은

---

[13] 김명옥, 앞의 글 「동아시아 난생신화와 중국 한족과의 관계 연구」.

나라를 세워 임금이 되라는 하늘의 명령에 따라 내려왔는데, 그 징표로 자주색 줄이 하늘로부터 드리워져 땅에 닿고 그 줄 끝 금합 속에서 알로 태어난 것이다. 박혁거세는 흰말이 품고 있는 알에서 태어난다. 이것은 부계사회의 확립과 관계가 있다.[14]

고조선 건국신화와 난생신화는 같은 구조로, 그들이 모두 천손임을 천명하는 천손사상을 내포하고 있다. 특히 고조선과 고구려 신화의 구조가 그렇다. 단지 하강 주체들의 '형상'이 다를 뿐이다. 고조선 신화에서는 환웅이라는 '신'이고, 난생신화에서는 '새'이거나 '햇빛'이다. 지금부터 이러한 차이점을 살펴보자.

3. 고조선 건국신화와 난생신화의 연관성

천신 표현물 변이 과정

지금까지의 연구 결과로 보면 난생신화는 중국 한족과 관계없는 동이족 신화다.[15] 그렇다면 난생신화를 가진 나라들과 고조선 건국신화는 어떤 관계가 있을까? 두 유형의 신화에 공통으로 나타난 것은 '하늘의 자손'이라는 천손사상이다. "사람의 출자(出自)를 하늘로 보고 사

---

[14] 위와 같음.
[15] 원가, 김선자·이유진·홍윤희 옮김, 앞의 책 『중국신화사(상)』; 문일환, 앞의 글 「한국 고대 남북 난생신화 연원 연구」; 박명숙, 앞의 글 「고대 동이계열 민족 형성 과정 중 새 토템 및 난생설화의 관계성 비교 연구」; 김명옥, 앞의 글 「동아시아 난생신화와 중국 한족과의 관계 연구」.

람과 하늘을 동일시하는 선진 문화를 지닌"[16] 이들을 '종족의 문화적 상징'으로서 '천신족'[17] 또는 '천손족'이라고 한다. 고조선 건국신화는 환인의 아들 환웅이 하늘에서 하강해 웅녀와 결합해 단군을 낳는다. 난생신화의 건국 주체는 하늘에서 현조가 떨어뜨린 알을 삼킨 여성에게서 태어났거나, 햇빛을 받아 알로 태어난다.

알에서 태어난 것 자체가 보통의 출생담은 아니다. 알은 하늘과 매우 깊은 연관성을 가진다. 알은 태양 그 자체를 뜻하기도 하고, 생명의 근원이기도 하다.[18] 알을 떨어뜨린 현조를 봉황 또는 제비로 보고 있지만,[19] 그것들을 하늘의 사자로 본다면 그 의미가 좀 더 명확해진다.

왕효겸(王孝兼)은 난생신화 발전 단계를 설명하면서 "태양이 새의 형상으로 출현하거나"[20] 또는 인간이 "새를 태양신의 사자"[21]로 여겼다고 했다. 『시경』에는 "하늘이 현조에 명하여 현조가 땅으로 내려와 상을 낳았다"[22]고 했다. 하늘이 현조에 명령을 내렸다는 것은 현조가 하늘의 사자라는 뜻이다. 따라서 현조가 알을 떨어뜨리고 그것을 먹은 간적이 설을 낳았다는 말은 설이 하늘과 연결되어 있음을 의미한다.

16　정경희, 앞의 글 「동아시아 '천손강림사상'의 원형 연구: 배달고국의 '북두(삼신하느님) 신앙'과 천둥번개신 환웅」, p. 6.
17　임재해, 앞의 글 「신시고국 환웅족 문화의 해 상징과 천신신앙의 지속성」.
18　한국문화상징사전편찬위원회, 앞의 책 『한국문화상징사전 1』.
19　서유원, 「중국 시조신화의 특징과 현조신화의 고찰」, 『중국어문논역총간』 13, 중국어문논역학회, 2004.
20　王孝兼, 「朱蒙神話: 中韓太陽始祖神話之比較」, 『中國的神話世界』 上卷, 時報文化出版企業有限公司, p. 110을 서유원, 위의 글 「중국 시조신화의 특징과 현조신화의 고찰」, p. 42 각주 14번에서 재인용.
21　위와 같음.
22　『시경』. "天命玄鳥, 降而生商."

즉, 난생형 건국 주체들은 모두 하늘의 자손으로 신성한 존재이며, 그때문에 개국의 정당성을 획득한 것이다.

천손이라는 의식이 단군신화와 동이족 신화의 공통된 특징이라면 그 원인도 같을 것이다. 공통된 특징은 공통된 원인을 가지고 있기 때문이다.[23] 가령 중국 내몽골과 동부 그리고 남부 일대와 베트남, 한반도에 퍼져 있는 난생신화는 한 뿌리에서 나온 나뭇가지처럼 같은 동이족이기 때문에 같은 건국신화를 가지고 있다.[24]

문화 상징은 상당히 견고해서 수천 년 동안 거의 변형이 없거나 약간의 변형만 있을 뿐이다.[25] 그렇다면 천손사상의 상징도 약간의 변형이 있었겠지만 그 원형은 비슷할 것이다. 원가가 주장한 신화 발전 단계와 견주어 살펴보자. 신화 발전 단계에서 첫 번째는 프리애니미즘 시기다. 이 시기는 생물뿐 아니라 무생물도 살아 있는 것으로 파악했으며, "사물과 나 사이에 보이지 않는 무엇으로 연결"[26]되어 있다고 보았다. 이것이 발전해 동물 형상의 신과 반인반수 형태의 신 등 토템과 관련된 신화로 발전하고, 그다음 단계로 하늘과 땅의 소통이 단절된 신화가 발생한다고 원가는 주장한다.

원가는 유물론적 관점에서 역사 발전 단계 이론을 신화 발생 단계에 접목했는데, 그에 따르면 오래된 신화일수록 동식물과 인간의 구별이 없다가 이 단계가 지나면 "만물을 초보적으로 의인화하거나 인격화"[27]

---

23 아리엘 골란, 정석배 옮김, 앞의 책 『선사시대가 남긴 세계의 모든 문양』.
24 김명옥, 앞의 글 「동아시아 난생신화와 중국 한족과의 관계 연구」.
25 아리엘 골란, 정석배 옮김, 앞의 책 『선사시대가 남긴 세계의 모든 문양』.
26 원가, 김선자·이유진·홍윤희 옮김, 앞의 책 『중국신화사(상)』, p. 75.
27 원가, 김선자·이유진·홍윤희 옮김, 앞의 책 『중국신화사(상)』, p. 53.

한다. 표현 형식에서도 "사람이 만물로 변하고, 사물이 사람으로 변하며, 어떤 사물이 다른 사물로 변화한다."[28] 문일환도 "만물유령의 관념과 그 신앙에 비하여서는 동물숭배가 후기"[29]라고 했다. 이것을 단군신화에 적용해보자.

우리 의식은 하늘에서 하강한 환웅을 인간상으로 그린다. 그런데 단군신화에는 환웅이 사람이었다는 표현이 없다. 웅녀가 아이 갖기를 소원할 때 비로소 환웅이 인간으로 변한다. 인간 형상이 아니기 때문에 인간으로 변해서 웅녀와 혼인한 것이다. 그렇다면 환웅은 사람으로 변하기 전에 어떤 형상이었을까? 환웅은 하늘에서 거주하는 신인데, 인간은 신의 형상을 알 수 없으므로 그들 자신의 모습으로 신을 상상하고 형상화한 것일 뿐이다. 따라서 단군신화에 표현된 환웅은 인간의 형상이 아니다. 그가 어떤 모습인지는 아무도 모른다.

신이 하늘에서 직접 내려왔다는 것에 대한 믿음은 신화 발전 단계로 볼 때 그만큼 오래되었다는 증거다. 그러나 점차 문명이 발달하고 세계에 대한 경험이 축적되면서 신이 하늘에서 직접 내려왔다는 말을 더 이상 믿지 않게 되었다. 하지만 건국 당위성을 위해서는 '천손'이라는 신성성이 필요했다. 따라서 하늘에서 직접 하강한 대체물이 필요했고, 그것이 '알'이다.

『한국문화상징사전』에 따르면 "알은 고어에서 태양의 뜻을 지니고 있었는데, 태양을 뜻하는 말이 다른 말로 바뀌자"[30] 알이 지닌 본래의

---

28 위와 같음.
29 문일환, 앞의 글 「한국 고대 조 숭배와 난생신화의 기원 및 그 진화 연구」.
30 한국문화상징사전편찬위원회, 앞의 책 『한국문화상징사전 1』, p. 461.

"의미를 상실하고 알(卵)의 뜻"이 되었고, 알에서 사람이 태어난 난생형 건국신화의 주체는 모두 "태양의 아들임을 상징한다"[31]고 했다. 우리 민족이 태양을 하늘로 인식했음을 알 수 있다.

알은 새가 낳는 것인데, 새가 어떻게 태양을 상징하는지 보자. 후술하겠지만, 산동반도에 나타난 대문구문화의 주인공은 소호다.[32] 소호는 새의 이름으로 관직명을 삼을 만큼 새를 숭배했는데,[33] 새를 태양이라고 생각했기 때문이다. 고대인들은 어둠에 대한 공포를 이겨내려고 태양을 숭배했는데, 어둠을 물리치고 태양이 솟아나는 것은 새가 태양을 지고 나르기 때문이라고 믿었기 때문이다.[34] 즉, 태양과 새를 동일시한 것이다. 하늘은 태양으로, 태양은 새로 인식했으며, 새가 낳은 알은 해로 생각했다. 앞에서도 언급했지만, 태양이 새의 형상으로 출현하고, 현조가 하늘의 명에 따라 알을 떨어뜨렸다는 신화의 내용은 '하늘=태양=새=알'이라는 고대인들의 인식을 보여준다.

그러한 점에서 김성환도 "'알'은 사실상 단군신화에서 환웅이 상징하는 태양 신격의 대체물"[35]이라고 한 것이다. 그런데 후대에 건국된 나라일수록 상징은 그것의 경험적 형태로 나타난다. 가령 알에서 태어난 서언, 동명, 주몽, 혁거세, 수로왕 등보다는 한참 후대인 선비(鮮卑)의 단석괴(檀石槐) 이야기를 보자. 『삼국지 위서』 '선비'조에 따르면,

---

[31] 위와 같음.
[32] 김인희, 『소호씨 이야기』, 물레, 2009.
[33] 리지린, 이덕일 해역, 앞의 책 『리지린의 고조선 연구』.
[34] 김인희, 앞의 책 『소호씨 이야기』.
[35] 김성환, 앞의 글 「한국 고대 선교의 '빛'의 상징에 관한 연구(하): '밝'의 신화와 서사를 중심으로」, p. 10.

태양조

투록제후가 3년 동안 흉노를 쫓다가 집에 돌아왔는데, 그동안 그의 아내는 아들을 낳았다. "투록제후가 괴이하게 여겨 죽이려고 하자 그의 아내는 일찍이 낮에 다니다가 천둥소리를 듣고 하늘을 우러러볼 때 번개가 입으로 들어와 삼켰더니 마침내 임신이 되어 10개월 만에 아이를 낳았습니다. 이 아들은 반드시 기이함이 있으니 키워야 합니다"[36]라고 했다. 하늘에서 떨어뜨린 알을 삼킨 것이 아니라 번개가 입으로 들어간 것으로 변형된 것이다.

그런데 선비에 대해서 "『위서』에서 말하길 '선비 또한 동호(東胡)의 지파(支派)다. 선비 산에 의존하여 살았기 때문에 선비라고 부른다. 그

---

36 『삼국지 위서』 '선비'조. "投鹿侯歸, 怪欲殺之. 妻言:「嘗晝行聞雷震, 仰天視而電入其口, 因吞之, 遂姙身, 十月而產, 此子必有奇異, 且長之」."

말과 습속은 오환과 동일하다. 그 땅은 동쪽으로는 요수와 접해 있고, 서쪽은 마땅히 서쪽 성에 이른다'"37고 했다. 선비 또한 동호의 지파라고 했는데, 동호에 대한 기사를 찾아보자. 『사기』 「흉노열전」에는 "연나라 현장(賢將) 진개(秦開)가 동호에 볼모로 가 있었다. 동호는 그를 매우 신임했다. 그는 연으로 귀국하여 동호를 습격해 동호는 천여 리나 물러났다"38고 했다.

『삼국지 위서』 「오환선비동이전」에서는 "'『위략(魏略)』에서 말하길 (……) 연나라는 장군 진개를 보내 그 서쪽을 공격하여 2천여 리의 땅을 취하고 만·번한에 이르러 경계로 삼으니 조선은 드디어 약해졌다'고 했다."39 『사기』와 『삼국지』 두 기사를 보면 연나라 장수 진개가 동호를 쳤는데, 『사기』에서는 동호가 천여 리 물러났다고 하고, 『삼국지』에서는 조선이 약해졌다고 한다. 『사기』와 『삼국지』는 같은 사건을 다르게 서술한 것이므로 동호가 고조선이었음을 말해준다.40 즉, 고조선(동호)의 지파가 선비이므로 천신 환웅이 번개(빛)로 대체되었음을 알 수 있다. 이로써 고조선의 천신, 하늘신(환웅)이 후대에 알로 변형됐고, 알이 다시 햇빛과 번개로 변형된 것임을 알 수 있다. 하늘신 변형은 북위 신화를 보면 좀 더 뚜렷해진다. 선비족이 세운 나라가 북위인데, 효

---

37 「오환선비동이전」, '선비'조. "魏書曰: 鮮卑亦東胡之餘也, 別保鮮卑山, 因號焉. 其言語習俗與烏丸同. 其地東接遼水, 西當西城."
38 『사기』 「흉노열전」. "其後燕有賢將秦開, 爲質於胡, 胡甚信之. 歸而襲破走 東胡, 東胡卻千餘里."
39 『삼국지 위서』 「오환선비동이전」. "魏略曰 (……) 燕乃遣將秦開攻其西方, 取地二千餘里, 至滿番汗爲界, 朝鮮遂弱."
40 황순종은 동호가 고조선의 이칭(異稱)임을 『동북아 대륙에서 펼쳐진 우리 고대사』, 지식산업사, 2012에서 여러 사료를 통해 논증했다.

문제(孝文帝)의 문소태후(文昭皇后) 일화를 보자.

> 처음 왕후가 어릴 때 일찍이 꿈에 집 안에 서 있는데, 햇빛이 창 가운데로부터 그녀에게 비추었다. 환하고 더워 왕후가 이리저리 피하자 빛이 오히려 따라서 비스듬히 비추었다. 이와 같은 일이 여러 저녁 일어나자 괴이하게 여기고, 그 아버지 양(颺)에게 말했다. 이것을 양이 요동 사람 민종(閔宗)에게 물었다. 민종이 말하길 "이것은 기이한 징조입니다. 옛날 꿈에 달을 품고 천자를 낳았는데, 오히려 해가 비치는 징조이니, 이 여인은 장차 황제의 명을 받아 임금을 낳고 기를 상입니다"라고 했다.[41]

문소태후는 북위 8대 세종선무(世宗宣武) 황제를 낳은 여인인데, 성이 고씨이며 고구려 사람으로 동예(東裔)에서 태어났다.[42] 그의 오빠 공조(公肇)는 사도(司徒) 직책을 맡았다.[43] 고구려인으로서 북위의 중심 세력이라는 뜻이다. 이렇듯 난생신화는 시간이 흐른 뒤 알에서 태어난 것이 아니라 꿈에 환하고 더운 기운의 햇빛을 받았다는 것으로 변형되었다. 햇빛을 직접 받고 회임한 것이 아니라 어릴 적 꿈에 햇빛을 받았고, 그 꿈을 요동 사람 민종이 황제의 명을 받아 임금을 낳고 기를 상이라고 해몽해준 것이다.

---

41 『북사(北史)』, 「열전」, '효문문소황후고씨(孝文昭皇后高氏)'조. "初, 后幼曾夢在堂內立, 而日光自窓中照之, 灼灼而熱, 后東西避之, 光猶斜照不已. 如是數夕, 怪之, 以白其父颺. 颺以問遼東人閔宗. 宗曰: 「此奇徵也. 昔有夢月入懷, 猶生天子, 況日照之徵! 此女將被帝命, 誕育人君之象也」."
42 『북사』, 「열전」, '효문문소황후고씨'조. "皆生於東裔."
43 『북사』, 「열전」, '효문문소황후고씨'조. "司徒公肇之妹也."

아리엘 골란은 문화적 상징은 시간과 공간을 지나면서 "단지 약간의 변형이나 혹은 아무런 변형 없이 수천 년 동안 보존"[44]된다고 했는데, "고대인들은 자신들이 중요하다고 여기는 삶의 정보를 표현물 속에 기록하여 동시대인과 후손에게 전달"[45]하기 때문이다. 그의 말처럼 난생신화는 고조선 신화에서 '천신족'이라는 의미는 변하지 않고 그것에 대한 상징 표현물만 바뀌었을 뿐이다. 즉, 고조선족(부여, 고구려, 백제, 신라)과 동이족(상, 서국, 북위)은 한 뿌리에서 갈라져 나온 포족[46]이기 때문에 건국신화에 그들이 천손이라는 문화상징을 넣었던 것이다. 천신이라는 상징표현물은 후대로 내려갈수록 '하늘에서 신이 직접 하강'→'알 하강'→'햇빛'→'꿈에 햇빛을 받는 예지몽'으로 변형된다. 이것은 천손족이라는 상징을 담은 고조선 신화와 난생신화의 친연성을 말하는 것이며, 전자의 신화가 후자의 신화로 변형되었음을 보여준다.

천신 표현물 재사고화 및 규격화

아리엘 골란에 따르면, 상징은 신석기시대에 발생하지만, 숭배적 상징의 재사고화 및 규격화는 청동기시대부터 이루어져 폭넓게 보급되었다. 이를테면 신석기시대의 점이나 작은 원은 비를 뜻했으나 청동기시대에는 "이 점들이 햇빛을 상징하는 것으로 재사고되었을 것"[47]이라고 한다. "청동기시대(근동은 서기전 4000년대 말부터, 유럽은 서기전 2000년대 초부터)는 신석기시대 숭배적 상징의 재사고화, 규격화, 그리

---

44 아리엘 골란, 정석배 옮김, 앞의 책 『선사시대가 남긴 세계의 모든 문양』, p. 20.
45 아리엘 골란, 정석배 옮김, 앞의 책 『선사시대가 남긴 세계의 모든 문양』, p. 19.
46 포족은 동일 조상에서 발생한 여러 씨족의 무리를 가리키는 인류학적 개념이다.
47 아리엘 골란, 정석배 옮김, 앞의 책 『선사시대가 남긴 세계의 모든 문양』, p. 102.

고 폭넓은 보급의 시대였다. 상징들이 좀 더 규격화된 윤곽을 갖게 된 것이다. 현존하는 상징들은 대부분 청동기시대의 유산이다"[48]라는 것이다. 아리엘 골란은 상징의 재사고화가 일어난 원인이나 이유는 구명하지 못했지만, 세계 각국의 다양한 문양을 통해 신석기시대 상징이 청동기시대에 재사고화로 의미가 변이되고 규격화되었음을 논증했다. 이러한 점을 인식하면서 재사고화 및 규격화 과정을 고조선 건국신화와 난생신화에 적용해보자.

산동성과 하남성, 그리고 강서 북부와 내몽골 등에 광범위하게 퍼져 있던 태양숭배사상은 고조선이 건국될 때 환웅이라는 신으로 변형되어 나타난다. 고조선 건국신화에 알이나 햇빛이라는 모티프는 나타나지 않지만, 환웅이라는 존재는 해의 의인화로 볼 수 있기 때문이다. '하늘'은 '한(大)'과 '올'의 합성어인데, '한'은 해의 뜻을 지닌다. '히'는 '흗〉흘이〉흐이〉히〉'로 변천되었고, 올은 '日'로 해를 뜻하니, '하늘'은 해의 뜻을 지니는 이음 동의어의 합성이다.[49] 또한 "하늘은 그 자체에 부여된 신격으로 인해 우주를 창조한 초월적 존재로 간주"되며, "신들이 거주하는 신성한 공간으로 생각된다. (……) 그러므로 천신은 하늘 그 자체를 신격화하거나 하늘에 존재한다고 믿는 절대자를 상징한다."[50] 하늘에 거주한 환웅은 하늘 그 자체이자 신으로 표현된 것이다.

환웅의 신격은 그가 인간 세상에 내려와 신시를 건설하고 인간사를 관장하는 데서도 알 수 있다. 그는 "곡식, 수명, 질병, 형벌, 선악 등을

---

48 아리엘 골란, 정석배 옮김, 앞의 책 『선사시대가 남긴 세계의 모든 문양』, p. 1093.
49 한국문화상징사전편찬위원회, 앞의 책 『한국문화상징사전 1』, p. 623.
50 한국문화상징사전편찬위원회, 앞의 책 『한국문화상징사전 1』, pp. 623~624.

주관하고, 인간 일 360여 가지나 되는 일을 주관"[51]하는 등 인간의 수명과 선악을 관장한다. 인간의 영역을 넘어서는 환웅의 업적을 통해 그가 인격체로 묘사된 하늘신임을 알 수 있다. 하늘이 곧 태양으로 상징된다는 점을 인식할 때 이러한 화소들은 태양이 환웅으로 재사고화 또는 변이된 것이다.

윤내현은 "해모수의 해(解)는 하늘의 '해', 모수(慕漱)는 '머슴애'를 뜻하는 것으로 해모수는 해의 아들, 즉 일자(日子)를 의미한다. (……) 이것은 고조선의 최고 신인 하느님이었는데, 그 상징은 바로 '해', 즉 '일(日)'이었음을 알게 해준다"[52]라고 했다. 윤내현의 말을 통해서도 해가 하늘의 상징임을 알 수 있다. 임재해도 환웅은 곧 하늘로서 환인이 태양의 위상 아래에 놓인다고 보았다.[53] 김성환도 환웅이나 해모수를 태양으로 살피고 있다.[54] 태양 신격이 환웅이라는 것이다.

태양숭배사상은 고조선 유물인 빗살무늬토기와 청동거울 그리고 팔주령(八珠鈴)에서도 확인된다. 김성환에 따르면 토기에 새겨진 빗살무늬는 빛이다. 이 빛은 팔주령에도 재현된다. 팔주령 중앙의 원형은 태양이며, 그 주위에 새겨진 선은 햇살로, 여덟 갈래는 퍼져 나가는 빛에너지를 표현했다. 청동거울에 새겨진 잔무늬도 태양과 빛의 에너지를 표현한 것이다.[55]

---

51 일연, 이재호 옮김, 『삼국유사 1』, 솔, 2008(개정판 4쇄), p. 68.
52 윤내현, 『고조선 연구(하)』, 만권당, 2016, pp. 366~367.
53 임재해, 앞의 글 「신시고국 환웅족 문화의 해 상징과 천신신앙의 지속성」, p. 368.
54 김성환, 앞의 글 「한국 고대 선교의 '빛'의 상징에 관한 연구(하): '밝'의 신화와 서사를 중심으로」.
55 이와 달리 김찬곤은 청동거울 무늬가 비와 구름을 상징한다고 보았다. 김찬곤, 「국보 제141호 다뉴세문경 기본 무늬와 세계관 연구」, 『인문사회21』 11(3), 인문사회21,

아리엘 골란에 따르면, 서양에서 태양숭배는 서기전 2000~서기전 1000년에 사회적·민족적 관념을 표현하는 종교적 형태의 하나로서 발생했다.[56] 동양에서는 이보다도 이른 시기인 대문구문화(서기전 4100~서기전 2600년경)에 태양숭배사상이 뚜렷하게 나타난다.[57] 대문구문화는 용산문화와 연결되며, 중국 고고학의 아버지라고 일컫는 양사영에 따르면 상문화는 용산문화를 계승한 것이다.[58] 중국의 임기시 동이문화박물관 도록 『도설동이』에서는 대문구문화, 용산문화, 상문화는 모두 동이족의 문화라고 한다. 이 박물관에는 북신문화-대문구문화-용산문화의 주인공인 동이족의 유물들, 즉 해를 상징하는 암각화, 도문대구존(陶文大口尊) 토기, 팔각성문채도호(八角星紋彩陶壺) 토기 등 많은 유물이 있다.

동이족은 그 시조 이름부터 태양과 매우 밀접하다.[59] 시조인 복희(伏羲)는 포희(包犧)라고도 하는데, 『시함신무(詩含神霧)』에서는 "이른 새벽에 처음 맞이하는 새로운 태양을 싸고 있는 것과 같아서"[60] 복희를 포희라고 했다. 그의 어머니 화서도 '빛나는 햇빛'을 의미한다. 염제도

2020.
56 아리엘 골란, 정석배 옮김, 앞의 책 『선사시대가 남긴 세계의 모든 문양』, p. 1104.
57 태양, 달, 산 모양의 그림이 새겨진 도문대구존 토기와 팔각성문채도호 토기 등 대문구문화 토기는 태양숭배사상이 새겨진 대표적인 토기다. 임기동이문화박물관 편, 『도설동이』.
58 "後岡遺址是殷墟的重要遺址之一. 1934年, 著名考古學家梁思永在遺址內發現了著名的仰韶文化·龍山文化·商文化的'三疊層'地層關系, 從而解決了三者的年代順序問題, 轟動了中外學術界." http://tc.wangchao.net.cn/xinxi/detail_2037446.html.
59 태양숭배사상과 새숭배사상이 동이족의 특징이다. 임기동이문화박물관 편, 『도설동이』.
60 서유원, 앞의 글 「중국 주요 시조신화에 보이는 태양숭배와 태양 감응신화의 연구」, p. 98 12번 주석에서 재인용함.

팔각성

마찬가지다. 반고(班固)가 편찬한 『백호통(白虎通)』에 "그 제왕 염제는 태양이다"[61]라고 했다. 원가는 동이족으로 널리 알려진 치우[62]가 염제의 후손이라고 했다.[63] 후손인 치우가 동이족이면 그 선조도 동이족임은 물론이다. 또한 염제의 형제인 황제도 마찬가지로 동이족이다. "『국어』에서는 '소전이 유교씨의 딸에게 장가들어 황제와 염제를 낳았다'라고 했다."[64] "황제는 『상서』, 『장자』에 '황제(皇帝)'라고 표기하기도 했다. '황(黃)', '황(皇)' 두 글자는 고대에 서로 통용되던 자였다. 이른바 황제(黃帝) 또는 황제(皇帝)의 본뜻은 태양신을 말한다"[65]고 했다. 소호(少昊)의 '호(昊)'자는 "햇빛 대(夨)자로 정면으로 선 사람의 머리 위에 해가 떠 있는 형상으로, 이는 하늘의 중심이 태양이라는 뜻"[66]이

---

61 班固, 『白虎通』 「五行」. "其帝炎帝者, 太陽也."
62 임기동이문화박물관 편, 『도설동이』, p. 37.
63 원가, 정석원 옮김, 앞의 책 『중국의 고대신화』, p. 146.
64 『사기색은』. "(……) 國語云 「少典娶有蟜氏女, 生黃帝·炎帝」. 然則炎帝亦少典之子."
65 何新, 『神話의 起源』, (臺灣)木鐸出版社, 1987, p. 26을 서유원, 앞의 글 「중국 주요 시조신화에 보이는 태양숭배와 태양 감응신화의 연구」, p. 100 21번 주석에서 재인용.
66 唐蘭, 「中國奴隷社會의 上限遠在五, 六千年前」, 『大汶口文化討論文集』, 齊魯書社, 1981을 김인희, 앞의 책 『소호씨 이야기』, p. 20에서 재인용.

태양 문양 암각화

다. '호(昊)'자는 큰 하늘을 의미한다.[67] 황제는 한족의 시조로 알려져 있으나, 그의 아들 소호는 동이족으로 유명하다. 『세본』 「제왕세본」 '소호'조에 "소호는 황제의 아들이다"[68]라고 했다. 황제의 형제인 염제와 황제의 아들 소호가 동이족이면 황제 역시 동이족이다. 이처럼 동이족 선조들의 이름은 태양과 관련이 있고, 이것은 고스란히 난생신화에 상징으로 표현되어 있다.

난생신화에서 햇빛과 알은 태양을 상징하는 표현물이고,[69] 태양은 하늘을 상징하는 표현물이다. 환웅이 인간으로 화해서 웅녀와 결합해 단군을 낳듯, 난생신화에서는 햇빛을 받아 잉태한 알에서 건국 주체가

---

67 김인희, 앞의 책 『소호씨 이야기』, p. 19.
68 『세본』 「제왕세본」 '소호'조. "少皞是黃帝之子."
69 진 쿠퍼, 이윤기 옮김, 『그림으로 보는 세계문화상징사전』, 까치, 1994, p. 118.

태어난다. 이처럼 고조선 신화와 난생신화는 구조가 같고 화소만 환웅에서 햇빛 또는 알로 변형된 것이다. 고대의 태양은 하늘신인 환웅으로 재사고 과정이 일어난 후 다시 알로 규격화되어 오늘날까지 그 상징이 이어지고 있다. 결국 태양숭배사상은 고조선 건국신화에서 그 의미가 천신으로, 상징 표현물은 해에서 환웅으로 변형되었고, 난생신화에서는 알로 변형된 것이다.

태양숭배사상이나 천신 상징 표현물을 볼 때 고조선 건국신화와 난생신화의 연관성은 분명해 보인다. 그렇다면 이 신화들의 영향 관계는 어떨까? 이창윤은 고조선이 상나라의 난생신화를 한반도에 전승하는 가교 구실을 했다고 했는데,[70] 지금부터는 그의 주장처럼 상나라→고조선→부여→(신라, 고구려, 백제)로 이어지는지, 다시 말해 난생신화가 고조선 건국신화 형성에 영향을 미쳤는지 아니면 그 반대인지 살펴보자.

4. 고조선 건국신화와 난생신화의 영향 관계

두 신화의 영향 관계를 살피기 전에 선행되어야 할 것은 고대 동이족의 활동 무대를 살피는 것이다. 중국 임기시에 있는 동이박물관에는 후리문화와 북신문화 그리고 대문구문화와 용산문화 등의 유물들을 전시하고 있다. 후리문화는 서기전 6500~서기전 5500년에, 북신문화는 서기전 5500~서기전 4300년 무렵에 산동성 지역에 존재한 문화

---

[70] 이창윤, 앞의 글 「동북아 태양신화의 문화사적 전개와 한국신화의 문화 융합」.

다. 대문구문화는 북신문화의 상층에서 발견된 것으로, 방사성탄소 교정연대로 서기전 4300~서기전 2600년에 해당한다. 대문구문화는 산동성을 비롯해 서쪽으로는 노서평원 동부 근처까지, 남으로는 강소 화북 일대까지 분포되어 있다. 용산문화는 서기전 2500~서기전 2000년 무렵까지 산동성에 존재한 신석기 후기 문화이며, 앙소문화와 상문화 사이에서 유적이 발견되었다. 따라서 북신문화→대문구문화→앙소문화→용산문화→상문화로 이어진 문화는 동이족의 문화다. 동이문화박물관은 다음과 같이 말하고 있다.

> 전설 속의 동이 부족 수령은 태호 · 소호 시대가 가장 이른 시대로서 북신문화와 대문구문화 시기와 같으며, 치우, 전욱, 제곡, 우순은 대문구 만기 시기와 용산문화 시기와 같다. 하대에 이르러서는 동이집단 세력은 여전히 강성하여 고요, 백익, 예 등의 제후가 있다.[71]

북신문화와 대문구문화의 주인공이 태호와 소호이며, 대문구문화 만기와 용산문화의 주인공은 치우, 전욱, 제곡, 우순이라는 것이다. 유적지를 살펴보면 동이족의 활동 지역은 산동성, 강소성 북부, 섬서성, 하남성 일대다. 1976년 하남성 낙양시 소구촌 서쪽 복천추묘에서 출토된 벽화에는 뱀의 꼬리를 한 복희와 태양이 그려져 있는데, 태양 속에는 까만 새가 있다. 1992년에 출토된 하남성 낙양시 서교천 정두한묘에서

---

[71] 임기동이문화박물관 편, 『도설동이』, p. 37. "传说中的东夷部族首领, 以太昊 · 少昊时代为最早, 约在北辛和大汶口文化时期, 蚩尤 · 颛顼 · 帝喾 虞舜 约在大汶口晚期与龙山文化时期的, 进入有夏一代, 东夷集团的势力仍然很强盛, 有皋陶 · 伯益 · 后羿等."

출토된 벽화에도 마찬가지로 뱀 꼬리를 한 복희와 태양 속 까만 새가 있다. 이것들은 서한시대(서기전 205~서기 25)에 그려진 벽화다.[72] 출토된 묘장 벽화들은 이 지역에서 오랫동안 태양숭배사상이 전승되고 있음을 말해준다. 주지하다시피 하남성은 동이족인 은나라가 있던 지역이다. 벽화 내용 중 태양 속 검은 새에 주목해보자. 검은 새, 즉 현조는 난생신화에서 알을 떨어뜨린, 하늘의 자손을 내려준 존재다. 현조를 하늘과 같은 존재인 통치자로 일컬었을 가능성을 배제할 수 없다. 진 쿠퍼(Jean Cooper)도 태양은 왕권을 나타내는 열두 가지 부수물 중 하나라고 했다.[73] 왕으로서 현조를 상징하는 인물은 시기마다 다를 수 있지만, 상나라 시조 설로 한정한다면 현조로 지칭할 인물은 좁아진다. 그렇다면 현조가 상징하는 인물은 누구일까?

고대 중국에서 가장 큰 일은 물을 다스리는 것이었다. 그래서 요임금은 "넘실대는 홍수 하늘까지 넘칠 듯하고 거칠 것 없이 흐르는 물결은 산을 품고 언덕을 넘었구나. 아래의 백성은 그것을 걱정하는데 능력이 있는 이를 시켜 다스릴 수 있겠는가?"[74]라며 탄식한다. 그만큼 홍수는 백성을 가장 괴롭히는 자연재해였다.

요임금의 탄식에 신하들은 모두 곤(鯀)을 추천했으나 곤은 9년 동안 물을 제대로 다스리지 못했다. 그래서 순임금은 제위에 오르면서 우(禹)에게 치수(治水) 사업을 맡기고 설에게 보좌하게 했다.

---

72 徐光冀 主 編,『中國出土壁畫全集 5』, (北京)科學出版社, 2011.
73 진 쿠퍼, 이윤기 옮김, 앞의 책 『그림으로 보는 세계문화상징사전』, p. 340.
74 『사기』「오제본기」'제요조.' '嗟, 四嶽, 湯湯洪水滔天, 浩浩懷山襄陵, 下民其憂, 有能使治者.'

복천추부부승선·복희·일륜도(위) 복희·일륜도(아래)

설이 장성해서 우의 치수 사업을 도운 공로가 있었다. 순임금이 설에게 명해 말하기를 "백성이 화친하지 못하고 오품(五品)을 따르지 않으니 그대는 사도(司徒)가 되어 공경하고 오교(五敎)를 베풀라. 오교를 베풀 때는 너그럽게 하라"고 했다. 이에 상 땅에 봉하고 자씨 성을 하사했다. 설은 당(唐), 우(虞) 대우(大禹)의 시대에 일어나 그 공업이 백성에게 나타나자 백성이 평안했다.[75]

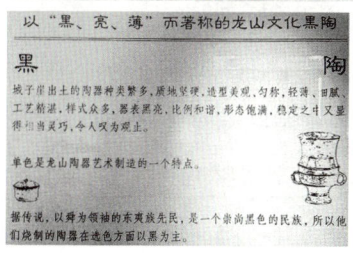

용산문화 주인공 순임금

    순은 설이 물을 잘 다스리자 그를 상(殷)나라에 봉했다. 그런데 사마천은 순임금의 외모에 대해서 눈동자가 겹쳐 있고, 용안에 입이 컸으며 흑색이라고 묘사했다.[76] 중국 제남시에 소재한 성자애(용산)문화박물관은 순이 동이족의 수령이며, 동이족은 흑색을 숭상하는 민족이라고 설명하고 있다.[77] 『사기』 「오제본기」 '제순'조에는 "순은 기주(冀州) 사람이다. 순은 역산(歷山)에서 농사를 짓고, 뇌택(雷澤)에서 고기를 잡고, 하빈(河濱)에서 질그릇을 구웠다"라고 했다. 기주, 역산, 뇌택, 하빈이라는 지명을 추적해보면 모두 산동성에 있다.[78] 따라서 순임금이 설

---

[75] 『사기』 「은본기」. "契長而佐禹治水有功. 帝舜乃命契曰:「百姓不親, 五品不訓, 汝為司徒而敬敷五教, 五教在寬」. 封于商, 賜姓子氏. 契興於唐·虞·大禹之際, 功業著於百姓, 百姓以平."

[76] 『사기』 「오제본기」 '제순'조. "目重瞳子 故曰重華 字都君 龍顏 大口 黑色."

[77] 제남시 성자애문화박물관, 2024년 1월 9일 촬영.

[78] 사마천, 한가람역사문화연구소 사기연구실 옮김, 앞의 책 『신주 사마천 사기 1: 오제본기』, pp. 313~316.

순임금

을 상나라에 봉했다는 지역과 멀지 않음을 알 수 있다. 순임금이 설을 상나라에 봉하고 흑색을 숭상하는 동이족의 수령이라면, 현조는 순임금으로 볼 수 있지 않을까?

한편, 순임금은 고양 전욱의 5대손이다.[79] 전욱의 숙부는 소호다. 전욱은 소호가 동방의 바다 바깥에서 왕국을 통치할 무렵 그곳에 놀러 가서 국정을 보좌했는데, 나중에 중국에 돌아와 북방의 천제가 되었다.[80] 『제왕세기』에서는 전욱이 "10세에 소호를 보좌했고, 12세에 관례를 치렀으며, 20세에 제위에 올랐다. 구려의 난을 평정하고 수덕으로써 금덕을 계승하고 북방의 천제가 되었다"[81]라고 했다. 이러한 기록 때문에 중국에서는 내몽골 지역 홍산문화의 주인공으로 전욱을 꼽는다.[82] 홍산문화는 서기전 4500~서기전 3000년의 문화인데, 중국 학자들은 황제족의 후예인 예맥족이 홍산문화를 주도했다고 주장한다.[83]

사마천이 기록한 가계도에 따르면 전욱은 동이족이다. 황제가 누조

---

79 『세본』,「제왕세본」, "舜爲高陽五世孫."
80 원가, 정석원 옮김, 앞의 책 『중국의 고대신화』.
81 『제왕세기』, "生十年而佐少昊, 十二年而冠, 二十年而登帝位. 平九黎之亂, 以水承金, 位在北方."
82 우실하, 앞의 글 「동북공정의 최종판 요하문명론」.
83 위와 같음.

와 혼인해서 소호와 창의를 낳았는데, 창의의 아들이 전욱이고 소호의 손자가 제곡이다. 전욱은 제곡의 숙부다. 제곡이 간적과 혼인해서 은나라 시조 설을 낳았다. 소호는 유명한 동이족이므로 그의 아버지인 황제와 그의 형제인 창의는 한족일 수 없다. 창의가 낳은 전욱 또한 마찬가지다.[84] 순임금은 황제의 8대손이고, 전욱의 5대손이다.[85] 동이족인 순임금의 조상인 전욱이 홍산문화를 주도했고, 홍산문화의 하가점하층문화는 고조선과 매우 밀접하다.[86]

동이족 난생신화는 중국 동쪽과 남쪽 그리고 동북쪽과 한반도에 분포되어 있고,[87] 고조선 신화와 동이족 난생신화는 천손사상과 태양숭배사상을 상징으로 포함하고 있다. 약간의 변형은 있지만 수천 년 동안 보존된 상징의 예는 앞에서 살펴보았다.

상징 변화는 원가의 신화 사유 단계로도 설명된다. 원가에 따르면, 아리엘 골란이 말하는 재사고화 이전에는 "생물이든 무생물이든, 자연의 힘이든 자연현상이든 외부의 모든 사물을 모두 자기와 마찬가지로 생명과 의지를 지닌 살아 있는 것으로"[88] 보았다. 그래서 "처음 세상이 만들어졌을 때는 인간세계는 하늘과 통하여 아침저녁으로 하늘에 오를 수 있었고, 우리 신들과 인간은 아침저녁으로 이야기를 나눌 수 있었다."[89]

---

84 사마천, 한가람역사문화연구소 사기연구실 옮김, 앞의 책 『신주 사마천 사기 1: 오제본기』.
85 『세본』, 「제왕세본」. "舜是黃帝八代之孫. 『書·堯典』 正義. 舜僑高陽五世孫."
86 윤내현은 하가점하층문화를 고조선의 문화로 보고 있다. 윤내현, 앞의 책 『고조선 연구(상)』, p. 177.
87 김명옥, 앞의 글 「동아시아 난생신화와 중국 한족과의 관계 연구」.
88 원가, 김선자·이유진·홍윤희 옮김, 앞의 책 『중국신화사(상)』, p. 53.
89 『定盦全集』 卷一 『壬癸之除胎觀第一』. "人之初 天下通 人上通 旦上天 夕上天 天與人 旦有語夕有語." 김인희, 앞의 책 『소호씨 이야기』, p. 45에서 재인용.

"사물과 나 사이에는 보이지 않는 끈으로" 연결되어 있어서 정신적으로 교감할 수 있는 물아(物我)가 혼돈된 상태였다. 프리애니미즘인 이 시대에는 사물들이 말할 수 있고, 걸어 다닐 수 있었다.[90] 하늘을 오르내릴 수 있는 '천제'라는 하늘사다리가 있었기 때문에 가능했다.

그런데 전욱이 제왕 자리에 오르면서 가장 먼저 한 일은 중과 여를 시켜 천지간에 놓여 있는 통로를 끊어버린 것이었다. 신과 인간이 어울렸던 시대는 끝나버리고, 신만이 인간 세상으로 가끔 내려왔다.[91] 이것은 "만물을 초보적으로 의인화하거나 인격화하는데, 인격화된 만물을 인간보다 고귀하고 인간들의 숭배를 받을 만한 것으로 여기는"[92] 프리애니미즘에서 진일보한 애니미즘적 사유다. 애니미즘의 사유에서는 사람과 사물이, 사물과 사물이 서로 몸을 바꾼다.[93] 고조선 신화는 원가가 말하는 프리애니미즘과 애니미즘이 혼재되어 있다. 고조선 건국신화는 프리애니미즘 사유에서 애니미즘 사유로 넘어가는 과도기적 신화로, 아리엘 골란이 말하는 숭배적 상징의 재사고화 및 규격화의 과정에 있다.

고조선 건국신화는 환인과 환웅, 단군의 3대 이야기인데, 환인시대는 프리애니미즘 시대이며, 환웅시대는 프리애니미즘에서 애니미즘으로 변화하는 과정이다. 프리애니미즘의 특징은 물아의 구별 없이 소통하는 것인데, 주지하다시피 환인과 환웅은 신격으로 그들이 어떤 형태인지 알 수 없다. 하늘에서 내려오고, 풍백, 우사, 운사를 거느리며, 곰

---

[90] 원가, 정석원 옮김, 앞의 책 『중국의 고대신화』.
[91] 위와 같음.
[92] 원가, 김선자·이유진·홍윤희 옮김, 앞의 책 『중국신화사(상)』, p. 53.
[93] 원가, 정석원 옮김, 앞의 책 『중국의 고대신화』.

과 범에게 말을 한다. 곰은 인간이 되어 신과 혼인한다. 이러한 점들이 사유 발전 단계에서 보자면 난생신화에 나타난 사유 단계보다 앞선다. 난생신화에서는 물아가 구별 없이 말을 주고받는 장면이 없고, 태양숭배사상과 같은 자연숭배가 뚜렷해진다. 또 건국 주체의 영웅적인 면모를 강조한다. 따라서 난생신화는 애니미즘 시기 이후에 형성된 것으로 볼 수 있다.

그렇다면 고조선 건국신화와 난생신화의 영향 관계는 어떨까? 산동성뿐 아니라 동북아 지역에 태양숭배사상이 널리 퍼져 있었을 개연성이 높다. 그러나 이때는 상징의 재사고화 과정이 일어나기 전이다. 아리엘 골란에 따르면, 상징의 재사고화는 청동기시대부터 시작되기 때문이다.

고조선 건국신화는 하늘신이 직접 하강하고, 하늘신인 환웅이 인간으로, 곰이 여자 인간으로 화한 신화 사유의 초기 단계로, 문명의 발달로 세계에 대한 경험이 축적되면서 직접적인 표현보다는 상징으로서 재사고가 된 이야기다. 그러나 은나라 건국신화는 태양 상징물이 알로 표현된 이야기다. 은나라 이후 동이족 건국신화에서 하늘 또는 태양이 '알'로 나타난 점을 감안한다면, 그리고 알로 표현된 이야기의 시초를 찾는다면 은나라 건국신화에서 찾을 수 있기 때문이다.

그렇다면 요동 지역에 있던 고조선이 어떻게 상나라의 상징 규격화에 영향을 미쳤을까? 동이족이 대거 서방으로 이동할 때[94] 하늘신이나 태양이 알이라는 표현 형식으로 변이 과정을 겪고, 그러한 과정이 함께 전파되었을 것이다. 이후 은나라가 멸망하자 일부 은나라 유민들이

---

[94] 동이족의 서방으로의 이동은 영토 확장과 관련이 있다. 이 주제와 관련해서는 김명옥, 앞의 글 「고구려 건국신화 하백의 출자에 대한 인식 재검토」, pp. 314~317 참조.

"선왕이 살던 곳을 좇아"[95] 동북 지역으로 이동했을 때 하늘신 또는 태양 상징 표현물이 이미 알로 규격화되어 유민들과 함께 유입되었을 것이고, 규격화된 상징 표현물은 동북아 지역에 전승되었을 것이다. 한편 은나라 유민 일부가 그 지역에 토착화되듯 상징도 토착화되어 서국이나 베트남(문랑국)의 신화로 계승되었을 것이다.[96]

고조선과 은나라의 건국 시기도 상기해보자. 고조선은 서기전 2333년에 건국했고, 은나라는 서기전 1600년에 건국했다. 이창윤은 고조선이 상나라의 난생신화를 한반도로 이어주는 가교 역할을 했다고 했는데, 이것은 건국 시기로만 봐도 이치에 맞지 않는다. 물이 낮은 곳에서 높은 곳으로 흐를 수 없듯이, 후대에 건국한 나라의 신화가 선대의 그것에 영향을 미쳤다고는 볼 수 없기 때문이다. 또 은나라 이후 서국, 진나라, 베트남의 문랑국 등 동이족 계보의 건국신화에는 모두 '알' 화소가 나타난다. 그의 주장처럼 '상나라→고조선→부여→(신라, 고구려, 백제)'로 이어진다면 문화 상징 규격화의 선후 관계로 볼 때, 고조선 신화에 천신이 직접 하강하는 것이 아니라 변형되었을지라도 알 또는 햇빛 화소가 나타나야 한다.

따라서 신석기시대 상징이 청동기시대에 일어나는 상징의 재사고화 과정과 신화 사유의 단계, 그리고 고조선의 건국 시기와 은나라 건국 시기 등을 살펴볼 때 고조선의 건국신화가 난생신화의 형성에 영향을 끼친 것이다.

---

[95] 부사년, 정재석 역주, 앞의 책 『이하동서설』, p. 89.
[96] 난생신화가 베트남에 토착화되는 과정은 김명옥, 앞의 글 「동아시아 난생신화와 중국 한족과의 관계 연구」, pp. 804~808을, 상징화 과정은 같은 글 pp. 811~812를 참조.

5. 맺는말

이 글은 고조선 신화와 난생신화의 연관성을 살폈다. 고조선 건국 주체의 선조는 하늘에서 내려왔는데, 이것은 천손사상을 상징적으로 나타낸 것이다. 그런데 그 선조들이 하늘에서 하강할 때 그 형상은 각기 다르다. 고조선 신화에서는 환웅, 난생신화에서는 알 또는 햇빛이다.

문화상징은 상당히 견고해서 수천 년 동안 거의 변형이 없거나 약간의 변형만 있을 뿐인데, 환웅, 알, 햇빛은 변형된 천신의 상징 표현물이다. 그런데 환웅과 알, 햇빛은 천신의 상징 표현물로서 후대로 갈수록 환웅에서 알로, 그리고 알에서 햇빛으로 변형된다. 후대로 갈수록 세계에 대한 경험이 쌓이면서 하늘의 신적인 존재를 직접적으로 표현하기가 어려웠기 때문이다. 이것은『삼국지 위서』'선비'조 단석괴 이야기와 북위 효문제의 문소태후 일화에서 확인할 수 있다.

선비는 동호의 한 지파로 고조선의 이칭임을『삼국지 위서』「오환선비동이전」과『사기』「흉노열전」에서 말하고 있다. 진개가 고조선을 침략한 사건 기사에서『삼국지』는 조선으로,『사기』는 동호로 기록한 것은 이 둘이 같은 나라임을 의미한다. 한편 동호(고조선) 지파인 선비는 북위를 세운 종족이며, 문소태후는 고구려 사람이다. 고조선족(부여-신라, 고구려, 백제)과 동이족(상, 서국, 북위)은 한 뿌리에서 갈라져 나온 포족이다. 따라서 천신 표현물인 환웅이 상나라, 서국, 부여, 고구려, 백제, 신라, 북위 등에서 알이나 햇빛으로 변형된 것이다.

아리엘 골란에 따르면, 신석기시대에 상징이 발생했으며, 청동기시대에 접어들면서 이 상징들에 재사고화와 규격화가 일어난다. 동북아시아 지역에 널리 퍼져 있던 태양숭배사상은 고조선 건국 당시인 서기전

2333년에는 천신으로 재사고화에 접어들었다. 즉, 해는 환웅이라는 상징 표현물로 대체되었다. 그런 후에 다시 규격화되어 서기전 1600년에 건국한 은나라 신화에 '알'로 나타난 것이다. 즉, 태양숭배사상이 재사고화 과정을 거쳐 환웅으로 의인화되어 나타나고, 알로 규격화된 것이다.

원가의 신화 사유 단계를 보더라도 고조선 신화는 프리애니미즘적 사유에서 애니미즘 사유로 넘어가는 과도기적 신화로, 숭배적 상징의 재사고화 과정에 있는 신화다. 프리애니미즘의 특징인 물아에 대한 구별이 없고, 신이 하늘에서 내려오고 인간의 몸으로 화해서 곰 여자와 혼인하여 사람을 낳는다. 이러한 점에서 난생신화보다 사유 단계가 앞선다. 난생신화는 문명이 발달하고 세계에 대한 경험이 축적되면서 재사고가 규격화된 상징 표현물이 담긴 이야기다.

한편 고조선 건국신화는 난생신화에 영향을 미쳤는데, 상징이 재사고화가 일어나고 규격화되는 과정에서 동이족이 대거 서방으로 이동했다. 이때 하늘신인 환웅이 알이라는 표현 형식으로 바뀌었고, 이후 은나라가 멸망하자 일부 은나라 유민들이 동북쪽으로 이동할 때 알로 규격화된 상징물이 전승되어 오늘날까지 이어졌을 것이다. 한편 은나라 유민 일부가 그 지역에 토착화되듯 상징도 토착화되어 서국이나 베트남의 신화로 계승되었을 것이다.

서기전 2333년에 건국한 고조선과 서기전 1600년에 건국한 은나라의 건국 시기와, 신석기시대의 상징이 청동기시대에 일어나는 문화상징의 규격화 선후 관계, 그리고 신화 사유의 단계로 볼 때 고조선 신화가 난생신화에 영향을 끼쳤을 것으로 보인다.

2장
단군신화 인식에 대한 역사적 고찰

1. 머리말

이 글은 일제강점기와 해방 후 남북한에서의 단군신화[97]에 대한 인식을 살펴봄으로써 단군신화를 둘러싼 정치적 이데올로기를 걷어내고 민족동질성 회복을 위한 고갱이로서 연구의 단초를 마련하는 데 의의가 있다. 이를 위해 선행되어야 할 일은 '단군의 역사성'을 밝히는 것이다. '단군의 역사성'에는 두 가지의 의미가 있다. 고조선 건국의 실체로서의 단군을 인식하는 것이 그 하나요, '만들어진 이야기'로서 단군이 시대에 따라 '어떻게 인식되었는가'를 보는 것이 다른 하나다. 전자는 민족사학자들이나 비강단사학자들의 인식이고, 후자는 강단사학자들의 인식이다.

단군의 실존을 둘러싼 논쟁, '역사 실존'으로서의 인식과 '만들어진 신화'로서의 인식 논쟁은 강단사학자 대 비강단사학자의 대결 양상처

---

[97] 필자는 단군의 실재성을 부인하는 의미로 '단군신화'라는 말을 사용한 것은 아니다.

럼 보인다. 강단사학자들은 자기들이 합리적이고 객관적이며 실증적인 반면, 비강단사학자들은 비합리적이고 객관적이지 못하며 비실증적 이라고 주장한다.

강단사학자들의 주장은 정말 실증적인 근거가 있고, 비강단사학자들의 주장은 근거가 없는 것일까? 이러한 질문에 답하기에 앞서 단군의 역사성에 대한 논쟁이 언제 어떻게 왜 일어났는지 그 지형을 살펴야 '단군의 역사성에 대한 의문'에 합리적인 답을 찾을 수 있을 것이다.

단군의 역사성 논쟁은 구한말에 일본 학자들이 단군을 정한론의 근거로 대면서부터 본격적으로 시작되었다. 일본은 조선 침략의 정당성을 확보하기 위해 단군을 일선동조론(日鮮同祖論)의 근거로 이용하다가 강점 후에는 '만들어진 신화'로 부정했다.[98] 민족사학자들은 한민족의 시조이자 역사의 실존자로,[99] 사회주의자들은 유물론적 사관에 따라 단군을 인식했다.[100]

단군신화의 역사성에 대한 연구는 무수히 많다. 그러나 일제강점기의 단군신화에 대한 인식을 남과 북에서 어떻게 계승하는지 살피는 연구는 그리 많지 않다. 이경섭은 북한 정부 수립 초기 고조선의 위치와 영역에 대한 논쟁 과정에서 단군신화 논의가 시작되었고, 단군신화를

---

[98] 시라토리 구라키치(白鳥庫吉), 「단군고」, 1894; 오다 쇼고(小田省吾), 「단군전설에 대하여」, 1924; 이마니시류(今西龍), 「단군고」, 1929; 미시나 쇼에이, 「구마나리고(久麻那利考)」, 1935 등이 대표적이다.
[99] 최남선을 비롯해 신채호, 박은식, 김교헌 등이 대표적이다.
[100] 백남운은 『조선사회경제사』를 다루면서 서론에서 「단군신화에 대한 비판적 견해」를 발표했다.

국가 기원과 역사지리 등과 관련해 중요한 사실을 기록한 고조선의 건국신화로 인정했으며, 이를 계기로 북한식의 민족주의 역사학으로 전향했다고 보았다.[101] 북한에서 단군신화 논의는 중요한 시기마다 굴절되는데, 이경섭은 1980년대와 단군릉 발굴 이후에 대해서는 다루지 않았다.

단군릉 발견 이후 단군 인식의 변화에 대한 연구로 이정빈과 이재원의 논의가 있다.[102] 이정빈은 단군릉 발견 이후 단일 혈통이 한층 강조됨을 특징으로 잡고 단군을 초역사적 민족을 역사적 실재로 전화시키는 매개 고리로 보았다. 단군에 대한 강조는 '김일성 민족'을 위한 것으로, 민족주의를 독점하기 위한 정치적 기획으로 이정빈은 이해한다. 이재원은 단군릉 발굴 이후 단군과 관련된 문화 콘텐츠 창조에 초점을 맞추고 있다.[103]

남북한, 일본, 중국 등이 단군신화를 어떻게 인식했는지 연구사 중심으로 서술한 연구자는 조법종이다.[104] 그는 연구사 정리를 통해 단군신화에 대한 방법론에 변화가 없는 한 단군에 대한 두 가지의 인식은 반복될 수밖에 없음을 지적하면서 이를 타개하기 위한 새로운 방법론의 필요성을 역설하고 있다. 하지만 그도 구체적인 방법론은 제시하지 못

---

[101] 이경섭,「북한 초기 역사학계의 단군신화 인식과 특징: 리상호와 리지린의 연구를 중심으로」,『선사와고대』 45, 한국고대학회, 2015.
[102] 이정빈,「북한의 고조선 교육과 '김일성민족'의 단군: 1993년 이후 고등중학교『조선력사』를 중심으로」,『한국사학사학보』 32, 한국사학사학회, 2015.
[103] 이재원,「북한의 단군신화 인식에 대한 연구: 문학적 관점을 중심으로」,『고조선단군학』 13, 고조선단군학회, 2005.
[104] 조법종,「단군 연구사 검토 및 역사적 의미」,『민족문화논총』 52, 영남대학교 민족문화연구소, 2012.

했다. 방법론의 문제라기보다 관점의 문제임을 간과한 제언이다.

이 글은 '단군신화의 역사성'에 대한 검토다. 이는 남과 북이 공동의 역사를 가지면서도 민족 시조에 대한 인식에 거리가 있음을 인지하는 데서 시작되었다. 따라서 단군에 대한 두 가지 인식, 허구와 실존이라는 인식의 거리는 왜 생겼는지 그 기원과 과정을 살핌으로써 인식의 차이를 극복하고자 한다는 점에서 이 글의 의의를 갖고자 한다.

2. 일제강점기 단군신화 인식

일제강점기 단군에 대한 인식은 세 가지로 요약할 수 있다. 고조선 건국의 주체인 단군을 역사적 실체로 보느냐 그렇지 않느냐의 관점에 따라 나눈 것으로, 단군신화는 고려시대에 만들어진 신화이므로 단군은 허구라는 일본 식민사학자들과 우리 민족 시조로서 단군의 실존을 인식한 민족사학자들, 그리고 유물론적 사관에 입각해 단군신화를 해석하려는 사회주의자들의 입장이 그것이다.

먼저 일본이 어떻게 단군을 인식하고 부정했는지 그 기원을 알아볼 필요가 있다. 일찍이 개항한 일본은 제국주의 패권을 접하면서 아시아 내에서 우위를 선점하려고 정한론(征韓論)을 내세웠는데, 이를 위해서는 구체적인 실행 방법이 필요했다. 일본은 언론을 이용해 조선인에 대한 멸시감을 조성했다.[105] 『조선(朝鮮)』의 편집인 기쿠치 겐조(菊池謙

---

[105] 메이지(明治) 시대에 활동한 소설가 나카라이 도스이(半井桃水)는 1892년 6월 25일

讓)와 샤쿠오 슌조(釋尾春芿)에 따르면 조선인에 대한 멸시감 조성이 식민정책 입안에 적극 활용된다고 여겼기 때문이었다.[106]

언론인인 기쿠치 겐조[107]와 샤쿠오 슌조[108]는 침략 논리를 정당화하기 위해 조선 문화와 역사를 연구했다. 기쿠치는 조선 내의 청일·러일

에 『오사카아사히신문(大阪朝日新聞)』에 『계림정화 춘향전(雞林情話 春香傳)』을 번역 연재하고, 조선을 배경으로 한 소설 『胡砂風吹く風』를 발표했다. 조혜숙, 「메이지 시대 조선 문화의 소개 양상: 나카라이 도스이 『胡砂風吹く風』에 대해서」, 『일본사상』 16, 한국일본사상사학회, 2009. 국내 출간 도서 제목은 『조선에 부는 모래바람』이다. 조혜숙이 요약한 소설 내용에 따르면 부산의 왜관에 머물고 있던 마사쿠로는 묘지 참배가 허락된 7월 15일에 우연히 불량배들에게 쫓기고 있던 원소연을 구해준다. 원소연은 첩으로 삼으려고 계략을 쓴 정사석을 피해 도망치다 마사쿠로를 만난 것이다. 그녀의 집안은 정사석의 계략으로 아버지는 죽고 가문은 망했다. 이에 마사쿠로는 소연을 몰래 일본관까지 데려오고, 얼마 후 둘 사이에 아들 임정원이 태어난다. 일본으로 돌아가는 마사쿠로는 조선인 부인을 일본으로 데려갈 수 없다는 국법 때문에 아들 임정원만 일본인 어부에게 부탁해서 밀항시키고, 원소연과는 헤어진다. 임정원은 13세까지 부모가 누구인지 모르고 살다가 마사쿠로의 죽음으로 자신의 출생에 대해서 알게 되고, 외할아버지의 원수를 갚고 싶다는 생각에 조선어를 배워 조선으로 건너간다. 나카라이 도스이는 소설을 연재하면서 조선의 토지, 풍속, 인정의 변화, 제도, 문물, 공예 등을 소설 끝에 덧붙이겠다고 밝힌다. 그가 소개한 조선 문화는 '일본은 문명'이고 '조선은 야만'이라는 전제가 깔려 있다. 조선에 대한 부정적인 인식은 언론에서 집중적으로 이루어지는데, 1908년에 창간된 『조선』은 종간되는 1911년 12월까지 일관되게 그 기조를 이어간다. 예를 들면, 1908년 8월에 속선(俗仙)이 쓴 「반도생활 회고록(半島生活回顧錄)(1)」에는 "한인이란 놈은 자못 파렴치한 인종이고 게으르다. 한두 마디 말해서 듣는 동물이 아니다. 어떤 점에서는 개돼지와 비슷하다. 말보다는 주먹 쪽이 빨리 정리가 된다"라고 했다(俗仙, 「半島生活回顧錄(1)」, 『朝鮮』 1-6, 1908. 8, pp. 61~64를 최혜주, 「잡지 『조선』(1908~1911)에 나타난 일본 지식인의 조선 인식」, 『한국근현대사연구』 45, 한국근현대사학회, 2008, p. 111에서 재인용). 또 조선 최초로 들어온 화가로 알려진 도리고에 세이키(鳥越靜岐)는 조선인에 관해서 시감이 둔해서 색의 배합도 몰라 흰옷만 입고, 청감이 둔해 음악이 단조롭고 천편일률적이라 짜증이 나며, 후감이 둔해서 변기를 방에 두니 불결하고, 미감이 둔해서 고추를 즐겨 먹고 맛을 식별할 줄 모르며, 촉감이 둔해서 여름에 목욕하지 않고 겨울에 흰옷만 입는다고 말한다. 최혜주, 위의 글 「잡지 『조선』(1908~1911)에 나타난 일본 지식인의 조선 인식」.

106 최혜주, 위의 글 「잡지 『조선』(1908~1911)에 나타난 일본 지식인의 조선 인식」.

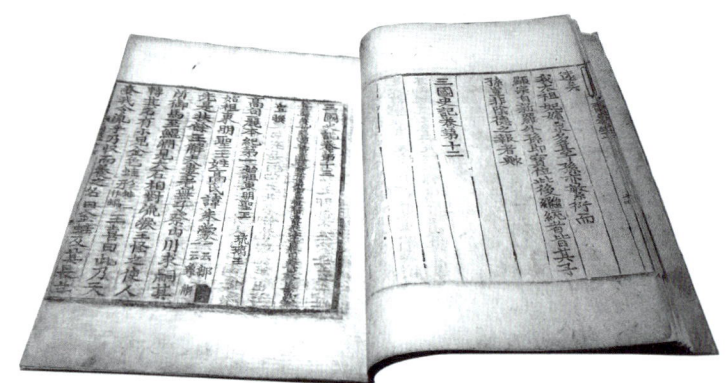

「삼국사기」 목판인쇄본(국보 322-1, 경주 옥산서원)

전쟁 전적지를 답사하면서 "일본이 승전한 발자취를 기록하고 일본신이 강림했다고 하는 소시모리(曾尸茂梨)와 임나일본부의 유적을 통해 두 나라의 역사 관계를 강조"[109]했다. "고대 일본이 한반도 남부를 지배했다는"[110] 임나일본부설에 기대서 조선은 고대부터 일본의 식민지였으므로 일본이 조선을 지배하는 것은 당연하다는 논리를 제공하기

---

[107] 기쿠치는 명성황후 시해 사건에 가담했으며, 『한성신보』(1900)와 『대동신보』(1904) 사장을 역임하면서 조선 침략과 식민통치 합리화를 선전하는 한편, 한국연구회, 조선연구회, 조선고서간행회 등을 통해 조선의 역사와 문화를 연구하고 조선에 대한 입문서를 저술했다. 최혜주, 위의 글 「잡지 『조선』(1908~1911)에 나타난 일본 지식인의 조선 인식」.

[108] 샤쿠오는 테츠가쿠칸[哲學館: 도요대학(東洋大學)의 전신] 출신으로 조선과 중국에 관심을 두고 신문 사업에 종사했다. 1900년에 부산에서 교편을 잡다가 이듬해에 대구의 달성학교로 전근한다. 1903년에는 교사를 그만두고 경성으로 올라와 조선과 조선인을 연구했다. 1908년에 조선연구회를 만들고, 고서 간행 사업에 심혈을 기울였다. 최혜주, 위의 글 「잡지 『조선』(1908~1911)에 나타난 일본 지식인의 조선 인식」.

[109] 최혜주, 위의 글 「잡지 『조선』(1908~1911)에 나타난 일본 지식인의 조선 인식」, p. 85.

[110] 황순종, 『매국사학의 18가지 거짓말』, 만권당, 2017, p. 71.

위해 그 유적지를 찾아 소개하려는 것이었다.

스사노오(素戔嗚尊)의 유적지 소시모리가 강원도 춘천이라고 주장한 이는 호시노 히사시(星野恒)다.[111] 소시모리는 "신대에 스사노오가 한국을 왕래하고 지배했다"는 고대 일본의 조선 진출설에 기반한 것이다.[112] 소시모리는 우리말로 '소머리'에 해당한다. 한자로는 우두(牛頭)인데, 『삼국사기』에 신라의 우두방, 낙랑의 우두산성, 우두주 등이 보인다. 호시노 히사시는 낙랑 지방에 우두산이 없으므로 신라의 우두방이 지금의 춘천이라고 본 것이다.[113] '소시모리=춘천'설은 조선 신궁 제신 논쟁 과정에서 다카기 마스타로(高本益太郎)에 의해서 확산되었고, 1926년 춘천군이 신북면 우두산을 소시모리라 부르면서 정설처럼 굳어졌다.[114]

일선동조론자들은 스사노오가 일본 개국신화에 나오는 아마테라스(天照大神)의 동생이며, '스사노오가 곧 단군'이라고 주장한다.[115] 메이지 시대에 주창되고 한일병합 직전에 본격적으로 고조된 일선동조론은 조선 침략을 정당화하는 논리로 제공되는데, 규슈일보 사장 겸 주필이었던 후쿠모토 니치난(福本日南)은 1906년에 관서신직연합회(關西

---

111 장신, 「일제하 일선동조론의 대중적 확산과 스사노오 신화」, 『역사문제연구』 21, 역사문제연구소, 2009, p. 380.
112 장신, 위의 글 「일제하 일선동조론의 대중적 확산과 스사노오 신화」; 박규태, 「스사노오 신화 해석의 문제: 한반도와의 연관성을 중심으로」, 『종교와문화』 19, 서울대학교 종교문제연구소, 2010.
113 星野恒, 「本邦ノ人種言語ニ府鄔考ヲ術テ世ノ眞心愛國者ニ質ス」, 『史學會雜誌』 11, 1890, p. 20을 장신, 위의 글 「일제하 일선동조론의 대중적 확산과 스사노오 신화」, p. 380에서 재인용.
114 장신, 위의 글 「일제하 일선동조론의 대중적 확산과 스사노오 신화」.
115 위와 같음.

神職連合會) 제1차 대회의 연설에서 소시모리 전승을 들면서 신도로서 한국 보호 정책에 임해야 한다며 '단군=스사노오'설을 내세웠다.[116] 그러나 단군이 스사노오이며 춘천이 소시모리라는 기록은 어디에도 없다. 일제 식민사학자들이 지어낸 말에 불과하다.

일선동조론은 메이지 초기 '국사' 편수 과정에서 일어난다. "1889년 제국대학 문과대학에 설치된 국사과 교수인 구메 구니타케(久米那武)와 호시노 히사시"[117]의 주장을 보자. 구메는 1889년 『사학회잡지』 창간호와 2호에 「일본 폭원의 연혁」을, 호시노는 11호에 「우리나라의 인종, 언어에 대해 내 의견을 말하고 진정한 애국자에게 묻는다」를 실었다. 구메는 『고사기』와 『일본서기』 그리고 『신찬성씨록』을 통해 일본 국가의 일체성을, 호시노는 언어나 인종의 동일성이라는 결론을 도출한다.

일선동조론은 기존의 국학자들과 대립된 논리였다. 구메는 1891년에 "신도는 예부터 전해 내려오는 종교가 아니라 동아시아의 공통점인 하늘을 모시는 풍속의 하나에 불과"[118]하다는 논문을 『사학회잡지』(23~25호)에 발표한다.[119] 구메는 신도가들의 엄청난 비판의 대상이 되면서 학교에서 추방된다. 그의 동료였던 시게노 야스쓰구(重野安繹)와 호시노에게까지 영향을 미치는 필화사건을 겪은 것이다.

---

[116] 박규태, 앞의 글 「스사노오 신화 해석의 문제: 한반도와의 연관성을 중심으로」.
[117] 미쓰이 다카시(三ツ井崇), 「'일선동조론'의 학문적 기반에 관한 시론: 한국병합 전후를 중심으로」, 『한국문화』 33, 서울대학교 규장각 한국학연구원, 2004.
[118] 미쓰이 다카시, 위의 글 「'일선동조론'의 학문적 기반에 관한 시론: 한국병합 전후를 중심으로」, p. 253.
[119] 제목은 『신도는 하늘을 모시는 옛 풍속』이다.

필화사건 이후 일선동조론은 제국대학 국사과가 아니라 민간인들과 언론에 의해 유포되는 등 새로운 방향으로 전개되며 한일병합의 논리로 제공되다가 강점 이후에는 일본의 국체론과의 연관성에서 부정된다. 국체론은 가족국가관, 특히 황실과 국민의 관계를 비유한 것으로 황실과 국민 사이에 충효사상을 넣어 '충군애국'사상을 함양시키려는 것이다. 그런데 일본 국민과 천황 사이가 가족이지 식민지 국민과는 국체가 될 수 없는 모순에 처하게 되면서 일선동조론은 비판을 받게 된다.[120]

일선동조론의 비판론자는 시라토리 구라키치다. 애초에 일선동조론자였던 그는 일본 민족의 기원을 찾는 것이 일본 국체의 역사성을 찾는 것이며, "일본 국체가 다른 나라의 영향 없이 유구한 존재로 형성되어 있다는 논리를 보증하기 위해"[121] 일선동조론을 비판한 것이다. 1891년 구메의 필화사건으로 일선동조론이 한풀 꺾일 즈음 나카 미치요는 「조선고사고」(1894)를 통해 "불교가 동쪽으로 전파된 뒤에 중들이 날조한 망령된 이야기"[122]라고 단군의 실존성을 부정한다. 그는 『동국통감(東國通鑑)』 서문에 "우리 동방은 단군에서 시작하여, 기자(箕子)를 거쳐 삼한에 이르렀으나"[123]라고 쓰여 있지만 "이를 징험할 전적이 없다"고 비판한다. 『사기』 「조선열전」과 『삼국지 위서』 「동이열전」 '한'

---

[120] 미쓰이 다카시, 위의 글 「'일선동조론'의 학문적 기반에 관한 시론: 한국병합 전후를 중심으로」.
[121] 미쓰이 다카시 위의 글 「'일선동조론'의 학문적 기반에 관한 시론: 한국병합 전후를 중심으로」, p. 261.
[122] 나카 미치요, 「조선고사고」, 『일본인들의 단군 연구』, 민속원, 2009, p. 165.
[123] 위와 같음.

조와 '예'조에서 뽑은 것은 있어도 삼한 이전의 역사 기록은 없는 것으로 봐서 "오직 그 서문 단군의 전기만은 중국 사서에 근거를 둔 것이 아니라 조선인이 지은 것이다"[124]라고 단군의 실체를 부정한다. 『동국통감』의 단군 기사는 "승도의 망설을 역사상의 사실로 뽑았다"[125]는 것이다.

나카 미치요(출처: wiki Japan)

나카 미치요의 「조선고사고」는 논문이 아니라 2쪽짜리 단상이다. 그의 단상을 이론으로 발전시킨 이는 시라토리 구라키치다. 시라토리 구라키치는 '조선 국체가 다른 나라의 영향 없이 유구한 존재로 형성되어 있다는' 사실을 '부정'하기 위해 『학습원보인회잡지(學習院輔仁會雜誌)』(1894)에 「단군고(檀君考)」를 발표한다. "단군전설은 승려의 허구로 태백산에 향목이 많이 나므로 이를 인도의 마라야산에 비기고, 그 향목을 우두전단(牛頭栴檀)의 종류로 보고, 그 나무 아래 내려온 인연으로 단군이라고 이름 지은 것"[126]이라며 "단군의 일은 모두 불성의 우두전단에 근거한 가공의 이야기라고 믿어 의심치 않는다"[127]고 했다. 그러고는 고구려 소수림왕 2년(372)에 불교가 조선에 도래했으니 단군전설은 그 이후에 만들어졌을 거라며 구체적인 단군신화 창작 연대설을

---

124 위와 같음.
125 나카 미치요, 위의 글 「조선고사고」, p. 166.
126 시라토리 구라키치, 조경철 옮김, 「단군고」, 『일본인들의 단군 연구』, p. 14.
127 시라토리 구라키치, 위의 글 「단군고」, p. 15.

제시한다.[128] 승려가 만들어냈다는 단군신화에 대한 나카 미치요의 단상을 시라토리 구라키치가 그 창작 연대 시기까지 구체화한 것이다.

나카 미치요의 단상은 대일항전기에 식민사학자들의 지침서처럼 어떠한 이견 없이 절대적 이론으로 자리 잡았다. 단군신화는 '승려들이 만든 이야기'라는 기본 전제 아래, 오다 쇼고는 1924년에 단군신화는 묘향산 산신의 연기설화와 평양 선인의 전설이 합해진 평양의 개벽연기전설로, 고려 원종(1259)부터 충렬왕(1308) 사이에 창작되었다고 보았다. 이마니시 류는 고려 인종(1122)부터 고종(1259) 사이에 만들어졌으며, 주몽신화의 변형이 단군신화라고 주장한다. 미시나 쇼에이는 구체적인 단군신화 창작 연대는 말하지 않았지만, 주몽신화의 영향을 받아 생겼다고 했다. 다카하시 도루(高橋亨)도 주몽이 단군에 해당하는데, 주몽을 단군의 아들이라고 한다면 일대의 착오가 있고, 부루(夫婁)를 단군의 아들이라고 하는 것은 역사적 전거가 없으므로 부여 개국설이 『단군고기(壇君古記)』의 존재가 된다고 주장한다.[129] 즉, 다카하시 도루는 고조선의 역사를 지우려고 단군을 부정하는 도구로 부여의 건국 이야기를 단군 이야기로 둔갑시켜 쓴 책이 『단군고기』가 되었다고 주장한 것이다.

일제 식민사학자들은 단군신화는 승려들에 의해 창작된 작품이라고 일관되게 주장한다. 몽골 침략 후 민족 결집을 위해 묘향산 산신의 연

---

[128] 시라토리 구라키치, 위의 글 「단군고」, p. 19.
[129] 『삼국유사』에서 일연은 『고기(古記)』를 인용해 서술하는데, 이재호는 이 책이 『단군고기』라고 했다. 『제왕운기(帝王韻紀)』에는 『단군본기(檀君本紀)』로 되어 있다. 김명옥, 「단군이 신화의 세계로 쫓겨난 이유는?」, 『매국의 역사학자, 그들만의 세상』, 만권당, 2017, p. 187에서 인용.

〈표 3〉 단군신화에 대한 일제 식민사학자들의 허황된 주장

식민사학자 명	단군에 대한 날조 내용	출처
나카 미치요	불교가 전파되면서 중들이 날조한 망령된 이야기다.	「조선고사고」(1894)
시라토리 구라키치	불설의 우두전단에 근거한 가공의 선담으로 고구려 소수림왕 2년(372)부터 양원왕 7년(552), 특히 장수왕(413~491)시대에 만들어졌다.	「단군고」(1894)
오다 쇼고	묘향산 산신의 연기설화와 평양 선인의 전설이 합해진 평양의 개벽연기전설로 고려 원종(1259)부터 충렬왕(1308) 사이에 창작되었다.	「단군전설에 대하여」(1924)
이마니시 류	단군은 부루의 아들이며 주몽신화의 변형이 단군신화로, 고려 인종(1122)부터 고종(1259) 사이에 만들어졌다.	「단군고」(1929)
미시나 쇼에이	주몽신화의 영향을 받아 단군신화가 생겨났다.	「구마나리고」(1935)
다카하시 도루	주몽이 단군에 해당하는데 주몽을 단군의 아들이라고 한다면 일대의 착오가 있고, 부루를 단군의 아들이라고 하는 것은 역사적 전거가 없다. 부여 개국설이 『단군고기』의 존재가 된 것이다.	「『삼국유사』 주(註)와 단군전설의 발전」(1955)

기설화나 주몽신화 그리고 부여 개국신화 내용을 끌어와 단군신화로 만들었다는 것이다. 이들의 주장은 조선 역사의 시공간 축소를 위한 것으로, 1차 사료까지 조작했다.

왕험성에 대해서 "신찬(臣瓚)은 왕험성은 낙랑군 패수의 동쪽에 있다."[130]라고 주석을 달았다. 그런데 시라토리 구라키치는 "신찬이 말하길 왕험성은 낙랑군 패수의 동쪽에 있다. 패수는 압록강이다."[131]라고

---

130 『사기』 「조선열전」. "臣瓚云 王險城在樂浪郡浿水之東也."
131 "此浿水爲鴨綠江." 시라토리 구라키치, 앞의 글 「단군고」, p. 28.

해서 마치 신찬이 패수를 압록강이라고 한 것처럼 서술하고 있다. 신찬은 "왕험성은 패수의 동쪽에 있다"고만 했을 뿐인데, 시라토리는 신찬이 패수를 압록강이라고 말한 것처럼 사료를 조작한 것이다. 패수에 대한 논의는 많으나 고대 중국의 어느 주석가도 패수를 압록강이라고 말하지 않았다. 그가 1차 사료를 왜곡하면서까지 단군을 말살하려는 의도는 분명하다. 고조선의 강역을 한반도로 축소시키려는 식민지 지배 이데올로기에 복무하기 위해서였다.

시라토리 구라키치는 단군 기사가 수록된 『연려실기술(燃藜室記述)』 별집(別集) 권19 『삼한고기(三韓古記)』에 대해서 "삼국의 건국이 서한 말보다 뒤의 일이라면 『고기』의 연대를 아무리 끌어올리더라도 단군시대(요순하시대)와 비교하면 너무 연대 차이가 난다. 단군과 삼국의 사이에 조선반도는 기자의 조선과 위씨의 조선이 있었고, 마침내 중국 한나라의 영토가 되었다. 따라서 조선이라고 칭하기보다는 중국 한나라 땅의 일부분이라고 보는 것이 온당할 듯하다"[132]고 한다. 시라토리 구라키치는 『고기』를 모두 삼국시대의 기록이라고 말한다. 따라서 단군조선의 시기는 서기전 2333년이 될 수 없고, 고조선의 강역은 '조선반도'를 벗어난 적이 없으며, 그것조차도 지키지 못해 마침내 중국의 식민지로 전락했다는 뜻이다. '조선의 국체'와 '조선 민족의 기원'을 부정하기 위해 단군을 허구의 인물로 만든 것이다.

일본은 식민 지배 논리를 만들기 위해 조선은 고대로부터 한반도 북부는 중국의 지배를, 남부는 일본의 지배를 받았다고 주장하는데, 이러한 논리를 앞장서서 만든 이들이 일제 식민사학자들이다. 일본은 조선

---

[132] 시라토리 구라키치, 앞의 글 「단군고」, p. 10.

침략의 정당성을 확보하기 위해서 일선동조론을 내세웠다. 침략 후에는 식민 지배를 위한 이데올로기로서 단군을 만들어진 신화라고 주장한다. 정치적 필요에 따라 단군을 왜곡했던 것이다.

일제 식민사학자들의 단군신화 왜곡에 민족사학자들은 강렬한 저항으로 맞섰다. 최남선은 오다 쇼고가 1926년 2월 『문교의 조선』에 발표한 「단군전설에 대하여」에 대해 다음과 같이 말한다.

최남선
(출처: wiki Korea)

> 이번 二月號에 실린 京城帝國大學 豫科部長이라는 小田 某의 「所謂 檀君 傳說에 對하여」라는 論文과 같은 것은 그중에서도 용서하기 어려운 妄論 悖說임을 辨破치 아니치 못할 者라 할 것이다.[133]

이 글은 1926년 2월 11일자 『동아일보』에 「단군 부인(否認)의 망(妄)」이라는 제목으로 실렸다. 최남선은 단군신화를 묘향산 산신 연기설화와 평양 선인 전설이 합해진 평양 개벽연기전설이라고 주장하는 오다 쇼고의 말이 사리에 어긋난 망령된 말이라고 일축한 것이다.

또 최남선은 일제 식민사학자들의 단군부정론을 정면 비판한 글인

---

[133] 최남선, 「단군 부인의 망: 「문교의 조선」의 광론」, 『육당 최남선 전집 2』, 현암사, 1973, p. 77.

「단군론」을 1926년 3월 3일부터 7월 25일까지 77회에 걸쳐 『동아일보』에 연재했다. 그는 나카 미치요, 시라토리 구라키치, 이마니시 류 등의 주장이 '문헌 편중의 폐'와 '민족학적·민속학적 관찰의 결여'라고 방법론적으로 지적한다. 전자는 '기록 본위(本位)의 폐(弊)'로서 일본 학자들이 『삼국유사』 자료를 단군의 전생명(全生明)[134]으로 보았고, 후자는 '자면(字面) 본위의 폐'로서 표면의 자구에 너무 얽매여 도리어 기록의 성질, 곧 배경 및 성립 내역 등을 소홀히 했다는 것이다.[135]

후자에 대해서는 어느 민족이나 천지개벽, 인문 기원, 씨족 본원에 관한 신화나 전설을 배경으로 한 원시 신앙, 원시 법제를 담고 있는데, 조선인에게만 결여되었다고 하는 것은 기이한 현상이라고 한다. "몇천 년 전의 국조신화, 극히 유치하다고 하고 소박하다고 할 건국신화가 몇천 년 뒤 다 밝은 세상에 홀연히 특수한 작자의 손에 출현하여 금시에 일반 민중의 시사적 맹종을 사게 되었다는 기설이 성립"[136]된다는 말이 신기하다며 설사 단군신화가 필요에 따라 창작되었을지라도 "백지의 맹랑한 말이 개벽한 사회에서 전 민중의 신앙을 살 수 없음"[137]을 안다면 "그 대본 혹은 의거 골자로서의 그 본생적·전사적 방면에 웬만한 주의를 더함이 우리 양심의 명령"[138]일 텐데 일제 식민사학자들은 덮어놓고 없애버리려고 해서 전설적 생명까지도 제값을 못 할 뿐

---

134 최남선은 '단군의 전생명'에 대해서 설명하지 않았다. 필자가 생각하기에 전생명은 단군이 태어나 고조선을 세우고 다스리다 산신이 되는 일천구백여덟 살을 뜻하는 것 같다.
135 최남선, 「단군론」, 『육당 최남선 전집 2』, p. 93.
136 위와 같음.
137 위와 같음.
138 위와 같음.

아니라 그들에게 "단군이 얼마만큼이라도 사실의 배경을 가졌다 함은 애초에 문제도 될 리 없었다"[139]는 것이다.

또 최남선은 "국조(國祖) 단군의 설이 민족적 반항정신의 산물이라 함은 실로 본말이 전도"[140]된 것이라면서 일제에 항거하는 수단으로서 단군을 국조로 삼은 것이 아니라 "조선의 오래된 전설, 고유한 신념에는 단군을 국조로 하는밖에 아무 다른 것이 없"[141]기 때문이라고 한다. 다만 단군전설이 점차 세력을 잃은 것은 중국과의 영향으로 기자설이 발생한 것 때문이고, 수많은 기록이 소진된 가운데도 남아 있는 약간의 문자는 "외교적 필요와 유교적 의리하에 작성"[142]했기 때문이다. 즉 일본인들이 단군을 부정한 근거로 창작설을 주장하자 최남선이 반박 논리를 펴는 것이다. 최남선은 단군신화가 신화적인 색채를 띠게 된 이유를 말하는 것이며, 단군을 문헌적 본위, 문자적 본위로만 고찰하는 것은 부당할 수밖에 없다고 말한 것이다.[143]

중국에 대한 사대의 폐는 극심해서 중국적인 것이 되거나 중국의 관념하에 기형적 존립을 계속했지만 그렇지 못한 것들은 모두 소멸되는데, 강인한 심고의 본질을 가진, 이를테면 단군 고전 같은 것은 이런 "무서운 시련과 도태를 지내면서도 그래도 질긴 생명을 하대에까지 보유한 것은 민족적 또는 사회적으로 뽑으려 해도 뽑을 수 없"[144]다고 한

---

139 위와 같음.
140 최남선, 위의 글 「단군론」, p. 95.
141 위와 같음.
142 위와 같음.
143 위와 같음.
144 위와 같음.

다. 또 최남선은 일제 식민사학자들이 주장하는 단군신화가 만들어진 신화라는 설에 대해서는 다음과 같이 말한다.

> 조선은 說話的으로 生長한 나라가 아니라 澌滅해 온 나라이니, 壇君 기타의 建國傳說 같은 것이 中間에 發生 성립된 것이기는커녕, 없어지다 없어지다 못하여 남고, 없애려다 없애려다 못하여 떨어져 있는 것으로 보아야 한다.[145]

최남선은 중간에 발생하기는커녕 없어지다 없어지지 못하여 남고, 없애려 해도 그럴 수 없으며, 일제 식민사학자들이 아무리 애써도 단군이 무엇인지 알 수 없어서 없다고 작정해버린 것이 단군신화라고 한다.[146] 일본인들은 우리 역사를 편견으로 보고 있어서 중국 문물이 들어오기 이전의 역사는 억지로 묵살해버리고, 중국의 기록에 없거나 있어도 이형으로 존재하는 것은 부정한다는 것이다. 또 한반도 민족을 억지로 양분해서 남북으로 나누고 단군고전은 북방에나 있는 것이라고 주장하며, 조선적으로 볼 단군을 중국 눈으로, 자주적으로 볼 것을 남의 눈으로 보고, 대동적으로 볼 것을 쪼개서 보려 한다는 것이다.[147] 일본은 일본 역사가 조선에 비하여 연대상 후배가 아니기를 원하고, 고대에 문화적 은택을 입은 일이 없다고 하고 싶기 때문에 우리 역사를 왜곡하는 일을 서슴지 않는데, 학자들이 학자적 양심과 정치적 요

---

[145] 위와 같음.
[146] 최남선, 위의 글 「단군론」, p. 96.
[147] 위와 같음.

구에 갈등 없이 순응하면 편견에서 벗어날 수 없다는 것이다.

최남선은 "朝鮮의 人文的 모든 것이 壇君에 비롯했다 함은 우리의 오랜 傳統的 信念입니다. 이것으로써 歷史의 起頭를 삼으며, 이것으로써 氏族의 淵源을 삼아서 아무도, 또 조금도 疑心하려 아니"한다며, "壇君을 제쳐 놓으면 朝鮮이란 長江의 샘 밑이 막히는 것"[148]으로 보았다. 최남선은 단군이 우리 역사의 기원이며 민족의 원류임을 의심치 않았다.

신채호는 "오직 '조선'만이 단군이 정한 나라 이름이다"[149]라며 단군이 우리 시조임을 분명히 했다. 그는 『삼국유사』 「고기」편에 "제석(帝釋)이니 웅(雄)이니 천부(天符)니 하는 따위가 다 불전의 명사이며 (……) 이것이 순수한 조선 고유의 신화가 아니라 불교가 수입된 이후에 불교도의 손에 점철된 것이 적지 않다고 생각한다"[150]면서도 "조선 고대에 단군왕검을 종교의 교주로 존숭하여 왔음은 사실이고, '왕검'을 이두문의 독법으로 해독하면 '임금'이 될 것"[151]이며, "따라서 임금이라고 불렸던 사람이 당시에 유행하는 '수두[신단(神壇)이라는 뜻_인용자]의 미신'을 이용하여 태백산의 수두에 출현하여 스스로 상제의 화신이라 칭하고 조선을 건국"[152]했다고 본 것이다. 신채호는 왕검을 임금이라는 대명사로 보고, 또 당시에 유행하는 '수두'라는 미신을 이용한 것이지만, 단군이 고조선을 건국한 것으로, 단군신화를 고조선 건국신화로 인

---

148 최남선, 「단군 급(及) 기연구(其研究)」, 『육당 최남선 전집 2』, p. 242.
149 신채호, 박기봉 옮김, 『조선상고 문화사』, 비봉, 2007, p. 32.
150 신채호, 박기봉 옮김, 『조선상고사』, 비봉, 2006, p. 94.
151 신채호, 박기봉 옮김, 위의 책 『조선상고사』, p. 95.
152 위와 같음.

식했다.

일제강점기에 단군신화를 유물론적 관점에서 살펴본 이는 백남운이다.[153] 그는 『조선사회경제사』(1933)에서 연구방법론 뒤에 「단군신화에 대한 비판적 견해」라는 장을 구성해 단군신화에 대한 견해를 밝히고 있다. 백남운은 "설화적 관념 표상의 독자성을 주장하는 경우와, 실증주의적 편견에서 임의적으로 평가하는 경우의 대립적인 경향을 보이고 있다"[154]면서 전자는 신채호와 최남선이 대표적이라고 보았다. 그들은 "단군신화를 조선 인식의 출발점으로 삼아 그것을 독자적으로 신성화함으로써 동방 문화에의 군림을 시도했는데, 그 결과는 하나의 특수 문화 사관으로 그쳐버렸다"[155]는 것이다. 후자에 대한 비판도 보자.

> 혹은 무조건적으로 부정하든가(나카 미치요: 1851~1908), 혹은 임시로 단군을 고구려의 국조로서 만들어낸 인물로 간주(시라토리 구라키치: 1865~1942)하는 것이다. 현재 경성대학의 오다 쇼고(1871~1953. 저서 『朝鮮史大系 4: 最近世史』)는 단군을 묘향산의 산신이라고 단정하며 무슨 커다란 발견이나 한 듯 자만하고 있다.
>
> 우리는 전자의 환상적인 독자성을 거부하는 동시에, 후자의 합리주의적

---

[153] 『조선사회경제사』는 1933년 동경 개조사(改造社)에서 발행되었다. 1990년대 초 하일식이 백남운의 저서와 산문, 잡지 등의 글을 모아 '이론과실천' 출판사에서 『백남운전집』 4권을 발행한 바 있다. 이경섭, 「백남운의 단군신화 인식」, 『동국사학』 63, 동국역사문화연구소, 2017. 이 글은 백남운, 심우성 옮김, 『조선사회경제사』, 동문선, 2004를 참고했다.
[154] 백남운, 심우성 옮김, 위의 책 『조선사회경제사』, p. 32.
[155] 위와 같음.

인 거짓 물상도 반대하는 것이다.[156]

  인용문은 일본 학자들의 단군신화에 대한 해석론적 태도에 대한 비판이다. 백남운은 단군신화에 대한 독자적 해석도, 실증주의라는 탈을 쓰고 거짓으로 평가하는 것도 비판한다. 그는 신화를 인간의 자연에 대한 또는 인간의 인간에 대한 생산 관계적 행동의 반영, 또는 지배 복종 관념 형태로서 규정된 것으로 해석하기 때문이다.[157] 그러나 백남운도 신화가 '현실 생활의 산물'이기 때문에 사회 형성과 발달 단계를 반영한다고 보았다.

  단군신화를 부정하는 일제 식민사학자들, 우리 민족의 시조로서 단군을 실존으로 인식했던 민족사학자들, 원시사회의 반영으로 본 유물사관 등의 관점들이 해방 후 어떻게 전개되는지 다음 장에서는 북한을 중심으로 살핀다.

3. 북한, 단군의 역사성 논증

  북한은 정부 수립 초부터 사회주의와 민족주의가 결합된 사회주의적 애국주의가 특징이다.[158] 식민지 경험이 있는 나라에서는 제국주의의 억압과 착취에 대한 투쟁과 반제국주의로 방향을 정하는 한편 민족

---

156 백남운, 심우성 옮김, 위의 책 『조선사회경제사』, p. 33.
157 위와 같음.
158 정일영, 「북한에서 민족주의 담론의 형성과 전개: '민족공조'와 '김일성민족'을 중심으로」, 『민족연구』 56, 한민족연구원, 2013.

주의와의 결합을 통해 사회주의 건설로 이행한다. 하지만 북한은 계급의 이익, 계급적 모순을 우선시하며 선진적 전통과 문화 유산에 대한 긍지를 강조하는 사회주의적 애국주의로 나아간다. 이러한 기조에서 북한은 국가 건설 초기부터 일제가 왜곡한 역사를 바로 세우고자 했다. "조선 혁명을 하기 위해서는 '조선 역사를 잘 알아야 한다'는 김일성의 교시"[159]에서 알 수 있듯이 해방 직후부터 사회주의 국가 건설을 위한 사상적 기반으로서 역사가 중점 논의되었다.

북한은 초기부터 역사연구기관을 설치하고[160] 식민사관 극복과 유물

---

[159] 최영묵,「북한의 역사연구기관·연구지 및 연구자 양성 과정」,『역사와현실』 3, 한국역사연구회, 1990.

[160] 북한은 역사를 사상적 기반으로 삼아 1947년 1월 7일에「조선력사편찬회에 관한 결정서」를 공포하고 역사연구기관인 '조선역사편찬위원회'를 구성한다. 이 결정서에 따르면 역사 편찬의 기본 사상은 "가장 과학적이며 선진적인 사상", 즉 유물론적 사관에 의거해 "조선 민족의 장구한 역사를 고대로부터 오늘날까지 옳게 표현"해야 한다고 적시하고 있다. 또한 조국 독립과 민족의 자유를 위해 싸운 투사들과 해방군의 과업도 표현해야 한다고 말한다. 최근사의 편찬 시기와 조직 및 기타 사항도 명시하고 있다. 최근사는 1947년 12월까지 완료해야 하고, "북조선임시인민위원회에서 조선력사편찬위원회를 조직하되 그 인원수는 25명으로 하고 위원장은 이청원"으로 임명한다. 당시 조선역사편찬위원회에는 역사 연구자들이 폭넓게 포진하지 못한 실정이었다. 따라서 정부 수립 후 1948년에 내각 제4차 회의에서「조선력사편찬위원회에 관한 결정서」(내각결정 제11호)를 채택하여 교육상 백남운에게 편찬위원회를 선임케 한다. 이 결정서에 따라 교육성에 조선역사편찬위원회를 설치하도록 했고, 자료 수집원과 정리원을 두어 자료를 수집하고 정리, 보관하게 했다. 또 교육상(백남운)이 편찬위원회를 선임하도록 한 것에 따라 네 개의 분과위원회를 두고 연구했으며, 기본 과업으로는 "과학적 세계관에 근거"하고, "일본식 사학 및 그 영향의 잔재를 일소하는 동시에 서구 학자들의 동양사에 관한 부르죠아적 견해와 편견적인 방법의 영향을 절대로 배제"가 주어졌다. 전쟁 시기인 1952년 3월에는 역사편찬위원회를 발전적으로 해체하고 조선역사연구소를 구성했으며, 같은 해 12월에는 과학자·기술자대회를 통해서 조선과학원을 창설하고 개원했다. 과학원은 역사연구소와 고고학 및 민속학연구소를 포함한 아홉 개의 연구소를 산하에 설치했다.「조선력사편찬회에 관한 결정서」(북조선임시인민위원회결정 제182호)를 최영묵, 위의 글「북한의 역사연구기관·연구지 및 연구

사관에 의한 역사 서술로 연구 방향을 잡았다. 대상은 원시사회를 포함한 조선 역사 발전의 전 과정과 계급사회 형성이며, 그 목적은 생산 발전 단계를 과학적으로 구명하는 것이었다. 전쟁 후 몇 해에 걸쳐 당사상 사업으로 '주체 확립'과 당의 혁명 전통이 강조되는 가운데 북한은 1957년에 '과학발전 10개년 전망계획'에 착수한다.[161]

이러한 기조에서 당시 북한에서는 고조선의 위치와 강역이 핵심 쟁점이 되었다. 문헌 중심의 역사학자들은 고조선 중심지를 요녕 일대로, 고고학자들은 평양 일대로 비정하면서 두 주장이 대립했으나, 1963년 리지린의 『고조선 연구』가 발간되면서 고조선 중심지 논쟁은 요녕설로 일단락되었다. 이 과정에서 단군신화 연구가 본격적으로 시작되었다.[162]

1962년, 북한은 과학원 역사연구소 주최로 네 차례에 걸쳐 '단군신화'에 대한 토론회를 개최한다.[163] 토론회에는 고대사 연구실장 리지린, 박시형, 김석형 등을 비롯해 고고학연구소와 역사연구소 등의 연구자들이 대거 참여했다.[164] 토론회의 목적은 "우리나라 고대국가의 형성

자 양성 과정」에서 재인용하고 요약 정리함.
[161] 최영묵, 위의 글 「북한의 역사연구기관·연구지 및 연구자 양성 과정」.
[162] 이경섭, 앞의 글 「북한 초기 역사학계의 단군신화 인식과 특징: 리상호와 리지린의 연구를 중심으로」.
[163] 장주협, 「『단군 건국신화』에 대한 과학토론회 진행」, 『력사과학』 6, (평양)과학원, 1962.
[164] 「『단군 건국신화』에 대한 과학토론회 진행」이라는 제목의 짤막한 소개 기사에 참석자들의 명단이 나와 있다. 명단은 다음과 같다. "고대사연구실 리상호 연구자의 주 토론을 청취하고 박시형, 도유호 박사들, 정렬모 교수, 신구현, 리응수, 황철산 부교수들, 사범대학 류창선, 박택진 동지들, 의학과학연구원 리필근 연구사, 고대사연구실 리지린 실장, 고고학연구소 정찬영 연구사, 력사연구소 김을천, 손영종 연구사들이 토론에 참가했다." 장주협, 위의 글 「『단군 건국신화』에 대한 과학토론회 진행」, p. 107. 북한

발전과 유구한 연원에 대한 과학적인 해명을 위하여 그 중요한 자료의 하나로 되는 신화 전설들이 필요하다"[165]고 판단했기 때문이다. 다시 말해, 단군신화 속에 고대국가의 형성 발전 과정이 있으며 단군이 신화가 아닌 고조선 건국신화이자 역사임을 과학적으로 논증하기 위한 토론이었다. '단군'이 '신화'가 아닌 '역사'임을 해명하는 작업의 이유는 일제 식민사학자들이 고조선의 역사를 말살하려고 단군을 날조된 것으로 만들어 전파한 일을 바로잡고 우리 민족 시각에서 단군신화를 해석하려는 데 있었다. 주제 발표자인 리상호는 단군신화의 역사성을 과학적으로 논증하면서 일제 식민사학자들을 다음과 같이 비판한다.

> 단군신화를 고려시대에 '날조'한 설화로 '론단'한 과거 일제 어용학자들은 단군에 대한 조선 인민들의 저와 같은 오랜 전통적 관점을 고려시대 또는 리조시대에 들어와서 형성된 '사상'과 '신앙'으로 묘사하고 있다.[166]

일제 식민사학자들이 단군을 고려시대에 날조한 설화로 만들어버린 것을 비판하면서 단군신화의 역사성을 밝히려 한 것이다. 과학원 고대사 연구실의 리상호는 1962년 『력사과학』 3호와 4호에 「단군설화의 력사성」이라는 제목으로 논문을 수록했고, 5호에는 「단군설화의 년대

자료에 따라 이름 표기는 북한식으로 표기한다. 다만 성과 이름을 띄어쓴 표기 대신 남한 표기대로 붙여서 쓴다.
[165] 장주협, 위의 글, 「『단군 건국신화』에 대한 과학토론회 진행」, p. 90.
[166] 리상호, 「단군 설화의 년대 문제」, 『력사과학』 5, (평양)과학원, 1962, p. 97.

문제」를 게재했다.

『력사과학』 3호와 4호에서 그는 단군설화가 지닌 역사성을 추출하기 위해 신화에 대한 관점 문제를 비롯해, 단군신화 기사가 수록된 『위서』와 『고기』가 실재한 사서(史書)였음을 논증하고, 단군신화 내용 중 허구와 역사를 분리해서 설명한다. 「단군설화의 년대 문제」는 고조선의 국가 형성 연대에 관한 논증이다. 다시 말해, 그는 신화의 역사성 논증을 통해 신화 형성 시기와 고조선 건국 시기, 그리고 사회 발전 단계를 유물론적 사관에서 보고자 한 것이다.

리상호는 단군에 관한 기록이 '신화', '전설', '설화', 어떤 것으로 불리든 간에 중요한 것은 "우리가 어떻게 보느냐"[167]라는 관점의 문제라고 지적한다. 조선의 눈으로 자주성을 가지고 단군신화를 보자던 최남선의 말과 일맥상통한다. 리상호는 "력사를 초월한, 또는 력사로부터 고립된 신화나 전설이란 있을 수 없다는 관점으로부터 출발한다."[168] "그 어떠한 신화나 전설이라도 현실적·력사적 계기를 초월하여 발생하거나 형성될 수"[169] 없기 때문에 "신화나 전설은 해당 력사 이후에 발생"[170]한다는 것이다. "다만 이와 같이 허구적으로 보이는 신화적 표현에는 이보다 선행한 력사적 자료들이 혹은 과장 혹은 윤색, 왜곡되어 그것들이 각이한 시대적 배경을 가진 채 무질서하게 반영되어 있을 뿐"[171]이며, 신화가 과장 또는 윤색, 왜곡된 것은 시대에서 추구하는 사

---

[167] 리상호, 「단군 설화의 력사성」, 『력사과학』 3, (평양)과학원, 1962, p. 42.
[168] 리상호, 위의 글 「단군 설화의 력사성」, p. 43.
[169] 위와 같음.
[170] 위와 같음.
[171] 위와 같음.

회 정치적 목적에 따라서, 또는 기록자나 편찬자들의 이데올로기에 의해서 그러하다는 것이다.

단군신화가 형성될 수 있었던 계기는 "단군이 조선 나라를 창건하였다'라는 력사적 사실"[172]이며, "력사는 언제나 신화를 선행한다"[173]고 그는 여겼다. 신화 형성의 물질적 기초가 현실적인 해당 역사이기 때문인데, 가령 주몽이 태어난 후에야 주몽신화가 생길 수 있다는 말이다. 따라서 단군은 역사적 실존자이며 단군이 조선을 건국했다는 역사적 사실만이 '단군신화'의 형성 조건이 된다.

다만, 신화를 구성한 요소들 중 '곰과 호랑이[熊虎], 마늘과 쑥[蒜艾], 금기(禁忌), 주원(呪願), 천강(天降) 등의 화소는 단군이 조선을 건국한 것보다 선행한 요소로 "력사적 사실보다 더 오랜 고대사회의 생활 단면들을 반영한"[174]다고 보았다.

한편 단군 기사를 전하는 『위서』와 『고기』는 『삼국유사』 저자의 '날조'라는 일제 식민사학자들의 견해에 관해서도 리상호는 그 책들이 현존했을 가능성에 대해서 치밀하게 논증한다. 일연(一然)이 『위서』 계열 문헌을 인용하면서 정확한 명칭으로 사용한 것과 일연이 기사를 소개하면서 자기 관점과 입장을 보이는 것, 이미 실전된 『위서』 계열 문헌이 20여 종이나 된다는 점, 『삼국지 위서』 「동이전」 서문에서 진수(陳壽)가 지적한 대로 246년 관구검(毌丘儉)의 고구려 침략으로 위나라가 우리 고대 문헌들을 입수했을 가능성이 높았을 것이라는 점 등이 그것

---

[172] 리상호, 위의 글 「단군 설화의 력사성」, p. 44.
[173] 위와 같음.
[174] 위와 같음.

이다. 또 이 시기에 펴낸 『위서』 계열 글들이 고조선에 관한 유일한 자료를 전하고 있는 『위략』과 같은 성격의 서적인 것을 볼 때, 일연이 『삼국유사』의 단군 기사를 『위서』를 인용해 썼다는 것에 의문을 가질 필요가 없다는 것이다.[175]

이에 김석형은 현존하는 『위서』가 없다고 해서 일연이 날조했다고 주장할 근거가 없으며, 일연이 현존하지 않는 『위서』를 인용했다고 보는 것이 타당하다며 리상호의 논거를 지지한다.[176]

단군 기사의 원천에 대해서는 원래 고구려나 마한의 문헌이 외국으로 수출되었다가 일연이 활동한 고려 후기에 다시 역수입된 것으로 보았다. 그 근거로 "지금으로부터 2천 년 전에 단군왕검이 계셔 아사달에 도읍을 정하고 새로 나라를 세워 조선이라 불렀는데 요(堯)와 같은 때였다고 한다"[177]라는 기사 서술 태도를 들었다. 중국은 이민족에 대해서 폄하하는 서술 태도를 취하는데, 이 문구는 "유구한 역사를 노래하는 리규보나 리승휴의 애국 서사시에서 찾아볼 수 있는 표현 양식"[178]이라는 것이다. 『위서』가 채록한 단군 기사는 '환인', '환웅', '천부인(天符印)', '웅호(熊虎)' 등 신화적인 요소가 개입되어 있지 않고, 순수한 역사 기록의 면모만 갖추고 있는 점도 그 근거로 본다.[179]

리상호는 단군신화를 신화, 역사, 전설 세 부분으로 나누는데, 신화

---

[175] 리상호, 위의 글 「단군 설화의 력사성」, p. 49.
[176] 장주협, 앞의 글 「『단군 건국신화』에 대한 과학토론회 진행」, p. 91.
[177] 일연, 이재호 옮김, 『삼국유사 1』, 솔, 2008(개정판), pp. 64~65. 원문은 다음과 같다. "乃往二千載 有檀君王儉 立都阿斯達 開國號朝鮮 與堯同時."
[178] 리상호, 앞의 글 「단군 설화의 력사성」, p. 50.
[179] 위와 같음.

는 "옛날에 환인이 있었다"에서부터 "이내 아들을 낳았다"까지다. 역사는 "단군왕검이라고 불렀다"에서부터 "천오백 년 동안 나라를 다스렸다"까지이며, "주무왕이 왕위에 오른 기묘년"부터 "일천구백여덟 살이었다"까지는 전설이라고 보았다. 또 그는 단군신화를 통해 고조선 형성 시기를 서기전 18세기로 보고 있다. "지금으로부터 2천 년 전"으로 기록된 『위서』는 왕침(王沈)의 『위서』든 『위략』의 범칭이든 3세기 중엽에 편찬된 문헌들로, 3세기부터 2천 년 전은 서기전 18~17세기가 되기 때문에 "단군이 아사달에 도읍하고 조선을 창건"한 시기는 이때가 된다는 것이다.[180]

이에 리지린, 리응수, 리필근, 박윤원은 서기전 8세기 단군신화 형성설을, 황철산은 서기전 3세기 설을 주장했다.[181] 단군신화의 형성 시기를 특정하지 않았으나 고조선 시기에 형성되었다고 본 연구자는 김석형과 림건상이다. 이들은 신화가 장구한 세월을 거치면서 윤색되고 풍부해졌지만, 신화가 형성된 것은 고조선 때라고 주장했다. 손영종, 신구현, 류창선, 박진택, 리규복도 단군신화 형성 시기를 특정하지 않았지만 유구한 고대에 형성되었다고 보는 것이 타당하다고 했다.[182]

북한에서는 4회에 걸친 토론으로 단군신화가 '원시사회의 현실을 반영'한다는 것과 '고조선의 건국신화'라는 데 의견의 일치를 보았다. 즉, 북한에서는 1960년대 초부터 단군신화를 고조선의 건국신화로 인식했으며, 단군은 신화 속 인물이 아니라 실존한 인물이며 고조선의 시조

---

180 리상호, 앞의 글 「단군 설화의 년대 문제」, p. 94.
181 장주협, 앞의 글 「『단군 건국신화』에 대한 과학토론회 진행」.
182 위와 같음.

라는 사실에 동의한 것이다.

이러한 견해는 『조선전사: 고대편』에도 그대로 반영되었다.[183] 단군신화는 "고조선의 건국신화로서 이 신화에는 원시 공동체사회가 무너지고 고조선 국가가 형성되어간 력사 발전 과정이 반영되어 있으며, 고조선의 종족 문제, 력사지리 문제 등이 밝혀져 있다"[184]라고 서술되어 있다.

1980년대 말 단군신화에 대한 강인숙의 연구 내용은 이와 크게 다르지 않다. 이때의 북한은 중·소 분쟁 시기를 거치면서 대외 전략으로 자주성을 강조하고 우리 민족에 대한 자긍심을 고취하고자 한 시기였다. 1980년대 말과 1990년대에는 소련과 동구 사회주의 몰락의 대응 논리로서 우리 민족에 대한 자긍심 고취를 위해 '조선민족제일주의'가 강화되었다.[185]

다시 말해, 조선민족제일주의는 사회주의가 민족주의와 결합하면서 선진적 전통 및 문화 유산에 대한 긍지를 기조로 하는 이른바 '우리식 사회주의'인 것이다.[186] 1991년 김정일은 우리식 사회주의의 과제로 민족의 자주성을 제시한다. 이러한 기조 아래 단군신화는 다시 한번 호명되는데, 강인숙은 단군신화 형성 시기[187]와 그것의 원형을 발표[188]한

---

[183] 『조선전사 2: 고대편』, (평양)과학백과사전출판사, 1979.
[184] 위의 책 『조선전사 2: 고대편』, p. 24.
[185] 정일영, 앞의 글 「북한에서 민족주의 담론의 형성과 전개: '민족공조'와 '김일성민족'을 중심으로」.
[186] 위와 같음.
[187] 강인숙, 「단군신화의 형성 시기」, 『력사과학』 123, (평양)과학, 백과사전출판사, 1987.
[188] 강인숙, 「단군신화의 근사한 원형」, 『력사과학』 124, (평양)과학, 백과사전출판사, 1987.

이후 단군신화의 역사성을 3회에 걸쳐 발표한다.

1988년 3호,[189] 4호[190]에 1회와 2회를 발표하고, 2년 후인 1990년[191]에 3회를 발표한다. 그의 논조는 리상호와 『조선전사』 기조의 틀 안에서 이루어졌다. 단군이 요하 하류 동쪽 일대에서 나라를 세웠다는 점과 단군신화가 고조선의 건국신화임을 다시 한번 강조한다.

하지만 단군신화가 고조선의 건국신화라는 기조는 그대로 유지되나 단군의 중심지는 요동설에서 평양설로, 고조선 건국 시기는 서기전 2333년보다 선행한 것으로 연구되었다. 강인숙은 1990년대에 발표한 「단군신화와 력사 3」에서는 단군이 요하 하류 동쪽 일대에 나라를 세웠다고 주장했으나, 1995년에 발표한 「고조선의 건국 년대와 단군조선의 존재 기간」에서는 "마침내 평양에 도읍을 정하고 나라의 건국을 선포"[192]했다고 주장했다.

"단군이 평양 지방에서 고조선국가를 일떠세움으로써 100여만 년의 장구한 원시시대가 끝장나고 이 땅 우에 국가시대의 력사가 펼쳐지게 된"[193] 것이며, "단군에 의한 고조선의 건국이 우리 민족사에서 국가시대, 문명시대"의 시점이 되며 "반만년의 유구한 력사의 첫출발"[194]이 된다는 것이다. 김병룡도 "평양은 인류 력사의 려명기였던 100여만 년 전부터 사람들이 터를 잡고 살아온 인류 발상지의 하나이며, 이 땅에

---

[189] 강인숙, 「단군신화와 력사 1」, 『력사과학』 127, (평양)과학백과사전출판사, 1988.
[190] 강인숙, 「단군신화와 력사 2」, 『력사과학』 128, (평양)사회과학출판사, 1988.
[191] 강인숙, 「단군신화와 력사 3」, 『력사과학』 133, (평양)사회과학출판사, 1990.
[192] 강인숙, 「고조선의 건국 년대와 단군조선의 존재 기간」, 『력사과학』 153, (평양)과학백과사전종합출판사, 1995, p. 45.
[193] 강인숙, 위의 글 「고조선의 건국 년대와 단군조선의 존재 기간」, p. 46.
[194] 위와 같음.

서 문명사회가 시작되던 반만년 전에 단군이 '조선(고조선)'을 세우고 도읍한 민족의 성지"[195]라고 한다.

그동안 서기전 20세기 이전으로 통용되어 왔던 건국 시기도 새롭게 조정해야 하는데, 단군릉에서 나온 유골의 연대를 측정한 결과 서기전 2333년보다 700년이나 앞서기 때문이다.[196] 북한은 고조선 건국 연대를 서기전 3000년경으로 끌어올린 한편 "평양은 단군이 도읍한 이래 3,000년간에 걸쳐 줄곧 고조선의 수도로 번영"[197]했다고 말한다.

1993년 단군릉 발굴 이후 고조선 중심지를 평양으로, 건국 시기를 서기전 3000년으로 끌어올린 것은 정치적 목적에 따른 것이다. 북한은 "우리 민족의 건국 시조는 단군이지만, 사회주의 조선의 시조는 김일성 동지"[198]라고 함으로써 민족 시조를 김일성과 비견한다. 또 "민족의 혈통은 다름 아닌 그 생명인 지도사상, 정치리념에 의해 고수되고 빛나게 된다. 위대한 지도사상, 정치리념에 의해 향도되는 민족이라야 자기의 혈통을 끝까지 순결하게 이어나갈 수 있으며, 민족의 존엄과 영예를 남김없이 떨치고 빛내여나갈 수 있"[199]기 때문이다. "단군으로부

---

[195] 김병룡, 「단군조선의 중심지와 령역에 대하여」, 『력사과학』 153, (평양)과학백과사전종합출판사, 1995, p. 49.
[196] 강인숙, 앞의 글 「고조선의 건국 년대와 단군조선의 존재 기간」, p. 46.
[197] 김병룡, 앞의 글 「단군조선의 중심지와 령역에 대하여」, p. 52.
[198] 김정일, 『김일성선집』 13, (평양)조선로동당출판사, 1998, pp. 427~428을 이정빈, 앞의 글 「북한의 고조선 교육과 '김일성민족'의 단군: 1993년 이후 고등중학교 『조선력사』를 중심으로」, p. 91에서 재인용.
[199] 김창호, 「김일성민족으로서의 우리 민족의 혈통을 고수해나가시는 위대한 령도」, 『력사과학』 2000-2, (평양)과학백과사전출판사, 2000, p. 18을 이정빈, 앞의 글 「북한의 고조선 교육과 '김일성민족'의 단군: 1993년 이후 고등중학교 『조선력사』를 중심으로」, p. 91에서 재인용.

터 이어져 온 유구한 단일민족의 역사가 김일성, 김정일에 의해 발견[200]되고 전개되어야 한다는 것이다.

이처럼 북한에서의 단군신화 연구는 정치 이데올로기에 따라 달라지는데, 그럼에도 단군이 고조선을 건국했다는 기본 전제는 변함이 없다. 다만 대내외 정치 상황에 따라 고조선 중심지와 건국 시기가 달라진다. 북한 단군신화의 연구사를 볼 때 단군을 실존자로 인식하지만, 고유명사라기보다 지도자를 지칭하는 보통명사로 보고 있음을 알 수 있다.

4. 남한, 단군 역사성의 허구

북한에서는 단군신화를 상징성과 역사적 반영으로 해석한다면 남한의 강단사학계에서는 그것을 '허구'로 단정하고 시대마다 어떻게 인식했는지에 관한 연구를 진행하고 있다. 이러한 연구 태도의 뿌리는 일제 식민사학자와 맞닿아 있다.

이병도의 주장을 보자. 이병도는 "고 자산 안확씨는 환웅의 환은 '곰', 웅은 '숫'으로 훈독하면 (아래에 말한) 해모수와 같다고 했는데(과연 『유사』에는 '환웅'을 '신웅'이라고도 했다) 나는 여기에서 힌트를 얻어 '웅녀'와 '하백녀'와는 같다고 인식된다"[201]라고 한다.

---

[200] 이정빈, 앞의 글 「북한의 고조선 교육과 '김일성민족'의 단군: 1993년 이후 고등중학교 『조선력사』를 중심으로」, p. 91.
[201] 이병도, 『한국 고대사회와 그 문화』, 서문당, 1972, p. 41.

이지영은 이병도를 근거로 "환웅과 해모수가 모두 남신인 '수'를 뜻하며, 이와 함께 웅녀가 신성한 존재(신녀)를 뜻하는 '녀', 곧 '곰(검·금)녀의 차자(借字)'이고, 그것은 '하백녀'에 적용될 수 있다 했다. 그(이병도)가 '해모수와 하백녀의 혼사와 환웅과 웅녀의 혼사가 똑같다'고 본 데에는 이러한 언어학적 인식 때문에 가능한 일이다"[202]라고 했다.

이병도(출처: wiki Korea)

'웅녀=하백녀'설을 창안한 이는 이마니시 류이고, 계승 발전시킨 이는 미시나 쇼에이다. 일제강점기 관변학자들의 주장은 단군신화는 '고려시대 승려들이 날조한 망령된 이야기'에서 묘향산 산신의 연기설화와 평양 선인의 전설이 합해진 '평양의 개벽연기전설'로 진화해서 '주몽신화의 영향을 받아 단군신화가 생겨났다'로 발전한다. 이들에 따르면 단군신화는 후대에 만들어진 창작인데, 크게 두 개의 설로 나뉜다. 하나는 13세기 평양의 개벽연기전설의 영향을 받아서, 다른 하나는 주몽신화의 영향을 받아서 창작되었다는 설이 그것이다. 한마디로 단군은 '허구'라는 소리다.

일제 식민사학자들은 '단군은 허구'임을 사실로 만들기 위해 웅녀와 하백녀를 동일인물로 만든다. 주몽신화의 영향을 받아서 단군신화가

---

[202] 이지영, 「하백녀, 유화를 둘러싼 고구려 건국신화의 전승 문제」, 『동아시아고대학』 13, 동아시아고대학회, 2006, pp. 26~27.

만들어졌다고 하는 주몽신화 영향설이 그것이다. 고조선의 시조모인 웅녀를 주몽의 어머니인 유화라고 하면서 주몽신화의 영향으로 단군전설이 만들어졌다고 주장한다. 또 주몽신화나 단군신화는 북방민족의 시조 출생담에 영향을 받았다고 한다. 이들의 논리를 따라가보자.

> 왕검 선인 단군에 관한 전설의 시원은 만주, 여진, 몽골 등 아시아 북방민족의 시조 출생담에 공통하는 동물[獸類]의 배에서 출생한다는 것이며, 아버지를 신(神)으로 하고 어머니를 곰으로 삼는 것이다. 고구려 시조 주몽전설도 아버지를 신인 해모수로 하고 어머니를 수달로 하고 있는데, 중국 문화의 영향을 받아 그것을 추한 꼴로 만들어 하백녀를 유화로 고쳐버린 점은 1915년에 간행된 『예문(藝文)』 6년 11호에 게재된 졸고 「주몽전설 및 노달치전설에 대해서」에서 이미 설명했다.[203]

인용문에는 두 마리 토끼를 잡으려는 이마니시 류의 속내가 있다. 단군과 주몽은 아버지를 신으로, 웅녀와 하백녀는 곰과 수달로 등치시켜 이들이 같음을 주장한 것이 그 하나다. '웅녀=하백녀'라는 등식은 고조선의 역사를 지우는 표현인데, 하백녀가 수달이었다는 사료적 근거는 어디에도 없다. 그는 본래 수달인 하백녀를 김부식이 유화로 고

---

[203] 今西龍, 『檀君考』, 澤田佐市, 1929, pp. 33~34. "王儉仙人檀君の傳說の原始のものは滿洲・女眞・蒙古等亞細亞北方民族の始祖出生談に共通なる獸類の腹より出生せしもするものにして, 父を神もし母を熊もせしものなり. 高句麗始祖朱蒙傳說も父を神たる解慕漱もし, 母を獺獸もなせぞも, 支那文化の影響を受けて, 之を陋とし, 河伯女柳花に改 めたゐものなゐこもは, 大正四年刊行の藝文第六年第十一號に載せたゐ拙稿「朱蒙傳說及老獺稚傳說に就きて」の中に既に之を說けり."

쳤음을 논증했다고 한다. 그가 논증했다는 글, 1915년 『예문』에 발표한 「주몽전설 및 노달치전설에 대해서」를 보면 하백녀가 본래 수달이라는 내용도, 김부식이 수달인 하백녀를 유화로 고쳤다는 것을 증명한 내용도 없다.[204]

다른 하나는 "왕검 선인 단군에 관한 전설의 시원은 만주, 여진, 몽골 등 아시아 북방민족의 시조 출생담"에서 기인한 것으로, "현대 조선민족 선조의 주체인 한민족과는 관계없는 자라고 단정할 수 있다"[205]로 연결된다. 다시 말해, 단군신화는 중국신화라는 말로 단군신화를 왜곡하고 있다. 한사군의 설치로 그들의 영향을 받아 만들어진 신화라는 것인데, 단군신화를 인정하게 될 경우, 한반도의 역사는 고대부터 이민족의 지배를 받았고, 따라서 일본의 식민지가 되는 것은 당연하다는 논리인 식민 지배 이데올로기에 어긋나기 때문이다.

---

[204] 이마니시 류는 회령 부근 노달치 출생담에서 오랑캐 종족 발생 설화를 "실상 하나의 주몽전이다"라고 하고, "オランカイ(오랑캐)는 올량합(兀良哈)이란 명칭에서 생각해낸 것이다"라고 하여 노달치전설과 올량합전설이 주몽전설과 비슷하다고 한다. 이마니시 류, 이복규 옮김, 「번역 「주몽전설」과 「노달치전설」」, 『국제어문』 19, 국제어문학회, 1988, pp. 103~124. 이마니시 류의 「주몽전설 및 노달치전설에 대해서」는 이복규가 번역한 것을 참고했다. 國書刊行會에서는 1970년에 『朝鮮の硏究』를 출간했는데, 이 책에 『예문』 6년 11호(1915)에 발표한 논문을 재수록했다. 이복규는 『朝鮮の硏究』에 수록된 논문을 번역한 것이다. 그 내용을 요약하면 다음과 같다. 노달치전설은 다음과 같다. 20세 처녀가 빨래터에서 빨래를 하는데 갑자기 물에서 오랑캐가 나와서 기절했다. 처녀가 깨어나서 보니 옆에 큰 개가 죽어 있었다. 처녀는 개를 묻어주었는데, 열 달이 지나 아이를 낳았다. 아이가 자라서 아버지를 물으니 처녀는 사실을 알려주었다. 그 아이가 명당을 찾아 아버지를 묻어주고 대하를 건너 종족을 번식시켜서 누차에 걸쳐 변방을 침입했다. 올량합전설은 천장에서 거미가 내려와 잘생긴 소년으로 변신하여 여승과 교접했고, 여승이 낳은 아들이 만주로 들어가 황실이 되었다는 내용이다. 김명옥, 「'하백녀 유화' 연구사에 대한 비판적 고찰」, 『문화와융합』 38(6), 한국문화융합학회, 2016, p. 386.
[205] 今西龍, 『檀君考』, 澤田佐市, 1929, p. 34.

이마니시 류의 글을 단초로 미시나 쇼에이는 웅녀와 하백녀를 확실하게 동일인물로 만든다.

> 주몽전설에서의 웅신연(熊神淵)의 신녀가 후자에서는 웅녀가 되어 있는데, 실제 웅녀가 처음 곰 형태로 출현하고 뒤에 신녀를 취하고 있는 점이야말로 앞서의 웅신연의 신녀를 웅형(熊形)으로 만들었다고 생각한 상정에 다름 아니다.[206]

웅신연의 신녀는 하백녀이고, 후자의 신녀는 웅녀다. 그러니까 주몽전설에서 웅신연의 하백녀가 단군설화에서는 웅녀가 되었다는 뜻이다. 그런데 이런 근거는 어디에도 없다. 미시나 쇼에이가 말하고 있듯이 "웅신연의 신녀를 웅형으로 만들었다고 생각한 상정에 다름 아니다."

또한 쇼에이는 "적어도 그런 상정은 상당한 개연성을 지니는 것이다. 여기서 지금 약간 관련된 상정을 확실히 하기 위해 주몽전설의 한 변형이라고 여겨지고 있는 단군전설의 일절을 음미할 수 있다"[207]고 한다. 상정했더니 상당히 개연성을 지닌다는 뜻은 사실이 아니라 그럴 듯한 허구라는, 즉 그 스스로 단군신화가 주몽신화의 영향을 받았다는 말은 근거가 없음을 드러낸 것이다. 그래서 미시나 쇼에이는 "단군전

---

[206] 三品彰英,「久麻那利考(下)」,『青丘學叢』20, 大阪屋號書店, 1935, p. 95. "朱蒙傳說での熊神淵の女神が, 後者に於ては熊女となつて居るが, 實際熊女なゐもの最初熊形で出現し, 後女身をとつて居るこの點こそ, 先きの熊神淵の女神を熊形なりしと考へた想定に答へて吳れゐものでなくてはならない."

[207] 三品彰英,「久麻那利考(下)」,『青丘學叢』20, 大阪屋號書店, 1935, p. 94. "少くともさうした想定は相當な蓋然性を特つものである. そこで今少しかゝる想定を確定的ならしめる爲に, 朱蒙傳說の一變形と考へられて居る檀君傳說の一節を吟味しよう."

설의 모태인 주몽전설에는, 현존하는 문헌의 범위 내에서, 주몽의 어머니는 웅신연의 신녀라든가 물속의 입술이 긴 동물로 표현되고 있을 뿐 곰 형태의 여신으로 명기되어 있지는 않"지만 주몽전설이 엉터리가 아니므로, "단군전설의 근거가 되었던 주몽전설의 이본에는 웅신연의 여신에 해당하는 것이 웅형의 신으로 이야기되고 있었다고 생각할 수밖에 없"다는

미시나 쇼에이(출처: wiki Japan)

것이다. 그래서 "처음부터 단군전설이 독창적으로 나온 것은 아니"[208]라는 것이다.

그러니까 지금 전해 내려오는 주몽전설은 하백녀가 곰의 형태가 아니지만, 분명히 하백녀가 곰의 형태로 된 다른 본이 존재할 것이라고 생각한다는 것이다. 조선 민족은 열등하기 때문에 주몽신화는 북방민족의 영향을 받아서 생겼고, 단군신화는 주몽신화의 영향을 받아서 생겼다는 것이다. 그래서 독창적으로 나온 것은 아니라고 말하는 것이다.

---

[208] 三品彰英,「久麻那利考(下)」,『青丘學叢』 20, 大阪屋號書店, 1935, pp. 95~96. "壇君傳說の母胎である朱蒙傳說には, 現存する文獻の範圍に於ては, 朱蒙の母は熊神淵の女神とか, 水中の[口+解]の長い動物とか語られて居るだけで, はつきり熊形の女神とは明記して居ない. ところが壇君傳說では上記の如くそれが熊形の女として語られて居り, 且それが出鱈目の話でないことは,朱蒙傳說の內に於て旣に充分豫想して居たところの要素であつたのである. されば現存する文獻での朱蒙傳說では, 熊形の女神と云ふ點は表面に現はれて居ないが, 恐らく壇君傳說の據ろとなつた朱蒙傳說の一異傳には, 熊神淵の女神に當たるものが, 熊形の神として語られて居たと考へるより外はなく, 固より壇君傳說の獨創に出づるものではない."

일제 식민사학자들은 있는 단군신화는 부정하면서 없는 이본을 근거로 단군을 부인한다. 역사학적 방법론에 대한 부정이다. 그들은 단군이 "조선 민족 선조의 주체인 한민족과는 관계없는 자라고 단정할 수 있다"[209]면서 단군신화를 후대 창작설로 몰고 간다. 우리의 첫 역사인 고조선을 지우기 위해서다.

이병도와 이지영의 주장은 세월이 무색할 만큼 일제 식민사학자들의 주장과 한 치의 어긋남도 없다. 이병도는 일제강점기 때 조선사편수회에서 그들을 스승으로 모셨으니 식민사관을 내면화한 식민 주체로서 어떠한 비판의식도 없이 그들의 주장을 수용한 것이다. 그러나 광복 70년이 지난 현재의 소장학자들조차 어떠한 비판의 목소리도 내지 못하는 이유는 무엇일까? 아마도 강단사학을 주름잡는 이들의 학문적 풍토가 이견(異見)을 내면 이단으로 몰아서 학계에 발을 못 붙이게 하기 때문은 아닐까?

단군신화가 주몽신화의 영향을 받아 창작되었다는 설이 단군의 실체를 부정하기 위한 것이라면 13세기 평양의 개벽연기전설의 영향을 받아서 그것이 창작되었다는 설은 단군 기사가 수록된 『삼국유사』의 기사를 부정함으로써 고조선의 건국 연대와 그 공간을 축소하기 위한 것이다.

1980년대 이전까지의 연구에서 고조선은 청동기시대인 서기전 4~3세기에 건국되었고, 그 중심지는 한반도 평양이라는 설이 확고하게 자리 잡고 있었다. 그러나 1980년대 들어서 문헌 자료와 고고학을 통해 현재 요동과 요서 지역에서 고조선의 실체가 드러나자 단군조선과 단

---

[209] 今西龍, 『檀君考』, 澤田佐市, 1929, p. 34.

군신화를 마냥 부정할 수 없었던 강단사학계는 단군의 역사성을 신화 전승의 역사성으로 대체했다.²¹⁰

이기백이 주도한 『한국사 시민강좌』는 이러한 상황에서 기획되었으며, 이때부터 13세기에 창작되었다는 단군신화 창작설은 "건국신화의 존재가 그 국가의 건국 자체를 증명해주는 것으로 이해하는 것이 정당한 해석"²¹¹으로 바뀌었다. 일연에 의해

이기백(출처: wiki Korea)

"몽골의 침략에 대항하기 위하여 단군신화가 13세기에 조작되었다는"²¹² 일제 식민사학자들의 주장은 설 자리를 잃어버렸다는 것이다. 이 말은 강단사학자들이 마치 일제 식민사학자들의 주장을 비판하고 있는 것 같지만 사실은 그렇지 않다.

이기백은 단군신화가 고조선의 건국신화임을 인정하지만, 단군 기사 모두를 인정한 것은 아니다. 그는 "기록에 전하는 그대로를 믿어야 한다는 이야기와는 다르다"²¹³면서 고조선의 "건국 연대를 위로 올리는 것은 역사가 오래면 오랠수록 그 왕조가 권위가 있으며 그 민족도 위대하다는 생각의 결과로 빚어진 것"이라고 말한다. 단군 기사에 고조선 건국이 서기전 2333년이라는 기록은 국가와 민족의 위대함을 나타

---

210 김명옥, 앞의 글 「단군이 신화의 세계로 쫓겨난 이유는?」, p. 181.
211 이기백, 「고조선의 국가 형성」, 『한국사 시민강좌』 2, 일조각, 1988, p. 6.
212 이기백, 위의 글 「고조선의 국가 형성」, p. 5.
213 이기백, 위의 글 「고조선의 국가 형성」, p. 6.

내기 위한 것이지, 사실이 아니라는 말이다. 총론에서는 일본인들의 주장을 비판하는 듯하면서도 각론에서는 형태를 약간 고쳐 그대로 추종하는 것이다. 이기백이 이러한 주장을 한 이후에 단군신화는 '만들어진 이야기'로서의 역사성을 갖게 되었다.[214] '시대에 따라 단군을 어떻게 인식했는가'가 단군신화의 역사성이다. 이 역시 일본인들의 주장과 같다.

서영대는 단군이 우리 민족의 시조라는 인식은 고려 때 생겼으며, 삼국 계승 후 신라 부흥운동이 장기화되자 고구려 계승자로서 무인정권의 정당성을 뒷받침하고 지역 통합을 위한 역사적 근거로 단군이 주목되었다고 주장한다. 그는 단군이 "평양 지역을 개척한 신격", 즉 평양의 조상신인데, 고려시대 몽골 침략과 내부의 결속을 위해 단군이 인식되었고, 조선시대에도 민족적 위기를 경험하면서 "단군은 역사의 시발로서뿐만 아니라 문화의 근원으로서도 의미를 가지게"[215] 되었다고 했다. 결국 단군은 민족의 위기 때마다 민족의 결속을 뒷받침하는 이데올로기로 기능했다는 것이다.[216]

송호정은 단군이 각 시대마다 사회적 요구에 따라 다양하게 인식되어 왔는데, 때로는 실제 인물인 개국시조로 부각되고, 때로는 신인으로 인식되었다고 한다. 그가 주장하는 '만들어진 이야기로서의 단군신화의 역사성'을 살펴보자.

송호정은 삼국시대에는 단군에 대한 인식이 그리 뚜렷하지 않았다

---

214 김명옥, 앞의 글 「단군이 신화의 세계로 쫓겨난 이유는?」, p. 182.
215 서영대, 「전통시대의 단군 인식」, 『고조선단군학』 1, 고조선단군학회, 1999, p. 77.
216 서영대, 위의 글 「전통시대의 단군 인식」.

고 보았다. 서로 강렬한 적개심을 가지고 치열한 영토 전쟁을 벌여나 갔기 때문이라는 것이다. 그러나 원시조로서 단군에 대한 인식조차 없었던 것은 아니다. 『삼국사기』 '동천왕 21년(247)' 기사를 보면 "평양은 본래 선인 왕검이 살던 곳이다"[217]라고 했다. 선인은 단군인데, 평양은 본래 선인 왕검이 살던 곳이라는 인식이 사료에 적혀 있다. 또 『삼국유사』 「왕력(王歷)」편에서도 주몽은 단군의 아들이라고 했다. 고구려가 고조선을 계승했다는 의미인데, 삼국 초기는 그들의 개국 왕조를 강화하고 나라의 기틀을 다지는 단계이므로 원시조인 단군에 대한 인식이 상대적으로 옅을 수밖에 없는 것이다. 이처럼 사료를 통해 볼 때, 삼국 초기에도 단군에 대한 인식이 널리 퍼져 있었음을 알 수 있다.

송호정에 따르면, 단군에 관한 전승은 고려 지역에서 주로 이루어졌는데, 고려시대에서 조선시대까지는 단군 신앙의 중심지가 모두 고구려의 옛 지역인 평양과 구월산 일대이기 때문이다.[218] 고려시대에는 평양의 신이나 고구려와 관계 있는 존재로 인식되었는데, "삼한 계승 의식이 뿌리 깊게 존재하던 고려시대에는 삼국 이전 시기의 민족의 공통 경험을 찾는다는 것이 그리 쉽지 않기"[219] 때문이라는 것이다. 그러다 몽골의 침략과 간섭을 받으면서 고려 이전의 역사와 단군에 관심을 가졌다고 한다. 대몽항쟁 시기에 민족의 정체성을 강조하고 전통문화의 가치에 대해 재인식하면서 "단군과 단군조선에 대한 새로운 조명으로

---

[217] 『삼국사기』 '동천왕'조. "平壤者本仙人王儉之宅也."
[218] 평양과 구월산 일대가 정말 단군신앙의 중심지인지에 대해서는 김명옥, 앞의 글 「단군이 신화의 세계로 쫓겨난 이유는?」, pp. 206~207 참조.
[219] 송호정, 『단군, 만들어진 신화』, 산처럼, 2004, p. 131.

나타났다"[220]는 것이다.

단군은 조선시대에 이르러서 우리 역사의 기원으로 확고히 자리 잡았으며, 그에 따라 단군신화 자체를 합리적인 방향으로 개작하려 했다는 것이다. 왜란과 호란을 겪으면서 민족적 정체성을 확인하기 위해 단군을 중심으로 한 상고사 연구가 다시 이루어졌고 단군조선과 그 문화를 적극적으로 재평가했다는 것도 '단군신화의 역사성'의 예로 들고 있다.

민족과 국가가 위기에 처한 대한제국시대에는 단군에 대한 인식이 더욱 높아졌는데, 이 시기의 단군 인식의 고양은 고려시대 몽골 지배하에서, 또 조선시대 이민족의 침입을 겪으면서 민족의식 고취의 구심점으로 단군에 대한 인식이 자리 잡게 된 점과 일맥상통한다는 것이다.

해방 후에는 민족의 단결을 촉진하는 일민주의[221]와 결합되었는데, 이는 단군 자손 전체가 동일한 권리와 의무를 가지며 동일한 대접을 받아야 한다는 전체주의적 사고의 촉발로 정치적 목적에 따른 주장에 불과하다는 것이다. 따라서 외침으로 민족의 시련을 겪을 때마다 우리를 하나로 묶어주는 주요 기제로 작용한 것이지 단군과 단군조선을 실재한 역사로 인식하면 안 된다는 것이다. 즉, "단군신화는 당시 사회에서 일종의 정치 이데올로기적 성격을 지녔으며, 정치적·사회적 통합

---

[220] 송호정, 위의 책 『단군, 만들어진 신화』, p. 133.
[221] 일민주의는 하나의 민족, 하나의 국토, 하나의 정신, 하나의 생활을 강조한 것으로, 이승만 정부의 정치적 입장이나 선전 차원의 주장이다. 송호정, 위의 책 『단군, 만들어진 신화』, p. 140.

기능을 수행"[222] 한 것으로 본 것이다.

단군신화의 역사성은 단군을 시대마다 어떻게 인식해왔는가에 대한 역사성이지 단군신화를 실재 역사로 인식한 것은 아니다. 그래서 단군신화는 단군을 주인공으로 하는 신화지만 "신화와 역사는 별개"라고 단정한다.[223]

송호정은 단군신화가 우리 민족이 외세의 부침을 거듭할 때마다 우리 민족의 구심점으로 작용해왔다는 사실이 단군신화의 역사성이라면서 단군신화는 역사가 아니라고 주장한다. '만들어진 이야기'라는 뜻이다. 민간에 의해 단군이 전승되었고, 단군 신앙의 중심지가 모두 고구려의 옛 지역인 평양과 구월산 일대라면서 고려시대에는 단군이 "평양의 신이나 고구려와 관계있는 존재로 인식"[224] 되었다는 표현에서 이를 알 수 있다. "평양과 구월산"[225] 이라는 표현은 오다 쇼고가 주장한 묘향산 산신의 연기설화와 평양 선인의 전설이 합해진 '평양의 개벽연기전설'의 다른 말이다. "고구려와 관계있는 존재"는 이마니시 류와 미시나 쇼에이가 만든 '주몽신화의 영향을 받아 단군신화가 생겨났다'는 말의 다른 표현이다.

또 "단군신화를 고려시대의 작품으로 보기 어렵다"는 말은 고려시대의 작품이 아니라 그 이전에 '만들어진 작품'이라는 뜻이다. "식민사학자들이 말하는 단군신화 날조 주장은 성립 불가능하다"고 말하지만, 실은 그들의 주장을 교묘하게 옹호하며 대중들에게 널리 알리고 있다.

---

[222] 노태돈, 「역사적 실체로서의 단군」, 『한국사 시민강좌』 27, 일조각, 2000, p. 6.
[223] 송호정, 앞의 책 『단군, 만들어진 신화』.
[224] 송호정, 앞의 책 『단군, 만들어진 신화』, p. 132.
[225] 송호정, 앞의 책 『단군, 만들어진 신화』, p. 130.

2009년에 일제강점기 식민사학자들이 단군신화를 왜곡한 연구를 모아
『일본인들의 단군 연구』라는 책으로 번역 출간한 것은 그것을 잘 보여
준다.[226] 이 책에는 다나카 도시아키(田中俊明)의 「단군신화의 역사성을
둘러싸고: 사료 비판의 재검토」가 수록되어 있다. '단군신화는 그 자체
를 있는 그대로 역사적 사실이라고 인정할 수 없다'는 것이 이 글의
주요 골자다. "역사적으로 본다면 단군신화를 만들어냈던 사회와 그
형성 조건이야말로 중요"한 것인데, 조선의 아명(雅名)이 단군이었고,
단군 기원이 법령화되기도 했으며, 단군교와 대종교가 20세기 초에 제
창된 것은 단군신화가 어떻게 형성되었고 인식되었는지 보여주는 좋
은 예가 된다는 것이다.[227] 그는 단군 기사가 수록된 『위서』는 위만조
선의 기록이라고 보고, 『삼국유사』에서 인용한 '고조선'조 『고기』와 '고
구려'조 『단군기』의 단군 기사는 일연이 가필했으며, 이승휴(李承休)가
쓴 『제왕운기』는 일연이 가필한 것에 수식을 더했다고 보았다. 다시 말
해, 『삼국유사』의 기록은 본래의 단군신화와는 관계없는 것이라고 단
정한다. 송호정의 주장과 똑같다. 다나카 도시아키의 「단군신화의 역사

---

[226] 목차는 다음과 같다.
    시라토리 구라키치, 조경철 옮김, 「단군고」
    오다 세이코(小田省吾), 윤수희 옮김, 「단군전설에 대하여」
    이마니시 류, 김희선 옮김, 「단군고」
    다카하시 도루, 김진광 옮김, 「『삼국유사』의 주와 단군전설의 발전」
    나카 미치요, 신종원 옮김, 「조선고사고(朝鮮古史考)」
    이노우에 히데오(井上秀雄), 김진광 옮김, 「조선의 건국신화」
    다나카 도시아키, 송지연 옮김, 「단군신화의 역사성을 둘러싸고: 사료 비판의 재검토」
    사이토 타다시(齋藤忠), 김진광 옮김, 「집안시 씨름무덤 벽화의 곰과 범 그림」
    하라다 가즈요시(原田一良), 김진광 옮김, 「『본기(本紀)』 단군 즉위년의 복원」
[227] 다나카 도시아키, 송지연 옮김, 「단군 신화의 역사성을 둘러싸고: 사료 비판의 재검토」, 『일본인들의 단군 연구』, 민속원, 2009.

성을 둘러싸고: 사료 비판의 재검토」는 1982년 6월 『한국문화』 33집에 발표된 논문인데, 이 글 이후 1988년 이기백을 비롯하여 서영대, 송호정, 이승호[228] 등에 의해 '만들어진 이야기'로서 단군신화가 시대에 따라 어떻게 인식되었는지 그 논의가 이어지고 있다.

일제강점기 식민 지배 이데올로기 제공 목적으로 쓰인, 폐기되어야 마땅할 글들을 해방이 된 지 70여 년이 지난 지금 왜 번역 출간했을까? 그 의도는 서문에 쓰여 있다. 서문에 "단군을 객관적으로 보기 위해서는 반드시 거쳐야 할 과정"인데, "이 책은 일본인들의 단군 연구 가운데 주요한 것들을 번역하여 연구자들의 편의를 도모하고자 한 것이다"라고 번역 의도를 명확히 밝혀 놓았다. "일본인들의 단군 연구 가운데 주요한 것들"이란 단군신화 연구의 '바이블'이며 '금과옥조'이자 '시금석'이라는 그들의 고백이자 절대적 이론이라는 뜻이다. 지금까지 강단사학자들의 단군신화에 대한 연구가 표현만 달리했을 뿐 일제 식민사학자들이 쓴 내용의 반복인 것이 그것의 방증이다.

5. 맺는말

일제강점기에 단군신화에 대한 인식은 대체로 세 관점이 존재했다. 하나는 일제 식민사학자들이 내세운 '날조된 신앙'으로서의 단군신화다. 일제는 고조선의 역사를 부정하기 위해 고려 때 승려들이 고조선의 건국신화인 단군신화를 만들었다고 주장한다. 식민 지배 이데올로

---

[228] 이승호, 「역사와 신화, 그리고 민족」, 『역사비평』, 역사비평사, 2015.

기로 창안한 것이다. 이에 민족사학자들은 중국의 사대 폐해로 모든 것이 중국적인 것이 되거나 소멸하고, 강인한 심고의 본질을 지닌 단군신화와 같은 민족적인 것만 남아 있다고 보았다. 즉, 단군은 우리의 국조이기 때문에 질긴 생명력으로 전승되는 것이며, 따라서 단군신화를 고조선 건국신화로 인식했다. 유물론적 사관에서 본 백남운은 일제 식민사학자와 민족사학자 모두 비판하면서 신화는 '현실 생활의 산물'이기 때문에 사회 형성과 발달 단계를 반영한다고 보았다.

따라서 우리는 해방 후 단군신화 부정론은 자연히 소멸되었을 것이며, 북한에서는 유물론적 관점이, 남한에서는 민족사학자들의 관점이 계승되었을 것이라는 믿음이 있었다. 그러나 실제로는 그렇지 않았다. 북한은 역사를 건국이념의 사상 기반으로 삼아 우리 민족의 관점에서 바라보고자 했다. 역사연구기관을 설치하고 식민사관 극복과 유물론적 시각에서 역사를 서술하고자 했다. 이는 민족사관의 관점과 유물론적 사관을 계승한 것인데, 계급의 이익과 계급적 모순을 우선시하되 문화유산의 긍지를 강조하는 사회주의적 애국주의 노선으로 방향을 설정했기 때문이다.

연구 방향 설정은 우리 역사 첫머리에 놓인 단군조선에 대한 연구로 이어졌으며, 고조선 중심지를 문헌과 고고학적 논증을 통해 요동 일대로 확정지었다. 그 과정에서 논의된 단군신화는 고조선 건국신화이며, 단군을 실존인물로 인식하게 되었다. 1970년대 말 1980년대 초에 자주성이 강조되면서 고조선 건국 시기를 서기전 20세기로 확정했다. 그러나 1993년 단군릉 발굴 이래 고조선 중심지는 재평양설로 바뀐다. 또 고조선 건국 시기는 서기전 2333년보다 700년이 앞선 서기전 3000년경으로 끌어올린다. 이는 정치적 상황에 따른 것이다. 국가 건설 초기에는 사회주의적 애국주의에 따라 전통과 문화유산에 대한 자긍심을 고취시키고, 1970년대 이후에는 중·소 분쟁이 일어나자 주체에 입각한 민족을 강조한다. 1980년대 말부터는 동구 사회주의 몰락의 대응 논리로서 북한 주민의 민족 자긍심을 고취해 그들을 결속시켜 조선 민족은 다름을 이해시키는 한편 3대 세습체제에 대한 논리로서 사회주의 시조인 김일성과 민족 시조인 단군을 비견함으로써 '조선 민족=우리식 사회주의(우리민족제일주의)=김정일 수령체제'라는 등식을 내면화한 것이다.[229]

분단된 한반도만큼이나 남과 북은 단군신화에 대한 인식이 다르다. 남한에서는 일제 식민사학자들이 창안한 이론이 절대적 힘을 발휘한다. 식민지 지배 논리로서 일제 식민사학자들이 창안한 단군신화 부정론은 해방 후 사라질 것이라는 자명한 생각은 여지없이 무너진다. 고려시대에 승려들이 날조한 묘향산 연기설화를 단군신화로 만들었다는 설을 그대로 반복한다. 따라서 단군은 '만들어진 신화'일 뿐이고, 민족의 위기 때마다 호명된 점이 단군의 역사성이라고 한다. 즉, 몽골의 침략과 조선시대의 임진왜란과 병자호란, 그리고 일제강점기 때 저항으로서 단군을 호명했다는 점이 단군의 역사성을 증명한다는 것이다. 단군 부정론자들이 말한 단군의 역사성이란 '만들어진 단군신화'가 시대에 따라 어떻게 전승되고 있는가, 즉 그 '허구의 단군 전승사'를 일컫는 것이다. 해방 후 70여 년이 지났다. "우리는 오천 년을 함께 살고, 70년을 헤어져"[230] 살았다. 오천 년에 비해 70년은 아주 짧은 시간이다. 그러나 70년 동안 다른 체제, 다른 이념으로 산 남과 북은 이제 화

---

[229] 정영일, 앞의 글 「북한에서 민족주의 담론의 형성과 전개: '민족공조'와 '김일성민족'을 중심으로」.

해와 공존의 길을 모색하는 여정에 들어섰다. 70년이라는 세월의 간극을 메우고 민족의 동질성을 회복하는 길은 쉽지 않지만, 공동의 역사를 가지고 있기 때문에 불가능한 것도 아니다. 그러한 의미에서 역사의 첫머리에 있는 단군신화에 관한 연구는 매우 뜻깊은 일이다.

하지만 의미 있는 연구가 되기 위해서는 남과 북이 단군신화를 둘러싸고 있는 정치 이데올로기를 직시해야 한다. 북한에서는 초기에 문헌적·고고학적 논증으로 고조선의 강역을 확정하고 단군신화를 고조선 건국신화로 연구했지만, 대내외적 상황과 맞물려 단군릉 발굴 이후에는 고조선 중심지가 재요동설에서 재평양설로 바뀐다. 고조선 중심지에 관해서는 서기전 5~4세기까지 지금의 난하 지역이었다가 서기전 2세기경에 대릉하로 옮겼다는 리지린의 인식과 같다.

남한에서는 일제 식민사학자들이 만들어 놓은 '설'을 여전히 절대적인 이론으로 신봉한다. 식민사관은 시간이 지날수록 더욱 견고해지고 있다. 폐기되어야 마땅할 '일제강점기 식민사학자들의 설'들을 번역 출간하여 단군신화 연구의 지침서로 삼고 있다. 이것은 식민사관을 극복하지 못했기 때문이다.

화해와 공존의 시대를 열어가기 위해서 남한은 식민사관을, 북한은 세습체제를 위한 우리민족제일주의를 극복해야 하는 과제를 안고 있다. 이를 위해서는 남북 학자들의 공동 연구가 필요하다. 남과 북이 단군신화를 둘러싼 정치적 이데올로기를 극복하는 방법 중 하나는 공동의 학술대회를 통해 연구 성과를 공유하고 논의하는 일일 것이다. 이것은 우리 민족 공동체 회복을 위한 것이기도 하다.

---

230 문재인, 「평양 5·1 경기장 연설문」, MBN, 2018년 9월 19일.

3장
단군신화 역사성 인식에 관한 남북한 비교 연구

1. 머리말

단군을 신화라고 생각하는지 역사라고 생각하는지 대학생 90여 명에게 물었다. 놀랍게도 93~94퍼센트가 신화라고 답했다.[231] 10퍼센트도 안 되는 4~5명만이 역사라고 했다. '왜 역사라고 생각하는가'라는 질문에 어느 민족이든 시조가 있고 그에 대한 신화가 전승되는데, 우리 민족 신화는 단군이 아니냐고 반문했다. 신화라고 답한 학생에게도 물었다. 쑥과 마늘 등을 먹고 사람이 된 이야기는 허구에서나 가능하기 때문이라고 했다. 역사와 단군신화[232]를 사실과 허구의 대립으로 본 것이다.

---

[231] 2019년 1학기 설문조사.
[232] 문헌에는 '단군신화'라는 기록이 없다. '단군신화'라는 말은 일제강점기 때 만들어진 것으로 고조선 건국신화라는 의미를 지워버린다. 그러나 '고조선 건국신화'는 '단군신화'라는 말로 통용되기 때문에 이 글에서도 '단군신화'라고 쓰지만 '고조선 건국신화'라는 의미로 사용함을 밝혀둔다.

이 글은 학생들의 말에서 영감을 얻어 시작되었다. 많은 남한 학생들이 허구로 여기는 단군신화를 북한에서는 어떻게 인식하고 있을까? 쑥과 마늘을 먹고 곰이 사람이 된 이야기의 외피를 걷어내면 그 속에 어떤 의미와 역사가 숨어 있을까? 이 글은 이런 의문에서 시작되었다. 따라서 이 글의 목적은 남북한에서 단군신화를 어떻게 인식하고 있는지, 그리고 단군신화에 역사성은 없는지 살피는 데 있다.

단군신화에 대한 연구는 일제강점기 최남선 이후 일일이 손꼽을 수 없을 만큼 많다. 최남선은 언어학적, 인류학적, 민속학적 등의 방법론을 통해 단군신화 속에 고대 원시사(原始史)가 반영된 것으로 보았다.[233] 유물론자인 백남운은 경제사적 입장에서 해석했다.[234] 김재원은 단군신화의 사상적 배경을 무씨사당(武氏祠堂) 화상석(畵像石)으로 밝혔다. 그는 단군신화의 사상적 배경이 상(商)대에 만들어졌을 것으로 추정하고, 화상석과 문헌 기록과의 차이점 등을 분석하여 동북 지역에서 산동 지역으로 전승되었다고 해석했다.[235] 황패강은 제의적인 신화[236]로, 조동일은 단군 기사만 역사로 해석했다.[237] 임재해는 단군신화를 무속에서 신의 일대기를 풀이한 본풀이로 분석하고, 고조선 문화의 기원을 홍산문화로 보았다.[238] 북한에서 단군신화의 대표적인 연구자는

---

[233] 최남선, 앞의 책 『육당 최남선 전집 2』.
[234] 백남운, 심우성 옮김, 앞의 책 『조선사회경제사』.
[235] 김재원, 『단군신화의 신연구』, 탐구당, 1964.
[236] 황패강, 『한국신화의 연구』, 새문사, 2006.
[237] 조동일, 『한국문학통사 1』, 지식산업사, 2015.
[238] 임재해, 「단군신화로 본 고조선 문화의 기원 재인식」, 『고조선단군학』 19, 고조선단군학회, 2008.

리상호와 강인숙이다.[239] 이들은 유물론적 관점에서 단군신화를 해석하기 때문에 환인, 환국, 환웅 등의 '환'자는 기자설과 함께 후세에 첨가되었지만 신화의 내용은 고대 사회상을 반영한 것으로 해석했다.

지금까지 단군신화는 두 가지 관점으로 해석되어 왔다. 허구로서 신화와 인물은 실재가 아니지만 그 내용은 역사의 반영이라는 관점이 그것이다. 한편, 건국신화는 건국 주체보다 그 선조를 더욱 신성시한다. 고려의 건국신화는 왕건의 6대조 호경(虎景)부터, 조선의 건국신화는 이성계의 4대조부터 사적이 신비화되었다. 고조선의 건국신화도 건국 주체인 단군보다 그 선조인 환웅의 업적을 자세히 묘사할 뿐 아니라 신성시했다. 따라서 단군신화가 전승하고자 한 바는 고조선의 전사(前史)일 가능성이 있다. 이러한 가능성을 『삼국유사』와 『제왕운기』를 중심으로 살피고자 한다.

지금까지 많은 연구자가 단군신화를 해석했고 그 연구 성과는 저마다 개연성을 지녔다. 따라서 이 글에서는 남북한 선학들의 연구에 기대어 문헌 및 고고학적 유물과 유적지 발굴 성과를 토대로 고조선 건국신화가 전하는 의미를 살피는 데 의의를 두고자 한다.

---

[239] 리상호, 앞의 글 「단군설화의 력사성」, 1962년 3호부터 5호까지; 강인숙, 『력사과학』 127호, 1988; 128호, 1988; 133호, 1990 등 3회에 걸쳐 수록함.

2. 문헌 속 단군

단군왕검에 대한 최초의 기록은 김부식의 『삼국사기』「고구려본기」 '동천왕'조 21년 봄 2월 기사다.[240] 서기 247년에 관구검이 환도산성을 침략하자 평양성을 쌓고 사당과 백성을 옮겼다는 내용이다. 이 기사는 평양성을 설명하면서 "선인 왕검의 고택이다. 또는 왕이 왕험성에 도읍했다고 한다"[241]고 단군을 언급한다. 김부식이 『삼국사기』를 저술할 때 국내외 여러 사료를 참고한 점을 감안한다면,[242] 당시까지

단군, 채용신 그림
(출처: 한국데이터베이스산업진흥원)

단군과 관련된 사료가 전해졌고, 이것이 지식인이나 민중 사이에 널리 퍼졌다는 뜻일 것이다.

이후 단군 기록은 일연의 『삼국유사』와 이승휴의 『제왕운기』에, 조선시대에는 윤준(尹准), 신장(申檣) 등이 편찬한 『세종실록지리지』 '평양'조에 수록되었다. 『삼국유사』는 일연이 70세 전후에 저술했는데,

---

[240] 김부식, 이재호 옮김, 「고구려본기」, 『삼국사기』, 솔, 1997.
[241] 「고구려본기」 '동천왕'. "本仙人王儉之宅也, 或云王之都王險."
[242] 『한국민족문화대백과사전』(https://encykorea.aks.ac.kr).

1270년쯤이다.[243] 『제왕운기』는 이승휴가 1287년에 지었다.

『고려사』「열전」 권106에는 "왕의 뜻에 거슬려 파면되어 구동의 옛집에 가서 은거 생활을 하고 따로 용안당이란 집을 지어 불교 서적을 보았으며 『제왕운기』와 『내전록(內典錄)』을 지었다"[244]고 되어 있다. 이때가 충렬왕 13년(1287)이니 그의 나이 64세다. 각 내용을 정리하면 〈표 4〉와 같다.

〈표 4〉 단군신화 내용 요약

구분	『삼국유사』	『제왕운기』	『세종실록지리지』 '평양'조
환웅 하강	환인의 서자 환웅이 천부인 세 개를 받아 3천 명의 무리를 이끌고 태백산 신단수 아래로 내려왔다.	상제 환인이 서자 웅에게 널리 인간을 이롭게 하라며 천부인 세 개를 준다. 웅은 3천 명의 무리를 이끌고 태백산 신단수에 강림했다. 단웅(檀雄)천왕이다.	상제 환인에게 서자 웅이 인간을 교화하고 싶어서 천부인 세 개를 받아 태백산 신단수 아래로 내려왔다. 단웅천왕이다.
환웅 치세	환웅은 풍백, 우사, 운사를 거느리고 인간 일 360가지를 주관하며 세계를 교화했다.		
웅녀로 변신	곰과 범이 사람 되기를 소원하자 마늘, 쑥, 햇빛의 금기를 주었다. 곰은 21일 만에 인간이 되었지만, 범은 인간이 되지 못했다.		
단군 탄생	환인이 웅녀와 혼인하여 단군왕검을 낳았다.	환인의 손녀에게 약을 먹여 인간이 되게 했고, 단수신(檀樹神)과 혼인하여 단군을 낳았다.[245]	손녀에게 약을 먹여 인간이 되게 하고, 단수신과 혼인하여 단군을 낳았다.

243 김재원, 앞의 책 『단군신화의 신연구』.
244 북한사회과학원고전연구소 편찬, 『북역 고려사』, (평양)사회과학출판사, 1963, p. 360.

건국	요임금이 왕위에 오른 지 50년 되는 경인년에 건국했다.	조선의 강역을 차지하여 왕이 되었다.	나라를 세워 조선이라고 했다.
통치 기간 및 범위	도읍을 백악산 아사달로 옮겼다. 그곳을 궁홀 또는 금미달이라고 한다. 1500년 동안 여기서 나라를 다스렸다.	시라, 고례, 남북옥저, 동북부여, 예와 맥이 모두 단군의 후손이다. 요임금과 함께 무진에 일어나 순임금을 지나고 하나라까지 왕위에 있었다.[246] 나라를 누린 것이 1028년인데, 변함없이 전해진다. *"『단군본기』에 이르기를 '비서갑(非西岬)의 하백의 딸과 혼인하여 사내를 낳아 부루라 이름했다"라고 했다.	조선, 시라, 고례, 남북옥저, 동북부여, 예와 맥이 모두 단군이 다스리는 곳이다. 단군이 비서갑 하백녀의 딸과 혼인하여 아들을 낳으니, 그 이름이 부루다. 이것이 곧 동부여왕이다. 단군은 요임금과 같은 날에 임금이 되었는데, 우임금이 도산에서 모일 때 태자 부루로 하여금 가서 뵙게 했다.
단군 신선이 됨	주나라 무왕이 왕위에 오른 기묘년에 무왕이 기자를 조선에 봉하니 단군은 장당경으로 들어갔다. 후에 돌아와 아사달에 숨었는데, 산신이 되었다. 나이가 일천구백여덟 살이었다.	은나라 무정 8년 을미년에 아사달에 들어가 신선이 되었다. 그 뒤 164년에 어진 사람이 다시 군신의 길을 열었다(또는 그 이후 164년은 부자는 있었으되 군신은 없었다고 한다).	나라를 다스린 지 1038년, 은나라 무정 임금 8년에 아사달에 들어가 산신이 되니,[247] 그곳이 지금의 문화현 구월산이다.

『삼국유사』는 『제왕운기』 및 『세종실록지리지』 '평양'조와 차이가 있다. 첫째, 환웅이 인간 세상을 주관하는 360여 가지 일과 곰이 사람이

---

245 환인이 그 손녀에게 약을 먹였는지 단웅이 손녀에게 약을 먹였는지 약을 먹인 주체가 불명확하다. 김재원은 단웅이, 최남선의 「단군론」을 번역한 전성곤, 허용호는 환인이 손녀에게 약을 먹였다고 보았다. 필자의 생각은 환인이 약을 먹여 그 손녀와 단웅을 결혼시킨 것으로 보는 것이 타당할 것 같다.
246 우(禹)가 세운 나라로, 중국의 하상주단대공정에 따르면 하나라는 서기전 2050년부터 서기전 1550년까지 존재한 고대국가다.
247 단군이 나라를 다스린 지 1038년, 은나라 무정 임금 8년은 하상주단대공정에 따르면 서기전 1295년이다.

『삼국유사』 목판인쇄본(보물 419-1호, 부산 범어사 성보박물관)

되는 과정이 『제왕운기』와 『세종실록지리지』 '평양'조에는 없다. 이는 유학자적인 관점에서 '괴력난신(怪力亂神)'으로 여겨 전하지 않았을 것이다.

둘째, 환웅 또는 단웅의 혼인 과정이다. 『삼국유사』는 사람이 된 웅녀가 아기 갖기를 소원하자 환웅이 잠시 사람으로 변하여 결혼하지만, 『제왕운기』와 『세종실록지리지』 '평양'조는 환인의 손녀에게 약을 먹여서 사람으로 변하게 하여 단수신과 결혼시킨다.

셋째, 건국 시기에 대한 언급이다. 『삼국유사』는 요임금이 왕위에 오른 지 50년이 지난 후에 조선이 건국되었다고 하는데, 『제왕운기』는 요임금과 함께, 『세종실록지리지』 '평양'조는 요임금과 같은 날 조선을 건국했다고 한다.

넷째, 통치 기간과 통치 범위의 차이다. 『삼국유사』는 통치 기간을 1500년이라고 하고, 『제왕운기』는 1028년, 『세종실록지리지』 '평양'조는 1038년이라고 한다. 『제왕운기』는 시라, 고례, 남북옥저, 동북부여,

예와 맥 등은 단군의 후손이라고 한 반면, 『세종실록지리지』 '평양'조는 조선, 시라, 고례, 남북옥저, 동북부여, 예와 맥 모두 단군이 다스린 곳으로 보았다. 한편 단군이 비서갑의 딸과 혼인하여 낳은 아들 부루를 『제왕운기』는 부여의 왕, 『세종실록지리지』 '평양'조는 동부여의 왕이라고 한다. 또 『세종실록지리지』 '평양'조에는 태자 부루가 우임금과 도산(塗山)의 회맹에 참석한 기록이 있다.

이 밖에도 단군 기록은 여러 문헌에 나타난다. 『삼국유사』 「기이(紀異)」편 '고구려'조에서는 "「단군기」에는 '단군이 서하 하백의 딸과 관계하여 아들을 낳아 이름을 부루라 했다'고 하는데, 지금 이 기사를 살펴보면 해모수가 하백의 딸과 정을 통하여 주몽을 낳았다고 한다. 「단군기」에는 '아들을 낳아 이름을 부루라 했다' 하니 부루와 주몽은 배다른 형제일 것이다"[248]고 했다.

정도전(鄭道傳)은 『조선경국전(朝鮮經國典)』에서 '단군조선'이라고 표현했고, 권근(權近)은 태조 4년(1395)에 명나라 사신으로 가서 명태조의 명에 따라 "들건대 옛적에 단군이 나무 가에 내려와 동국 땅에 임금이 되니"[249]라는 내용을 담아 응제시(應製詩)를 썼다. 세조 4년(1458)에 편찬하기 시작해 성종 16년(1485)에 완성된 『동국통감』[250]에도 "동방에는 처음 군장(君長)이 없었는데, 신인이 단목 아래에 내려오거늘, 나라 사람들이 그를 세워 임금으로 삼았다. 이분이 단군이고 나라 이름을 조선이라 했다. 이것이 요임금의 무진년이다. 처음에 평양에

---

[248] 일연, 이재호 옮김, 『삼국유사 1』, 솔, 2008(개정판 4쇄), p. 98.
[249] 김재원, 앞의 책 『단군신화의 신연구』, p. 28에서 재인용.
[250] 서거정(徐居正)이 고대부터 고려 말까지 역사를 기록한 책이다.

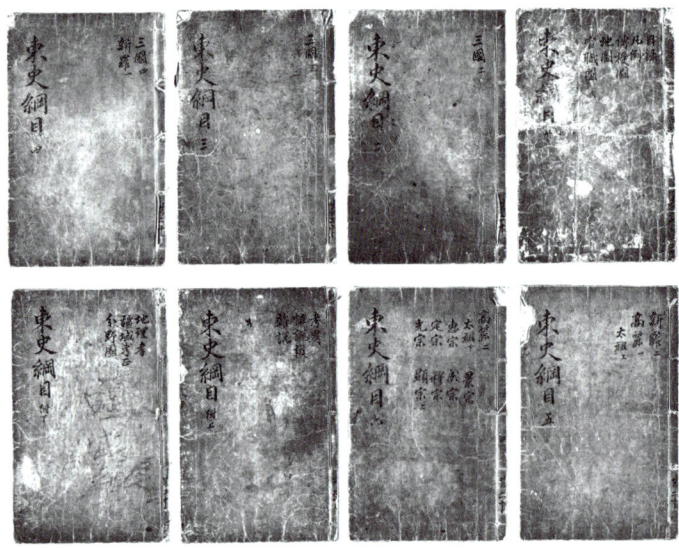

「동사강목」(국립중앙박물관)

도읍했다가 뒤에 백악으로 옮겼으며, 은나라 무정 8년에 이르러 아사달산에 들어가 신이 되었다"[251]고 간략하게 전한다.『동국통감』은『삼국사기』와『동국사략(東國史略)』에 상고사부터 고려 말까지 체계적으로 된 편년체의 통사가 없기 때문에 세조의 지시로 편찬한 역사서다.

위의 기록들을 살펴보면 일연이 전하는 내용 중에 환웅이 풍백, 우사, 운사를 거느리고 곡식, 수명, 질병, 형벌, 선악 등과 인간 일 360가지를 주관한 것, 그리고 곰과 범의 이야기를 제외하고는 역사적 사실로 기록하고 있다. 위의 기록들과 차이가 나는 견해도 있다. 안정복(安鼎福)이 지은『동사강목(東史綱目)』을 보자.

---

[251] 김재원, 앞의 책『단군신화의 신연구』, p. 31에서 재인용.

동방의 『고기』 등에 적힌 단군에 관한 이야기는 다 허황하여 이치에 맞지 않는다. 단군이 맨 먼저 났으니, 그 사람에게는 신성한 덕이 있으므로 사람들이 좇아서 군으로 삼았을 것이다. (……) 승국(勝國: 전대의 왕조)부터 본조(本朝)까지 환인, 환웅, 단군을 제사하는데, 단군을 제사하는 것은 워낙 마땅하거니와, 환인, 환웅은 망설이지 말고 빨리 제거하여야 한다. '올바른 귀신이 아닌 것을 제사한다'는 것이 바로 이것이기 때문이다.[252]

언뜻 보기에 안정복은 단군을 부정하는 것 같지만 그렇지 않다. 단군 사적이 황탄(荒誕)하고 이치에 맞지 않은 점을 부정한 것이다. 또 환인과 환웅에 대해서는 제사를 지낼 이유가 분명치 않은 귀신으로 지목하고 부정하지만, 단군에 제사 지내는 일은 진실로 마땅하다고 하여 우리 민족 시조로 인정하고 있다. 즉, 역대 문헌은 단군을 모두 역사적 존재로 기록하고 있는 것이다. 기록 어디에도 단군신화라는 말이 없다. 그런데 오늘날 우리는 단군을 신화로 기억한다. 용어만 그렇게 사용하는 것이 아니라 단군 자체를 '허구'적 존재로 기억한다. 일제강점기 때 일제 식민사학자들이 단군을 부정하기 위해 만든 용어를 합리적 의심 없이 사용한 결과다.[253]

---

252 『동사강목』 「제1상」 '기묘년 조선 기자 원년 주무왕 13년'조.
253 임재해, 앞의 글 「단군신화로 본 고조선 문화의 기원 재인식」.

3. 남북한 단군, 신화와 역사의 거리

　일제강점기 식민사학자들은 식민 지배 이데올로기를 제공하는 데 복무하면서 단군을 부정했다. 그들이 단군을 부정하는 방법은 두 가지다. 첫째, 단군신화는 묘향산 연기설화와 불교의 영향을 받아 만들어졌다는 것이고, 둘째, 단군신화가 주몽신화의 이본이라는 것이다. 전자는 시라토리 구라키치와 오다 쇼고의 주장이고, 후자는 이마니시 류와 미시나 쇼에이의 주장이다. 시라토리는 중국의 1차 사료까지 조작하면서 단군을 부정했고, 미시나 쇼에이는 단군신화가 주몽전설의 이본이라고 상정했더니 상당히 개연성이 있다고 했다. 지금(일제강점기)은 없지만 어딘가에 주몽전설 이본이 있을 것이라고 했다. 기록된 단군신화는 부정하면서 없는 이본은 어딘가에 있을 것이라 주장하는 것은 스스로 그들의 주장이 허구임을 드러낸 것이다.[254]

　일제 식민사학자들의 단군부정론에 맞서 최남선은 1926년 3월 3일부터 7월 25일까지 77회에 걸쳐 동아일보에 「단군론」을 연재했다. 단군에 관한 본격적인 연구로서, 일제 식민사학자들의 주장을 '문헌 편중의 폐'와 '민족학적·민속학적 관찰'이 결여된 방법론이라고 지적

---

[254] 일제강점기 때 나카 미치요가 단군설화는 불교가 전파되면서 중들이 날조한 이야기라고 한 이래 오다 쇼고와 시라토리 구라키치는 불교와 묘향산 산신 연기설화의 영향으로 단군신화가 만들어졌다고, 이마니시 류와 미시나 쇼에이는 주몽설화의 영향으로 단군신화가 만들어졌다고 주장한다. 송호정, 서영대 등의 학자들은 단군을 고려 때 불교 및 도선사상에 의해 만들어진 신화로 보는 반면, 최남선, 김재원 등의 학자들은 단군신화를 역사로 보고 있다. 그러나 일연이 전하는 시기보다 1천 년이 앞선 247년에「고구려본기」'동천왕'조에 이미 단군 기사가 수록된 점은 그 이전부터 광범위하게 단군 사료와 이야기가 전승되고 있음을 말해준다. 김명옥, 앞의 글「단군이 신화의 세계로 쫓겨난 이유는?」.

했다.[255]

또 그는 조선에 대한 비판도 서슴지 않았다. 조선은 중국을 사대하는 폐가 심해서 우리 것이 모두 중국화되거나 그러지 못하면 사라져버렸다는 것이다. 그런데 이러한 무서운 시련과 긴 시간의 도태에도 민족의 심고한 본질을 가진 것들은 질긴 생명력으로 살아남았다고 했다. 그것이 단군신화라는 것이다. 최남선에 따르면, 중간에 발생하기는커녕 없어지다 못하여 남고, 없애려 해도 그럴 수 없는 것이 단군신화다.[256] 그래서 최남선은 단군을 "조선 고대사의 수수께끼를 풀 유일한 열쇠"[257]로 인식했다. 그는 단군을 주술종교적 사회의 군장으로 해석하며 "역사적 반영이 있는 것은 움직일 수 없는 사실"이라고 풀이했다. 단군신화는 동북아시아의 보편적인 천손강림신화이자 정교일치시대 사회상을 반영한 조선 고대의 원사(原史)에 해당하는 역사 발전 단계라는 것이다.[258]

사회경제학자인 백남운은 단군신화의 특징이 "천손강림의 가상화이자 왕검(군주)의 신성화"[259]라고 하면서 단군의 실재는 부정하지만 단군신화 속 상징은 역사를 반영한 것으로 풀이한다. 그는 단군신화 시대의 생산 발전 단계는 정원 지배에서 논밭 경작 단계로 진출했는데, 이것은 철 이용을 전제로 하기 때문에 경제 발전의 비약적인 단계, 즉

---

255 최남선, 앞의 책 『육당 최남선 전집 2』.
256 최남선, 앞의 책 『육당 최남선 전집 2』, p. 95.
257 최남선, 앞의 책 『육당 최남선 전집 2』, p. 43.
258 최남선, 앞의 책 『육당 최남선 전집 2』.
259 백남운, 심우성 옮김, 앞의 책 『조선사회경제사』, p. 34.

농업 공산 사회 붕괴기라고 해석했다.[260]

일제강점기에 식민사학자들은 단군을 만들어진 신화라고 했고, 최남선은 역사의 반영이라고 했으며, 유물론자인 백남운은 단군의 실재는 부정하지만 단군신화 속에 고대 사회상이 반영되었다고 여겼다.

해방 후 남한에서는 단군신화를 어떻게 해석하는지 보자. 황패강은 모든 화소를 신화 제의와 관련해서 풀이했다. 그는 환웅과 고조선 관계 그리고 건국 경위가 소류하고 단군의 후계 왕도 언급이 없다면서 단군신화를 고조선의 건국신화가 아니라 제의적 신화로 규정한다.

조동일은 환인·환웅·단군 "삼대기의 전개에서 신화가 역사와 겹치다가 역사로 이해되는 데 이르는 변화"[261] 지점이 단군의 탄생이라며 단군을 "지상에서 태어난 통치자이며 역사적인 인물로 이해"[262]했다. 즉, 환인과 환웅시대는 신화지만 단군시대는 역사라는 것이다. 그러나 조동일은 "고조선은 건국 연대가 기원전 2000년 이전이라고 기록되어 있지만 기원전 1000여 년경 청동기시대의 시작과 더불어 성립된 국가라고 보는 것이 예사이다"[263]라고 하여 고조선 건국이 서기전 2333년이라는 『삼국유사』 기록을 부정하고 서기전 10세기 건국설을 주장한다. 남한의 역사학계에서 지속적으로 주장한 내용과 같다.

1980년대는 문헌과 고고학 유물들이 발굴되면서 고조선 건국 시기가 서기전 24세기경이라는 사실이 널리 알려졌다. 이에 역사학계는 1987년에 『한국사 시민강좌』를 발간하고, 1988년 '고조선의 제 문제'

---

260 백남운, 심우성 옮김, 앞의 책 『조선사회경제사』.
261 조동일, 앞의 책 『한국문학통사 1』, p. 70.
262 위와 같음.
263 위와 같음.

라는 특집으로 2집을 꾸몄다. 이때 이기백은 "요령 지방의 비파형 동검을 우리나라의 청동기문화로 보는 경우에라도, 크게 위로 올려보아도 서기전 10세기 무렵이었다는 것이 온당한 주장"264이라고 했다. 즉, 고조선 건국 연대는 많이 올려봐야 서기전 10세기라는 것이다. 또 "단군신화는 당시 사회에서 일종의 정치 이데올로기적 성격을 지녔으며, 정치적·사회적 통합 기능을 수행"265하기 위해 만들어진 신화라고 했다. 이러한 논리는 송호정이 쓴 『단군, 만들어진 신화』에서도 확인된다.266

그런데 이집트 고대 왕국 등에서 보듯이 청동기 이전에도 고대국가가 세워졌다는 사실을 상기할 필요가 있다. 은나라가 동이족이 세운 나라임은 누구나 아는 상식이다. 은나라는 서기전 17세기에 건국했지만 일찍이 청동기 문화가 발달했다. 은나라가 멸망하고 기자가 조선으로 가자 주나라 무왕이 기자를 조선에 봉했다는 기사가 『사기』 「송미자세가(宋微子世家)」267에 있다. 기자는 서기전 12세기 사람인데, 조선이 존재하고 있었기 때문에 기자를 조선후(朝鮮侯)로 봉한 것이다. 후술하겠지만, 홍산문화에 속하는 하가점하층문화는 이미 서기전 25세기에 황하 유역과는 다른 독자적인 청동기문화였다.

남한의 강단 역사학계는 단군신화 내용 중 단군 탄생만 역사로 인식하거나 모두 허구의 신화로 인식한다. 단군신화를 역사 상징으로 인식할 경우 『삼국유사』에 기록된 '고조선 건국 시기인 서기전 2333년'을

---

264 이기백, 앞의 글 「고조선의 국가 형성」, p. 12.
265 노태돈, 「역사적 실체로서의 단군」, 『한국사 시민강좌』 27, 일조각, 2000, p. 6.
266 송호정, 앞의 책 『단군, 만들어진 신화』.
267 『사기』 「송미자세가」. "於是武王乃封 箕子於朝鮮."

인정해야 하기 때문이다. 즉, 남한의 역사학계는 고조선의 건국 시기가 빨라야 서기전 10세기라고 주장하는데, 고조선은 서기전 2333년처럼 그렇게 이른 시기에 건국되었을 리 없다고 본 일제 식민사학자들의 주장과 일맥상통한다.

그렇다면 북한은 단군신화를 어떻게 인식할까? 북한에서 단군신화에 관한 본격적인 연구는 1962년부터 시작되었다. 당시 리지린이 북경대학에서 학위를 받은 『고조선 연구』가 발간되었는데, 고조선의 중심지가 한반도였다는 기존 학설을 뒤집고 요동이 그 중심지였다는 사실을 중국 사료로 밝혀냈다.[268] 이에 고조선의 건국신화로서 단군신화가 주목되었고, 1962년 "7월과 8월에 네 차례에 걸쳐 과학원 역사연구소에서 '단군 건국신화'에 대한 과학 토론회를 진행했다."[269]

리상호는 주 토론자로서 단군신화가 한반도와 "중국 동북 지방 일대에서 거주하던 고조선 종족의 군사 민주주의 단계의 사회상을 반영"[270] 한 것이며, 단군신화가 고조선 건국신화라고 해석했다. 또한 "이미 농경 정착 생활을 토대로 한 사회로서 종족의 정치 수장은 세습제도로 전환되었고", 가족제도는 일부일처제로 발전했으며, 역사 발전은 "군사 민주주의 단계로서 단군은 이 종족의 군사 수장"[271]이라고 보았다. 정치제도와 공동체의 도덕적 기능이 병행되었다는 점도 단군신화에 나타난 사회 성격의 특징이라고 해석했다. 그러나 환인과 환웅의 천강설은 후세에 첨가되었다고 보고, 환웅시대부터 역사로 이해했다. 즉, 환

---

268 리지린, 이덕일 해역, 앞의 책 『리지린의 고조선 연구』.
269 장주협, 앞의 글 「『단군 건국신화』에 대한 과학토론회 진행」, p. 90.
270 위와 같음.
271 위와 같음.

인과 환웅은 실재라기보다 역사 발전 단계의 사회 현상을 반영한 것으로 파악한 것이다.

리상호의 이러한 견해는 이후 강인숙으로 이어졌으며, 북한에서 1993년 단군릉이 발견되기까지 지속되었다. 강인숙은 환웅과 단군에 대해서 "웅과 단군을 부자 관계로 설정한 것은 원시사회 말기의 공동체 추장에 뒤이어 국왕이 출현한 사실을 신화적으로 반영한 것에 지나지 않는다. (……) 해당 사회의 대표자들인 공동체 추장과 국왕을 형상화한 것"[272]이라고 풀이했다. 환웅시대와 단군시대는 역사 발전 단계의 현실을 반영하지만, 실재 인물이 아니라는 것이다.

그런데 1993년 단군릉이 발굴되자 북한은 6개월 동안 54회의 실험을 거쳐 단군릉에서 발굴된 인골의 절대연대를 5011년으로 확정 지었다.[273] 이에 강인숙은 "단군은 우리 민족사의 첫 개국시조로서 아직 남들이 락후한 원시사회에서 헤매고 있던 시기에 국가시대, 문명시대를 열어놓은 실재한 인물이며 우리 민족의 원시조"[274]라고 했다. 민족사를 주체적 입장에서 바로 정립하기 위해서 단군에 대한 올바른 인식은 필수적이라는 것이다.

따라서 단군신화에서 하늘신과 바람, 비, 구름 신, 곰과 범의 신화적 외피를 벗기면 역사적 사실이 전해진다고 주장했는데, 그 내용을 요약하면 이렇다.

---

272 강인숙, 앞의 글 「단군신화와 력사 3」, p. 61.
273 사회과학원 고고학연구소, 『단군릉과 고대 성곽 및 제단』, 조선고고학전서 10, 진인진, 2016, p. 24.
274 강인숙, 「단군은 고조선의 건국시조」, 『력사과학』 149, (평양)과학백과사전종합출판사, 1994, p. 53.

단군이 탄생하기 전부터 평양에는 하늘신을 숭배하는 종족이 종족을 통합하여 종족동맹을 이루고 있었다. 종족의 우두머리가 지배자인데, 그 마지막 지배자가 환웅이다. 환웅을 하늘에서 내려온 것으로 묘사한 것은 숭배한 사실을 신비하게 표현한 것이다. 그 당시 사회 구성원은 공동체 추장(환웅), 씨족적 귀족들(풍백, 운사, 우사)과 일반 공동체 성원들(무리 3천)로 구분된다. 공동체 추장은 농업을 비롯한 공동체 전반을 운영하고 정치와 제사를 겸한 우두머리다. 또 보다 많은 재부(財富)를 얻기 위해 종족 간의 정복전쟁을 했고, 빈부격차가 났으며, 노예가 생겼다. 빈부격차로 구성원들 사이의 대립과 투쟁이 발생해 이 같은 대립을 억제하는 수단으로 형벌이 맹아적인 형태로나마 적용되었다. 이러한 때 환웅이 곰을 조상신으로 삼은 종족의 우두머리 딸과 혼인해 단군을 낳았다. 단군은 성장하는 과정에서 당시의 사회상을 목격하고 계급 간, 종족 간의 대립을 억제하기 위한 수단으로 조선을 건국해 평양에 도읍을 정했다.[275]

북한에서 환웅과 단군을 공동체의 추장과 왕을 상징하는 인물로 여기다가 단군릉 이후 실재한 인물로 인식한 것은 북한의 속사정 때문이다. 북한은 1980년대에 중국과 소련 사이에서 주체성을 강조하게 되고, 1980년대 말에 동구 사회주의가 무너지면서 그에 대한 대응 논리와 내부 결속을 위해 조선민족제일주의를 주창하게 된다.[276] 그러면서 "단군릉 발견의 토대로 대동강문화 → 고조선 → 고구려 → 고려로 이어진

---

[275] 강인숙, 위의 글 「단군은 고조선의 건국시조」.
[276] 정일영, 앞의 글 「북한에서 민족주의 담론의 형성과 전개: '민족공조'와 '김일성민족'을 중심으로」.

평양 중심 조선 력사의 유구성, 독자성, 우월성"[277]을 표방한다. 즉, 조선민족제일주의는 선진적 전통 및 문화유산에 대한 긍지를 기조로 하는 이른바 '우리식 사회주의'다.[278] 강인숙의 연구는 단군신화에 대한 북한의 입장이며, 2010년에 발행한 『조선단대사』에 그대로 반영되었다.[279] 이렇듯 단군에 관해서 남한의 학계에서는 허구의 신화로, 북한에서는 역사로, 그 인식의 간극이 크다.

4. 단군신화의 역사성

"력사는 언제나 신화를 선행한다."[280] 북한의 역사학자 리상호가 1962년에 단군신화를 해석하면서 한 말이다. 신화의 물질 토대가 역사라는 것인데, 강감찬이 태어난 후라야 강감찬에 대한 이야기가 만들어지고 전승되는 것이며, 암행어사 박문수가 민중들 사이에 그들의 구원자로 전승되는 것도 역사적 존재이기 때문에 가능하다. 따라서 "단군설화가 하나의 체계화된 신화로 형성될 수 있었던 력사적 계기는 '단군이 조선 나라를 창건했다'는 력사적 사실"이라는 것이다.

역사가 먼저 존재해야 신화가 만들어져 전승된다는 논리는 타당하다. 신화의 내용은 역사로 보기 어려운 점들이 있지만, 기록된 역사가

---

[277] 이정빈, 앞의 글 「북한의 고조선 교육과 '김일성민족'의 단군」, p. 90.
[278] 정일영, 앞의 글 「북한에서 민족주의 담론의 형성과 전개: '민족공조'와 '김일성민족'을 중심으로」.
[279] 전대준·최인철, 『조선단대사』, (평양)과학백과사전출판사, 2010.
[280] 리상호, 앞의 글 「단군설화의 력사성」, p. 44.

선택된 기억이며, '구비전승'이 '역사 서술의 원형'이란 점을 상기해보자.[281] "과거의 경험을 기억으로 만들고, 기억을 시공간적으로 정리하고 배열해 이야기를 만드는 것은"[282] 기억이 시간 속에 해체되어 버리는 것에 대한 저항이었다. 따라서 문자가 없던 시절은 정형구 등을 통해 여러 사건을 시간에 따라 배열하고 이야기의 문맥 속에 재배치함으로써 역사적 사건을 구성했다. 기억의 전승을 쉽게 하려고 이야기를 만들고 그 속에 역사를 담았던 것이다.

기억이 시간 속에 해체되어 버리는 것에 대한 저항으로서 역사를 이야기라는 매체에 담아 전승했다면, 이야기 속에서 배치된 역사적 사건을 찾을 수 있을 것이다. 먼저 환웅의 출자를 살펴보자.

환웅의 출자

일연이 전승하는 단군신화는 크게 세 부분으로 나뉜다. 첫째, 환웅이 환인에게 천부인 세 개를 받고 3천 명을 이끌고 하강, 둘째, 하강 후의 업적과 단군의 탄생, 셋째, 단군이 조선을 건국하고 아사달에서 신선이 되기까지다. 즉, 단군신화는 환인과 환웅 그리고 단군의 계보를 담고 있다. 학자마다 차이가 있지만, 단군 계보의 첫머리에 놓인 환인을 모두 역사와 무관한 신화적 인물로 해석한다.[283]

---

[281] 노에 게이치, 김영주 옮김, 『이야기의 철학: 이야기는 무엇을 기록하는가』, 한국출판마케팅연구소, 2009.
[282] 노에 게이치, 김영주 옮김, 위의 책 『이야기의 철학: 이야기는 무엇을 기록하는가』, p. 25.
[283] 황패강은 농경과 밀접한 관계를 가진 태양신이자 고대 신앙 원형인 우주 동일축상의 중심 상징으로, 최남선은 천주(天主), 천지주(天地主), 환나라님, 한울님 등 '환국의 주장(主長)'으로, 리상호는 단군의 권위화를 위해 후세에서 더해진 부분이라고 풀이했다. 남북한에서 모두 환인을 신화적 존재로 풀이한 것이다.

그런데 환인의 존재를 증명해준 이는 환웅이다. 환웅은 환인으로부터 천부인 세 개를 받고 풍백, 운사, 우사와 무리 3천 명을 이끌고 하강해 신시를 건설하고, 농사, 생명, 질병, 선악, 형벌 등 인간 일 360가지를 주관했다. 3천 명의 무리와 환웅 하강을 집단 이주[284]로 또는 씨족공동체 시기 정복전쟁[285]과 흥성거리는 인민대중의 활발한 움직임[286]으로 본다면 환웅이 출발한 그 어디에 환인이 이끄는 종족이 있었을 것이다. 환웅이 천부인 세 개를 받아서 하늘에서 하강한 장면이 "우리들의 선조로 되는 고조선족이 일정한 지역으로 대거 이동한 사실을 표현한 기록"[287]이라면 환웅이 먼저 거주한 곳에서 출발했다는 것인데, 단군신화에서는 그곳을 환인이 다스리는 환국이라고 했다.

단군 이야기가 삼대의 계보라는 점에 주목해보자. 집안마다 족보가 있다. 자신을 누군가에게 소개할 때 그 족보에 따라 "○○의 몇 대손 ○○"라고 표현한다. 『삼국사기』나 『고려사』「열전」에서 인물의 전기를 서술할 때 인물의 가계부터 소개하는 것을 보면, 계보를 밝히는 유래는 그보다 훨씬 오래되었을 것이다. 그 예는 고대 금석문에서 찾을 수 있다. 중국의 낙빈기는 문화혁명 때 박물관으로 하방되어 30년 동안 금석문을 연구했다. 그 결과, 금석문은 중국 전설상 오제시대 씨족을 표시한 문자라고 발표했다.[288] 그렇다면 환인과 환웅 그리고 단군으로 이어지는 계보는 환인과 환웅이 신화적인 존재, 후세에 첨가된 이야기

---

[284] 최남선, 리상호, 강인숙이다.
[285] 정홍교, 『조선문학사』, (평양)사회과학원문화연구소, 1991.
[286] 리응수, 『조선문학사: I~XIV세기』, (평양)교육도서출판, 1956.
[287] 리상호, 앞의 글 「단군설화의 력사성」, p. 56.
[288] 낙빈기, 태산 역주, 앞의 책 『염제신농씨』.

로만 볼 수 없는 단군의 선조인 것이다.

환인의 서자라는 점에도 출자 이유가 있다. 서자란 장자를 제외한 아들이라는 의미가 있는데, 환웅이 출자한 이유를 우리의 가족제도에서 유추해볼 수 있다. 형제들이 자라서 성인이 되면 분가를 하고 이후 별도의 일가를 이루게 된다. 환웅은 서자로서 자신의 무리를 데리고 환인으로부터 분가한 것으로 볼 수 있다. 따라서 단군신화에 기록된 환국은 환웅이 출자한 곳이며, 그곳을 다스리는 종족의 우두머리가 환인이다. 다만 제정일치 사회에서 단군이 제사장의 역할을 겸하다 보니 그를 신성시하면서 그 조상까지 신성시해 환국과 환인으로 표현했을 것이다.

천부인

천부인에 관해서는 학자들마다 주장이 다양하다. 최남선은 천부인 세 개 중 두 개는 거울(鏡), 검(劍)으로 확정했고, 나머지는 방울(鈴), 북(鼓), 관(冠) 중 하나일 것이라고 했다. 이병도는 풍(風), 우(雨), 운(雲)을 주관하는 마법사적 징표로 보았다. 이은봉은 천상의 지상신(至上神) 기능을 분담하는 하위신으로서 풍백, 우사, 운사를 가리킨다고 했다. 장덕순은 신, 인간, 자연의 삼계(三界)를 다스리는 권위의 상징으로 보았고, 현용준은 무구(巫具)의 잔영에서 볼 수 있다며, 천부인 세 개는 거울과 신칼 그리고 방울이라고 여겼다. 이재원은 청동검, 청동방울, 청동 거울이라고 하면서 종교적·역사적 성격을 가진다고 했다. 김동춘은 천부는 천부경의 뜻으로, 세 개는 북, 가면, 지팡이라고 주장했으며, 유동식은 하늘과 땅 그리고 저승을 지배하는 신기(神器)라고 주장한다. 『한국민족문화대백과사전』에서는 삼재(三才)인 천(天), 지

(地), 인(人)과 삼묘(三妙)인 원(圓), 방(方), 각(角), 그리고 삼진(三眞)인 성(性), 명(命), 정(精)과 삼달(三達)인 인(仁), 지(智), 용(勇)이 천부인일 것이라고 했다. 왕희자는 거울, 북, 검으로 보았다.[289] 즉, 천부인에 관해서 최남선, 현용준, 이재원, 김동춘, 왕희자는 거울, 검, 방울 등의 물질적인 것을 말하는 반면, 이병도와 장덕순 등은 비물질적이며 자연적인 것을 말하고 있다. 물질적인 것에 기반한 주장은 일본 천손강림신화에서 아마테라스가 니니기노미코토에게 준 검, 거울, 곡옥에서 착안한 것으로 보인다.

그러나 부절(符節)에 관해서는 동중서(董仲舒)가 『춘추』에 주석을 단 『춘추운두추(春秋运斗枢)』에 다음과 같은 기록이 있다.

> 황제시대에 황룡이 그림을 지고 있었는데, 그 안에 옥새가 있었다.[290]

동중서는 전한시대 사람으로, 유학을 한나라의 통치 이념으로 정립한 학자다. 『춘추』의 주석서인 『춘추운두추』는 유학자적 관점에서 『춘추』를 해석한 책이다.

황제시대가 언제인지 우리는 알 수 없다. 다만 동중서의 주석서를 통해 황제시대에도 옥새가 있었으며, 그 시대에 이미 부호 글자가 있었음을 알 수 있을 뿐이다. 그런데 홍산문화의 옥저룡 뒷면에도 글자와 같은 부호가 그려져 있다.

---

289 왕희자, 「단군신화의 천부인 세 개와 일본 아마테라스 신화의 삼종의 신기(神器) 연구」, 『비교한국학』 5, 국제비교한국학회, 1999, pp. 164~168, 174.
290 "黃帝時 黃龍負圖 中有璽章." 孫守道·刘淑娟, 『紅山文化玉器新品新鉴』, 吉林文史出版社, 2007, p. 21에서 재인용.

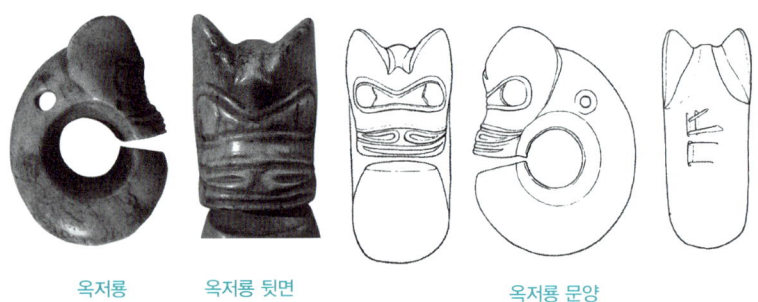

옥저룡　　　옥저룡 뒷면　　　　　　옥저룡 문양

홍산문화 내몽골 나만기에서 출토된 옥인장 두 개에 관해서 손수도와 유숙연은 다음과 같이 말한다.

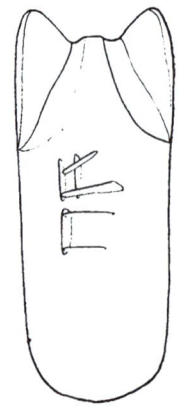

1990년대에 필자는 홍콩 중문대학의 양건방 교수 등 일행과 함께 파림좌기박물관을 방문하여 소장된 홍산문화의 옥저룡 두 점을 관람한 적이 있습니다. 그중 하나의 옥저룡 목덜미에 부호나 문자로 보이는 각인(삽화 26)이 새겨져 있어 연구를 위해 첨부합니다. 이전에도 우하량 홍산문화의 1, 2번 도자기 파편에서 이와 유사한 부호를 본 적이 있으나, 더 깊이 생각하지 않았습니다. 지금 나만기 지역에서 출토된 여러 홍산 옥기 중에서 식별을 통해 두 개의 인장을 발견하여, 놀라움을 금치 못하며 이 자료를 다음과 같이 제공합니다. 인장 하나는 직사각형에 가까운 모양이며, 옥의 진한 녹색을 띠고 있습니다. 사각 받침대 위에 쌍두조형(두 마리 새 머리형)의 꼭지가 있으며, 꼭지의 윗부분에는 구멍이 하나 뚫려 있습니다. 쌍두조 하단에도 구멍이 뚫려 있습니다. 꼭지의 하단에는 손톱 모양의 각인이 있으며, 인면은 양각으로 되어 있고, 직

사각형 틀 안에 인문이 새겨져 있으나 해독되지 않습니다. 길이는 2센티미터, 폭은 1.8센티미터, 높이는 1.8센티미터입니다(도305).

다른 인장은 타원형에 가까운 모양이며, 옥은 갈녹색을 띠고 있습니다. 꼭지는 고양잇과 동물 형태로, 웅크리고 있는 모습입니다. 인면 역시 양각으로 되어 있으며, 타원형 틀 안에 인문이 새겨져 있으나 해독되지 않습니다. 길이는 1.9센티미터, 폭은 1.1 센티미터, 높이는 4.7센티미터입니다(도304).

두 인장은 또 다른 특징이 있는데, 즉 인면이 약간 바깥쪽으로 둥글게 튀어나와 있어, 인장을 찍을 때 좌우로 힘을 줘서 인문을 분명하게 찍을 수 있도록 되어 있습니다. 그다음으로 주목할 점은 두 인장의 일부 각인 부분에 여전히 붉은색의 물감 흔적이 남아 있다는 것입니다. 이 물감은 주사(朱砂)와 같지 않고 오히려 적토 분말과 비슷하여 추가 검사가 필요합니다.[291]

인장 두 개가 홍산문화 인장이라고 말하는 손수도와 유숙연은 홍산

---

[291] 孫守道·刘淑娟, 『紅山文化玉器新品新鑒』, 吉林文史出版社, 2007, p. 18. "90年代, 作者曾陪同香港中文大学杨建芳教授等一行在巴林左旗博物館观看了 馆藏红山文化玉猪龙两件. 在其中一件猪龙的项背上刻有类似符号或文字的刻纹(插图26), 附在这里供研究° 此前在牛河梁红山文化的一·二陶片亦曾见有此类符号, 然俱没作进一步深思. 现在据在奈曼旗境内所出一批红山玉器中, 通过鉴别竟然发现了两枚印章, 惊异之余仅将此资料提供如下: 印章一, 近长方形, 玉深綠色, 方座, 上有双头鸟形鈕, 上端对钻一孔, 双头鸟下亦钻透一孔. 鈕下端有指甲形刻道, 印面为阳文, 长方框内刻有印文, 但不识°长2厘米, 宽1.8厘米, 高1.8厘米(图305). 印章二, 近椭圆形, 玉呈褐绿色, 钮身作猫科动物形, 蹲立状, 印面亦为阳文, 于椭圆框内刻有印文, 仍不识°长1.9厘米, 宽1.1 厘米, 高4.7厘米(图304). 两印还有一个特点, 印面有些向外圆凸, 当与盖印时可左右加劲以使印文捺得清楚有关. 其次值得注目的是, 在两印的部分刻文中仍遗有红色颜料痕, 不类朱砂, 而近于赭石粉类, 尚待验测."

문화 전문가다. 손수도는 요녕성박물관 및 요녕성문물고고연구소에서 오랫동안 박물관 업무를 담당했으며, 요녕성문물고고연구소 명예소장을 지냈다. 중국문물학회 옥기연구회 이사를 역임했으며, 1992년에는 국무원 국가우수특별수당 전문가(國務院享受特殊津貼專家)로 선정되었다. 손수도는 처음으로 홍산문화 옥기를 감별해서 근 백 년 동안 미해결로 남은 옥기시대와 그 문화의 귀속 문제를 해결한 인물이다. 그는 홍산문화의 우하량 유지를 발견하고 발굴에 참여했으며, 중국 내외 몇 안 되는 조기~만기까지 통달한 고고학자로 평가받았다.

유숙연은 요녕성문물고고연구소의 부연구원으로 재직했으며, 「홍산문화 옥기 유형 연구」로 중화권 학자들 사이에서 주목받았다. 이 논문은 홍산문화 옥기의 진위 여부를 판별하는 데 기준이 된다. 따라서 홍산문화 옥기의 전문가 두 명이 자기의 명예를 걸고 나만기 인장이 진품이라고 말한 것이다. 이들은 내몽골 나만기의 옥인장에 관해서 "옥저룡, 옥벽, 옥조(옥새) 등의 기물과 함께 발견되었으며, 따라서 두 개의 인장의 출처는 신뢰할 수 있고, 시대도 정확하다"[292]고 했다.

붉은 안료의 흔적을 가지고 있는 홍산문화 내의 내몽골 나만기의 인장이 갖는 의미는 여러 가지가 있을 것이다. 첫째, 당시에 이미 글자나 부호를 사용했고, 둘째, 농업과 수공업 생산이 크게 발전하여 국가가 형성되었으며, 셋째, 대규모의 물품이 교환되어 거래의 증거로 사용되었고, 넷째, 국가 행정기관이 권한을 상징하는 도구라는 점이다.[293] 즉,

---

[292] 孫守道·刘淑娟, 『紅山文化玉器新品新鉴』, 吉林文史出版社, 2007, p. 21. "伴随器物有玉猪龙·玉璧·玉鸟等等,因此说两枚印章来源可靠,时代精准,非传世品."
[293] 孫守道·刘淑娟, 『紅山文化玉器新品新鉴』, 吉林文史出版社, 2007, p. 21.

나만기 출토 옥인장과 옥인장 글씨

    이미 홍산문화 시기에 국가적 형태가 자리하고 있었음을 알 수 있다.
    그러면 홍산문화의 주인공은 누구인가? 인장의 주인공은 환웅일 가능성을 배제할 수 없다. 중국에서는 요하문명, 소하서문화(서기전 7000~서기전 6500)부터 하가점상층문화를 이룩한 주인공을 동이족으로 인정한다.[294] 중국의 24사(史)에 동이에 관한 기록은 모두 정사 외전에 수록되어 있다. 중국의 역사가 아니라 그들과 관계를 맺은 주변 국가의 역사를 기록한 것이다. 조선시대까지도 중국에서 우리 민족을 동이라고 했다. 동이족은 우리 민족의 원류다. 요하문명은 소하서문화부터 빗살무늬토기가 출토되며, 홍륭와문화에서는 그 토기가 대량으로

---

[294] 중국은 우리 민족의 선조로서 동이족을 인정하는 것이 아니다. 화하족은 자기 민족의 근원이 어디에서 시작되었는지 알지 못한다. 따라서 찬란한 문명을 이룩한 동이문명을 자기 선조로 삼고 이후에 화하족이 결합했다고 주장한다. 이화, 김성기 옮김, 『이하선후설』, 성균관대학교출판부, 2021.

출토된다. 빗살무늬토기는 비파형 청동검(고조선식 동검)과 고인돌 등과 함께 고조선의 표지유물 중 하나다. 요하문명의 각 시기 문화에서 지속적으로 빗살무늬토기가 출토된다는 것은 문화의 계승성을 의미하며,[295] 그 주인공은 우리 동이족이다.

따라서 하늘에서 신분을 보장해주는 신물 천부인은 실제 인장일 가능성이 있으며, 내몽골 나만기에서 출토된 두 개의 인장이 천부인 세 개 중 두 개일 가능성도 배제할 수 없다.

신시, 환웅의 국가 건설

기왕의 연구에서는 환웅을 신화적 존재든 실재적 존재든 한 집단을 이끄는 우두머리로 해석했다.[296] 그런데 리상호의 주장처럼 인솔자 명칭이 신시(神市)이며 신지(臣智)의 이사(異寫)가 신시라는 말에는 공감하기 어렵다.[297] 리상호는 환인과 환웅 이름에 신적인 것을 의미하는

---

[295] 양대언, 「요하 문명론과 홍산문화의 고찰」, 『국학연구론총』 5, 택민국학연구원, 2010.
[296] 황패강은 환웅을 반신반인 문화영웅으로 해석하면서 곡물 지배민에게 천상의 곡물을 옮겨준 문화영웅으로 농경지배민에게 숭배되는 수령이라고 했다. 조동일은 환웅족이라고 부를 수 있는 집단 수호신이자 제정일치 단계에서 임금으로서의 권능과 무당으로서의 주술을 동시에 발휘하는 능력을 가진 자로, 최남선은 주술 종교적 사회의 사제-사령자-무군이라고 해석했다. 북한의 리웅수는 원시시대 말기 민주주의 지도자로, 강인숙은 부계 씨족사회 우두머리이자 신의 의사 대변자로, 사회과학원문화연구소는 계급 발생 이후 통치자 출현의 사회적 반영의 존재로, 리상호는 고조선족의 이동 시대 인솔자로, 이름 없는 신지 등으로 풀이했다.
[297] 그의 주장을 요약하면 이렇다. 첫째, 본문 '위지신시 시위환웅천왕야(謂之神市 是謂桓雄天王也: 이곳을 신시라고 불렀다. 이분이 환웅천왕이다)' 중 환웅 천강설이 후대에 윤색된 것이기 때문에 시위환웅천왕을 빼고 '위지신시'로 단락 지어야 한다는 것이다. 그렇게 되면 지(之)는 장소대명사(이곳)에서 인칭대명사(그)로 변할 뿐 문장에는 변화가 없다는 것이다. 둘째, 한자음을 표기할 때 다른 글자로 같은 이름을 표기한 예가 많다며 가락(駕洛)을 가야(伽倻), 가라(加羅)라고 한 예를 들고 있다. '시(市)'와 '지

'환'자는 후세에 삽입되었다고 보기 때문에 '신시'를 장소, 지명, 성지로 해석하는 대신 신지로 풀이한 것이다.

신시는 장소, 지명, 성지 등을 모두 아우른, 이를테면 도시일 가능성도 배제할 수 없다. 고대 유적지를 통해서 유추해볼 수 있는데, 중국 내몽골에서 발굴된 홍산문화가 그것이다. 지금의 요녕성 적봉시 우하량에서는 돌무지무덤(적석총)이 발견되었다.

돌을 이용하여 인간의 주검을 보호하는 문화는 동이족 장례 풍습으로 신앙의 상징이다. 우하량의 적석총에서 북쪽으로 900미터 지점의 낮은 구릉지대에서는 여신묘가 발굴되었다. 여신묘에서 여신 두상이 출토되었는데, 고대 몽골 인종(동양의 모든 인종을 가리킴)의 특징이 나타나 있다.

여신묘는 곰 부족과 천손족이 결합된 부족의 신전인데, 곰발과 새의 발톱과 새의 부조가 같이 출토되었다. 단군신화에서는 환웅과 웅녀가 혼인하여 단군을 낳는다. 단군신화의 내용이 여신묘의 유물로서 확인된 것이며, 환웅 및 고조선이 어느 지역에 있었는지 알게 해주는 단서가 된다.

(智)'의 표음이 다른 이유에 대해서는 "고대 우리말에서 자음 'ㅅ'이 'ㅈ'으로 변하는 경향도 얼마든지 있다"는 것이다. 셋째, 고조선족과 삼한족이 언어와 문화를 같이하는 동족이라면 당연히 종족의 수장을 부르는 칭호도 같은 용어로 사용한 시기가 있었을 것이라며 『진서(晉書)』 「사이전(四夷傳)」 '동이 비리국'조에서 사용한 거수 '신지'라는 칭호를 그 예로 들고 있다. "진 무제 태희 초년, 즉 290년대에 숙신의 서북방에 사는 종족들로서 유리모로국(惟離模盧國) 거수 '사지신지(沙支臣芝)'와 우리말리국(于離末利國) 거수 '가모신지(加牟臣芝)'가 각각 사신을 보내 왔다는 기사가 있"는데, 숙신은 고조선의 옛 이름이고 비리(裨離)는 고대 고조선의 지명과 관계가 있기 때문에 신지는 종족의 수장을 부르는 칭호라는 것이다. 따라서 삼한의 '신지'와 고조선의 '신시'가 같은 뜻일 것이라고 한다.

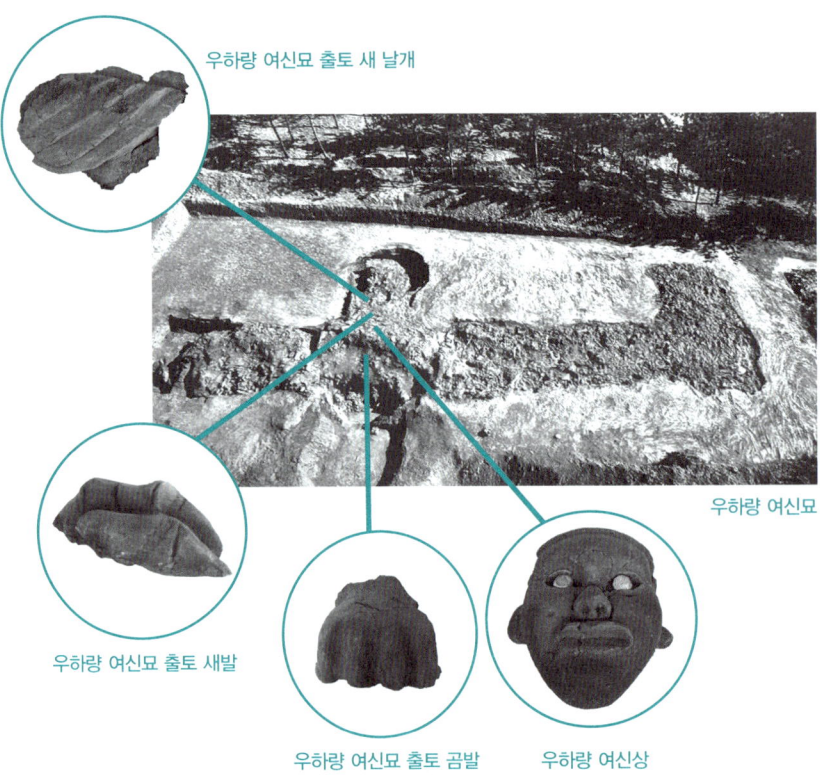

우하량 여신묘 출토 새 날개

우하량 여신묘

우하량 여신묘 출토 새발

우하량 여신묘 출토 곰발

우하량 여신상

여신묘에서는 '之'자형 빗살무늬토기와 채색 무저 원통형 토기, 그리고 곰발 형상의 소조상 등 홍산문화 시기(서기전 3500년경)의 유물이 같이 출토되었다.

대릉하 유역의 객좌현 동산취에서는 석축 제단이 발견되었다. 당시 인류가 제사를 지낸 사직(社稷)이다.[298] 또 적봉 요서 지역의 지주산에서 고대 청동기 야련장이 발굴되었는데, 탄소 측정 결과 서기전 2410

---

[298] 이형구, 『발해 연안에서 찾은 한국 고대 문화의 비밀』, 김영사, 2004.

년경으로 밝혀졌다.[299]

윤내현에 따르면, 이 일대에는 고조선이 건국되기 전인 서기전 2500년 무렵부터 하가점하층문화라는 청동기문화가 있었고, 이 문화는 황하 유역 청동기문화와 전혀 다른 그 지역 토착문화였다.[300] 또 중국 학자들도 "하가점하층문화는 이 지역 청동기시대의 매우 빠른 단계의 유적을 대표하는 것으로서 그 연대는 대략 하·상시대에 해당한다. (……) 이 일대의 금속문명 진입 시기와 더불어 그 시기가 황하 유역보다 늦지 않으며 지금까지 알려진 매우 이른 금속문명이라는 사실이 밝혀졌다."[301]고 했다. "고조선 지역은 고조선이 건국되기 전부터 황하 유역과는 다른 청동기문화권을 형성"[302]했다는 말은 곧 하가점하층문화는 고조선의 문화라는 뜻이다.

따라서 신전, 제단, 그리고 신상과 고고학적 유물과 유적지로 볼 때 신시는 생활과 가까운 지점에 신에게 제사를 지내는 제단(신단수)과 선조들의 무덤이 있는 도시로 해석할 수 있다.

환웅 부족의 정치조직

필자는 풍백, 운사, 우사를 관직명으로 해석한다. 리상호는 농사, 보건, 치안 등을 세 사람이 분장(分掌)한 것으로 살폈는데, 고조선보다 문화가 뒤떨어진 삼한에도 관직을 정연하게 갖추고 있으며, 중국 등의

---

299 낙빈기, 태산 역주, 앞의 책『염제신농씨』, p. 134.
300 윤내현, 앞의 책『고조선 연구(상)』, p. 250.
301 中國社會科學院考古硏究所 編著, 新中國的考古發現和硏究』, 文物出版社, 1984, p. 339를 윤내현, 앞의 책『고조선 연구(상)』, p. 251에서 재인용.
302 윤내현, 앞의 책『고조선 연구(상)』, p. 251.

관직명을 이용한 것으로 볼 수 있다고 했다.³⁰³ 풍백, 운사, 우사를 관직명으로 보는 리상호의 견해에 동의하지만 리상호의 논리 근거에는 동의할 수 없다. 일찍이 조이(鳥夷)족 소호씨의 관직명에서 보이듯 씨족의 토템을 관직명으로 삼았다고 보기 때문이다.

중국 고대 전설적인 인물 조이족 소호씨는 새의 명칭으로 관직명을 삼았는데, 그 유래에 대해서 『춘추좌전』「소공」 권17 '전'에 기록이 있다.

> 가을에 담나라 군주인 자작이 찾아오자 노나라 소공이 그에게 큰 연회를 베풀었다. 소공이 묻기를 '소호씨가 새 이름으로 관직명을 삼은 것은 무슨 까닭입니까?'라고 하자 (담나라 군주가) '우리 소호씨 지(摯)께서 임금이 되시자 봉조(鳳鳥)가 날아왔습니다. 그래서 새를 벼리로 삼아 조사(鳥師)가 되어 새 이름으로 관직명을 삼으셨습니다. 봉조씨는 력(曆)을 주관했고, 현조씨는 춘분, 추분을 주관했고, 백조씨는 하지, 동지를 주관했고, 청조씨는 양기가 만물의 힘을 열어주는 일을 주관했고, 단조씨는 음기가 만물의 힘을 정지시키는 일을 주관했고, 축구씨는 사도가 되었고, 저구씨는 사마가 되었고, 시구씨는 사공이 되었고, 상구씨는 사구가 되었고, 골구씨는 사사가 되었습니다'라고 답했다.³⁰⁴

소호씨 종족은 새를 토템으로 삼고, 관직명을 새 명칭으로 지었음을

---

303 리상호는 『삼국지 위서』「동이전」'한'조에 나오는 진왕(辰王), 험측(險側), 신지(臣智), 번예(樊濊), 살해(殺奚), 읍차(邑借) 등은 「동이전」'한'조에서 보이는 관직명이고, 위솔선(魏率善), 중랑장(中郎將), 도위(都尉), 백(伯), 장(長), 후(侯)는 중국의 관직명을 차용한 것으로 보고 있다.

304 리지린, 이덕일 해역, 『리지린의 고조선 연구』, 말, 2018, p. 245에서 재인용.

알 수 있다. '조이'는 "중국의 역사상 가장 오랜 종족의 하나로 인정되고 있으며,"[305] 그 명칭은 『상서』「우공」편과 『사기』「오제본기」 그리고 『대대례』에 기록되어 있다.

그런데 소호씨와 태호씨는 모두 동이족이다. 이것을 고증한 학자가 중국의 고사변학과 양관이다. 양관은 『고사변(古史辨)』 제7책 「상편」에서 그것을 고증했는데,[306] 오늘날까지도 공인된 설이다. 작(爵)이라는 한자에도 소호씨가 새의 이름으로 관직명을 삼았던 흔적이 남아 있다. '공작'이나 '작위' 등으로 신분의 계급을 나타낸다.[307]

한편, 『사기』「오제본기」 '제순'조에 조이에 대한 기사가 나오는데, 『사기색은』은 "제순은 덕이 모두 사방 이족에게 미쳤다고 말했다"고 했고, 『한서』에서 '장이(長夷)'라고 했는데 생각해보니 『대대례』에서 또한 '장이'라고 했다는 것이다. "즉, '장(長)'은 동이의 호칭"인데, 또 말하길 "조선의 거수(鮮支, 渠搜)"라고 했다면서 『한서』와 『대대례』를 인

---

305 리지린, 이덕일 해역, 위의 책 『리지린의 고조선 연구』, p. 240.
306 楊寬, 「中國上古史導論」, 『古史辨』 第七冊 上編. "大少皞之說 中原人所不知, 而東夷知之.是則二系五帝說之不同, 實由民族傳說之異, 於此可見. 鄭子以大皞少皞置於顓頊之上, 與月令同, 月令亦爲東夷系之傳說也. 又山海經西山經云 長流之山, 其神白帝少昊居之. 又大荒東經云 少昊孺帝顓頊於此. 大荒南經云 少昊生倍伐, 倍伐降緡淵 又海內經云 少皞生般 般是始爲弓失." 태호·소호 설은 중원 사람들은 모르고 동이는 알고 있다. 이것은 즉 이계(중원계와 동이계)의 오제설이 같지 않다는 것을 말하는데, 실로 민족 전설이 다른 데에 기인한다는 것을 이에서 볼 수 있다. 태호와 소호는 전욱의 앞에 두는데, 월령도 같다. 월령 역시 동이계의 전설이다. 『산해경』「서산경(西山經)」에서는 "장유산(長留山)의 신은 백제 소호인데, 그가 살고 있다"고 했다. 또 「대황동경」에서는 "소호가 제전욱을 여기에서 키웠다"고 했다. 「대황남경」에서는 "소호가 배벌(倍伐)을 낳고, 배벌은 민연(緡淵)에 내려와 살았다"고 했다. 또 「해내경」에서는 "소호가 반을 낳고, 반은 활과 화살을 처음 만들었다"고 했다.
307 『한자대사전』, 민중서림, 1997(2판 3쇄), p. 1276.

구름형 옥기

용해 '조이'에 대해서 설명하고 있다.[308] 『사기색은』은 당나라 현종 때 사마정이 『사기』에 주석을 단 것으로 『사기』 삼가주석서[309] 중 하나다.

'조선의 거수'라면 마땅히 고조선을 이루는 부족 중 하나다. 조이는 새를 토템으로 하는 부족이기 때문에 관직명을 새의 이름으로 삼았다. 그렇다면 고조선은 하늘신을 섬기는 부족이므로 하늘과 관련된 관직 명을 지었을 것이다. 따라서 풍백, 운사, 우사는 관직명이며, 그 직위는

---

308 『사기색은』. "此言帝舜之德皆撫及四方夷人, 故先以「撫」字總之. 北發當云「北戶」, 南方有地名北戶." 又案漢書, 北發是北方國名, 今以北發為南方之國, 誤也. 此文省略, 四夷之名錯亂.「西戎」上少一「西」字,「山戎」下少一「北」字,「長」字下少一「夷」字. 長夷也, 鳥夷也, 其意宜然. 今案: 大戴禮亦云「長夷」, 則長是夷號. 又云「鮮支·渠捜」, 則鮮支當此析枝也. 鮮析音相近."

309 『사기』 삼가주석서는 배인의 『사기집해』, 사마정의 『사기색은』, 장수절의 『사기정의』다.

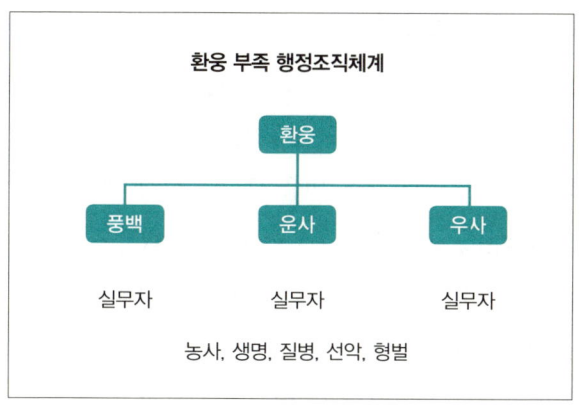

환웅의 바로 아래일 것이다.

  요하문명 홍산문화에서는 옥기가 다소 출토되는데, 그중에서 구름 모양과 비 모양, 그리고 바람개비 모양의 옥기들을 통칭해 구름형 옥기라고 한다. 이 구름형 옥기는 유골의 허리나 가슴에 얹혀 있다. 옥기의 위치를 볼 때 끈으로 묶어서 목에 걸거나 허리에 달고 다녔을 것이다. 이러한 구름형 옥기는 일정한 지위를 알려주는 표시였을 것이다.

  그들은 환웅의 지휘 아래에서 농사와 생명과 질병 그리고 선악과 형벌을 주관했을 것이다. 또 풍백, 운사, 우사의 밑에는 일을 실행하는 실무자가 있었을 것이다. 따라서 환웅이 이끄는 부족연맹은 환웅을 수장으로 하고 그 하부 조직으로 풍백, 운사, 우사의 관직이 있으며, 그 관직 밑에는 실무자가 있는 행정조직체계를 갖추었다고 할 수 있다. 단군신화에는 최고 관직만 서술되어 있을 뿐 그 하부 조직에 대해서는 서술하지 않았지만, 충분히 그 행정조직을 유추해볼 수 있다.

환웅족과 주변 부족과의 관계

곰과 범에 대해서는 대체로 토템으로 보고 있으며, 리상호는 고조선 부족을 구성한 일부 씨족의 명칭이자 개인의 성명이라고 보았다. 웅녀가 그 예라는 것이다. 백남운은 범을 무사의 상징이자 군장(軍將)의 표상으로 풀이한다.[310] 그는 범을 간과해온 점에 의문을 품었다. 범은 조선에서 유일한 영수(靈獸)로서 신화나 설화와 밀접한 관계를 맺고 있는데 단군신화는 범의 이런 성격에 대해서 일절 언급이 없다며, 곰을 하늘과 땅의 매개로 본다면 범도 일정한 사물과 관계 맺는 상징으로 이해되어야 한다는 것이다.

그러나 범이 군장을 상징한다면, 범과 곰이 같은 굴에서 살았다는 표현의 해석 문제가 남는다. 마늘과 쑥을 먹고 햇빛을 보지 말라는 곰과 같은 조건의 금기 사항을 어기고 뛰쳐나간 범의 행위에 대해서도 해명해야 한다. 이러한 표현은 승자인 환웅족의 입장에서 서술되었을 가능성이 높다. 범 부족의 입장에서 보면 다를 수 있다. 즉, 한 동굴에서 범과 곰이 살았다는 표현은 토템을 달리한 범 부족과 곰 부족이 같은 종족일 가능성을, 마늘과 쑥 그리고 햇빛의 금기 상황은 환웅족이 내세운 부족 통합의 엄격한 기준일 가능성을 배제할 수 없다. 따라서 환웅족이 내세운 통합 기준에 범 부족이 불응했던 것이다. 동굴을 뛰쳐나간 호랑이는 환웅족의 영향력이 미미한 곳으로 이주해 그들과 대립했을 것이다.

『삼국지 위서』「예전」에 예 사람들은 범신에 제사를 지냈다는 기사

---

310 백남운, 심우성 옮김, 앞의 책 『조선사회경제사』.

가 있다.[311] 즉, 고조선의 부족 중 범을 토템으로 한 부족이 후세까지도 전해져 왔음을 알 수 있다. 따라서 범과 곰은 토템을 달리한 같은 종족으로, 범 부족은 이주집단인 환웅족과 융합하지 못하고 대립하는 것으로 풀이했다. 종족의 정복시대에 싸움에서 패배했다면 결국 그 종족은 승리한 족에 흡수되어 토템도 사라졌겠지만, 백남운이 지적한 것처럼 범은 우리 민족 영수로서 산신령으로 여전히 전승되고 있기 때문이다.

환웅과 웅녀의 결혼에 대해서 선학들은 『삼국유사』에 의거해 곰과 환인의 결합으로 해석했다.[312] 하지만 환인의 손녀에게 약을 먹여 사람으로 변하게 하여 단수신과 혼인하게 했다는 『제왕운기』 기사를 상기해보자. 이승휴는 어떤 근거로 이러한 기사를 수록했을까? 이러한 궁금증의 실마리를 고대 금석문을 해석한 낙빈기에게서 찾아보자.

낙빈기는 청동기 금석문에 새겨진 글자는 전설시대로 일컫는 오제시기에 신농씨가 만들었다고 하면서 고대의 금석문은 씨족을 칭한다고 했다. 그는 금석문의 이칭을 씨족 간의 연계나 계보로 여기고 그것을 역으로 추적해 그 이유를 혼인제도에서 찾았다. 당시 혼인제도는 씨족과 씨족의 사이에서 이루어졌는데, 예를 들면 A라는 씨족과 B라는 씨족만 혼인하는 것이다. 일종의 '푸날루아'식 혼인제도다. 혼인 선

---

311 『삼국지 위서』 「예전」. "常用十月節祭天, 晝夜飮酒歌舞, 名之爲舞天, 又祭虎以爲神." 항상 10월에 하늘에 제사를 지냈는데, 낮과 밤에 술을 마시고 노래를 부르며 춤을 추었다. 이름은 무천이라고 하고, 호랑이를 신으로 삼아 제사를 지냈다.
312 리옹수는 곰 부족의 목축 종족과 환웅의 농경 종족 접촉 관계로, 황패강은 하늘과 땅의 원시적인 결합으로, 조동일은 천신족과 지신족의 결합으로 새로운 시대를 연 과정으로 여겼다. 강인숙은 원주민족과 이주민족의 융합 또는 종족 동맹을 나타내면서 공동체의 결혼 및 가족 문제 해결이 추장 직능의 하나라고 보았으며, 일부일처제가 실시되었다고 해석하기도 했다. 최남선은 환, 웅 양 씨족의 결합으로 조선이라는 제도가 생겼고, 단군 탄생은 조선의 건국신화라고 했다.

물로 그릇을 만들고 그 그릇에 양측의 씨족을 새겼다. 금석문에 따르면 신농계는 황제 일족과 세대로 혼인했다. 그러니까 신농계의 여성은 고모와 조카가 황제족의 남성 형제들과 결혼하는데, 이때 상대 황제족의 남성은 부모 세대가 된다.

예로 "순(舜)은 전욱임금의 신농계에 속하고, 요(堯)임금이 소호임금[313]의 증손이라는 사실은 두 왕실계의 남녀가 세대로 혼인했음을 증명"[314]한다고 했다. 『세본』「제왕세본」에 실린 요임금은 소호임금의 증손인데, 곤(鯀)을 장인[伯], 외삼촌[舅]이라고 했다는 기록이 요가 곤의 자매의 아들이라는 방증이라는 것이다. 당시는 모계제에 따라 사위아들(사위는 子, 직계아들은 男으로 표시함)이 지배권을 계승했다.[315]

오제 시기 혼인제도와 환웅시대 혼인제도가 꼭 일치한다고는 할 수 없다. 그러나 낙빈기가 금석문 해석을 통해 중국 고대 전설의 오제는 모두 동이족이라고 한 점과 고대사회가 모계사회란 점을 인정한다면 참고할 여지는 있다. 따라서 이러한 가설도 가능해진다. 환인족은 대대로 어떤 종족과 혼인 관계를 유지했다. 환인에게는 환웅 외에 딸들이 있었을 것이고, 딸이 결혼을 하자 사위아들이 들어왔을 것이다. 승계권이 없었던 환웅은 그를 따르는 무리를 이끌고 이주했는데, 환인은 그의 외손녀를 보내 환웅과 결혼을 시킨 것으로 말이다. 그래서 오제 시기에 그러했듯 환웅은 그의 조카를 아내로 맞이했고, 환웅시대부터는 모계승계에서 환웅-단군으로 이어지는 남계 중심의 승계가 이루어졌

---

313 소호는 황제의 아들이다.
314 낙빈기, 태산 역주, 앞의 책 『염제신농씨』, p. 93.
315 낙빈기, 태산 역주, 앞의 책 『염제신농씨』.

다. 즉, 고대 모계사회는 사위(자매의 아들)가 지배권을 계승했는데, 환웅과 환인의 손녀의 결혼은 이러한 풍습의 흔적이며, 환웅시대부터 직계남자 자손으로 계승되기 시작했다.

지금까지의 해석을 정리해보자. 환인으로부터 천부인 세 개를 받고 풍백, 운사, 우사와 무리 3천 명을 이끌고 하강해 신시에 도착한 환웅은 농사와 생명과 질병 그리고 선악과 형벌 등과 인간의 일 360가지를 주관했다. 이주집단을 이끌고 신시에 도착한 환웅은 도시를 건설하고 행정조직체계를 만들어 부족의 삶의 질을 높였다. 농사를 주관해서 물질을 풍부하게 했고, 질병으로부터 생명을 보호했다. 도덕적인 기준을 제시하고 죄를 짓는 이를 처벌함으로써 치안에도 힘썼다.

곰과 범이 환웅에게 환웅족이 되게 해달라고 간절히 바랄 만큼 환웅족의 문명은 다른 부족보다 발달했다. 따라서 환웅과 곰 부족의 혼인으로 상징되는 부족 간의 동맹은 환웅족이 무혈흡수 통합을 지향한 것으로 읽을 수 있을 것이다. 부족 통합의 기준은 범 부족이 금기를 지키지 못하고 뛰쳐나갈 만큼 엄격했다. 부족 간의 동맹으로 통치 범위가 점점 늘어나면서 환웅에게는 새로운 통치체제가 필요했다. 단군이 조선을 건국할 수 있었던 것도 환웅이 만들어 놓은 통치체제가 기반이 되었던 것이다.

단군신화는 환인과 환웅 그리고 단군 등 삼대에 관한 이야기다. 그 중에서도 단군이 조선을 건국하기 전에 고조선의 부족이 어떻게 부족을 이루고 연맹했는지, 그리고 어떻게 다스렸는지에 대한 환웅의 역사를 담고 있다. 즉, 이야기 속에 재배치된 단군신화는 고조선의 전사로서 환웅이 어떻게 문명사회를 건설하고 통치체제를 세웠는지에 대한 역사다. 고려와 조선의 건국신화가 그러했듯 단군신화는 고조선의 건국 이후 단군의 선조의 업적을 칭송하고 기억하기 위한 것이었다. 따라서 단군신화는 왕권을 강화하고 왕권의 신성함과 그들의 역사를 전승하려고 단군시대에 그들의 선조인 환웅의 업적을 기린 고조선의 전사인 것이다.

5. 맺는말

이 연구는 남북한에서 단군신화를 어떻게 인식하는가를 살피고 신화라는 외피 속에 감춰진 의미를 찾기 위한 것이다. 단군신화는 고대의 건국신화가 그러하듯 기억이 시간 속에 해체되어 버리는 것에 대한 저항으로서 이야기라는 매체를 통해 역사를 전승한다. 따라서 전승된 단군신화를 통해 역사를 끌어낼 수 있었다. 환인, 신시, 범 부족에 관한 이야기와 『제왕운기』에 실린 환웅의 혼인 과정 등은 이야기라는 형식 속에 역사를 전승했던 것이다. 즉, 단군신화는 고조선 전사였다. 문헌과 유물, 유적 등은 이러한 논거의 뒷받침이 되었다.

고조선 건국신화는 남과 북 공동 역사의 시작이다. 남과 북은 고조선 건국 시기부터 1945년 해방까지 오천 년 역사를 공유했다. 그러나 70여 년 동안 남과 북은 다른 이념체계에서 살았고, 70년은 5천 년이라는 세월에 비길 수 없을 만큼 아주 짧은 기간일지 모르지만, 그 간극은 단군을 허구와 역사로 인식하는 거리만큼 크다. 양쪽 모두 단군을 정치 이데올로기와 결부시킨 결과다.

북한에서는 단군릉 발굴 이후 정치적인 이유로 그동안 고조선의 중심지를 요동으로 보던 기존 주장에서 후퇴해 지금의 평양으로 확정하고, 고조선 건국 시기도 서기전 30세기로 끌어올리고 있다. 남한의 학계에서는 단군과 관련해 일제 식민사학자들의 주장을 합리적 비판 없이 수용하고 있다. 문헌 자료와 유물이 쏟아지고 모든 정황은 고조선의 중심지가 요동이라고 말하고 있다. 고조선의 건국 시기는 과학적 방법을 적용한 유물 연대 측정으로 서기전 24세기임이 증명되었다. 하지만 북한은 조선민족제일주의를 주창하면서 문헌 기록을 외면하고, 남한 학계는 학자들이 마치 한 몸처럼 문헌과 유물을 부정한다. 그들은 수많은 고조선의 유물과 유적이 요동에서 출토되었음에도 고조선 중심지 요동설을 부정하고, 서기전 2333년에 고조선이 건국되었다는 기록을 허구로 만들어버린다. 고조선의 중심지는 요동이며 건국 시기는 서기전 2333년이라고 말하면 민족주의에 기댄 국수주의로 몰아간다.

  이제 새로운 시대를 열어가고 있다. 남한과 북한이 양 체제를 인정하고 새로운 역사를 열어갈 때 역사와 문화가 중요한 가교 역할을 할 것이다. 특히 단군은 남과 북의 다른 체제 이전에 우리 역사의 뿌리라는 측면에서도 중요하다. 신화의 외피를 걷고 그들이 들려준 이야기에 귀 기울이면 역사를 훨씬 더 입체적이고 선명하게 읽을 수 있다. 이제 새로운 시대를 맞이할 준비로 남과 북이 단군 이야기를 제대로 아는 일부터 시작할 때다.

4장
신석호와 리지린을 통해 본 남북한 단군 인식의 비교 연구

1. 머리말

남과 북으로 갈라진 지 70여 년이 지났다. 70여 년은 단군 이래 5천 년이라는 시간과 비교하면 매우 짧은 시간이다. 하지만 그 짧은 시간 동안 단군에 대한 인식은 상이해졌다. 고조선 개국 이래 한 번도 의심하지 않았던 단군의 실존성은 대일항전기(1910~1945)를 거치면서 일제 식민사학자들에 의해 허구로 인식되었다.[316]

대일항전기에는 단군을 바라보는 세 관점이 있었다. 유물론자들의 관점과 일제 식민사학자들의 관점, 그리고 민족사학자들의 관점이다.

---

[316] 김명옥, 「단군신화 역사성 인식에 관한 남북한 비교 연구」, 『스토리앤이미지텔링』 17, 건국대학교 스토리텔링연구소, 2019. 90명의 대학생들 중에 단군의 역사를 실제로 인식한 학생은 4~5명에 지나지 않았다. 일제강점기라는 용어는 일제의 시각에서 우리나라를 강제로 점령한 기간이라는 의미다. 이 용어에 함의된 주체는 일본이다. 일제강점기는 우리 민족이 일본에 빼앗긴 나라를 되찾기 위한 항일전쟁 시기다. 우리 민족 시각에서 그 시대를 지칭할 용어의 필요에 따라 대일항전기라는 용어를 사용한다.

유물론자들은 물적 토대를 기반으로 단군신화를 분석했고, 일제 식민사학자들은 단군을 허구라고 부정했다. 민족사학자들은 한 치의 의심도 없이 단군을 우리 국조로 여겼다. 해방 이후 남한에서는 민족사학자와 일제 식민사학자들의 인식이 공존하고, 북한에서는 유물론자들의 사관이 계승되었다. 이 글은 대일항전기에 활동했던 식민사학자 신석호와 유물론자 리지린을 통해서 해방 후에 남한과 북한이 어떻게 단군신화를 인식하게 되었는지 밝히고자 한다.

신석호는 1904년에, 리지린은 1916년에 태어났다.[317] 신석호는 경상도에서, 리지린은 평안북도에서 태어났다. 한반도 남단과 북단이라는 지리적 거리만큼이나 이들의 고조선 및 단군에 대한 인식도 달랐다. 신석호는 일본 세이소쿠(正則) 영어학원에서 1년 수학했고, 리지린은 와세다(早稻田) 대학에서 문학과 중국철학을 전공하고 동 대학원에서 1년간 수학했으니 일본 유학 기간은 5~6년이 된다. 일본 유학 경험은 같지만 단군에 대한 인식은 판이하게 다르다. 이 글에서는 신석호와 리지린이 단군에 대해서 어떻게 서로 다른 인식을 가지게 되었는지 그 과정을 밝히고자 한다.

김병기는 신석호의 조선사편수회 시절과 해방 후 활동에 관해서 종합적으로 연구하면서 그가 조선사편수회의 식민사관을 계승하여 국사편찬위원회를 조선사편수회의 연장선으로 인식하고 일본인 스승들의 가르침을 실천했다고 비판했다. 즉, 신석호는 국사편찬위원회, 국립박물관 및 각 대학의 사학과에서 일제 식민사학을 추종하는 역사학자들을 양성하는 데 주력했다는 것이다. 그리하여 신석호는 이병도와 함께

---

[317] 리지린의 행적은 미국 노획문서와 북경대 고힐강의 전집을 통해서 연구되고 있다.

식민사관으로 해석한 우리 역사를 고착시켜 국민에게 각인시켰다고 비판했다.[318] 하지만 이 연구는 신석호의 행적 중심으로 살피다 보니 단군에 대한 인식은 구체적으로 살피지 못했다.

한편, 리지린에 관한 연구는 그의 박사학위 논문 취득 과정에 방점을 두고 있다.[319] 선행 연구들은 리지린의 『고조선 연구』를 북한과 중국의 정치적 이해관계의 산물로 보았다. 때문에 리지린이 단군을 어떻게 인식했는지 살피지 않았다. 다만 이경섭은 리상호의 단군신화 연구를 살피면서 리지린에 관해서 언급하는데, 리상호와 리지린의 견해가 대동소이한 것으로 보았지만, 리지린의 단군에 대한 인식을 구체적으로 살폈다고 보기 어렵다.[320]

이처럼 선행 연구에서는 신석호, 리지린의 단군에 대한 인식을 구체적으로 검토하지 못하고 있다. 그러나 이들의 단군에 대한 인식은 해방 이후 남북한의 단군 인식과 직접적 관련이 있기에 중요하다.

따라서 이 글에서는 먼저 대일항전기에 태어난 신석호, 리지린 두 인물의 삶의 궤적을 살펴보고, 이러한 두 인물의 삶의 궤적이 그들의

---

[318] 김병기, 『이병도·신석호는 해방 후 어떻게 한국 사학계를 장악했는가』, 한가람역사문화연구소, 2020.
[319] 이광린, 「북한 학계에서의 「고조선」 연구」, 『역사학보』 124, 역사학회, 1989; 이기동, 「북한 역사학의 전개 과정」, 『한국사 시민강좌』 21, 일조각, 1997; 조법종, 「리지린, 『고조선 연구』의 학문적 계보 검토」, 『동북아역사문제』 88, 동북아역사재단, 2014; 강인욱, 「리지린의 『고조선 연구』와 조중고고발굴대: 고힐강의 자료를 중심으로」, 『선사와 고대』 45, 한국고대학회, 2015; 조법종, 「리지린의 『고조선 연구』와 북경대 고힐강 교수와의 관계」, 『신라문화』 48, 동국대학교 신라문화연구소, 2016; 박준형, 「리지린의 북경대학 박사학위 논문 「고조선적 연구」의 발견과 검토」, 『선사와고대』 62, 한국고대학회, 2020.
[320] 이경섭, 앞의 글 「북한 초기 역사학계의 단군신화 인식과 특징: 리상호와 리지린의 연구를 중심으로」.

단군 인식에 어떠한 영향을 끼쳤는지를 파악할 것이다. 아울러 우리 민족이 계승해야 할 단군에 대한 인식에 관해서 논의하고자 한다. 즉, 신석호와 리지린의 단군에 대한 인식 비교는 해방 후 '일제의 식민사관을 계승 또는 극복해가는 과정의 비교 연구'라 할 수 있다.

2. 신석호와 리지린의 행적

신석호의 행적

신석호는 일사늑약(1905)이 맺어지기 1년 전인 1904년에 경상북도 봉화에서 태어났고, 15살 때 봉화공립보통학교에 입학하여 1920년에 중퇴하고 일본으로 유학을 떠났다. 일본에서는 세이소쿠 영어학원을 다니다 1년 만에 귀국해서 서울 중동학교 중등과에 입학했다. 1924년에는 중동학교 교비생으로 선정되어 게이조(京城) 제국대학 예과에 장학금을 받으며 입학했다. 게이조 제국대학 예과는 1924년에 신설되었으므로 신석호는 제1회 입학생이었다. 신석호는 예과에서 2년 수료한 후 게이조 제국대학 법문학부에 입학해 사학을 전공했다.

신석호는 1929년 졸업과 동시에 조선사편수회에 들어가 해방되기까지 수사관보 및 수사관을 지냈으며, 해방 후에는 고려대 교수, 성균관대 문리대학장, 국사편찬위원회 사무국장 및 문교부 장관을 역임했다.[321] 화려한 이력 가운데에서 그가 가장 자랑스러워한 것은 조선사편

---

[321] 김병기, 앞의 책 『이병도·신석호는 해방 후 어떻게 한국 사학계를 장악했는가』, pp. 250~251.

신석호

수회에서의 근무 경력이었다. 그는 기회가 있을 때마다 자신의 조선사편수회 이력을 소개했다.[322] 『주간기독교』 165호에 기고한 글을 보자.

나는 1929년 제1회 게이조 제국대학 조선사학과를 졸업한 후부터 8·15해방까지 17년 동안 조선사편수회에 근무했으며, 해방 후 이것을 국사편찬위원회로 개편하여 정년퇴직할 때까지 봉직했으니 이 기관은 나의 일생을 바친 곳이다.[323]

신석호는 조선총독부 조선사편수회를 국사편찬위원회로 개편했다고 언급하는 등 이 둘을 하나로 인식했다.[324] 그래서 "이 기관은 나의 일생을 바친 곳이다"라며 자랑한 것이다. 조선사편수회는 일제가 우리 역사를 왜곡하려는 목적으로 만든 기관이기 때문에 조선총독부에서

---

322 치암신석호선생전집간행위원회, 『신석호 전집(하)』, 신서원, 1996에 수록된 기고 글들에서 확인된다. 「8·15해방과 조선사편수회」, 『주간기독교』 165, 1975. 5. 12; 「나와 동빈(東濱)」, 『현정(顯正)』, 단기 4310(1977). 10; 「야사: 나의 중심 개념」, 『독서신문』, 1978; 「나와 국사편찬위원회」, 1979. 8. 1; 「나의 인생노트」, 『독서신문』, 1972. 8. 27; 「세도와 역사와 서정쇄신(庶政刷新)」, 『조선일보』, 1976. 2. 28; 「고대 사학과 창설 당시를 회고함」, 『사총(史叢)』 20, 1976. 9.
323 치암신석호선생전집간행위원회, 앞의 책 『신석호 전집(하)』, p. 733; 신석호, 앞의 글 「8·15해방과 조선사편수회」.
324 1990년에 간행한 『국사편찬위원회사』는 신석호의 근무 기간을 1929년 4월~1965년 1월 21일로 적어놓았는데, 이것은 이름만 바뀌었지 조선사편수회가 곧 국사편찬위원회라는 식민사학자들의 인식을 반영한 것이다. 김병기, 앞의 책 『이병도·신석호는 해방 후 어떻게 한국 사학계를 장악했는가』, p. 254.

관할했다. 따라서 신석호는 조선사편수회의 『조선사』 편찬 목적을 누구보다도 잘 알고 있었다.

신석호는 조선사편수회 설립 목적에 관해서 「나와 국사편찬위원회」에서 이렇게 말한다. "한국의 민족과 문화를 말살하려고 하던 일제가 이와 같은 기관(인용자: 조선사편수회)을 설치한 것은 한국의 역사와 문화를 모르고서는 한국인을 통치하기 어렵기 때문이었으며, 그 설치 목적은 한국 통치를 위한 것"[325]이었다. 신석호는 조선사편수회 설립 목적을 정확히 인식하고 있었음에도 단군을 부정하고 한국 역사를 왜곡한 조선총독부 산하 조선사편수회에서 일생을 근무한 경력을 자랑으로 여긴 것이다. 조선사편수회의 설립 목적을 알면서도 그곳의 근무경력을 기회가 있을 때마다 자랑하는 분열된 자아의식은 이후 단군을 부정하는 것으로 증명된다.

일제는 조선을 강제로 병합한 후 역사 사료를 수집하고 조선의 제도나 관습을 조사했는데, 그 업무는 조선총독부 취조국에서 담당했다. 조선총독부가 우리 역사 사료와 구습제도를 수집한 목적은 "한국인의 정신생활, 민족 심리, 역사 등에 대한 연구를 바탕으로 한국인을 일본인으로 만들기 위한 동화 정책"[326]을 수립하기 위해서였다.

총독부 취조국과 참사관실에서 담당하던 이 업무는 1916년 1월에 중추원 산하로 이관되었다. 중추원에서는 조선반도사편찬위원회를 발족시키고 『조선반도사』 편찬 사업에 나섰다. 『조선반도사』의 편찬 방

---

[325] 치암신석호선생전집간행위원회, 앞의 책 『신석호 전집(하)』, p. 776; 신석호, 앞의 글 「나와 국사편찬위원회」.
[326] 김병기, 앞의 책 『이병도·신석호는 해방 후 어떻게 한국 사학계를 장악했는가』, p. 37.

향은 제목이 말해주듯 우리의 역사 공간을 한반도에 가두고, 단군을 부정해서 시간을 축소하는 것이었다. 편찬 목적은 백암(白巖) 박은식(朴殷植)의 『한국통사(韓國痛史)』의 영향을 차단하고 식민통치를 원활하게 하기 위한 민심 훈육에 있었다.[327] 중추원 산하 조선반도사편찬위원회는 1922년 조선총독부 산하 조선사편수위원회로 이관되었는데, 『조선반도사』 원고는 '상고, 삼한, 삼국, 신라통일'의 역사가 탈고된 상태였다.[328] 조선사편수위원회는 1925년 6월에 일왕칙령 제218호에 따라 조선사편수회로 개편되어 조선총독부 직속의 독립 관청으로 승격되었다.[329]

신석호가 조선사편수회에 들어갈 수 있었던 것은 이마니시 류의 추천 덕분이었다. 1929년 게이조 제국대학 조선사학과 1회 졸업생 다섯 명 중 세 명은 일본인이고, 김창균과 신석호만이 조선인이었다. 일본인 세 명은 중학교 교원으로, 김창균은 총독부 학무국에 촉탁으로 갔다. 신석호는 모교에서 역사 교원으로 교편을 잡고 싶었으나 "총독부의 방침이 조선인에게는 역사 교원을 인가하지 않기로 결정되었기 때문에

---

[327] 김병기, 앞의 책 『이병도·신석호는 해방 후 어떻게 한국 사학계를 장악했는가』, pp. 38~39.
[328] 『조선반도사』의 세부 목차는 다음과 같다.
   총설 / 제1편 상고삼한 제1기 原始時代 제2기 漢嶺土時代 / 제2편 三國(고구려, 신라, 백제) 제1기 삼국성립시대 제2기 삼국 및 加羅시대(일본의 保證時代) 제3기 삼국정립시대 / 제3편 통일 후의 신라(당의 복속시대) 제1기 신라융성시대 제2기 쇠퇴시대 / 제4편 고려 제1기 흥융시대 제2기 遼藩附시대 제3기 무신정권시대 제4기 원복속시대 / 제5편 조선 제1기 융성시대 제2기 외난시대 제3기 청복속시대 / 제6편 조선 최근사 제1기 淸勢力減退時代 제2기 독립시대 제3기 日本保護政治時代. 우리역사넷(http://contents.history.go.kr).
[329] 이덕일, 『조선사편수회 식민사관 비판 1: 한사군은 요동에 있었다』, 한가람역사문화연구소, 2020; 우리역사넷(http://contents.history.go.kr).

할 수 없이 조선사편수회에 취직"[330]했다고 한다. 그는 하는 수 없이 조선사편수회에 취직했다면서도 "지도교수 이마니시 박사의 추천으로 조선사편수회에 가게 되었는데, 이것은 나의 전공을 살리기 위해서는 오히려 다행한 일이었다."[331]고 회고한다.

촉탁으로 조선사편수회에 들어간 신석호는 곧 1930년 5월 수사관보에 임명되었고, 7년 뒤인 1937년 9월에 수사관으로 승진했다. 그가 맡은 주요 업무는 "『조선사』 편찬과 사료 수집"[332]이었다. 이것은 『조선사』 제4편 5~8권의 편찬과 『난중일기·임진장초』 5책 교정, 그리고 유희춘(柳希春)의 『미암일기(眉巖日記)』 등을 교정 간행한 것을 말한다.

신석호가 조선사편수회에 근무하면서 스스로 가장 잘한 일이라고 꼽는 것은 일제가 근세사를 편찬하려고 촬영한 사진 원판 200여 상자를 중추원 창고로 옮긴 일이다.[333] 또 미군정청 법무국 소속이 된 조선사편수회를 미군정청과 교섭하여 문교부에 소속시킨 일도 자랑거리로 꼽는다. 신석호가 자료를 지킨 이유는 조선사편수회와 같은 기관을 만들려는 의도에서였다. 이때 그는 9개월간 무보수로 일했고, 이 일로 국사편찬위원회를 만들 수 있었다고 한다. 신석호는 국사편찬위원회에 가장 정력적인 힘을 쏟았다며 한국학 연구에 이바지했다고 자화자찬

---

[330] 치암신석호선생전집간행위원회, 앞의 책 『신석호 전집(하)』, p. 770; 신석호, 앞의 글 「야사: 나의 중심 개념」.
[331] 치암신석호선생전집간행위원회, 앞의 책 『신석호 전집(하)』, p. 734; 신석호, 앞의 글 「8·15해방과 조선사편수회」.
[332] 치암신석호선생전집간행위원회, 앞의 책 『신석호 전집(하)』, p. 752; 신석호, 「고대 사학과 창설 당시를 회고함」, 『사총(史叢)』 20, 고려대학교 역사연구소, 1976. 9.
[333] 일제는 패망하자 수집, 보관했던 사진 자료들을 소각했는데, 소각한 사진들의 원판이다.

한다.[334]

일제 식민 지배에 복무했던 신석호는 해방이 되자 이병도와 함께 건국준비위원회를 찾아가 국사강습회를 건의해 공동 개최했고, 미군정청과 교섭하여 『국사교본』이라는 국사 교과서를 편찬했다. 또 임시중등교원양성소를 설치해서 강사로 2년간 활동했다. 그의 주장처럼 "역사를 올바르게 연구하고 민족정신을 앙양하는 데 진력"[335]했다면 조선사편수회의 이력은 식민지 지배하에 어쩔 수 없는 선택이라고 할 수 있을 것이다. 그러나 국사편찬위원회를 조선사편수회와 똑같은 기관으로 인식하는 신석호에게 역사와 민족정신은 일본의 역사와 민족정신을 지칭하는 것으로 봐야 할 것이다. 그렇기 때문에 해방 후 진단학회를 재건할 때 조윤제가 이병도와 함께 신석호 제명운동을 펼쳤던 것이다.

해방 후에도 신석호는 "문교부 중등교원양성소 강사를 비롯하여 초등학교 및 중고등학교 사회과 교수요목 제정위원, 국정교과서 편찬 심의위원, 국가시정위원회 위원, 고등고시위원, 해외유학생자격고시위원, 대학입학자격검정고시위원 (……) 등등"[336] 백지 한 장 가지고는 다 쓸 수 없을 만큼 많은 자리를 차지했다. 중요한 것은 그가 역임한 곳이 사관을 심사하고 검증하는 자리라는 것이다. 신석호는 조선총독부 사관으로 점철된 국사 교과서를 만들어 어린 초등학교 학생부터 대학생까지 식민사관을 머릿속에 각인시키고, 국가공무원, 해외 유학생 등을 대

---

[334] 치암신석호선생전집간행위원회, 앞의 책 『신석호 전집(하)』, pp. 769~774; 신석호, 앞의 글 「야사: 나의 중심 개념」.
[335] 치암신석호선생전집간행위원회, 앞의 책 『신석호 전집(하)』, p. 774.
[336] 김병기, 앞의 책 『이병도·신석호는 해방 후 어떻게 한국 사학계를 장악했는가』, p. 257.

상으로 한 다양한 시험으로 그 대상자들의 역사관을 검증했다.

신석호는 1945년에는 국사관 관장이, 1946년에는 고려대학교 문과대 교수가 되었다. 이후 1951년에는 국사관이 개칭된 국사편찬위원회의 사무국장과 고려대 교수를 겸직했다. 1965년에 사무국장을 정년퇴임하고 1966년부터 1981년 2월 13일 78세의 나이로 세상을 떠나기까지 성균관대, 영남대, 동국대 등에서 교수로 후학을 양성했다.[337] 그의 화려한 이력은 조선총독부 사관이 어떻게 해방 후 역사학계에 뿌리내리게 되었는지를 말해준다.

리지린의 행적

리지린은 1916년에 평안북도 강동군 원탄면 부농의 아들로 태어났다. 그는 1935년 3월에 평양 광성고등보통학교를 우등으로 졸업하고 같은 해 4월에 일본 와세다 대학 문과에 입학했다. 1938년 4월에는 동 대학 중국철학과에 진학해서 1941년 3월에 졸업한 후 대학원에 진학했고, 대학원에서 1년간 수학하다 귀국해서 평양 광성고등보통학교에서 교사로 재직했다. 그 후 2년간 교편을 잡다가 1944년 3월에 병으로 사임했다. 1년 뒤인 1945년 4월에 평안북도 선천중학교에서 학생들을 가르치다가 해방을 맞이한 그는 곧 서울 경성법학전문학교 역사학 교수로 임명되지만, 건강 악화로 사직하고 낙향했다. 이후 1946년 9월 평양고등사범학교에서 교수로 재직하다 과학원 역사연구소 고대사 연구실 실장으로 고대사 연구에 매진한 것으로 보인다.[338]

---

337 김병기, 앞의 책 『이병도·신석호는 해방 후 어떻게 한국 사학계를 장악했는가』.
338 이광린, 앞의 글 「북한 학계에서의 「고조선」 연구」. 이광린이 미국 국립고문서관에 보

과학원 역사연구소의 창설 배경부터 알아보자. 북한은 해방 이후 역사 연구와 편찬에 관심을 가지고 1947년 1월 7일에 「조선력사편찬회에 관한 결정서」를 공포하는데, 이것은 역사를 그들 체제의 사상적 기반으로 삼고 있음을 말한다. 이 결정서(북조선임시인민위원회 결정 제182호)에 따라서 한 달 후인 2월 7일에 '조선역사편찬위원회'를 구성하고 북조선임시인민위원회 내부에 설치했다.[339]

「조선력사편찬회에 관한 결정서」에 따르면, 역사 편찬은 "가장 과학적이며 선진적인 사상", 즉 유물론적 사관에 의거해 "조선 민족의 장구한 역사를 고대로부터 오늘날까지 옳게 표현"해야 한다고 적시되어 있다. 또한 조선 민족의 역사에서 대일항전기는 암흑기이며, 이 시기의 조국 독립과 민족의 자유를 위해 싸운 투사들과 해방군의 과업도 표현해야 한다고 말한다. 유물론이라는 과학적 방법으로 식민사관을 극복하고자 했음을 알 수 있다.

최근사의 편찬 시기와 조직 및 기타 사항도 명시하고 있다. 그러나

존되어 있는 노획문서 중 이력서를 통해 밝혀낸 리지린의 행적이다. 남과북의 분단으로 인한 자료 접근의 한계 때문에 노획문서와 고힐강의 일기나 글에 산견(散見)된 것을 통해 리지린의 활동을 재구성할 수밖에 없는 실정이다.

[339] "1. 조선 역사 편찬은 가장 과학적이며 선진적인 사상에 의거하여 조선 민족의 장구한 역사를 고대로부터 오늘날까지 옳게 표현시켜야 한다. 특히 외국 자본이 침입하던 때와 일본이 강제로 조선을 합병하여 자주독립을 잃게 한 그 시기가 가장 조선민족의 역사에 있어서는 암흑시기라고 할 것이며, 조국의 독립과 민족의 자유를 위하여 싸운 많은 투사들의 영용한 해방운동과 또한 우리의 해방군 붉은 군대의 조선에서 일제를 구축하고 민주주의 과업을 실천하는 데 있어서 진정하고도 적극적인 방조를 하여주었음을 표현하여야 한다. 전체적인 사업은 1949년 12월까지 완료하여야 하며, 특히 최근사에 대한 것은 1947년 12월까지 완료하여야 한다." 국사편찬위원회, 『북한 관계자료집』 V, 1987, p. 673을 최영묵, 앞의 글 「북한의 역사연구기관·연구지 및 연구자 양성 과정」에서 재인용.

정인보(출처: wiki)

안재홍(출처: wiki)

연구자의 수가 많지 않아 역사 교재 편찬 임무가 원활히 진행되지 않자 1948년 10월 2일에 조선역사편찬위원회를 교육성 산하로 이관한다. 해방 직후 북한의 역사 연구자는 김광진뿐이었다.[340] 따라서 북한은 조선역사편찬위원회 위원 이외의 전문 저술가를 모집하기 위해 전조선 인민에게 현상공모[341]를 진행하는 한편, 김광진의 주도로 김석형과 박시형 등을 월북시켰다. 백남운, 최익한, 이만규, 이여성 등은 1948년 평양에서 열린 남북조선 제정당·사회단체 대표자 연석회의에 참석했다가 그대로 평양에 남아 북한 역사학계를 구성한다.[342] 또한 북한은 당시 남한에서 활동하고 있던 정인보, 안재홍 등의 민족사학자들을 납북했다.

북한은 정부 수립 후 1948년에 내각 제4차 회의에서 「조선력사편찬

---

[340] 이기동, 앞의 글 「북한 역사학의 전개 과정」.
[341] 「조선력사편찬회에 관한 결정서」(북조선임시인민위원회 결정 제182호). 최영묵, 앞의 글 「북한의 역사연구기관·연구지 및 연구자 양성 과정」.
[342] 이기동, 앞의 글 「북한 역사학의 전개 과정」.

위원회에 관한 결정서」(내각결정 제11호)를 채택하여 교육상 백남운에게 편찬위원회를 선임케 했다. 이 결정서에 따라 교육성에 조선역사편찬위원회를 설치하고, 네 개의 분과위원회를 두었다. 또 자료 수집원과 정리원을 통해 자료를 수집하고 정리, 보관하게 했다. 기본 과업으로 "과학적 세계관에 근거"하여 "일본식 사학 및 그 영향의 잔재를 일소하는 동시에 서구 학자들의 동양사에 관한 부르죠아적 견해와 편견적인 방법의 영향을 절대로 배제"[343]하라는 사명이 주어졌다. 1952년 3월에는 역사편찬위원회를 발전적으로 해체하고 조선역사연구소를 구성했으며, 같은 해 12월에는 과학자·기술자대회를 통해 조선과학원을 창설했다. 과학원은 그 산하에 역사연구소와 고고학 및 민속학연구소를 포함한 아홉 개의 연구소를 설치했다. 이때 김석형은 역사연구소, 도유호는 고고학 및 민속학연구소 소장이 된다.[344]

리지린이 과학원 역사연구소 창설부터 참여하게 되었는지는 정확히 알 수 없으나, 1957년 북경대로 유학하기 전에 참여했을 것이다. 고대사에 관한 첫 논문은 「광개토왕비의 발견 경위에 대하여」이다.[345] 그는 유학 중인 1959년에 이 논문을 『력사과학』에 발표했고, 1960년에는 『력사과학』 2호와 4호에 「고조선 국가 형성에 관한 한 측면의 고찰」 상, 하를 각각 발표했다.[346]

---

[343] 「조선력사편찬위원회에 관한 결정서」를 최영묵, 앞의 글 「북한의 역사연구기관·연구지 및 연구자 양성 과정」, p. 166에서 재인용.

[344] 국사편찬위원회, 앞의 책 『북한관계자료집』 V, p. 673을 최영묵, 앞의 글 「북한의 역사연구기관·연구지 및 연구자 양성 과정」에서 재인용하여 요약 정리함.

[345] 강인욱, 앞의 글 「리지린의 『고조선 연구』와 조중고고발굴대: 고힐강의 자료를 중심으로」, p. 32.

[346] 강인욱, 앞의 글 「리지린의 『고조선 연구』와 조중고고발굴대: 고힐강의 자료를 중심으

리지린은 1957년 북경대 연구소에 유학을 갔다가 1958년에 북경대 대학원에 진학하여 1961년에 「고조선적 연구」로 박사학위를 받았던 것으로 보인다. 리지린이 북경대에 유학할 당시의 나이는 42세였다. 그의 지도교수는 고사변학파를 이끌었던 고힐강이다. 리지린과 고힐강의 첫 만남은 1958년 3월 27일이었으며, 1959년 10월 전까지 대략 여섯 번의 만남을 가졌다고 기록되어 있다.[347] 리지린은 1959년 12월 9일에 북경대 문사루(文史楼)에서 1차 구두시험을 치렀다.[348]

　　기록에 따르면 고힐강은 1961년 9월 29일에 리지린의 고시변론회에 출석하고, 10월 8일에 리지린의 「고조선적 연구」의 서문을 작성한다. 그리고 10월 9일에 리지린이 귀국한다.[349] 즉, 리지린의 논문 심사는 9월 29일에 이루어졌고, 10월에 서문을 작성한 것으로 볼 때, 리지린은 1961년에 「고조선적 연구」로 박사학위를 취득한 것이다.[350]

　　「고조선적 연구」는 북한 학계에 큰 반향을 불러왔다. 북한은 정부 수립 이후 일제 식민사학자들이 우리의 역사가 식민지로부터 시작되었다고 왜곡한 것을 극복하는 것이 가장 큰 과제였다. 당시 북한에서

　　로」, p. 34.
[347] 顧頡剛 編著, 『顧頡剛日記 卷八(1956~1959)』, 臺灣聯经經公司, 2007.
[348] 위와 같음. "북경대 문사루에 가서 리지린의 1차 구두시험을 치르다. 리지린은 자기의 민족 자존심을 위하여 한사군의 위치를 우리나라 동북쪽으로 보고, 패수를 요수로 보았다. 조선의 유학생을 위하여 어쩔 수 없이 4史 「동이전」을 세밀하게 읽지 않을 수 없었고, 그 덕택에 나도 적지 않은 수확이 있었다. 새롭게 발견한 문제들을 잊지 않기 위해 기록해두었다. 다섯 문제로 약 5천 자 분량이다." 1959년 12월 9일 일기.
[349] 조법종, 앞의 글 「리지린, 『고조선 연구』의 학문적 계보 검토」.
[350] 리지린의 박사학위 논문은 「고조선적 연구」이며 1963년 북한에서 출판된 책 제목은 『고조선 연구』다. 박준형, 앞의 글 「리지린의 북경대학 박사학위 논문 「고조선적 연구」의 발견과 검토」.

는 고조선의 위치와 강역이 핵심 쟁점이었다. 문헌 중심의 역사학자들은 고조선 중심지를 요녕 일대로, 고고학자들은 평양 일대로 비정하면서 두 주장이 팽팽히 맞섰다. 그러나 1961년 6월부터 9월까지 일곱 차례의 토론과 1962년 10월과 12월, 1963년 2월 등의 토론[351]을 거쳐 연나라 장수 진개 침략 이전의 고조선 서쪽 경계는 난하, 침략 이후의 서쪽 경계는 대릉하로 확정했으며, 1963년 리지린의 『고조선 연구』가 발행되면서 고조선 중심지 논쟁은 요동설로 일단락되었다. 고조선 중심지 요동설은 1993년 단군릉이 발굴되기 전까지 북한의 공식 견해가 되었다.[352]

리지린은 귀국 후 과학원 역사연구소 고조선사연구실 실장으로 재직했다. 1963년에는 조중고고발굴대를 조직하여 1965년까지 중국과 공동으로 요동 지역의 발굴조사를 실시했다.[353] 조중고고발굴대의 발굴조사가 가능했던 이유는 조·중우호협력 및 상호원조조약 체결(1961년 7월 11일)[354]과 김일성과 주은래(周恩來)의 만주 지역 고고 유적에 대한 조·중공동발굴 합의(1963년 4월)가 선행되었기 때문이다.[355] 후술하겠지만 주은래가 북한과 공동으로 동북 지역을 발굴하는 데 동의한 것은 동북 지역이 역사적으로 조선 땅이라는 인식을 가지고 있었기 때문이다.

---

[351] 이기동, 앞의 글 「북한 역사학의 전개 과정」.
[352] 이경섭, 앞의 글 「북한 초기 역사학계의 단군신화 인식과 특징: 리상호와 리지린의 연구를 중심으로」.
[353] 강인욱, 앞의 글 「리지린의 『고조선 연구』와 조중고고발굴대: 고힐강의 자료를 중심으로」, p. 39.
[354] https://baijiahao.baidu.com(2023년 11월 1일 검색).
[355] 박준형, 앞의 글 「리지린의 북경대학 박사학위 논문 「고조선적 연구」의 발견과 검토」.

리지린은 조중고고발굴대 이후 1966년 『력사과학』 3호와 5호에 논문을 발표한 것을 마지막으로 고조선에 관한 논문은 발표하지 않았다. 1967년에 『력사과학』에 발표한 「고구려의 령주제」와 1976년 강인숙과 공동으로 저술한 『고구려사 연구』 이후 리지린의 저술은 발견되지 않는다.[356]

주은래(출처: wiki)

3. 신석호와 리지린의 단군 인식

단군신화를 허구로 인식한 신석호

신석호의 스승은 이마니시 류다. 이마니시 류는 1875년 기후현 이비군 이케노초 촌장의 장남으로 태어나[357] 1899년 도쿄제국대학 사학과에 입학했다. 조선사에 관심을 갖기 시작한 것은 1903년 대학원에 진학하면서부터다. 처음 조선 땅을 밟은 시기는 1906년인데, 그의 스승인 쓰보이 구메조(坪井九馬)의 지시로 경주 답사를 하기 위해서였다. 본래 고고학으로 시작했으나 고고학적 발굴 기법 등이 발달하지 않은 상태에서 조사의 한계를 느낀 그는 문헌사료 연구로 눈길을 돌린다.

---

356 강인욱, 앞의 글 「리지린의 『고조선 연구』와 조중고고발굴대: 고힐강의 자료를 중심으로」.
357 본명은 료야(了哉)인데, 중학 시절에 스스로 류(龍)로 바꾼다. 집안은 대대로 무사 집안으로 유복한 편이었다.

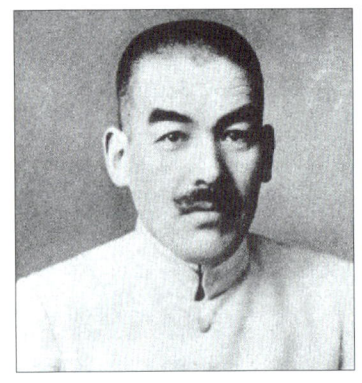
이마니시 류(출처: wiki)

쓰보이 구메조(출처: wiki)

1910년에 발행한 『역사지리』 임시 증간호에 실린 「단군의 전설에 대하여(檀君の伝説に就て)」는 고고학에서 문헌사료 연구로 옮긴 후 처음 쓴 논문이다. 이마니시 류의 박사학위 논문은 「단군의 전설에 대하여」를 수정 보완해서 낸 「단군전설고(檀君伝説考)」다. 그는 「단군전설고」를 통해 일본에서 조선사로 박사학위를 받은 최초의 인물이 된다. 그 후 그는 학위논문을 수정 보완해서 1929년에 『단군고(檀君考)』를 출간한다.[358] 그는 1916년에 조선총독부가 기획한 『조선반도사』 편찬 사업에 촉탁된 후, 1922년에는 조선사편수위원회, 1925년에는 조선사편수회에서 고대사를 담당했다. 그가 1919년 무렵에 탈고한 『조선반도사』의 목차는 그가 조선을 어떻게 왜곡했는지를 보여준다. 『조선반도사』 목차를 보면 단군의 역사가 부정되었고, 삼국과 더불어 부여와 열국시대는 축소되어 삼국시대로 쓰였으며, 발해를 포함해 남북국시대로

---

[358] 심희찬, 「근대역사학과 식민주의 역사학의 거리: 이마니시 류가 구축한 조선의 역사상」, 『한국사학사학보』 28, 한국사학사학회, 2013.

서술되어야 할 역사는 통일신라시대가 되었다.³⁵⁹ '조선반도사'라는 제목에서도 알 수 있듯이 조선 역사 공간을 반도에 가두었고, 시간을 축소했다. 이러한 역사의식을 가진 이마니시 류를 신석호는 다음과 같이 평가했다.

> 나는 본과(本科)에 들어가서 우리 역사를 일인(日人) 선생한테 배웠다. 우리 역사를 외국인한테 배우다니! 이 얼마나 모순되고 비참한 일인가. 그러나 그때 우리 역사를 그나마 체계화한 것은 일인 학자들이었던 것이다. 내가 본과 때 주로 가르침을 받았던 선생은 今西龍 박사라는 일본인이었다. 그는 비교적 학자적 입장에서 사실을 왜곡하지 않은 것으로 생각한다.³⁶⁰

이마니시 류에 대해서 신석호는 "비교적 학자적 입장에서 왜곡하지 않은 것으로 생각한다"라고 했다. 이 말에는 어디까지나 신석호의 바람만 있을 뿐이다. 신석호도 잘 알고 있었기 때문에 "비교적", "왜곡하지 않은 것으로 생각한다"고 표현한 것이다.

신석호가 이마니시 류를 만난 것은 1926년 게이조 제국대학 법문학부에서였다. 이때 이마니시 류는 법문학부 조선사 제1강좌의 교수로 임명되어 조선사를 강의했으며, 신석호는 김창균과 일본인 세 명과 함께 이마니시 류의 강의를 들었다.

---

359 각주 328번 참조.
360 치암신석호선생전집간행위원회, 앞의 책 『신석호 전집(하)』, p. 727; 신석호, 앞의 글 「야사: 나의 중심 개념」.

신석호가 조선사를 선택한 이유를 보자.

> 내가 경성제대 사학과를 졸업하고 사회에 첫발을 내디딘 곳이 조선총독부 조선사편수회였다. 내가 일제 치하의 대학에서 아무 희망도 없는 조선사학을 전공한 것은 항일정신에서 나온 것이며, 또 나는 중동학교 교비생으로 대학에 다녔기 때문에 졸업한 뒤 모교의 역사 교원으로 갈 예정이었다.[361]

신석호는 1978년 『독서신문』에서 조선사를 전공한 이유를 항일정신에서 나온 것이라고 말한다. 신석호가 생각하는 항일정신은 아마 '일본 수호'의 다른 이름인 듯하다. 항일의 의미로 조선사를 전공했다면 기회가 있을 때마다 조선사편수회 근무 이력을 자랑삼아 쓰지 않았을 것이며, 우리 역사를 왜곡한 이마니시 류에 대해서 사실을 왜곡하지 않았다고 말하지 않았을 것이다.

그런데 신석호는 1972년 8월 27일 『독서신문』에 "나는 역사를 택했다. 그것도 국사를. 이유는 단 한 가지였다. 일인들이 우리를 야만 민족으로 취급하는 데 대한 모멸감 때문이었다. 그렇다고 비분강개의 지사적(志士的) 의분(義憤)이라고 스스로 높이고 싶은 마음은 없다. 다만 '우리 민족도 무엇인가 훌륭한 문화를 갖고 있을 것이다'라는 막연한 기대를 갖고 있었던 것뿐이다"[362]라고 했다. 아마도 지사적 의분을 높

---

[361] 치암신석호선생전집간행위원회, 앞의 책 『신석호 전집(하)』, pp. 769~770; 신석호, 앞의 글 「야사: 나의 중심 개념」.
[362] 치암신석호선생전집간행위원회, 앞의 책 『신석호 전집(하)』, pp. 726~727; 신석호, 앞의 글 「나의 인생노트」.

이고 싶은 마음이 없었던 것이 그의 진심이었을 것이다. 그가 이렇게 말한 것은 6년 사이에 자신을 포장하는 기술이 늘어났거나 자신의 친일 행각에 대해서 비난할 사람들이 줄어들어서 자신감을 가졌기 때문일 것이다. 신석호가 항일정신에서 조선 역사를 전공했다면 일제가 부정한 단군의 역사를 바로 세우기 위해서 그의 일본인 스승들과 대척점에 있었어야 한다. 또한 조선총독부 조선사편수회에서 근무하면서 단군을 부정하는 데 종사하지 않았을 것이다.

신석호는 조선사편수회가 우리 역사를 훼손하는 것을 정확히 인지하고 있었다. 그래서 "해방 후 일인이 물러난 뒤 나는 조선사편수회를 우리 민족 자립정신에 입각한 진정한 국사 편찬 및 연구기관으로 만들기 위하여 여러 가지 구상을 하고 있었다"[363]라고 한 것이다. 그런데 그는 식민사관으로 점철된 그의 스승 이마니시 류의 역사관을 계승했을 뿐 아니라 자기 제자들에게 주입시켰다.

이마니시 류가 단군을 어떻게 인식했는지 보자. 단군에 대해서 이마니시 류는 "왕검 선인(단군)은 부여의 시조 부루 및 고구려 시조 주몽의 아버지인 해모수로 삼으며, 이 해모수는 천신을 아버지로 삼고 곰을 어머니로 삼는 자다. 현대 조선 민족 선조의 주체인 한민족과는 관계없는 자라고 단정할 수 있다"[364]라고 했다. 이마니시 류는 부여의 시조 부루와 고구려의 시조 주몽의 아버지 해모수가 곧 단군이며, 해모

---

[363] 치암신석호선생전집간행위원회, 앞의 책 『신석호 전집(하)』, p. 769; 신석호, 앞의 글 「야사: 나의 중심 개념」.

[364] 今西龍, 『檀君考』, 澤田佐市, 1929, p. 34. "王儉仙人 (壇君) は夫餘の始祖夫婁及び高句麗の始祖朱蒙の父たる解慕漱にして, 此の解慕漱は天神を父もし熊を母もせる者なり. 現代朝鮮民族の主體たる韓民族には, 關係無き者なりも斷定すべし."

수의 부모는 '천신+곰'이기 때문에 우리 한민족과 관계가 없다고 주장한다. 이런 해괴한 논리로 이마니시 류는 단군이 우리 한민족과는 관계없는 자라고 단정하면서 단군의 선조와 단군 사적이 상징으로 서술된 단군신화는 주몽신화의 이본이라고 주장한다.[365]

단군을 허구라고 주장하는 이마니시 류에 대해 일본 리쓰메이칸(立命館) 대학 전문연구원인 심희찬은 다음과 같이 옹호한다.

> 당시에 단군을 연구한 조선인, 일본인 학자의 수는 결코 적지 않은데, 일반적으로 실증주의의 분야에서는 이마니시, 그리고 신화학의 분야에서는 최남선을 가장 특출한 성과를 올린 인물로 꼽을 수 있겠다. 이마니시는 앞서서 단군을 연구했던 다른 일본인 학자와 마찬가지로 단군전설을 허구라 단정 짓고 이를 꼼꼼히 논박하는데, 그 실증적 완성도가 가히 수준급이었다고 할 수 있다.[366]

심희찬은 이마니시 류는 실증주의 분야, 최남선은 신화학 분야라고 나누고 있지만, 그의 속내에는 실증주의적으로 연구한 이마니시 류가 맞고 최남선이 연구한 단군신화는 허구라는 의도가 짙게 깔려 있다. 그러나 비교 대상 자체가 잘못되었다. 실증주의는 역사연구 방법론이고, 신화학은 학문 분야(대상)다. 방법론이면 방법론끼리, 학문 분야면 분야끼리 비교해야 하는데, 방법론과 대상을 구별하지 않았고, 신화학

---

365 이마니시 류, 이복규 옮김, 앞의 글 「번역 「주몽전설」과 「노달치전설」」, p. 121.
366 심희찬, 앞의 글 「근대역사학과 식민주의 역사학의 거리: 이마니시 류가 구축한 조선의 역사상」, p. 304.

을 방법론으로 취급했다. 또한 심희찬은 이마니시 류가 단군이 허구라는 점을 꼼꼼히 논박하는데 그 실증적 완성도가 가히 수준급이라고 극찬했다.

이마니시 류는 하백녀가 수달이었다는 것과 하백녀를 유화로 고쳤다는 근거로 1915년에 간행된 『예문』 6년 11호에 게재된 원고 「주몽전설 및 노달치전설에 대해서」에서 논증했다고 했다. 그런데 『예문』에 수록된 이 논문에는 하백녀가 수달이었다는 근거도, 하백녀를 유화로 고쳤다는 근거도 없었다. 이 논문은 오랑캐 종족 발생 설화가 주몽신화라는 것이다. 하지만 오랑캐 발생 신화가 주몽신화라는 근거도 없었다.[367]

이마니시 류는 단군이 한민족과 관계없는 자라고 단정했는데, 신석호는 단군을 어떻게 인식했는지 보자.

> 나도 단군을 국조로 믿고 단군의 역사를 연구해보았으나 불행히도 단군의 기록은 모두 신화로 점철되어 있고 건국 연대도 우리 민족의 실제 역사와는 너무나 거리가 먼 것이다.
> 단군의 기본 사료인 일연의 『삼국유사』와 이승휴의 『제왕운기』는 지금으로부터 690여 년 전 고려 말기 충렬왕시대에 이루어진 것으로 (……) 대개 옛날에 하늘의 서자(庶子) 환웅이 홍익인간(弘益人間)하기 위하여 천부인 세 개와 무리 3천을 거느리고 태백산(백두산) 신단수 밑에 내려와 (……) 이 세상을 다스리다가 사람으로 화신(化身)한 웅녀와 혼인하여 단

---

[367] 김명옥, 앞의 글 「'하백녀 유화' 연구사에 대한 비판적 고찰」, pp. 385~389에서 자세히 다루고 있다.

군을 낳았다 하며, 단군 당요(唐堯) 25년 무진(戊辰: 서기전 2333)에 즉위하여 처음으로 조선을 개국하고 왕험성(평양)에 도읍을 정하고 1천여 년 동안 나라를 다스리다가 주무왕(周武王) 기묘(己卯: 서기전 1122)에 무왕이 은나라 견신(遣臣) 기자를 조선왕으로 봉하자 단군은 아사달(구월산)에 들어가 산신이 되었다는 것이다. 이것을 역사적 사실로 믿는 사람이 어디 있단 말인가? 삼척동자도 믿지 아니할 것이다.[368]

위의 논지는 세 가지로 정리된다. 첫째, 단군의 기록은 신화로 점철되어 있어 우리 실제 역사와는 다르다고 하여, 고조선의 건국 주체인 단군과 건국 연대 서기전 2333년을 부정하는 것이다. 둘째, 단군신화가 수록된 『삼국유사』와 『제왕운기』는 고려 충렬왕 때 쓰였으니 단군신화는 이때 만들어졌으며 개인의 창작품이라는 뜻이다. 셋째, 사람으로 변한 곰의 자식이 단군이라는 점과 단군이 1천여 년 동안 나라를 다스렸다는 내용이야말로 창작이라는 증거이며, 단군신화 내용을 역사적 사실로 믿는 사람은 아무도 없다는 것이다. 그렇기 때문에 삼척동자도 믿지 않을 것이라는 논리다. 그의 말을 더 들어보자.

> 우리나라 역사는 중국의 전국시대, 즉 서기전 3세기 내지 서기전 5세기, 다시 말하면 2천3~4백 년을 더 올라갈 수 없다. (……) 우리나라 신석기시대는 서기전 3천 년, 청동기시대는 서기전 7~8백 년, 철기시대는 서기전 2~3백 년부터 시작되었다고 보는 것이 역사학·고고학자들의 통설이다. (……) 우리 민족의 부족국가가 처음으로 문헌에 나타난 것이 중국

---

[368] 치암신석호선생전집간행위원회, 앞의 책 『신석호 전집(하)』, p. 737.

의 전국시대, 즉 서기전 3세기 내지 서기전 5세기경이므로 서기전 2333년에 건국했다는 단군의 건국 연대는 시인할 수 없는 것이다.[369]

신석호에 따르면 고조선은 서기전 7~8세기에나 성립된 부족국가이며, 위만에 의해 철기시대가 열렸다는 것이다. 따라서 신석호는 『삼국유사』에서 전하는 서기전 2333년에 고조선이 건국했다는 사실을 절대로 믿을 수 없다는 것이다. 이 같은 주장은 이마니시 류의 주장과 똑같다. 이마니시 류는 단군신화가 주몽신화의 이본이며, 고려 인종에서 고려 원종 사이에 만들어졌고, 우리 민족과는 아무런 관계가 없다고 단언했다.[370]

단군신화는 고조선 건국 과정을 말해주는 역사다. 문자가 없던 시절, 중요한 역사를 후손들에게 전하기 위해 상징으로 만들어서 전승한 것이다. 우리나라와 일본을 제외한 세계 모든 나라에서 신화는 문자로 기록하기 이전의 역사로 인식하지만,[371] 우리나라와 일본만 신화를 허구라고 말한다.

단군신화는 환인과 환웅, 단군 등 삼대에 관한 이야기다. 전반부에는 단군 조부인 환인과 단군 부친인 환웅의 이야기를 전승하고, 후반부에는 고조선 건국 이후의 기사를 다루고 있다. 특히 단군신화에서 중요하게 다룬 부분이 전반부인데, 홍익인간과 천손이라는 사상을 건국이념으로 삼은 점이다. 천손인 환웅이 신시에 내려와 인간 일 360여 가

---

[369] 치암신석호선생전집간행위원회, 앞의 책 『신석호 전집(하)』, p. 737; 신석호, 「단군의 건국 연대」, 1975. 6.
[370] 김명옥 외, 앞의 책 『매국의 역사학자, 그들만의 세상』.
[371] 카렌 암스트롱, 이다희 옮김, 『신화의 역사』, 문학동네, 2005.

지를 관장하는 것으로 널리 인간을 이롭게 한다는 건국이념인 홍익인간의 실천성을 보여준 것이다.[372]

단군의 부정은 신석호가 재직한 국사편찬위원회에서 발행한 『한국사』에 그대로 나타난다. 국사편찬위원회는 한국사를 28권으로 편찬할 계획으로 1969년부터 편찬 계획에 착수했다. 1970년 3월에 국사편찬위원회의 중요 사업으로 확정하고, 한국사편찬위원회를 구성했다.[373]

신석호는 "해방이 되자 나는 처음으로 조선사를 전공한 보람을 느끼고 조선사편수회를 자주적이며 참된 국사편찬기관으로 만들려고 했다"[374]고 말했다. 그러면서 신석호는 조선사편수회에서 자료를 수집하고 간행하면서 조선 사람은 볼 수 없었던 옛 도서는 무엇이든지 다 볼 수 있었다고 했다. 그 수집 자료에는 단군에 관한 기사도 있었을 것이다. 그럼에도 신석호는 그의 일본인 스승을 따라 단군을 부정했다.

국사편찬위원회에서 편찬한 『한국사』는 우리 역사에 관한 공식적인 견해다. 공식 견해에는 고조선의 건국 연대와 단군 실존성, 즉 『삼국유사』의 기록을 믿느냐가 관건이다. 고조선 건국 서기전 2333년의 기록은 5천 년이라는 장구한 우리 역사와 민족의 조상을 단군으로 인식하느냐의 문제이기 때문이다. 그런데 『한국사』는 "서기전 600년경부터 서기전 300년경까지의 약 3세기간을 우리나라의 순수 청동기시대"[375]

---

[372] 김명옥, 앞의 글 「단군신화 역사성 인식에 관한 남북한 비교 연구」; 『매국의 역사학자, 그들만의 세상』, pp. 50~60에서 그는 환웅의 출자, 환웅의 도시 건설 그리고 주변 국가와의 관계성 등의 역사적 상징을 해석했다.
[373] 국사편찬위원회(https://db.history.go.kr).
[374] 치암신석호선생전집간행위원회, 앞의 책 『신석호 전집(하)』, p. 770; 신석호, 앞의 글 「야사: 나의 중심 개념」.
[375] 「개요」, 『한국사』, 국사편찬위원회(https://db.history.go.kr).

라고 한다. 즉, 『한국사』는 일연의 『삼국유사』 기록을 불신함으로써 고조선의 건국 연대와 단군의 실존성을 부정하고 있는 것이다.

일제 식민사학자들은 단군은 불교의 영향으로 만들어진 신화이며, 고려 때 일연이 창작했다고 주장한다. 몽골의 침략을 막기 위한 구심점이 필요해서 일연이 만들어낸 이야기라는 것이다. 그래서 『삼국유사』에 실린 단군신화는 믿을 수 없는 이야기라고 말한다.

다시 『한국사』에 기술된 단군신화 기사를 보자. "단군신화는 고려시대에 거란족, 여진족, 몽골족들의 외침에 시달렸으므로 민족의식이 고조된 때에 문자로 기록된 것이 분명"[376]하다고 했다. 또 "본래의 단군 설화에서는 우리 말로 일신(日神)을 뜻하는 알타이어로 구전되어 왔을 것인데, 아마 고려시대에 불교사상의 영향으로 인도의 일신명인 환인이라는 한자명으로 고쳐진 모양이다"[377]라고 했다. 인도의 일신명인 환인을 말하는 것은 불교의 영향으로 일연이 창작했다는 말이다.[378] 그러면서 "기원전 4~3세기 이전의 고조선은 어떠했으며, 그 상한은 어느 연대까지 올라갈 수 있는가. 이것은 앞에서도 말한 바와 같이 문헌상의 기록에는 자료가 없다"라고 말한다. 서기전 2333년에 고조선을 건국했다는 『삼국유사』 기록은 사료가 아니라는 뜻이다. 『삼국유사』와 『삼국사기』를 불신하는 대표적인 인물이 이마니시 류다. 국사편찬위원회가 역사에 관해 국가의 공식적인 입장인 『한국사』를 편찬하면서 『삼국유사』와 『삼국사기』의 기록을 불신한 것은 조선총독부 사관을 추종

---

376 「고조선의 문화」, 『한국사』, 국사편찬위원회(https://db.history.go.kr).
377 위와 같음.
378 일제 식민사학자들이 단군을 어떻게 부정했는지 단군부정론의 계보에 관해서는 김명옥 외, 앞의 책 『매국의 역사학자, 그들만의 세상』 참조.

하기 때문이다.

조선총독부 사관은 해가 갈수록 더욱 견고해지고 있다. 전라도 지방자치단체가 전라도 천 년을 기념해서 국비와 지방 예산 24억 원을 들여 만든 『전라도 천년사』에서는 이렇게 말한다.

> 단군신화는 고조선이 고대국가의 지배체제를 형성하고 난 이후에 지배층에서 만들어진 건국신화이지 실재한 역사가 아니다. (……) 고조선이 하나의 정치체제로 역사 무대에 등장한 시기는 동아시아에서 청동기문화가 번성하던 기원전 8~7세기경이다.[379]

『전라도 천년사』 사업단장인 노재윤은 국정감사에서 『전라도 천년사』의 내용이 학계의 공통된 의견이며, 국사편찬위원회에서 편찬한 『한국사』 내용에서 벗어나지 않는다고 말했다.[380] "단군은 실재한 역사가 아니다"가 그들의 공식적인 입장인 것이다. 단군을 부정하는 태도가 세월이 흐를수록 그 강도가 더 심해진 것을 알 수 있다. 단군을 부정하는 태도가 강해지는 데는 다 이유가 있다.

신석호는 많은 제자를 길러냈다. 그 제자들은 "각 대학에서 배출한 교수들과 국사편찬위원회 등을 통해 배출한 전문연구원들로 구성되어 있다. 특히 국사편찬위원회는 장차 교수직으로 가는 통과의례가 될 정

---

[379] 전라도천년사편찬위원회, 『전라도 천년사 03: 선사·고대』, 전북연구원, 2022, pp. 42~43. http://www.jeolladohistory.com(2023년 10월 20일 검색).
[380] 『전라도 천년사』 편찬위원회 노재윤 위원장 국정감사, 「이덕일 역사 TV」(https://www.youtube.com/@TV-tj2xd), 2023년 10월 18일.

도로 이를 통해 많은 교수 요원들이 배출되었다."[381] 국사편찬위원회에서 조선총독부 사관을 검증받고 또 그것을 견고히 다진 후 각 대학의 교수로 임명되어 식민사관을 퍼트리는 구조가 신석호를 통해 구축된 것이다. 그리고 그 구조의 결과를 『전라도 천년사』가 단적으로 보여준 것이다.

단군신화의 역사성을 인식한 리지린

『고조선 연구』는 리지린이 1961년 북경대에서 받은 박사학위 논문 「고조선적 연구」를 1963년에 책으로 출간한 것이다. 이 책에 대해서 이기동은 다음과 같이 평가한다.

> 이 책은 (……) 북한에서의 고조선 역사 연구에 하나의 도표 구실을 하고 있다. 무엇보다도 이 책의 두드러진 특징은 중국의 여러 옛 문헌에서 고조선과 관련된 단편적인 기록들을 빠짐없이 적발, 이에 대해 철저한 사료 비판을 가함으로써 고조선의 서쪽 경계선을 최종 북중국 난하, 뒤에는 대릉하 일대로 비정하는 등 역사지리 문제에 있어서 하나의 대담한 가설을 제기한 점이라고 할 수 있다.[382]

리지린이 서쪽 경계선을 난하, 뒤에는 대릉하로 비정했지만 이것은 대담한 가설에 지나지 않는다는 것이다. 가설에 지나지 않은 『고조선 연구』가 북한에서는 고조선 역사 연구의 도표 구실을 하고 있다는 것

---

[381] 김병기, 앞의 책 『이병도·신석호는 해방 후 어떻게 한국 사학계를 장악했는가』, p. 258.
[382] 이기동, 앞의 글 「북한 역사학의 전개 과정」, p. 20.

이다. 또 그는 같은 글에서 리지린의 『고조선 연구』가 "집단적 토의의 산물"이라고 규정한다.[383]

이기동은 일본의 조선사연구회 회장이었던 하타다 다카시(旗田巍)가 평양을 방문할 당시 김석형, 허종호, 전영진과 회견했는데, 하타다 다카시는 북한의 역사 연구는 집단적으로 이루어진다고 했다. 즉, 하나의 연구 과제가 주어지면 이를 담당할 연구집단이 조직되고 업무 분담을 이룬 다음에 끊임없는 집단적 '과학토론'을 통해 집필이 이루어진다는 것이다.[384] 즉, 리지린의 『고조선 연구』는 개인의 연구 성과가 아니라는 것이다.

개인의 연구 성과든 집단적 연구 결과든 중요한 것은 연구 결과의 내용이다. 주지하다시피 일제는 한사군을 한반도 북부에 비정해서 고조선의 강역을 축소했고, 단군을 부정함으로써 시간을 축소했다. 또 기년도 맞지 않는 『일본서기』 「신공기」 49년 조를 근거로 고대 한반도 남부는 일본의 식민지였다고 주장해 정한론의 근거로 삼았다.

우리 역사에 대한 일본의 3대 왜곡은 '단군 부정', '한사군 한반도설', '가야=임나설'이다. 리지린은 『고조선 연구』에서 한사군은 요동에 있었음을 1차 중국 사료를 통해 논증했다. 또 단군신화를 고조선의 역사적 사실을 반영한 것으로 파악했다. 우선 한사군 요동설부터 보자.

리지린은 중국의 1차 사료를 통해 연나라 장수 진개가 침략하기 이전의 고조선 서쪽 강역은 지금의 하북성 난하 유역이었으며, 진개 침략 이후 서쪽 강역은 축소되어 지금의 요녕성 대릉하라고 밝혔다. 즉,

---

[383] 이러한 견해는 조법종도 마찬가지다.
[384] 이기동, 앞의 글 「북한 역사학의 전개 과정」.

일제가 만들어 놓은 식민사관 프레임을 깬 것이다.

그러나 박준형은 "한과의 경계였던 패수를 현재의 대릉하로 보는 리지린의 주장은 중국 학계에서 전통적으로 주장하는 패수=청천강설(혹은 압록강설)과는 너무 차이가"[385] 난다고 주장한다. 중국사회과학원에서 편찬한 『중국역사지도집(中國歷史地圖集)』에서 패수를 청천강으로 본 것은 동북공정이라는 역사 왜곡과 일제 식민사학자들의 주장을 따랐기 때문이다. 실제 1차 사료들은 『사기정의』에서처럼 『지리지』에서 말하길 패수는 요동 새외(塞外)에서 나온다"[386]고 기록하고 있다. '패수=청천강 또는 압록강'을 주장한 이들은 일제 식민사학자들과 그 제자들인 남한의 대다수 역사학자들이다. '패수=압록강'설은 쓰다 소키치(津田左右吉)가 주장했고, '패수=청천강'설은 이병도가 주장했다.[387]

리지린의 연구는 우리 역사를 바로 세우는 데 중요한 연구다. 그런데 남한의 대다수 역사학자들은 리지린의 연구를 폄하하거나 무시로 일관한다. 한사군이 요동에 있었다는 리지린의 주장이 잘못이라면 그 주장의 근거가 타당한지, 그가 이용한 1차 사료에 대한 사료 비판을 통해 비판해야 한다. 그러나 대다수의 역사학자는 개인의 연구가 아니라 집단적 연구이며, 그의 논문은 문제가 많으나 정치적인 입장을 고려해서 중국에서 학위를 주었다고 비판한다. 조법종의 말을 들어보자.

리지린의 논문을 박사논문으로 통과시켜 북한의 고조선 요동설을 학술

---

[385] 박준형, 앞의 글 「리지린의 북경대학 박사학위 논문 「고조선적 연구」의 발견과 검토」, p. 21.
[386] 『사기정의』. "地理志云浿水出遼東塞外."
[387] 이덕일, 앞의 책 『한국사 그들이 숨긴 진실』.

적으로 인정받고 관련 당사국인 중국의 공인을 받아 국제적 공신력을 확보하는 정치적 결과도 목적한 것으로 파악한다. (……) 북한과 중국 간의 국제협력 분위기를 우선시하는 중국의 정치적 입장에 따라 (……) 리지린의 주장은 학문적 반론이나 문제제기가 유보된 채 1961년 박사학위를 받게 되었다.[388]

위 인용문의 의도는 한마디로 『고조선 연구』가 정치적인 결과물이라는 것이다. 한편 조법종은 고힐강의 일기를 소개하는데, "조선 역사가들이 고조선족이 본래 중국 북방 및 동북 지역에 거주한 것을 발견하였다. 이를 통해 일본 제국주의에 반대하는 동시에 중국 고대 제왕들의 조선 침략에 반대하는 것과 연결지어 조선의 자존심을 높이고 실지회복을 기도하려 한다. (……) 우리나라(중국) 동북의 대련(大連), 영안(寧安) 등지에서 유적을 발굴해 이 같은 목적을 증명하는 지하 유물을 찾고자 한다."[389]라고 했다. 그런데 조법종은 고힐강의 원문을 수록하지 않았을 뿐만 아니라 상세한 참고문헌을 제시하지 않았다. 다른 것은 모두 참고문헌을 제시했는데, 위의 글만은 참고문헌이 없다.

그런데 당시 중국의 지도자들은 동북 지역이 우리 민족의 땅이라고 인식했다. 1963년 6월 28일 주은래는 조선과학원 대표단을 만난 자리에서 "조선 민족은 조선반도와 동북 대륙에 진출한 뒤 오랫동안 거기서 살았다. 요하, 송화강 유역에는 모두 조선 민족의 발자취가 남아 있다. (……) 조선족이 거기서 아주 오래전부터 살아왔다는 것을 증명할

---

[388] 조법종, 앞의 글 「리지린, 『고조선 연구』의 학문적 계보 검토」, p. 23.
[389] 조법종, 앞의 글 「리지린, 『고조선 연구』의 학문적 계보 검토」, p. 21.

수 있다. (……) 출토된 문물이 그곳도 조선 민족의 한 가지였다는 것을 말해준다"³⁹⁰라고 했다. 당시 중국 지도부들의 인식은 대체로 이와 같았다.

모택동(毛澤東)은 1958년 11월에 북경을 방문한 김일성을 만나 "당신들 선조는 당신들의 영토가 요하를 경계로 한다고 말했으며, 당신들은 현재 당신들이 압록강변까지 밀려서 쫓겨왔다고 생각한다. (……) 당신들이 역사를 기술할 때 이것을 써 넣어야 한다"³⁹¹고 했다. 모택동은 1964년 10월에 북경을 방문한 최용건에게도 "당신들의 경계는 요하 동쪽인데, 봉건주의가 조선 사람들을 압록강변으로 내몬 것이다"³⁹²라고 말했다. 모택동과 주은래는 중화인민공화국의 건국자이자 1976년까지 통치한 최고지도자다. 이들은 조선 역사에 대한 인식이 같았기 때문에 북한과의 만주 지역 고고유적 공동 발굴에 합의했던 것이다.

고힐강은 중국의 학자다. 중국 역사가의 입장에서 보면 역사는 "정권과 영토 영유권의 정당성에 대해 설명"³⁹³해주기 때문에 우려한 것이다. 즉, 역사는 "혈연, 정권 및 영토라는 세 가지 요소가 뒤섞인 일종

---

390 「周恩來接見朝鮮科學院代表團時的談話 1963. 6. 28」, 『外事工作通報』, 1963, 第10期에 실린 글을 이종석, 『북한-중국 국경: 역사와 현장』, 세종연구소, 2017, p. 104에서 재인용.
391 「毛泽东会见朝鲜政府代表团第一次谈话记录 外交部编」, 『毛泽东接见外宾谈话记录汇编』 第四冊, 1958에 실린 글을 이종석, 위의 책 『북한-중국 국경: 역사와 현장』, pp. 102~103에서 재인용.
392 「毛泽东会见朝鲜党政代表团第谈话记录 外交部编」, 『毛泽东接见外宾谈话记录汇编』 第十一冊, 1964에 실린 글을 이종석, 위의 책 『북한-중국 국경: 역사와 현장』, p. 103에서 재인용.
393 왕명가, 조우연 옮김, 앞의 글 「'염황자손'과 관련된 근대 '네이션' 관념 구축의 고대적 기반: 황제와의 연줄 만들기에 대해」, p. 166.

의 은유인 것"³⁹⁴으로 역사 기록에 따라 동북 3성은 고조선의 영역이기 때문에 영토 분쟁의 여지가 있다. 고힐강은 리지린의 연구에 대해 이러한 점 때문에 우려를 표한 것이다. 이러한 우려는 중국인의 입장에서 당연한 일이다.

그런데도 남한의 역사학자들은 중국의 입장에서 리지린의 연구 성과를 "학문적 반론이나 문제제기가 유보된 채 1961년 박사학위를 받게 되었다."³⁹⁵고 애써 폄하한다. 또 조법종은 리지린의 논문이 문장의 문제와 역사 해석의 문제, 민족주의적 속박에 사로잡혀 있다고 지적한 고힐강의 일기³⁹⁶를 빌려 비판한다. 고힐강의 지적에도 그 내용이 변화되지 않고 유지되었다는 것이다.³⁹⁷

문장의 문제는 리지린이 중국인이 아니기 때문에 일어날 수 있는 것으로, 지엽적인 문제다. 고힐강은 리지린이 예(濊), 맥(貊) 그리고 북방의 양이(良夷), 양주(楊州), 해(解), 유(俞), 청구(靑丘) 등을 모두 고조선족으로 파악한 것에 대해 자의적인 역사 해석이라고 했다. 북방의 나라에 대해서는 더 연구가 필요하지만, 예, 맥은 여러 연구자들이 우리

---

394 위와 같음.
395 조법종, 앞의 글 「리지린, 『고조선 연구』의 학문적 계보 검토」, p. 23.
396 "첫째, 문장이 매우 번다(煩多)하고 중첩되어 견해 파악이 곤란해 설득력을 떨어트린다. 둘째, 자의적이고 견강부회적 역사 해석을 진행했다. (……) 셋째, 객관적 연구를 표방하고 있으나 민족주의적 속박에 사로잡혀 있다. 기자조선에 대해 기자와 그 후예에 대해 인정하지 않으면서도 기(箕)를 왕을 의미하는 조선어 '검'과 관련되었다고 하고 위만에 대해서도 근거없이 연(燕)에 동화된 고조선인이라고 한 점 및 단군신화에 대한 입장 등이 문제였다. 아울러 이해를 돕기 위한 지도가 필요하다." 顧頡剛, 「古朝鮮研究之審查報告(1961. 6. 29)」, 『顧頡剛讀書筆記』 8, 1979, p. 5865를 조법종, 앞의 글 「리지린, 『고조선 연구』의 학문적 계보 검토」, p. 19에서 재인용.
397 조법종, 앞의 글 「리지린, 『고조선 연구』의 학문적 계보 검토」, p. 20.

민족으로 인정했다. 또 고힐강은 단군신화에 대한 리지린의 입장을 민족주의적 속박에 의한 것으로 보지만, 어느 민족이나 건국신화 및 시조신화가 있기 마련이며, 신화는 역사적 사실을 반영한다. 자기 민족의 신화를 분석하고 해석하는 데 민족주의적일 수밖에 없는 것이다.

  고힐강이 민족주의적 속박에 사로잡혔다고 분석한 리지린의 단군신화 분석을 보자. 리지린은 단군신화를 "조선 인민이 경과한 일정한 시기의 구체적 사회상을 반영하는 신화라고 보아야 한다"[398]고 주장하면서 단군신화 속 제재들을 구체적으로 분석한다. 먼저 단군을 역사인물로서의 고조선 창건자로 보지 않는다. 즉, 단군은 "특정한 인명이 아니며 '땅의 지배자'라는 뜻"[399]으로서 고유명사가 아닌 보통명사라는 것이다. 단군을 이두로 해석하여 '단임검-다임검'으로 이것은 곧 국왕을 뜻한다는 것이다. 단(檀 또는 壇)은 '다'를 한자로 음사(音寫)한 것이며, '다'는 '따(地)'의 고어이며 '달(達)'자로 기록될 수 있기 때문에 '땅의 지배자'라는 의미라는 것이다. 따라서 조선을 창건한 단군은 역사적 실존자로서 고조선을 건국한 것이 아니라, 고조선 건국자를 단군이라고 부른다는 것이다. '땅의 지배자'인 단군이 고조선의 개국자라는 것이다. 그래서 "곰 토템을 가진 씨족의 '단군'이 군사민주주의 단계를 끝냈지만 그 후계자도 역시 '단군'이라는 명칭을 리용하여 고조선의 창건자로서 등장"[400]했다는 것이다.

  리지린은 고조선 국왕으로서 단군이 등장하기까지 세 단계의 사회

---

[398] 리지린, 이덕일 해역, 앞의 책 『리지린의 고조선 연구』, p. 252.
[399] 리지린, 이덕일 해역, 앞의 책 『리지린의 고조선 연구』, p. 261.
[400] 위와 같음.

발전상이 단군신화에 표현되었다고 보았다. 첫째, 단군 씨족의 곰 토템 발생 시기, 둘째, 군사민주주의 단계에서 군사 수장으로서의 단군 시기, 셋째, 단군 지배 시기가 끝나고 고대국가를 형성할 때까지의 시기가 그것이다. 따라서 단군신화의 "단군이 '1,500년간 나라를 다스렸다.'"[401]는 기사를 군사민주주의 단계의 기간이라고 보면 곤란하며, 토템의 시기부터 고대국가 형성 전까지 세습제를 표명한 것으로 해석해야 한다고 했다.

리지린은 고조선이 곰 토템이 발생했던 시기에 완전한 농업생활을 했다고 하면서 쑥, 마늘, 곡식 등이 이를 설명해준다고 주장한다. 풍백, 운사, 우사는 군사 수장의 권한이 행사된 사실이 신화화된 것이라고 해석했다.

「고조선적 연구」가 『고조선 연구』로 출간될 당시 북한에서는 1959년부터 1963년까지 고조선의 위치, 영역, 종족 구성, 국가 형성, 단군신화 등에 관한 주제로 고조선 관련 토론회가 진행되었다. 당시 한사군의 위치를 두고 리지린과 리상호 중심의 문헌학자들의 요동설과 도유호를 중심으로 한 고고학자들의 한반도설이 팽팽하게 맞섰으나, 리지린이 중국에서 박사학위 논문을 받자 요동설로 일단락되었다. 이 과정에서 단군신화에 관한 토론회가 1962년 7월과 8월 사이에 네 차례 진행되었다. 주 토론자는 리상호였으며, 리상호의 주장은 리지린의 주장과 크게 다르지 않았다. 즉, 단군신화는 고조선 건국신화로서 역사라는 물질적 토대에서 신화가 만들어졌다고 보기 때문에 단군신화는 고조선의 건국 과정을 담고 있다고 보았다.

---

[401] 위와 같음.

리지린과 리상호의 견해는 북한의 공식적 견해가 되었는데, 1979년에 발행된 『조선전사 2: 고대편』에서는 단군신화에 대해 다음과 같이 서술하고 있다.

> 조선 인민들은 오랜 옛날부터 단군신화를 통하여 우리나라 력사의 유구성에 대하여 말하여왔다. 그것은 이 신화에 고조선의 건국 과정이 반영되어 있기 때문이다.
> 단군신화는 비록 환상적인 신에 대한 이야기로 엮어져 있으나 여기에는 고조선국가의 기원과 고조선국가를 세운 주민, 그리고 고조선국가 초기의 지역들이 밝혀져 있다.[402]

이경섭은 리지린은 "단군신화에 내재된 역사성에 주목하는 입장인데, 이는 현재 남한 역사학계의 일반적인 단군신화에 대한 접근론과도 크게 다르지 않다고 여겨진다"[403]라고 하면서 노태돈과 서영대 그리고 이기동의 논문을 제시했다. 그러나 이는 사실무근이다. 남한의 대다수 역사학자들은 단군을 부정하고 있다.[404]

리지린은 단군신화의 발생 단계는 특정하지 않았지만 곰 토템의 발생 시기는 서기전 27세기경 이후로 보고 있으며, 단군을 고유명사가 아닌 보통명사로 인식한다. 또 단군신화가 당시의 시대상을 반영한다

---

[402] 앞의 책 『조선전사 2: 고대편』, p. 19.
[403] 이경섭, 앞의 글 「북한 초기 역사학계의 단군신화 인식과 특징: 리상호와 리지린의 연구를 중심으로」, p. 69.
[404] 김명옥, 앞의 글 「단군신화 역사성 인식에 관한 남북한 비교 연구」; 김명옥 외, 앞의 책 『매국의 역사학자 그들만의 세상』.

고 보았다. 이후 단군릉이 발굴되면서 북한의 공식 입장은 단군이 서기전 30세기 인물이며, 고조선의 중심지는 평양이라고 정리되었다. 고조선의 수도를 평양으로, 부수도를 요동으로 정리한 이유는 정치성 때문이다. 1980년대 말 1990년대에 유럽 동구권이 무너지면서 주민들의 이탈을 방지하기 위한 이념으로서 우리식 사회주의 또는 조선민족제일주의 등에 단군신화를 이용한 것이다.[405]

4. 맺는말

신석호는 한국 역사학의 태두라는 이병도에 비해 상대적으로 식민사학자로서 주목을 덜 받는 편이다. 그의 전공이 조선시대사라는 점과 이병도에 비해 역사학 관련 책을 많이 쓰지 않았다는 점 때문이다. 그렇다고 해서 신석호가 식민사학을 우리 역사학계에 뿌리내리게 하는 데 이병도와 더불어 '지대한 공헌(?)'을 한 점까지 간과할 수는 없다. 국사편찬위원회, 국가박물관 등 국가기관을 장악하고, 고려대, 성균관대, 동국대, 영남대 등 각 대학 사학과에서 일본인 스승에게 배운 식민사관을 학생들에게 주입해 그것을 철옹성처럼 지키고 확산시킨 인물이기 때문이다.

신석호는 경성대학교 사학과 제1회 졸업생으로 조선사편수회에서 수사관으로 근무하다 해방을 맞이하여 국사관 및 국사편찬위원회에서 평생을 근무했다. 그의 자의식에서는 국사편찬위원회와 조선사편수회

---

[405] 김명옥, 「단군신화 인식에 대한 역사적 고찰」, 『역사와융합』 3, 바른역사학술원, 2018.

는 다르지 않다. 즉, 조선사편수회에서 이름만 바꾼 것이 국사편찬위원회다.

그는 해방이 되자마자 이병도와 더불어 우리 역사기관을 장악했다. 국사양성소 등에서 가르쳤으며, 사관을 검증하고 심사하는 모든 기관에 발을 뻗치고 있었다. 또 각 주요 대학의 교수로 학생들에게 식민사관을 주입했다. 식민사관을 추종하는 후배들을 양성한 것이다. 단군신화를 "역사적 사실로 믿는 사람이 어디 있단 말인가? 삼척동자도 믿지 아니할 것이다"라는 그의 호언장담은 식민사관을 주입하고 검증하고 심사해서 교수직 내지 국가 주요직에 내정할 수 있는 시스템을 장악하고 있었기 때문에 가능한 것이었다. 신석호가 이병도와 더불어 키워낸 그들의 '키즈'들은 거침없이 단군은 허구라고 주장한다. 『전라도 천년사』에서 보이듯이 드러내놓고 단군은 허구이며 고조선은 서기전 8~7세기에 건국되었다고 주장한다.

반면에 북한에서는 일찍이 식민사학을 청산하려는 움직임이 활발히 일어났다. 역사 관련 토론회를 개최하여 고조선의 영역 문제를 주요 쟁점으로 삼았다. 한사군의 평양설과 요동설이 팽팽히 맞서다 문헌학자들이 주장한 요동설로 일단락되었고, 그 과정에서 단군신화에 대한 토론회가 개최되었다. 주 토론자는 리상호였으며, 단군신화를 고조선의 건국 과정을 반영한 신화로 인정하게 되었다. 즉, 단군신화는 고조선 형성과 발전 과정, 그리고 고조선의 종족 문제와 역사지리 문제를 포함한다는 것이다. 북한에서는 토론회 이후 리지린과 리상호의 견해가 1993년 단군릉이 발굴되기 전까지 북한의 공식적인 견해가 되었다.

남한과 북한은 공동의 역사를 가지고 있다. 특히 우리 민족의 시원을 알리는 단군신화에는 어느 민족이나 국가에서도 가지지 못한 통치 이념이 담겨 있다. '널리 인간을 이롭게 한다'는 홍익인간 이념은 우리라는 공동체성과 이타성을 내포하고 있으며, 단군신화 자체는 융합성과 문화의 발달 그리고 천손이라는 강한 자부심을 내포하고 있다. 무엇보다도 건국자와 건국 시기 그리고 지리역사 문제가 뚜렷하다. 그럼에도 남한에서는 단군신화를 허구로 부정하는 강도가 더 세지고 있다. 북한에서는 정치적 목적에 따라 단군신화의 해석이 더 정치에 종속되어 간다. 남한과 북한의 체제가 다른 만큼 그 간격도 점점 벌어지고 있는 것이다. 단군신화 연구는 남한에서는 일제 식민사학의 잔재를 해소하고, 북한에서는 덧씌운 정치적 이데올로기를 벗겨내야 하는 과제가 남아 있다.

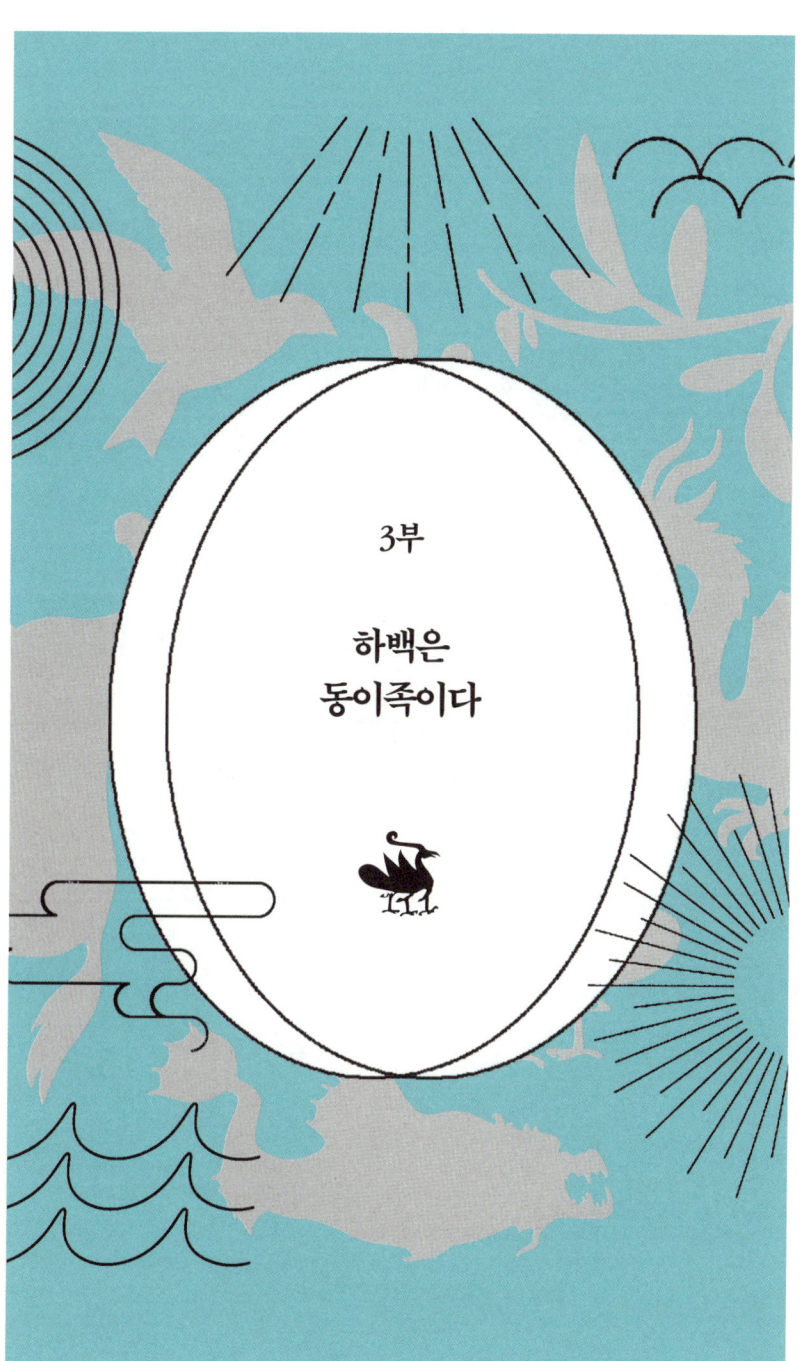

3부

하백은
동이족이다

1장

고구려 건국신화 하백의 출자에 대한 인식 재검토

1. 머리말

　이 글의 목적은 고구려 건국신화의 주체인 주몽의 외조부 하백의 출자를 밝히는 데 있다. 하백은 고구려의 정체성과 관련이 깊기 때문이다. 하백에 관한 이야기는 우리나라보다 중국의 신화나 기록에 더 빈번하게 나타난다. 또한 중국과 우리나라 신화에서 하백은 모두 물의 세계를 지배하는 수신이다. 이러한 점 때문에 일부에서는 고구려 건국신화가 중국의 영향을 받았을 것이라 본다. 중국에는 하백을 주인공으로 한 설화가 존재하는 반면, 우리나라에는 고구려 건국신화를 제외하고 하백의 설화가 없다는 점도 이러한 주장에 힘을 실어주는 듯하다.
　하백의 출자 문제에 대한 연구는 대략 세 가지로 정리된다. 첫째, 하백은 중국의 수신이라는 견해다. 이병도는 고구려 시조모인 하백녀의 명칭에 대해 언급하면서 고구려인들은 그들이 신성시하는 맥(貊)과 웅(熊) 두 글자를 피해 중국 수신의 이름을 빌려서 하백녀라고 했다고 주장했다.¹ 그런데 하백녀는 하백의 딸이다. 이병도의 말은 중국의 신 하백의 영향을 받았다는 우회적 표현이다. 이병도의 주장은 이지영으로 이어진다. 이지영은 중국의 수신 하백과 그 수신적 성격이 주몽신화에 첨가되었다고 주장하면서 이병도의 주장을 그 근거로 삼고 있다.²

둘째, 중국의 수신 하백과 고구려 건국신화에 나타난 하백은 하등의 연관이 없다는 주장이다. 이지희는 고구려 건국 주체인 주몽의 외조부 하백은 중국 황하의 신과 무관한 하신이라고 말한다. 중국 문헌에 나타난 하백은 황하의 신을 지칭하는 이름으로만 쓰인 게 아니라 여러 의미로 서로 다르게 쓰여 일관된 의미를 부여할 수 없는 보편화된 명칭이라는 것이다.³

셋째, 하백은 동이족이라는 견해다. 이 연구는 본래 동이족인 하백이 동쪽으로 이동해서 건국신화에 영향을 미쳤다고 본다. 조현설은 하백이 하수와 낙수 일대에 거주하던 동이족 토착부족집단으로, 서쪽에서 동쪽으로 이동하여 수신인 여신을 주요 신격으로 하는 집단과 결합하여 고구려 건국신화에 영향을 미쳤다고 본다.⁴ 선정규는 하백은 예맥족의 일종인 은나라의 부족 영웅 또는 부족의 이름이었는데, 은나라를 세운 은족이 황하로 서진해 감에 따라 황하의 신인 하백으로 인식되었고, 동북 지방에서는 고구려 신화와 결합하여 하백이 주몽의 외조부가

---

1 이병도, 앞의 책 『한국 고대사회와 그 문화』.
2 이지영, 앞의 글 「하백녀, 유화를 둘러싼 고구려 건국신화의 전승 문제」.
3 이지희, 「고구려와 탁발선비 시조신화 비교 연구」, 성균관대학교 대학원 박사학위 논문, 2012.
4 조현설, 「건국신화의 형성과 재편에 관한 연구: 티벳·몽골·만주·한국 신화의 비교를 중심으로」, 동국대학교 대학원 박사학위 논문, 1998.

되었다고 본다.[5]

필자는 하백과 풍이는 별개라는 선정규의 주장에는 동의하지 않지만, 은나라를 세운 동이족 일부가 황하의 신, 하백이 되었다는 주장에는 동의한다. 다만 선정규의 연구는 하백신화의 변천 경로를 밝히는 데 주력해 동이족 하백이 중국의 수신으로 고착되는 과정을 구체적으로 해명하지 못했다. 따라서 필자는 동이족인 하백이 어떻게 중국의 수신으로 고착되었는지를 『사기』, 『한서』, 『후한서』, 『산해경』 등 중국 고대사 문헌을 대상으로 살피고자 한다.

2. 한·중 하백의 성격 비교

하백은 고구려 건국 주체인 주몽의 외조부다. 이 명제는 누구도 부인하지 않는다. 그러나 주몽의 어머니인 하백녀의 명칭이 중국으로부터 영향을 받았다는 이병도의 주장은 하백의 출자에 의문을 갖게 한다. 그는 하백의 명칭이 중국의 수신에서 기원했다고 말하기 때문이다.

> 고구려에서는 맥자, 웅자를 피하여 중국의 수신명인 하백을 차음하여 거기에 대치했을 뿐이다.[6]

---

5 선정규, 「하백신화고: 그 원류(源流)와 변천 과정을 중심으로」, 『중국문학연구』 10, 한국중문학회, 1992.
6 이병도, 앞의 책 『한국 고대사회와 그 문화』, pp. 42~43.

이병도는 고구려인들이 맥자, 웅자를 피한 이유를 맥과 웅(곰)이 그들이 신성시하는 동물이기 때문이라고 말한다. 그런데 그는 바로 다음 장에서 다음과 같이 주장한다.

> 요컨대 원시 맥족은 맥 토템족으로서 맥(고마, 개마)을 신성시하고, 그 후예인 예맥족은 곰 토템족으로 곰(고마, 개마)을 신성시하여, 그 자체가 곧 신성족이란 뜻을 내포하고 있다. 그래서 이 신성성은 그들 자신의 이름이라든가, 그들이 살고 있는 땅의 도시, 부락, 대산, 대천의 이름에 이르기까지 그와 같은 명칭을 붙이기를 좋아했다.[7]

원시 맥족은 맥을 신성시하여 자신들의 이름이라든가 그들이 살고 있는 땅의 도시나 마을, 산이나 강 이름에 '맥'자를 붙이길 좋아했다고 한다. 이병도에 따르면, 맥족은 맥을 신성시하여 그들의 이름이나 지명에 붙이길 좋아하는 반면, 고구려인들은 맥과 웅을 신성시하여 이 두 글자를 피한다. 즉, 고구려인과 맥족은 전혀 다르다는 뜻이다. 과연 이들은 다른 민족일까? 이에 대한 답은 『후한서』「동이열전」'고구려'조에 나와 있다.

> 구려는 맥이라 부른다. 별종이 있고 소수에 의지하여 산다. 그래서 소수맥이라고 부른다. 좋은 활이 나오는데, 이른바 맥궁이 이것이다.[8]

---

[7] 이병도, 앞의 책 『한국 고대사회와 그 문화』, p. 43.
[8] 『후한서』「동이열전」'고구려'조. "驪一名貊(耳). 有別種, 依小水爲居, 因名曰小水貊. 出好弓, 所謂「貊弓」是也."

『후한서』는 고구려인들이 맥족이라고 한다. 고구려인들이 '맥과 웅을 신성시하여 맥자, 웅자를 피했다'는 논리와 '맥족은 그들이 신성시하여 맥을 이름뿐 아니라 지명에도 사용했다'는 이병도의 주장은 『후한서』에 의해서 무너진다.[9]

그런데 "고구려에서는 맥자, 웅자를 피해 중국의 수신명인 하백을 차음"했다는 이병도의 주장은 '중국 수신인 하백=주몽의 외조부인 하백'으로 발전한다. 이지영은 고구려의 신화 형성 단계를 설명하면서 "필자는 하백이 중국에서 원래 여신이었다는 것, 그리고 수신적 속성으로 인하여 점차 고구려의 하백녀에도 그 속성이 부가되었으리라고 믿는다"[10]라고 했다. "중국의 '하백'으로 인하여 '하백녀'에게 수신적 속성이 부과되었다"[11]는 것이다. 조현설은 부여 신화에 보이지 않은 하백이 고구려 신화에 나타난 점에 초점을 맞춰 신격의 운반체인 동이족 하백 부족이 서쪽에서 동쪽으로 이동하여 고구려 건국신화 형성에 영향을 미쳤다고 주장한다.[12]

이러한 주장들은 곧 고구려 시조모인 하백녀의 출자가 중국이라는 논지로 이어진다. 그렇다면 '하백은 정말 중국에서 왔는가'라고 반문해 볼 수 있다. 이 질문에 답하려면 우선 하백에 대해서 살펴야 한다. 신화와 문헌 자료는 하백의 정체를 파악하는 단서가 될 것이다.

---

9 그런데 이병도는 누가 봐도 앞뒤의 말이 상충되는 논리를 펴고 있다. 왜 이러한 논리를 펴고 있는지에 대해서는 다른 논문에서 자세히 밝히기로 하고, 이 글에서는 하백에 초점을 맞춘다.
10 이지영, 앞의 글 「하백녀, 유화를 둘러싼 고구려 건국신화의 전승 문제」, p. 28.
11 위와 같음.
12 조현설, 앞의 글 「건국신화의 형성과 재편에 관한 연구: 티벳·몽골·만주·한국 신화의 비교를 중심으로」.

광개토호태왕릉비, 1930년대(출처: wiki)

우리 문헌 자료 중 하백이 가장 먼저 나오는 것은 「광개토호태왕릉비문」이다. 이는 장수왕이 그의 부왕인 광개토대왕을 기리기 위해 414년에 세운 비로, 고구려의 창업부터 서술해나간다. 추모왕의 창업을 설명하면서 추모, 즉 주몽의 아버지는 "천제(天帝)의 아들이고, 어머니는 하백의 따님이다"[13]라고 말한다. 추모왕이 엄리대수(奄利大水)에 도착해서는 "나는 황천(皇天)의 아들이며, 어머니는 하백의 따님이신 추모왕이다. 나를 위해 갈대를 연결하고 거북은 떠올라라"[14]라고 명령을 내린다. 자신을 위해 갈대를 연결하고 거북은 떠오르라고 명령하는 장면

---

13 「광개토호태왕릉비문」. "天帝之子, 母河伯女郎."
14 「광개토호태왕릉비문」. "我是皇天之子, 母河伯女郎, 鄒牟王, 爲我連葭浮龜."

에서 하백이 물과 관련되어 있음을 확인할 수 있다.

　이로부터 750여 년이 지난 김부식의 『삼국사기』 '고구려'조에 나타난 하백은 비정한 아버지다. 유화가 중매 없이 혼인하여 가문을 더럽혔다고 여겨 그녀를 추방하기 때문이다. 이는 김부식의 유학자적 관점이 드러난 대목이기도 하다. 『삼국사기』보다 50여 년 뒤에 서술된 이규보의 「동명왕편」에서의 하백은 다른 면모를 보인다. 「동명왕편」은 지금은 전하지 않는 『구삼국사(舊三國史)』에 수록된 내용을 주로 인용하여 전하고 있어서 김부식이 전하는 고구려 건국신화보다 선행한다.[15]

　「동명왕편」에서 하백은 사자를 보내 해모수를 꾸짖는다. "네가 만일 천제의 아들이고 내게 구혼할 생각이 있으면 마땅히 중매를 시켜 말할 것이지 지금 문득 내 딸을 잡아두니 어찌 그리 실례가 심한가?"[16] 하여 해모수를 부끄럽게 만든다. 또 유화의 도움으로 하백의 궁에 들어온 해모수를 향해 예를 갖추며 "혼인의 도는 천하의 공통된 법규인데 어찌하여 실례되는 일을 해서 내 가문을 욕되게 하는가?"[17] 하고는 이내 유화가 데려온 해모수를 시험한다. 해모수가 스스로 천제의 아들임을 밝혔기 때문에 '천제의 아들이라면 신통하고 이상한 재주가 있을 것'이라고 여겼고, 또 딸의 남편감으로서도 마땅한지 시험해보고 싶었던 것이다. 해모수는 수달, 승냥이, 매로 변하여 잉어, 사슴, 꿩으로 변한

15　김홍규는 「동명왕편」의 원주인 『구삼국사』의 내용을 통해 고구려 건국신화가 3세기 말 이전에 정착했을 가능성이 크다고 한다. 김홍규, 「광개토왕릉비 이전의 주몽신화: 책략적 영웅들의 행방」, 『어문논집』 63, 민족어문학회, 2011.

16　「동명왕편」. "汝若天帝之子. 於我有求昏者. 當使媒云云. 今輒留我女. 何其失禮."

17　「동명왕편」. "婚姻之道. 天下之通規. 何爲失禮. 辱我門宗云云."

하백을 사로잡는다. 잉어, 사슴, 꿩은 물, 땅, 하늘에서 사는 생물이다. 즉 수계, 지계, 천계로 상징된다.[18]

해모수에게 사로잡힌 하백은 해모수가 바다와 땅과 하늘에서 전능한 존재임을 인정한다. 그래서 혼인한 후에 딸을 데려가지 않을까 두려워 해모수를 술에 취하게 하여 딸과 함께 가죽 수레에 넣어 용거(龍車)에 실어 보낸다. 그 수레가 미처 물에서 나오기 전에 해모수가 술이 깨어 유화의 황금비녀로 가죽 수레를 뚫고 홀로 하늘로 올라가니 하백이 그 딸에게 크게 노하여 가문을 욕되게 한 죄로 입을 옭아 잡아당겨서 석 자나 되게 하고 우발수(優渤水)로 추방한다.

「동명왕편」에서의 하백은 해모수의 잘못을 짚고 시험을 통해 해모수를 인정하지만, 해모수 혼자 물의 세계에서 탈출해 하늘로 올라간 책임을 유화에게 전가하고 있다. 전능한 존재에 대한 자신의 무능을 아버지의 권위로 회복하려는 모습이다. 이렇듯 우리 문헌에 나타난 하백은 물의 세계를 지배하는 수신이며, 권위적인 아버지 상으로 나타난다.

하백은 중국에서도 수신으로 나타난다. 중국신화에 나타난 하백은 하반신이 물고기다. 하백이 수신이 된 이유는 두 가지다. 강을 건너다가 빠져 죽어 수신이 되었다고도 하고, 신약을 먹고 물을 만나 신선이 되었다고도 한다.[19] 하백은 늘 연꽃으로 만든 수레를 타고, 용을 몰고 다니면서 미녀와 함께 아홉 개의 강을 유람한다. 하백은 매년 미녀를 바꾸는 까닭에 전국시대 때 위나라 업(鄴) 지방에서는 하백이

---

18 황패강, 앞의 책 『한국신화의 연구』, p. 224.
19 원가, 정석원 옮김, 『중국의 고대신화』, 문예출판사, 1987, p. 211.

신부를 맞이하는 풍습, 즉 매년마다 처녀를 인신공양하는 제의를 지냈다. 위나라 사람들이 그만큼 하백을 방탕한 신으로 인식했음을 알 수 있다.[20]

하백은 수신으로서 지녀야 할 품위마저 잃어버린 비열한 성격의 소유자로 나타난다. 공자의 제자인 자우(子羽)가 백벽(白璧)을 가지고 황하를 건너려고 한 사실을 눈치 챈 하백은 백벽을 빼앗으려고 산더미 같은 파도를 일으키고, 교룡을 시켜 배를 뒤집으려고 한다. 또한 엄청난 홍수를 일으켜 무고한 백성들을 희생시키기도 하는 등 신화에서 하백은 자유 방탕한 생활을 하는 비열한 성격의 소유자로 묘사되어 있다.[21]

이처럼 중국신화의 하백이 고구려 건국신화의 하백과 성격이 다른 이유는 고구려 건국신화의 기록 시점 때문이다. 고구려 건국신화는 유교적 질서가 뿌리내린 이후에 기록되어서 하백은 가부장적 권위주의가 팽배한 인물로 묘사되었다. 그러나 중국신화의 하백은 보다 원시성에 가깝다. 방탕함과 비열함 등 하백의 성격이 부정적으로 나타난 것은 변화무쌍한 물의 속성과 관련이 있을 것이다. 물은 생명을 주기도 하지만, 홍수 등으로 생명을 빼앗기도 한다. 옛사람들의 터전이 물가였다는 점을 상기해보면 물의 속성을 하백이라는 인물로 의인화했음을 쉽게 짐작할 수 있다. 따라서 두 문헌에 기록된 성격의 차이는 고구려 건국신화의 하백과 중국의 수신 하백이 다른 인물임을 증명하는 근거가 될 수 없다.

---

20 원가, 정석원 옮김, 위의 책 『중국의 고대신화』, pp. 211~ 214.
21 원가, 정석원 옮김, 위의 책 『중국의 고대신화』, pp. 215~ 216.

하백에게 인신공양하는 제의는 『사기』「골계열전(滑稽列傳)」에 나타난다. 서문표(西門豹)는 위나라 문후 때 사람으로 업현의 영을 다스리는 관리가 되었다. 업에 도착한 서문표는 노인들을 만나 어려운 점을 물었다. 그러자 그들은 하백이 부인을 취하는 것이 가장 괴롭다고 말했다.

> 서문표가 업에 도착해 노인들을 만나 백성의 병과 괴로움을 물었다. 나이 많은 어른이 말하길 "괴로운 것은 하백이 부인을 취한 것입니다.[『사기정의』. 하백은 화음동향(華陰潼鄕) 사람이며 성은 풍(馮)씨고 이름은 이(夷)다. 황하에서 목욕하다 익사해서 마침내 하백이 되었다.] 그래서 가난합니다." 표가 그 까닭을 물으니 대답하길 "업 땅의 삼로(三老)들과 현청의 관리들이 매년 백성들에게 세금을 걷어 그 돈이 수백만 전이 되면 그중 20~30만 전을 하백의 부인 얻는 데 썼습니다."[22]

노인의 말은 하백이 부인을 취하기 때문에 세금을 많이 내야 한다는 것이다. 그런데 「서문표전」의 전체 이야기는 하백이 부인을 취하기 때문에 백성을 괴롭히는 것이 아니라 업현의 관리들과 무당들이 하백을 빙자해서 백성을 착취한 이야기다. 즉 하백을 빙자한 관리 및 무당들이 백성을 괴롭힌 이야기다.

위의 인용문에서 『사기』 주석자인 장수절이 달아놓은 주석에는 하백

---

22 『사기』「골계열전」. "豹往到鄴 會長老 問之民所疾苦. 長老曰:「苦爲 河伯 娶婦【正義】河伯 華陰潼鄕人 姓馮氏 名夷. 浴於河中而溺死 遂爲 河伯 也. 以故貧.」豹問其故 對曰:「鄴三老 廷掾常歲賦斂百姓 收取其錢得數百萬 用其二三十萬爲 河伯 娶婦(……)」."

에 대한 정보가 들어 있다. 첫째, 성이 풍씨이고 이름이 '이'라는 것, 둘째, 물에 익사해서 하백이 되었다는 것, 셋째, 화음동향 사람이라는 것이다. 즉 하백이라는 이름은 그가 죽은 후에 얻은 이름이고 본래는 '풍이'였다는 것이다.

3. 치수집단 수장의 명칭, 하백

장수절이 제공한 정보를 토대로 먼저 풍이에 대해서 알아보자. 『사기집해』의 저자 배인은 하백에 대해 『한서음의(漢書音義)』를 인용하여 '풍이는 하백의 자'라고 했다.[23] 장수절도 『사기정의』에서 "성은 풍이고 이름은 이다"[24]라고 했으며, 『용어하도(龍魚河圖)』에서는 "하백의 성은 여이고 이름은 공자이다. 부인의 성이 풍이고 이름이 이다. 하백은 자다"[25]라고 했다. 즉 하백의 본래 이름은 풍이 또는 여공자였다.

둘째, 물에 익사해서 하백이 되었다는 정보는 『회남자(淮南子)』와 『용어하도』에서 제공해준다. 『회남자』에서는 풍이가 도를 얻어 큰 강에 숨었다고 말한다.[26] 『용어하도』에서는 풍이가 "화음동향 제수 사람으로 물에 빠져 죽었다. 그래서 하백이라고 한다"[27]라고 했다.

『후한서』 「동이열전」은 풍이가 동이의 아홉 종족 중 하나라고 전한

---

23 『사기』 「사마상여열전」. "駰案: 漢書音義曰 「靈娲 女娲也. 馮夷 河伯字也」."
24 『사기』 「사마상여열전」. "姓馮名夷 以庚日溺死. 河常以庚日好溺死人."
25 『사기』 「봉선서」. "『龍魚河圖』云 『河伯姓呂 名公子 夫人姓馮名夷. 河伯 字也』."
26 『사기』 「사마상여열전」. "『淮南子』曰 『馮夷得道 以 潛大川』."
27 『사기』 「봉선서」. "『龍魚河圖』云 華陰潼鄉隄首人水死 化為河伯."

다. 동이의 아홉 종족은 견이(畎夷), 우이(于夷), 방이(方夷), 황이(黃夷), 백이(白夷), 적이(赤夷), 현이(玄夷), 풍이(風夷), 양이(陽夷) 등이다.[28] 풍이는 하백의 본래 이름이 풍이 또는 여공자라는 점, 하백의 부인을 풍이라고 불렀다는 점, 물에 빠져 죽어서 하백이라는 이름을 얻었다는 점 등을 종합해보면 물과 관련되어 있다. "풍이는 즉 빙이(冰夷)이며, 신화 중에 물의 신"[29]이다. 문헌 기록을 종합해보면 풍이가 물에 빠져 죽은 뒤에 하백이 된다. 즉 하백의 본래 이름은 풍이나 여공자였고, 물에 빠져 죽은 후 하백이라는 이름을 얻었다.

그런데 하백은 풍이족 집단 또는 그 수장을 일컫는 명칭일 가능성이 있다. 즉 하백은 물을 다스리는 부족들 중 한 부족의 우두머리를 가리키는 이름일 것이다. 은나라 왕해(王亥)의 이야기에서 그것을 확인할 수 있다. 은나라를 세운 설의 5대손인 명(冥)의 아들 왕해의 이야기가 『산해경』「대황동경」에 나오는데, 이때 하백이 언급된다.

> 곤민국(困民國)이 있는데 성은 구씨이고 (기장을) 먹고 산다. 왕해라는 사람이 있어 두 손에 새를 잡고 지금 그 머리를 먹고 있다. 왕해가 유역(有易)과 하백에게 길든 소를 맡겼는데, 유역이 왕해를 죽이고 길든 소를 차지했다. (은나라가 유역을 치자) 하(백)이 유역을 딱하게 여겨 (그를 도와주어) 유역이 몰래 빠져나와 짐승들 사이에 나라를 세우고 지금 이것을 먹고 있다.[30]

---

28 『후한서』「동이열전」. "夷有九種 曰畎夷 于夷 方夷 黃夷 白夷 赤夷 玄夷 風夷 陽夷."
29 『북제서』「열전」. "「冰夷」即「馮夷」乃神話中河神."
30 정재서 역주, 『산해경』, 민음사, 1997(신장판 2쇄), p. 290.

왕해가 유역과 하백에게 소를 맡겼는데 유역이 왕해를 죽이고 소를 차지해버린다. 은나라는 왕해를 죽인 유역을 보복하기 위해 그들을 쳤다. 그러자 하백이 유역을 불쌍히 여겨 도와주었다는 것이다. 『산해경』 「대황동경」에는 유역이 개인인 것처럼 쓰여 있다. 그런데 곽박이 『죽서기년(竹書紀年)』[31]을 인용하여 이 이야기에 달아 놓은 주석에 따르면 유역은 집단의 명칭이다.

> 『죽서』에 이렇게 기록되어 있다. "은왕 자해가 유역에 손님으로 갔는데 방종하여 유역의 임금 면신(綿臣)이 그를 죽여서 내버렸다. 이 때문에 (왕해의 뒤를 이은) 은의 임금 갑미(甲微)가 하백에게 군사를 빌려 유역을 쳐서 멸망시키고 마침내 그 임금 면신을 죽였다."[32]

『산해경』에 주석을 단 곽박은 중국 서진 말에서 동진 초의 학자다. 경술을 좋아하고 옛글과 기이한 글자를 좋아했으며, 박학하고 재주가 높았으나 언변은 어눌했다고 전한다.[33]

고문에 밝고 지식이 매우 해박했기 때문에 『죽서기년』을 인용하여 왕해가 유역의 임금 면신에게 살해된 사건이라고 『산해경』에 주석을 달았던 것이다.

『산해경』의 본래 이야기와 곽박이 단 주석의 공통점은 유역이 은나

---

31 작자 미상인 『죽서기년』에는 사마천의 『사기』에 빠진 내용들이 기록되어 있다. 중국에서는 『죽서기년』에 근거하여 『사기』의 연표 오류를 수정하기도 한다. 중국 고대사를 연구하는 데 중요한 자료다.
32 정재서 역주, 『산해경』, 민음사, 1997(신장판 2쇄), p. 290.
33 『진서』「곽박전(郭璞傳)」 "璞好經術 博學有高才 而訥於言論 (……) 好 古文奇字."

곽박(출처: 바이두)

라 왕자를 살해했다는 것뿐이다. 그러나 유역이 왕해를 죽인 이유는 다르게 나타난다. 『산해경』은 유역이 소가 탐이 나서 왕해를 죽였다고 하고, 곽박은 유역에 손님으로 간 왕해가 방종하게 굴어서 유역의 임금 면신이 그를 죽였다고 한다. 유역을 치는 과정도 다르다. 『산해경』은 은나라가 유역을 치자 하백이 유역을 불쌍히 여겨 탈출하도록 도와주었다고 하고, 곽박은 은의 갑미가 하백에게 군사를 빌려 유역을 멸망시켰다고 한다.

곽박의 주석이 흥미로운 점은 은나라 갑미가 하백에게 군사를 빌려 유역을 쳤다는 점이다. 왕해는 서기전 1874년에서 서기전 1775년까지 살았던 인물이다.[34] 은나라는 일찍이 설의 손자인 상토(相土) 때도 그 영토가 황하에 닿아 있었고 해외를 평정할 만큼 큰 국가였다. 여기서 해외는 발해다. 즉 은나라는 발해로부터 멀지 않았다.[35] 이러한 점으로 볼 때 하백은 은나라가 군사를 빌릴 만큼 은나라와 대등한 정치세력이었거나 적어도 무시할 수 없는 세력이었을 것이다. 또한 하백이

---

34 부사년, 정재서 역주, 앞의 책 『이하동서설』, p. 89.
35 부사년, 정재서 역주, 앞의 책 『이하동서설』, p. 88.

「죽서기년」(출처: 바이두)

은나라에 군사를 빌려준 것은 지리적으로 은나라와 아주 가까웠을 뿐 아니라 그가 은나라와 같은 동이족이었기 때문에 가능했을 것으로 보인다.

그런데 곽박은 주석에서 유역과 하백이라는 집단 명칭을 개인 이름으로 서술하고 있다. 유역의 왕 면신이라는 이름 대신 유역이라는 집단의 명칭을 개인의 이름처럼 썼듯이 하백도 그렇게 썼다. 한 개인을 지칭하는 이름으로 하백 이름을 썼다면 군대를 빌려준 것처럼 서술할 수 없기 때문이다. 적어도 군대를 소유한 사람으로 서술되었고, 그 군대를 소유한 수장의 명칭으로 서술되었다고 봐야 할 것이다. 따라서 하백은 개인의 이름이 아니라 집단의 명칭이거나 그 집단의 수장을 일컫는 표현임을 알 수 있다.

유역과 하백처럼 고대 문헌은 집단의 명칭과 그 수장의 이름을 구별 없이 쓰고 있는데, 이는 고대의 기록 관습 때문이다. 태호와 소호도 모두 부족 명칭이자 그 수장을 가리키는 명칭인데 마치 개인의 이름처럼 쓴 것은 기록 당시의 관습 때문이라고 부사년은 말한다.[36] 이처럼 고대에는 집단의 명칭과 개인의 이름을 구별 없이 쓴 까닭에 후대에 그것을 해석하는 데 어려움이 있다. 이것은 하백에도 그대로 적용된다. 즉, 『산해경』에서 은나라에 군대를 빌려주는 하백은 어떤 정치집단 또는 그 수장을 가리키는 용어로 쓰인 것이다.

한편, 바다의 신령한 거북에게 명령을 내리는 하백의 모습은 그가 치수를 다스리는 집단의 수장임을 알려준다. 『한서』「예악지(禮樂志)」에 "풍휴절화소사평(馮蠵切和疏寫平)"이라는 구절이 있다. 이 구절에 대해 안사고는 풍이가 신령스러운 바다 거북에게 명령하여 수신을 괴롭히는 것을 끊고 서로 화해하도록 시키고, 비를 내려서 서로 소통하고 인도하여 옮겨서 균등하게 했다고, 그래서 재해가 없었다고 설명한다.[37] 비를 내려서 물이 적은 곳으로 물을 옮겨 물의 범람을 막았다는 말이다. 즉, 하백은 물을 다스리는 종족의 수장이었고, 하백집단의 구성원들인 거북은 그의 명령에 따라 물을 옮겨 가뭄의 재해를 막았던 것이다. 「광개토호태왕릉비문」에도 하백의 딸인 어머니를 거론하면서 추모왕이 거북에게 명령을 내리는 장면이 있다. 이러한 점에서 동이족 풍이는 물을 다스리는 종족이었고, 그 수장을 하백이라고 일컬었다고 본 것이다.

---

36 부사년, 정재서 역주, 앞의 책 『이하동서설』, p. 198.
37 『한서』「예악지」. 晉灼曰: 「馮, 馮夷 河伯也. 蠵, 觜蠵 龜屬也」 師古曰: 「言 馮夷命靈蠵 使切厲諸和水神 令之疏導川潦 寫散平均 無災害也.」

4. 동이족 하백이 중국 수신이 되는 과정

「광개토호태왕릉비문」에 나타난 하백이 어떻게 중국 황하의 신으로 등장하는 것일까? 장수절이 하백에 대해 달아 놓은 주석에 따르면, 하백은 화음동향 사람으로, 홍농군 화음동향은 지금의 섬서성에 위치하며 영보시에 해당한다.38 황하는 섬서성을 휘돌아 감아 내려와 동쪽으로 흘러간다. 지도를 보면 화산에는 황하의 지류가 지나가고 있다.39 이 외에도 『대정신수대장경(大正新修大藏經)』에서는 하백이 수신이 된 곳을 여항현(餘杭縣) 남쪽 위에 있는 상(湘)강이라고 한다.40 여항현은 지금의 섬서성 항주다. 섬서성의 영보군이나 항주에는 모두 황하의 지류가 흐르고 있다.

황하는 중국인들에게 은혜와 공포의 강이다. 문명이 발원할 정도로 황하로부터 은혜를 받았지만, 홍수로 인한 재산 및 인명 피해는 공포로 다가온다. 이로 말미암아 중국인들은 황하에 물의 신이 있다는 생각, 즉 만물유영론 또는 범신론의 종교 신앙에서 하신의 존재를 만들어 그 강에 제례를 지냈다.41

『사기』「봉선서(封禪書)」에 따르면, 4대 강 중 황하는 임진에서 제사

---

38 臧厲龢 外, 『中國古今地名大辭典』, (臺灣)商務印書館, 1982.
39 중국의 오악(五嶽)은 산서성에 있는 동악 태산(泰山), 호남성에 있는 남악 형산(衡山), 산서성에 있는 북악 항산(恒山), 하남성에 있는 중악 숭산(崇山), 그리고 섬서성에 있는 서악 화산(華山)이다. 화산은 섬서성 관중평원 동부의 화음현 경내에 있으며, 서안시에서 동쪽으로 120킬로미터 떨어진 곳에 위치해 있다.
40 『대정신수대장경』. "宋時弘農華陰潼鄉陽首里人也. 服八石得 水道仙. 為河伯. 幽明錄曰. 餘杭縣南有上湘."
41 선정규, 앞의 글 「하백신화고: 그 원류와 변천 과정을 중심으로」, pp. 4~5.

황하

를 지낸다.[42] '봉선'은 진시황이 천하를 통일하고 천지와 명산대첩에 제사를 지내면서 유래되었다. 봉은 하늘에 제사 지내는 것이고, 선은 땅에 제사 지내는 것이므로 합하여 봉선이다. 「봉선서」는 하늘과 땅에 제사를 지내는 곳에 관해 기록한 것을 말한다.[43]

황하에 제사를 지내는 임진에 대한 주석으로 『사기색은』은 풍익현이라고 했고, 『사기정의』에서는 동주 풍익현인데, 옛날 이름은 '대려(大荔)'였던 것을 한나라 때 임진현으로 바꾸고 진나라 때 풍익현으로 고

---

42 『사기』 「봉선서」. "水曰河 祠臨晉."
43 『사기』 「봉선서」. "及秦幷天下 令祠官所常奉天地名山大川鬼神可 得而序也."

쳤다고 한다.⁴⁴ 풍익현은 지금의 섬서성에 위치해 있다. 섬서성과 하남성 일대는 고대 은나라의 세력 범위였다. 부사년은 은나라의 세력 범위를 그려 놓았는데, 지금의 섬서성과 하남성 그리고 산동반도로 표시해 놓았다.

지도에서 알 수 있듯이 풍이가 도를 얻어 수신이 된 풍익현은 은나라 세력권과 밀접하다. 동이족의 활동 무대는 본래 지금의 중국 하북성 북경과 매우 인접한 발해 유역 일대였다. 지금의 적봉 지역에서는 고조선이 건국되기 전인 서기전 2500년경부터 중국 황하문명과는 다른 청동기 유물 유적들이 발굴되고 있는데, 이 문화는 그 지역의 토착문화로 하가점하층문화라고 한다.⁴⁵ 중국의 학자들은 하가점하층문화의 연대를 하·상시대로 보고 있다.⁴⁶ 즉 하가점하층문화의 주인공을 동이족(고조선)으로 보고 있는 것이다. 중국의 금석문 연구자 낙빈기도 청동기에 새겨진 금석문을 통해 중국 고대사는 동이족의 역사라고 했다.⁴⁷ 이 동이족의 일부가 지금의 섬서성과 하남성 일대로 이주하여 은나라를 세운다. 부사년은 "성탕 이전 선왕들이 북쪽에서 기원하여 남쪽으로 내려"⁴⁸온 사실을 『시경』「상송(商頌)」을 근거로 제시했다.

---

44 『사기』「봉선서」. "祠臨晉: 【索隱】 韋昭云: 「馮翊縣」 地理志臨晉有河水祠. 【正義】 即同州 馮翊縣 本漢臨晉縣 故大荔 秦獲之更名." 『사기색은』과 『사기정의』는 『사기』에 주석을 단 주석서다. 『사기색은』은 사마정이, 『사기정의』는 장수절이 각각 지었으며, 둘은 당나라 때의 역사가다. 『사기』 본문에 줄여서 【索隱】【正義】로 표기되어 있다.
45 윤내현, 「고조선의 강역과 국경」, 『고조선 연구』, 일지사, 1994, p. 194.
46 中國社會科學院考古研究所 編著, 『新中國의考古發現和研究』, 文物出版社, 1984, p. 339를 윤내현, 위의 글 「고조선의 강역과 국경」, p. 194에서 재인용.
47 낙빈기, 태산 역주, 『금문신고 1: 전적집』, 미래교류, 2011.
48 부사년, 정재서 역주, 앞의 책 『이하동서설』, p. 88.

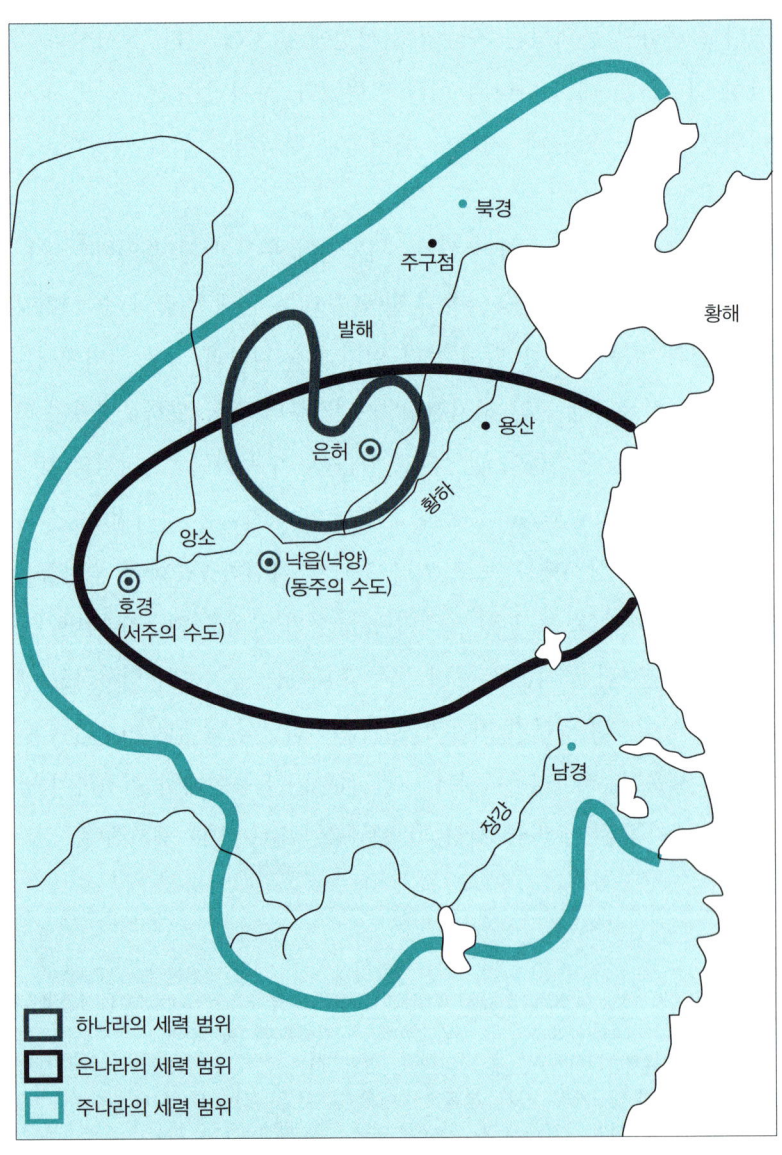

은나라의 세력 범위(출처: 『이하동서설』)

『시경』「상송」에서는 "상토는 위세가 당당하여 멀리 해외까지 평정했다"고 하는데, "광대한 영토가 황하에 닿아 있다"는 국가라는 점에서 생각해보자면 가장 가까운 바다는 곧 '발해'이며, 가장 가까이에 있는 가능한 해외는 요동반도나 조선의 서북방 지경이다.[49]

은나라의 세력 범위가 황하와 발해에 닿아 있었다면 하백의 집단도 황하와 발해 가까이 있었을 것이다. 그러다가 은나라가 그 제후국인 주나라에 망하자 은나라 백성 일부는 그 지역에서 정착하고 일부는 "선왕이 살던 곳을 좇아" 조선이 있는 동쪽으로 이동했을 것이다.[50] 기후방정(夐侯方鼎)이 출토된 지역이 문헌의 내용을 입증해준다. 기후방정은 청동기로 만든 네모난 제사 용기에 '기후'라고 새겨진 것 때문에 붙은 이름이다. '기후'는 기자를 뜻한다. 기후방정은 중국 요녕성 객좌현 근처에서 발굴되었다.[51] 은나라는 섬서성과 하남성 일대의 황하에 있던 나라다. 은나라가 망하자 주나라 무왕이 기자를 조선후에 봉했다. 기자는 고조선이 있는 동북쪽으로 이동했다. 하북성에서 발견된 기후방정은 은나라 유민 일부가 이동한 사실을 보여준다.

일부 유민이 정착한 곳은 선우국(鮮虞國) 또는 중산국(中山國)으로 문헌에 나타난다. 춘추시대에는 선우라는 이름으로 존재했던 중산국은 동이족의 후예들이 세운 나라다. 사마정은 『사기색은』에서 "중산은 옛 선우국"[52]이라고 했다. 중산왕릉은 1978년 하북성 석가장 북서쪽에 있

---

49 위와 같음.
50 부사년, 정재서 역주, 앞의 책 『이하동서설』, p. 89.
51 이덕일·김병기, 앞의 책 『고조선은 대륙의 지배자였다』, p. 65.
52 『사기색은』. "按: 中山, 古鮮虞國."

선우중산국 박물관

는 평산에서 발굴되었고, 「선우황비(鮮于璜碑)」는 1979년에 발굴되었다. 이 비문에는 "선우씨는 은나라 기자의 후예"[53]라는 문구가 새겨져 있다. 역사학자 진반(陳槃)은 1968년에 중원에 산재해 있던 춘추시대 170여 소국을 기존 사서를 근거로 정리했는데, 선우에 관해서는 "일명 중산이라 한다. 선우는 그 선조가 자성(子姓)인데, 기자는 조선에 봉하고 기자의 둘째 아들은 우에 봉했다. 여기서 자손들은 조선의 '선'과 '봉지 우'를 따서 선우씨"[54]라고 했다. 선우는 상나라 왕족의 성을 가지고 있으며, 이는 상나라 후예들 일부가 중원에 남았다는 증거다. 은나라가 망하자 하백의 집단도 은나라 유민들처럼 일부는 정착했고, 일부는 조선으로 이동했을 것이다. 정착한 동이족 유민들은 이민족과 결합하여 점차 토착화되었다.

---

53 「선우황비문」. "□謂璜字伯謙其先祖出于殷箕子之苗裔."
54 이형구·이기환, 『코리안 루트를 찾아서』, 성안당, 2009.

선정규도 황하의 연안(沿岸)에 살던 사람들에게 황하의 신이 가장 대표되는 하신으로 인식되었다고 본다. 그 하신을 "그 강과 가장 밀접한 관계를 가지고 있는 영웅 혹은 부락의 명칭과 점차 하나로 일치"[55] 되게 불렀는데, 황하의 연안은 동이족 은나라 사람들이 그곳에 나라를 세우면서 하백이 자연스럽게 하신과 결합되어 하백이라고 부르게 되었다는 것이다.[56] 동이족의 선조 하백의 전설은 이러한 과정을 거쳐 중국 수신으로 고착화된 것이다. 이것은 진(秦)과 조(趙)나라가 동방의 성을 사용하고 있는 것에서 확인된다.

> 진과 조는 서방의 나라로, 동방의 성을 사용하고 있는 것은 대개 상대(商代)에 서쪽으로 영토를 개척해 나갈 때 영(瀛)씨 성의 동이가 상인(商人)의 깃발 아래 서방의 나라로 들어갔기 때문이다. 『사기』「진본기(秦本記)」에서는 이 일을 아주 명백하게 설명하고 있다. (……)
> 진과 조의 선조가 그 전설을 지니고 서방 지역으로 옮겨 가지고 간 이후 오랜 시간이 지나며 토착화한 것이다.[57]

부사년은 진나라와 조나라의 성과 전설이 동이족의 그것이라는 이유를 진과 조의 선조가 본래 동이족이기 때문이라고 했다. 즉, 진과 조의 본래 선조는 은나라가 서방으로 영토를 확장할 때 들어간 동이족이며, 그들이 이동할 때 동이족의 전설을 지니고 옮겨 가서 오랜 시간이

---

55 선정규, 앞의 글 「하백신화고: 그 원류와 변천 과정을 중심으로」, p. 6.
56 선정규, 앞의 글 「하백신화고: 그 원류와 변천 과정을 중심으로」, p. 8.
57 부사년, 정재서 역주, 앞의 책 『이하동서설』, p. 200.

지나며 토착화되었기 때문이라는 것이다. 이것은 하백의 이야기에도 그대로 적용된다.

하백이 중국 수신으로 고착화된 것은 본래 발해 지역에 있던 동이족이 남하하여 은나라를 세우고 황하까지 그 세력을 확장했다가 그 제후국인 주나라에 패해서 일부는 다시 본래의 고향인 발해 지역으로 돌아가고 일부는 그곳에 정착했기 때문이다. 은나라를 세운 설의 세력이 서쪽으로 이동할 때, 대등한 정치세력인 하백의 집단 일부는 같이 이동하거나 은나라와 아주 인접한 곳에 있었다. 이때 이동한 하백의 일부 세력은 그들의 선조 이야기를 지닌 채 이동했던 것이다. 그러다가 점차 세월이 흐르고 물을 다스렸던 하백 종족의 이야기는 이민족에 흡수되어 신격화된 것이다.

하백 이야기가 풍이, 빙이, 여공자, 하백 등으로 문헌마다 다르게 나타난 점도 하백이 황하의 신으로 정착된 과정을 말해준다. 치수를 담당하던 개인인 풍이, 빙이, 여공자 등이 치수집단의 수장이 되면서 그 명칭인 하백으로 불리게 되었다. 하백이 된 풍이, 빙이, 여공자 등의 치수 치적은 전설이 되었고, 그 이야기가 도교사상과 결합하여 황하의 수신이 되었다. 따라서 황하의 수신 하백의 출자는 동이족이다.

『사기』「사마상여열전(司馬相如列傳)」에는 "영와(靈媧)에게는 북과 거문고를 타게 하고 풍이는 춤을 추었다"[58]라는 구절이 있다. 이 구절의 주석을 보면 『한서음의』에서는 "영와는 여와이고 풍이는 하백의 자다"라 하고, 『회남자』에서는 "풍이는 도를 얻어 큰 강에 숨었다"고 했다. 『사기정의』에는 "성은 풍이고 이름은 이다. 경일(庚日)에 물에 빠져

---

58 『사기』「사마상여열전」. "使靈媧鼓瑟而舞馮夷."

죽었다. 그래서 하백은 항상 경일에 물에 빠져 죽은 사람을 좋아한다."⁵⁹라고 했다.

『한서음의』와 『회남자』 그리고 『사기정의』를 종합해보면, 풍이는 하백의 이름이다. 하백은 치수집단의 우두머리를 일컫는다. 즉 물을 관리하는 집단의 우두머리인 하백의 이름이 풍이인 것이다. 이 풍이가 "도를 얻어 큰 강에 숨었다"는 신화적 표현은 풍이가 그만큼 물을 다스리는 일에 뛰어났다는 의미를 담고 있다. 즉 당대인들은 풍이가 물을 다스리는 뛰어난 능력이 있었기 때문에 도를 얻었고, 죽어서는 물을 다스리는 신이 되었다고 여겼을 것이다.

또 『사기정의』에서는 "「산해경」에서 빙이는 사람의 얼굴을 하고 두 용을 탈 수 있다고 기술하고, 「태공금궤(太公金匱)」에서 '풍수이다'라고 되어 있고, 「용어하도」는 '하백의 성은 여이고, 이름은 공자인데, 부인의 성이 풍이고 이름이 이며 하백은 자인데 화음동향의 제수 사람이 물에 빠져 죽어서 하백으로 변했다'고 되어 있고, 응소는 '이는 풍이다. 급기야 수선(水仙)이 되었다'라고 말했다."⁶⁰

『산해경』에서 용을 타고 다니는 빙이는 곽박에 따르면 풍이이며,⁶¹ 「용어하도」에서는 하백이 여공자다. 즉 물을 다스리는 수장의 칭호인 하백의 이름은 빙이, 풍이, 여공자 등인데, 이렇듯 이름이 다양한 이유

---

59 『사기』 「사마상여열전」. "使靈媧鼓瑟而舞馮夷【集解】徐廣曰:「媧, 一作『貽』」. 駰案: 漢書音義曰「靈媧, 女媧也. 馮夷, 河伯字也. 淮南子曰『馮夷得道, 以 潛大川』」. 【正義】姓馮名夷, 以庚日溺死. 河常以庚日好溺死人."
60 『사기정의』. "山海經云 '冰夷, 人面, 乘兩龍也.' 太公金匱云 '馮脩也.' 龍魚河圖云 '河伯姓呂, 名公子, 夫人姓馮名夷. 河伯, 字也. 華陰潼鄉隄首人水死, 化為河伯.' 應劭云 '夷, 馮夷, 乃水仙也.'"
61 이지희, 앞의 글 「고구려와 탁발선비 시조신화 비교 연구」.

는 대를 이어 수장이 된 개개인의 이름이기 때문이다. 『용어하도』에서는 부부의 이름이 똑같이 하백이다. 여공자의 이름이면서, 그 부인인 풍이의 자로 쓰인다. 물에 빠져 죽어서 하백으로 변했다는 말은 여공자도 그리고 그 부인인 풍이도 물을 다스리는 능력이 있어서 하백이 되었다는 의미일 것이다. 이는 개인이 수장이 되면서 하백으로 불리게 된 예다.

『후한서』「장형열전(張衡列傳)」 주석에서는 『성현총묘기(聖賢冢墓記)』를 인용하여 풍이가 하백이 되는 과정을 설명하고 있다.

> 풍이라는 자는 홍농 화음동향 제수리 사람이다. 팔석을 먹고 수선(水仙: 수중의 신인)이 되는 것을 얻고 하백이 되었다.[62]

풍이가 팔석을 먹고 수중의 선인이 되는 것을 얻어 하백이 되었다는 것이다. 위의 문헌들에서 하백은 한 명의 개인으로 나타난다. 도를 얻고, 물에 빠져 죽은 개인이다. 『산해경』에서 갑미를 도와 유역을 친 하백이나 「광개토호태왕릉비문」에 나오는 하백처럼 집단 또는 그 대표성을 띠는 게 아니다. 위의 문헌은 집단의 명칭으로서의 하백이 아닌 개인인 하백이 도가사상과 결합되어 중국 황하의 신으로 자리매김 된 과정을 보여준다. 즉, 동이족 하백이 중국 수신이 되는 과정과 다름이 없다.

---

62 『후한서』「장형열전」. "聖賢冢墓記曰:「馮夷者, 弘農華陰潼鄉隄首里人, 服八石, 得水仙, 為河伯」."

5. 맺는말

지금까지 고구려 건국 주체인 주몽의 외조부 하백의 출자를 살펴보았다. 이는 고구려를 세운 주몽의 모계를 살피는 일이다. 우리나라 문헌에는 하백에 대한 이야기가 고구려 건국신화와 같은 단일한 내용으로 전해지지만, 중국의 문헌에는 다양한 하백의 이야기가 기록되어 있다. 때문에 일부 연구자들은 고구려 건국신화가 중국의 영향을 받았다고 본다. 그러나 필자는 동이족의 하백이 중국의 수신에 영향을 미쳤다고 본다. 따라서 이 글에서는 동이족인 하백이 어떻게 중국의 수신으로 토착화되는지를 살펴보았다.

동이족 하백이 중국의 수신으로 토착화된 과정을 살피기에 앞서 고구려 건국신화의 하백과 중국 문헌에 나타난 하백의 성격을 살펴보았다. 하백은 수신으로서 공통점을 지니지만, 그 성격은 확연하게 차이를 보인다. 고구려 건국신화의 하백은 딸과 아버지 관계로 그 성격을 드러내는데, 냉혹하고 권위적인 아버지로 그려져 있다. 반면 중국 문헌에서 하백은 여인과의 관계에서는 방탕하게, 백벽을 가지고 황하를 건너는 자우에게는 비열하게 행동한 것으로 그려져 있다. 또 엄청난 홍수를 일으켜 무고한 백성을 희생시키기도 한다. 이처럼 중국 문헌에 나타난 하백은 방탕하고 비열한 성격의 소유자로 그려져 있는데, 이는 변화무쌍한 물의 속성으로 파악된다.

하백은 개인의 호칭으로 나타나기보다는 치수집단, 또는 그 집단의 수장을 가리키는 용어로 나타났다. 필자는 동이의 아홉 종족 가운데 풍이 집단, 또는 그 수장을 일컫는 호칭으로 파악했다. 『산해경』「대황동경」에 왕해와 유역의 갈등에 나타난 하백과, 곽박이 『죽서기년』을 인용하여 달아 놓은 주석을 분석한 결과다. 하백이 개인이라면 유역을 친 은나라에 군대를 빌려줄 수 없기 때문에 하백을 집단의 명칭 또는 그 집단의 수장을 일컫는 것으로 본 것이다. 또 『한서』 「예악지」에서 하백이 거북에게 명령을 내려 비를 소통하고 인도하여 균등하게 해 재해를 막았다는 설명에서도 하백이 집단의 수장 명칭임을 확인했다. 「광개토호태왕릉비문」에서 추모왕이 하백의 딸인 어머니를 거론하면서 거북에게 명령을 내린 장면도 동이족 풍이는 물을 다스리는 종족이었고 그 수장을 하백이라고 일컫는 근거로 보았다.

동이족 하백이 중국의 수신으로 토착화된 과정은 은나라를 세운 은 종족의 서진과의 관련에서 파악했다. 동이족의 활동 무대는 본래 지금의 중국 하북성 북경과 매우 인접한 발해 유역 일대였다. 그런데 동이족의 일부인 은족이 서진하면서 지금의 섬서성과 하남성에 은나라를 세운다. 은나라가 서진할 때 하백의 종족 일부도 서진했을 것이다. 그래서 은나라가 하백에게 군사를 빌려서 유역을 칠 수 있었던 것이다. 즉 하백의 종족은 은나라와 아주 가까운 거리에 있었다. 은나라의 세력 범위가 황하와 발해 인근에 있었다면, 하백도 그 인근에 있었다는 의미다. 그러다가 은나라가 주나라에 망하자 은나라 유민 일부는 본래의 고향, 동쪽으로 이동했고, 일부는 그 지역에 정착했다. 이때 하백의 집단도 은나라 유민들처럼 일부는 고향으로 돌아가고 일부는 그 지역에 남아서 이민족과 결합하여 점차 토착화되었다.

정리하자면, 하백의 집단은 은 종족이 서방으로 이주하여 상나라를 세울 때 하백의 전설을 가지고 갔거나 그 일부가 같이 이동했다. 그리고 오랜 시간이 지나 상나라가 그 제후국인 주나라에 패하자 동이족 일부는 본래 선조가 살았던 동북 지역으로 되돌아왔고, 일부는 남아서 이민족과 섞여 토착화되었다. 이때 하백의 전설이나 하백의 집단도 이러한 과정을 밟아서 황하의 수신으로 신격화된 것이다.

풍이 또는 하백에 대해 중국의 문헌마다 다르게 설명한 점도 하백이 황하의 신이 되는 과정을 보여주는데, 여기에서는 하백 설화가 도가사상과 결합하여 수신이 되는 과정을 알려준다. 이러한 점으로 볼 때, 중국 황하 수신이 동쪽으로 이주해 와서 고구려 건국신화에 영향을 미친 것이 아니라 그 반대다. 동이족의 하백이 중국 황하의 신 형성에 영향을 끼친 것이다.

2장
'하백녀 유화' 연구사에 대한 비판적 고찰

1. 머리말

　일반 대중은 고구려 건국신화에 나오는 하백녀의 이름이 본래부터 유화라는 사실을 의심해본 적이 없다. 그러나 학계에서는 웅녀와 유화는 동일한 인물이라는 설과 하백녀가 본래부터 유화가 아니라는 설이 지배적이다. 특히 후자는 유화가 후대에 북방민족의 영향을 받아 얻은 이름이라고 주장한다. 일반 대중과 학계는 고구려 건국신화를 왜 이렇게 다르게 인식하는 것일까? 이 글은 이러한 문제의식에서 시작된다. 이 글의 목적은 하백녀가 본래의 유화인지, 아니면 하백녀가 웅녀인지, 또는 후대에 얻은 이름인지 등을 살피는 것이다. 다시 말해, 학계 설의 기원은 언제부터인지, 그리고 왜 그러한 설을 주장했는지를 밝히는 데 있다.
　하백녀가 국내 문헌에 처음 등장한 것은 414년에 장수왕이 부왕인 광개토대왕의 업적을 기리기 위해 세운 「광개토호태왕릉비문」이다. 비문에는 추모왕이 천제(天帝)와 하백여랑(河伯女郞) 사이에서 태어났다고 기록되어 있다. 추모왕의 어머니 하백여랑은 이규보의 『동국이상국집(東國李相國集)』 「동명왕편」과 김부식의 『삼국사기』 「고구려본기」에 유화로 명시되어 있다. 유화라는 이름이 「광개토호태왕릉비문」에 명시되어 있지 않고 후대 사서에 기록된 점 때문에 일부 연구자들은 '하백여랑이 유화인가'라는 의문을 제기한다. 유화의 정체성에 문제를 제기한 것이다.

유화의 정체성에 관한 연구는 세 가지로 나뉜다. 첫째, 이마니시 류와 이지영은 '하백녀는 유화가 아니다'라는 견해를 보였고,[63] 둘째, 미시나 쇼에이와 이재수, 이병도는 '하백녀는 웅녀다'라고 했다.[64] 마지막으로 조현설과 조영광, 금경숙은 '하백녀는 웅녀가 아니라 후대에 북방민족의 영향을 받아 유화가 되었다'고 주장한다.[65] 흉노·선비·돌궐·거란·만주족 등 북방민족들이 갖고 있는 버드나무 사상이 주몽신화에 더해져 하백녀가 '유화'로 나타났다는 것이다. 즉 유화라는 고유 명칭은 하백녀가 후대에 얻은 이름이라는 것이다. 이러한 연구들은 일제강점기 때부터 오늘날까지 꾸준히 발표되고 있다. 유화의 정체성에 대한 세 견해는 다른 듯하지만 동일한 주장이다. 하백녀는 유화가 아니라거나 하백녀와 웅녀를 동일인물로 보는 것이다.

주지하다시피 우리 역사의 큰 틀은 고조선-부여-고구려로 이어진

---

63 今西龍, 『壇君考』, 澤田佐市, 1929; 이지영, 앞의 글 「하백녀, 유화를 둘러싼 고구려 건국신화의 전승 문제」.
64 三品彰英, 「久麻那利考(下)」, 『靑丘學叢』 20, 大阪屋號書店, 1935; 이재수, 『한국소설연구』, 선명문화사, 1969; 이병도, 앞의 책 『한국 고대사회와 그 문화』.
65 조현설, 앞의 글 「건국신화의 형성과 재편에 관한 연구: 티벳·몽골·만주·한국 신화의 비교를 중심으로」; 금경숙, 「고구려 건국신화의 형성과 변용」, 『국학연구』 28, 한국국학진흥원, 2015.

다. 웅녀는 고조선의 시조모이고, 하백녀 유화는 고구려의 시조모다. 우리 역사는 웅녀로부터 시작되었고, 하백녀 유화로 계승된다. 웅녀가 있어야 고조선이 존재한다. 고조선을 잇는 부여와 고구려도 마찬가지다. 시조모가 있어야 존재한다. 고구려의 시조모는 물을 다스리는 신 하백의 딸이다.

하백녀는 유화가 아니라거나 북방민족의 영향을 받아 유화가 되었다는 견해는 고구려의 전통성과, 하백녀와 웅녀를 동일한 인물로 보는 시각은 우리 역사 기원과 관계되는 일이기 때문에 면밀히 살펴볼 필요가 있다. 이 글은 하백녀가 유화라는 믿음에 균열을 일으킨 주장들을 비판적 시각으로 고찰하고 그 타당성을 확인하는 데 목적이 있다. 이를 통해 우리 신화의 올바른 이해와 전승의 기반을 마련하고자 한다.

글의 목적을 위해 먼저 고구려 시조모에 관한 옛 문헌들을 살핀다. 이를 통해 하백녀는 유화라는 믿음에 균열을 일으킨 최초의 주장들, '하백녀는 유화가 아니다' 또는 '하백녀는 웅녀다'라는 이마니시 류와 미시나 쇼에이의 주장이 타당한지 살펴보고자 한다.

2. '하백녀는 웅녀'설 출현의 기원

「동명왕편」과 『삼국사기』 「고구려본기」, 그리고 『삼국유사』에 따르면, 유화는 하늘의 빛을 받아 주몽을 낳은 고구려의 시조모다. 그러나 '하백의 딸 유화는 누구인가'에 초점을 맞춘 연구를 보면 자명하다고 여겨졌던 고구려 시조모에 대한 생각이 무너진다.

하백녀는 유화가 아니라는 견해, 유화와 웅녀를 동일인물로 보는 견

「동국이상국집」「동명왕편」(출처: 한국고전번역원)

해, 유화의 출신을 중국 수신 하백과 관련지어 보는 견해는 고구려 시조모의 신분을 의심케 한다. 하백녀는 유화가 아니라는 견해를 처음 제기한 사람은 이마니시 류다.

이마니시 류는 '김부식이 수달을 하백녀로 고친 것에 대한 증명은 1915년 「주몽전설 및 노달치전설에 대해서」에서 이미 설명했다'고 말한다. 이마니시 류가 이 사실을 증명했다는 「주몽전설 및 노달치전설에 대해서」를 살펴보자. 그의 논문에서 고구려 시조모가 본래 수달이었다는 근거와 김부식이 수달인 하백녀를 유화로 고쳐버린 사실을 증명한 근거를 살피면 된다.

이마니시 류는 노달치 출생담이 오랑캐 종족 발생 설화라면서 "실상 하나의 주몽전(朱蒙傳)이다"[66]라고 하고, "オランカイ(오랑캐)는 올량합

---

66 이마니시 류, 이복규 옮김, 앞의 글 「번역 「주몽전설」과 「노달치전설」」, p. 121.

3부 하백은 동이족이다 • 305

이란 명칭에서 생각해낸 것이다"[67]라고 하여 노달치전설과 올량합전설이 주몽전설과 비슷하다고 주장한다.[68] 노달치전설과 올량합전설은 주몽전설과 매우 다르다. 또한 「주몽전설 및 노달치전설에 대해서」에는 이마니시 류가 주장한 것처럼 고구려 시조모가 본래 수달이라는 내용도, 김부식이 수달인 하백녀를 유화로 고쳤다는 것을 증명한 내용도 없다. 이마니시 류는 근거도 없이 하백녀가 본래 수달이고, 수달을 김부식이 중국의 영향을 받아서 유화로 바꾸었다고 주장한다.

그런데 김부식이 고구려 건국신화를 쓴 것보다 무려 730여 년 전에 고구려인들이 직접 기록한 「광개토호태왕릉비문」에는 고구려 시조모가 수달이 아닌 '하백여랑'으로 표기되어 있다. 「광개토호태왕릉비문」은 일본군 대위 사코 가게노부(酒勾景信)가 1884년에 발견했으니, 사학자인 이마니시 류가 「주몽전설 및 노달치전설에 대해서」를 쓴 1915년에는 이미 이 비문 내용을 알고 있었을 것이다. 또 이규보의 「동명왕편」에는 지금은 전하지 않는 『구삼국사』의 내용이 각주로 전해진다. 이규보나 김부식이 근거 없이 하백녀를 유화로 서술하지 않았다는 말이다. 그럼에도 이마니시 류는 「광개토호태왕릉비문」과 「동명왕편」에 대해서는 언급하지 않은 채 김부식이 수달인 하백녀를 유화로 바꿔버렸다고 한다.[69]

---

[67] 이마니시 류, 이복규 옮김, 앞의 글 「번역 「주몽전설」과 「노달치전설」」, p. 123.
[68] 이마니시 류의 「주몽전설 및 노달치전설에 대해서」는 이복규가 번역한 것을 참고했다. 國書刊行會에서는 1970년에 『朝鮮の硏究』를 출간했는데, 1915년에 『예문』 6년 11호에 발표된 논문을 재수록한 것이다. 이복규는 이것을 번역한 것이다. 노달치전설의 내용에 관해서는 2부 2장 각주 204번 참고.
[69] 이마니시 류, 이복규 옮김, 앞의 글 「번역 「주몽전설」과 「노달치전설」」, pp. 110~111.

이마니시 류의 주장은 미시나 쇼에이로 이어진다. 미시나 쇼에이는 '하백녀는 유화가 아니다'라는 이마니시 류의 주장을 계승, 발전시켜 '하백녀는 웅녀'라고 한다.

> 주몽전설에서의 웅신연의 신녀가 후자에서는 신녀가 되어 있는데, 실제 웅녀가 처음 곰 형태로 출현하고 뒤에 신녀를 취하고 있는 점이야말로 앞서의 웅신연의 신녀를 웅형으로 만들었다고 생각한 상정에 다름 아니다.[70]

위의 인용문은 미시나 쇼에이가 「구마나리고(하)」에서 서술한 말이다. 주몽전설이 먼저 생기고 단군전설이 나중에 생겼는데, 주몽전설의 유화가 웅형의 신녀이기 때문에 단군전설의 신녀는 웅녀라는 것이다. 그는 아래 인용문을 통해 웅녀가 유화의 다른 이름이라고 주장했다.

> 천제와 신혼하는 하백의 딸, 즉 니무후가 놀고[遊娛] 있었다고 운운하는 물이 특히 웅신연이라고 칭해지고 있음은 완전히 간과할 수 없는 것으로서, 앞서 언급한 웅형의 수정하신(水精河神)의 신화 관념을 띤 명칭이다. 여기서 작은 하나의 연상을 생각해본다면 관련된 물 이름에서 온 근거는 여기서 노는[遊娛] 수정(水精)이 그 연못 이름에 따라서 웅형으로 표현된 것이 아닐까? 적어도 그런 상정은 상당한 개연성을 지니는 것이다. 여기

---

[70] 三品彰英, 「久麻那利考(下)」, 『青丘學叢』 20, 大阪屋號書店, 1935, p. 95. "朱蒙傳說での熊神淵の女神が, 後者に於ては熊女となつて居るが, 實際熊女なるもの最初熊形で出現し, 後女身をとつて居ゐこの點こそ, 先きの熊神淵の女神を熊形なりしと考へた想定に答へて吳れゐものでなくてはならない."

서 지금 약간 관련된 상정을 확실히 하기 위해 주몽전설의 한 변형이라고 여겨지고 있는 단군전설의 일절을 음미할 수 있다.[71]

하백의 딸이 놀고 있는 물을 웅신연이라고 하는데, 웅신연은 웅형의 수정하신의 신화 관념을 띤 명칭이고, 연못의 모양이 웅형이라서 웅신연이라고 했을 거라는 것이다. 이러한 상정은 개연성 있는 추론이기 때문에 이 상정을 확실히 하면 단군전설은 주몽전설의 한 변형이라서 유화와 웅녀는 동일인물이라는 것이다. 이러한 주장의 근거로 미시나 쇼에이는 고구려 건국신화의 해모수와 하백녀, 그리고 고조선 건국신화의 환웅과 웅녀의 혼인 형태가 같다는 점을 들고 있다. 또 웅녀와 하백녀가 같다는 주장에는 이마니시 류의 『단군고』를 근거로 삼았다. "이미 오래전부터 이마니시 선생이 그의 저서 『단군고』에 자세히 논의해"[72] 왔다는 것이다.

단군전설이 주몽전설의 변형이라면 근거를 제시해야 한다. 그러나 미시나 쇼에이는 "작은 하나의 연상을 생각"했더니 그리고 "상정"했더니 고조선 건국신화가 고구려 건국신화의 변형이라고 하여 추정에 추정을 더한 논지를 펼치고 있을 뿐이다. 그러면서 이러한 논지는 "상당한 개연성"을 지닌다고 말한다. 즉 고구려 시조모인 하백의 딸은 그가 놀았던 연못 형태가 웅형이라서 웅신연이 되었고, 이것이 고조선 건국신화 웅녀에 영향을 끼쳤다는 것이다. 그러나 단군신화의 웅녀와 미시

---

71 三品彰英,「久麻那利考(下)」,『青丘學叢』20, 大阪屋號書店, 1935, p. 94.
72 三品彰英,「久麻那利考(下)」, pp. 94~95. "既に故今西先生が その著「檀君考」(青邱設敷卷一)の中で詳論されたところであゐが."

나 쇼에이가 주장하는 웅녀는 그 기원이 다르다. 단군신화의 웅녀는 곰을 토템으로 하는 부족의 상징인 반면, 미시나 쇼에이가 주장하는 웅녀는 연못의 형태에서 비롯된 웅녀이기 때문에 그 기원이 다른 것이다.

이마니시 류가 주장한 '하백녀는 유화가 아니다'를 계승, 발전시킨 미시나 쇼에이의 '하백녀는 웅녀다' 설은 우리나라에서 어떻게 받아들여졌을까?

3. '하백녀는 웅녀'설의 계승

해방 후 하백녀에 대한 국내 연구는 대략 ① '하백녀=웅녀', ② '하백녀≠유화', ③ '하백녀=유화≠웅녀' 등으로 나타난다. 그런데 ③의 '하백녀=유화'는 본래부터 유화가 아닌데 후대에 '유화'라는 이름이 붙여졌다는 내용이다.

① '하백녀=웅녀'라고 주장한 사람은 이재수와 이병도다. 이재수는 "나는 미시나 쇼에이 설에 의해 (……) 웅신연에서 유영했던 여신 하백녀는 산명과 연명으로 보아서 웅형"[73]이고, "주몽신화에서 원류하는 단군신화에서는 이 하백녀에 해당하는 웅녀가 동굴에서 기거"[74]하기 때문에 하백녀를 수혈신이라고 규정한다고 했다. 하백녀가 놀던 지명이 웅형이기 때문에 하백녀는 웅녀라는 것이다.

이병도는 단군신화와 주몽신화가 같은 구조를 지니기 때문에 웅녀

---

73 이재수, 앞의 책 『한국소설 연구』, p. 36.
74 위와 같음.

와 하백녀는 같다고 본다.

> 고 자산 안확씨는 한웅의 한은 '곰', 웅은 '숫'으로 훈독하면 (아래에 말한) 해모수와 같다고 했는데(과연 『유사』에는 '환웅'을 '신웅'이라고도 했다), 나는 여기에서 힌트를 얻어 '웅녀'와 '하백녀'와는 같다고 인식된다.
> 이는 마치 고구려 시조 전설에 천제자(天帝子)인 북부여의 왕 해모수[천왕랑(天王郞)]가 하백의 녀와 상관하여 후에 주몽을 낳았다는 것과 같은 설화다. 또 고구려에서는 맥자, 웅자를 피하여 중국의 수신명인 하백을 차음하여 거기에 대치했을 뿐이다.[75]

첫째, 한웅과 웅녀, 해모수와 하백녀의 관계가 동일하다는 것이다. 특히 한웅과 해모수는 둘 다 남신인 '곰수'를 뜻하므로, 웅녀에 하백녀를 대입할 수 있다고 본다. 또한 고구려가 웅녀라는 이름 대신 하백녀라고 부른 이유는 그들이 신성하게 여기는 맥(貊)이 곰과 비슷하기 때문에 맥자, 웅자를 피하다 보니 중국 수신명인 하백을 차음하여 대치했다는 것이다.

둘째, 해모수와 하백녀의 결혼 과정이 한웅과 웅녀의 혼사 과정과 같다는 것이다. 이와 더불어 『삼국유사』에서 『단군고기』의 단군이 하백의 여자를 상관하여 부루를 낳았다고 하는 설화가 『제왕운기』와 『세종실록지리지』에 반복해서 나옴을 강조한다. 단군이 상관한 하백의 여자가 곧 웅녀이므로 웅녀와 하백녀, 이 둘은 동일인물이라고 주장하는 것이다.

---

[75] 이병도, 앞의 책 『한국 고대사회와 그 문화』, pp. 41~42.

그러나 단군과 주몽을 한 인물로 보기는 어렵다. 『삼국유사』를 쓴 일연은 이에 대해 부루와 주몽을 '이모형제(異母兄弟)'라 했다.[76] 고조선의 거수국이었던 부여와 고구려가 둘 다 같은 핏줄이며 단군조선의 왕통을 계승했다는 뜻이다.[77] 주몽이 단군의 후손이 되는 것이다.

고조선의 건국신화와 고구려의 건국신화가 동일한 구조를 띤 것은 설화의 속성과 관련이 있다. 설화는 구전으로 전승되다가 후

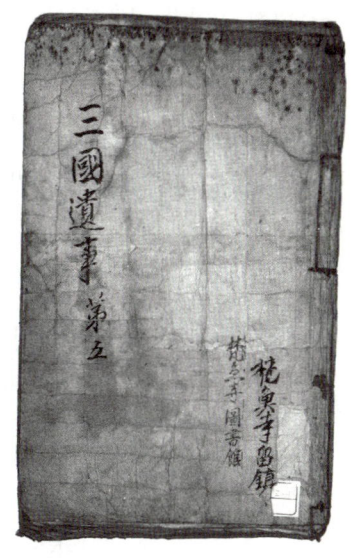

「삼국유사」(출처: wiki)

대에 채록된다. 고구려 건국은 서기전 37년이지만 그 신화의 첫 기록은 장수왕이 부왕인 광개토대왕의 업적을 기리기 위해 414년에 세운 「광개토호태왕릉비문」이다. 이후 750~800여 년이 지나서『삼국사기』와 『동국이상국집』「동명왕편」에 수록되었다.[78] 고조선 건국신화도

---

[76] 『삼국유사』「고구려」. "檀君記云 君與西河河伯之女要親 有産子 名曰夫婁 今接此記 則解慕漱私河伯之女 而後産朱蒙 檀君記云 産子名曰夫婁 夫婁與朱蒙異母兄弟也(단군이 하백의 딸과 친해서 아들을 낳았는데 부루라 했다. 지금 접하는 기록은 해모수가 하백의 딸과 사통하여 주몽을 낳았다고 한다. 단군기에 따르면 아들 이름이 부루다. 따라서 주몽과 부루는 이모형제다)."

[77] 이덕일·김병기, 『고구려는 천자의 제국이었다』, 역사의아침, 2007, p. 20.

[78] 김흥규, 앞의 글 「광개토왕릉비 이전의 주몽신화: 책략적 영웅들의 행방」, pp. 36~37. 김흥규는 고구려 건국신화가 「광개토호태왕릉비문」 이전인 3세기 말 전에 형성되었다고 본다.

1281년에 일연이 채록하여 『삼국유사』에 남긴 것이다. 이렇듯 설화는 대개 입에서 입으로 전승되다가 후대에 기록되는 경우가 대부분이다. 그래서 전승자들은 전승을 쉽게 하고 오랫동안 기억하기 위해서 정형구 등의 구전 방법을 만들어냈다.[79] 전승되는 설화의 구조가 비슷하고 사건의 발생과 결말이 비슷한 이유다.

② '하백녀≠유화'를 주장한 연구자는 이지영이다. 이지영은 중국 문헌에 유화라는 이름 대신 '하백녀'로 기록된 점을 들어 '하백녀와 유화는 동일인물일까' 하는 의문을 제기한다.[80] 그는 이병도를 근거 삼아 하백녀는 유화가 아니라고 말한다. "그(이병도)는 한웅과 해모수가 모두 남신인 '곰수'를 뜻하며, 이와 함께 웅녀가 신성한 존재(신녀)를 뜻하는 '곰녀', 곧 '곰(검·금)녀'의 차자(借字)'이고 그것은 '河伯(洒)女'에 적용될 수 있다 했다. 그(이병도)가 '해모수와 하백녀의 혼사와 한웅과 웅녀의 혼사가 똑같다'고 본 것은 이러한 언어학적 인식 때문에 가능한 일이다"[81]라고 했다. 또한 그는 유화의 출신을 중국 수신 하백과 연관 짓는다.

이지영의 주장이 맞는지를 중국 문헌의 내용과 한국 문헌의 내용을 통해 살펴보고자 한다. 고구려 시조모에 대한 중국 문헌 기록은 다음과 같다.

㉠ 고구려는 부여에서 나왔다. 스스로 말하길 선조는 주몽이다. 주몽의

---

79 월터 J. 옹, 이기우·임명진 옮김, 『구술문화와 문자문화』, 문예출판사, 1995.
80 이지영, 앞의 글 「하백녀, 유화를 둘러싼 고구려 건국신화의 전승 문제」.
81 이지영, 앞의 글 「하백녀, 유화를 둘러싼 고구려 건국신화의 전승 문제」, pp. 26~27. 인용문 중 (이병도)는 인용자 강조.

어머니는 하백녀다.[82]

ⓒ 고려는 그 선조가 부여에서 나왔다. 스스로 말하길 시조는 주몽이다. 하백녀가 햇빛에 감응하여 잉태했다.[83]

ⓒ 고구려는 그 선조가 부여에서 나왔다. 왕이 일찍이 하백녀를 얻었다.[84]

ⓔ 고구려의 선조는 부여에서 나왔다. 부여 왕이 하백녀를 얻었다.[85]

중국 문헌에는 유화라는 이름 대신 '하백녀'로 기록되어 있다. 그러나 『삼국사기』에는 '하백지녀(河伯之女)'로 기록되어 있다. 이지영은 "하백녀와 하백지녀가 똑같을 수 없고, 이들은 유화와도 다르다"[86]고 주장한다. 고구려의 신화 형성 단계에서 일차적으로 하백녀를 시조모로 하는 동명 신화를 모델로 삼고, 여기에 해모수와 하백의 딸 유화의 사통담이 덧붙여지면서 하백녀와 유화가 동일시되었다는 것이다. 또한 중국의 황하신 하백과 그 수신적 성격이 주몽신화에 첨가되면서 '하백녀'가 '하백지녀'로 바뀌었다는 것이다. '하백녀'나 '하백지녀'는 하백의 딸이라는 뜻인데, 이를 구분하는 것이 타당한지도 의문이다.

③ '하백녀=유화≠웅녀'라고 주장한 사람은 조현설, 금경숙, 조영광 등이다. 이들의 논의는 하백녀가 어디에서 왔는가에 초점을 맞춘다. 조현설은 부여 신화에서 보이지 않던 하백이 고구려 신화에 나타났기 때

---

82 『위서』. "高句麗者, 出於夫餘, 自言先祖朱蒙. 朱蒙母河伯女."
83 『주서』「고려」. "高麗者 其先出於夫餘 自言始祖曰朱蒙 河伯女感日影所孕也."
84 『북사』「고구려열전」. "高句麗 其先出夫餘 王嘗得河伯女."
85 『수서』「동이열전」'고려'조. "高麗之先, 出自夫餘. 夫餘王嘗得河伯女."
86 이지영, 앞의 글 「하백녀, 유화를 둘러싼 고구려 건국신화의 전승 문제」, p. 20.

문에 유화와 하백녀는 동일인물이 될 수 없다고 한다. 부여 신화에서 보이지 않던 하백이 고구려 신화에 나타난 것은 신격 운반체인 동이족 하백 부족이 서쪽에서 동쪽으로 이동했는데, 이러한 이동이 부여 이후에 이루어졌기 때문이라는 것이다.[87] 그 근거로 『논형』「길험」편에 수록된 부여의 건국신화를 들고 있다.

> 북이 탁리국왕(橐離國王)의 시비가 임신을 했다. 왕이 (시비를) 죽이려고 하자 시비가 '계란과 같은 큰 기운이 하늘에서 내려와 임신을 했습니다' 라고 말했다. 그 후에 아들을 낳았다. (……) 왕이 도읍을 세우고 부여라 했다. 그런 까닭으로 북이에서 부여국이 나왔다고 한다.[88]

조현설은 동명의 어머니가 "북이 탁리국왕의 시비"로 기록되어 있는 점을 '동명의 어머니는 하백녀가 아니다'의 근거로 삼았다. 즉 시비는 하백녀가 될 수 없다는 것이다. "부여 신화에도 이미 하백이 존재했다면 하백을 잘 알고 있는 중국 문헌들이 그것을 외면했을 까닭이"[89] 없기 때문이라는 것이다. 또한 만주 건국신화의 은고륜(恩古倫), 정고륜(正古倫), 불고륜(佛古倫) 세 천녀가 고구려 신화의 유화, 훤화(萱花), 위화(葦花)와 대응되지만 유화 자매들의 부계에 대응되는 하백은 만주

---

[87] 조현설, 앞의 글 「건국신화의 형성과 재편에 관한 연구: 티벳·몽골·만주·한국 신화의 비교를 중심으로」, p. 151.
[88] 『논형』「길험」편. "北夷橐離國王侍婢有娠 王欲殺之 婢對曰 有氣大如鷄子從天而下我 故有娠 後産子 (……) 因都王夫餘 故北夷有夫餘國."
[89] 조현설, 앞의 글 「건국신화의 형성과 재편에 관한 연구: 티벳·몽골·만주·한국 신화의 비교를 중심으로」, p. 151.

건국신화에서는 찾을 수 없다는 점도 유화와 하백녀는 다르다는 것을 나타낸다고 한다. 유화와 같은 수신을 주요 신격으로 삼은 집단에 하백 부족들이 이동해 와서 새롭게 신화적으로 구성된 것이 '하백의 딸 유화'라는 것이다. 조현설은 집단이 결합하여 큰 집단으로 구성될 때 토템 씨족 신격이 재설정되는데, 상위의 신격이 설정되면 다른 집단은 그 신격의 자식이 된다는 것을 근거로 삼았다. 집단의 결합이 신화로 구현되는 방식은 부부관계와 혈연관계로 나타나는데, 유화집단과 하백 집단은 혈연관계로 나타난다는 것이다.[90]

조영광은 고려가 건국 초기에 북진정책의 일환으로 서경을 중시하면서, 멸망한 발해의 유민들을 수용하고 여진족들을 회유하기 위한 방편으로 북방민족들이 갖고 있는 버드나무를 신성시한 습속을 고려 건국 전후 어떤 시기에 주몽신화에 가미했을 것이라고 본다.[91]

정리해보면 '하백녀=유화≠웅녀'설은 하백녀가 유화라는 주장으로 보인다. 그러나 이때의 '유화'는 후대에 북방민족의 버드나무 숭배사상의 유입으로 얻어진 이름이기 때문에 '유화'는 본래의 하백녀인 유화가 아니라는 것이다. 이마니시 류가 주장한 '하백녀는 유화가 아니다'의 근거를 찾는 설이 '하백녀=유화≠웅녀'다.

지금까지 이병도, 이재수, 이지영, 조현설, 조영광 등이 주장한 바를 정리해보면, 이재수와 이병도는 미시나 쇼에이의 '하백녀는 웅녀'라는 설을, 이지영과 조현설, 조영광은 이마니시 류의 '하백녀는 유화가 아니다'라는 설을 계승한 것이다. 그러나 이지영과 조현설의 주장은 세

---

90 위와 같음.
91 조영광, 「고구려 초기의 국가 형성」, 경북대학교 대학원 박사학위 논문, 2012.

부적인 면에서 차이가 있다. 이지영의 주장은 하백녀가 웅녀라는 의미를 함의하고 있다. 그는 하백녀가 여성 신격을 지칭하는 보통명사였다는 것을 증명하면서 "하백녀와 웅녀를 동일한 존재로 보는"[92] 이병도와 이재수의 주장을 근거로 삼았다. 이병도와 이재수의 근거는 미시나 쇼에이와 동일한 것이다.

그러나 하백녀와 웅녀는 그 기원 자체가 다르다. 웅녀는 곰 토템을 기원으로 삼고 하백녀는 수신을 기원으로 삼기 때문에 이지영의 주장처럼 여성 신격을 지칭하는 보통명사 하백녀가 고유명사 웅녀가 되었다는 그의 주장은 설득력이 떨어진다. 또한 그는 보통명사인 여성 신격이 고유명사화되는 과정을 설명하는 것처럼 보인다. 하지만 실상은 고조선-부여-고구려로 이어지는 우리 역사에서 후대의 고구려 시조모 하백녀가 선대의 고조선 시조모 웅녀의 이름이 되었다는 주장이야말로 고조선 신화가 후대에 형성되었다는 생각의 방증이다. 미시나 쇼에이가 고조선의 연대를 단축시킨 조선사편수회의 논리를 적용하여 주몽전설의 변형이 단군전설이라고 하여 고조선을 부정하는 것과 같은 맥락이다.

후술하겠지만, 조현설의 견해도 미시나 쇼에이와 관계가 있는 것으로 보인다. 그는 고구려 건국신화가 북방민족 설화의 영향으로 형성되었다고 여기는데, 설화의 북방유입설과 남방유입설은 조선사편수회에서 만든 식민 지배 이데올로기인 한반도 한사군설과 임나일본부설에 각각 대응한다. 다시 말해, 동쪽으로 이동한 동이족의 영향이라든가, 고구려 건국신화에서 만주신화와의 동일성을 찾는 논지는 고조선의

---

[92] 이지영, 앞의 글 「하백녀, 유화를 둘러싼 고구려 건국신화의 전승 문제」, pp. 26~27.

영토가 지금의 하북성 일대까지였다는 중국 측의 기록들을 고려하지 않은 것으로 보이기 때문이다.[93]

그렇다면 우리 문헌에서는 하백녀를 어떻게 보는지 확인해보자. 이규보의 「동명왕편」과 『삼국사기』 「고구려본기」 그리고 『삼국유사』에서는 모두 하백의 딸은 유화라고 말한다. 「동명왕편」에는 "하백의 세 딸은 아름다웠다. 맏이는 유화요, 다음은 훤화요, 끝은 위화다"[94]라고 하여 하백의 첫째 딸이 유화임을 밝히고 있다. 『삼국사기』 「고구려본기」에서는 유화가 금와에게 하백의 딸임을 말한다.

> 해부루가 죽자 금와가 뒤를 이어 즉위했다. 이때 태백산 남쪽 우발수에서 한 여자를 발견하고 물으니 (그 여자가) 대답했다.
> "나는 하백의 딸이며, 이름이 유화입니다. 여러 동생과 나가 노는데 그때 한 남자가 스스로 천제의 아들 해모수라 하고 나를 웅심산 아래 압록수 가의 집으로 꾀어서 사통하고 곧바로 가서는 돌아오지 않았습니다. 부모는 내가 중매 없이 남을 좇았다고 책망하여 마침내 우발수에서 귀양살이하게 했습니다."[95]

---

[93] 진(晉) 무제가 통일 후 행정구역을 정비한 후 만든 「태강지리지」에서는 "樂浪遂城縣 有碣石山, 長城所起"라고 했다. 낙랑군은 수성현에 있는데, 갈석산이 있고 만리장성의 기점이라는 것이다. 지금의 하북성 근처에 갈석산과 만리장성의 기점이 있다. 수성현은 지금의 노룡현이다. 노룡현도 하북성에 있다. 낙랑군은 조·한전쟁에서 이긴 한나라가 고조선에 설치한 네 개의 군현 중 하나다. 낙랑군이 하북성 근처에 있었다는 말은 고조선의 영토가 하북성 근처까지 미쳤다는 뜻이다. 이덕일, 앞의 책 『한국사 그들이 숨긴 진실』.
[94] 「동명왕편」. "河伯三女美 長曰柳花 次曰萱花 季曰葦花."
[95] 정구복 외, 『역주 삼국사기 1: 감교원문편』, 한국학중앙연구원, 2012, p. 246. 원문은 다음과 같다. "解夫婁薨 金蛙嗣位 於是時得女子於大白山南優渤水 問之 曰 '我是河伯

위 내용은 유화가 우발수에서 귀양살이하다 금와에게 붙들린 장면이다. 『삼국유사』는 『삼국사기』 「고구려본기」와 크게 차이가 없다. 이승휴의 『제왕운기』에도 주몽의 아버지는 해모수요 어머니는 유화이며, 유화는 하백의 삼녀 중 장녀로 나온다.[96] 고구려 시조모가 유화임을 명시한 문헌은 「동명왕편」, 『삼국사기』 「고구려본기」, 『삼국유사』, 『제왕운기』, 「동명왕편」에 원주로 남아 있는 『구삼국사』 등이 있다.[97] 유화의 이름을 언급하지 않지만 「광개토호태왕릉비문」에는 주몽의 어머니를 '하백여랑'으로 기록하고 있다.[98] 비문에 '하백여랑 유화'라고 표기하지 않고 '하백여랑'이라고 쓴 것은 당시의 한자 표기 관습 때문이다. 『산해경』에서 '유역의 왕 면신'이라는 표기 대신 '유역'이라고 쓴 것과 같은 이치다.[99] 우리 문헌은 모두 하백녀 또는 하백지녀가 유화라고 말한다. 하백녀를 웅녀라고 기록한 문헌은 하나도 없다. 그런데 하백녀가 유화라는 명백한 1차 사료가 있는데 이들은 왜 하백녀가 유화가 아니라거나 하백녀는 웅녀라고 주장하는 것일까?

之女名柳花 與諸弟出遊時有一男子 自言天帝子解慕漱 誘我於 熊心山下鴨淥邊室中 私之 即徃不返父母責我無媒而從人 遂謫居優渤水."

96 『제왕운기』, "善射故以朱蒙名 父解慕漱母柳花 (······) 河伯三女出 遊優渤之河 長女柳花爲王所之."
97 『삼국사기』 주역서인 『역주 삼국사기 주석편』은 『삼국사기』, 『삼국유사』, 「동명왕편」 등 세 문헌만이 유화의 이름을 언급해서 전하고 있다고 한다.
98 「광개토호태왕릉비문」, "惟昔始祖鄒牟王之創基也, 出自北夫餘, 天帝之子, 母河伯女郎."
99 정재서 역주, 『산해경』, 민음사, 1997, p. 290.

4. 하백녀가 유화, 웅녀가 된 진실

이마니시 류와 미시나 쇼에이 그리고 이병도를 비롯한 연구자들에 따르면, 하백녀는 유화가 아니며, 유화와 웅녀는 동일인물이다. 그렇다면 이들은 왜 이렇게 보았을까? 이마니시 류의 『단군고』에서 그 이유를 확인할 수 있다.

> 왕검 선인(단군)은 부여의 시조 부루 및 고구려 시조 주몽의 아버지인 해모수를 아버지로 삼으며, 이 해모수는 천신을 아버지로 삼고 곰을 어머니로 삼는 자다. 현대 조선 민족 선조의 주체인 한민족과는 관계없는 자라고 단정할 수 있다.[100]

이마니시 류는 단군이 우리 "한민족과는 관계없는 자"라고 단정한다. 그러나 단군은 우리 한민족의 역사를 연 인물이다. 고조선 시조다. 단군을 한민족과 관계없는 자로 규정한 점은 명백히 고조선의 역사를 부정한 것이다. 그 어떤 근거도 없이 말이다. 근거 없는 이마니시 류의 말을 미시나 쇼에이는 정교하게 발전시킨다.

미시나 쇼에이는 "주몽에 관한 전설에서의 남신(男神)인 천제가 단군전설에서 제석천(帝釋天)이 되어 있다는 것은 단군전설이 불교 신앙의 전성기에 나온 전설인 이상, 당연히 절충이며 윤색"[101]이라는 것이

---

[100] 今西龍, 『壇君考』, 澤田佐市, 1929, p. 34. "王儉仙人 (壇君) は夫餘の始祖夫婁及び高句麗の始祖朱蒙の父たる解慕漱にして, 此の解慕漱は天神を父もし熊を母もせる者なり. 現代朝鮮民族の主體たる韓民族には, 關係無き者なりも斷定しうべし."

[101] 三品彰英, 「久麻那利考(下)」, 『靑丘學叢』 20, 大阪屋號書店, 1935, p. 95. "朱蒙傳說で

다. 고구려 건국신화가 단군 건국신화에 영향을 미쳤다는 주장인데, 이를 뒷받침하는 논거로 주몽전설의 해모수가 단군전설에서 제석천이라는 점을 들고 있다. 단군전설이 불교 전성기에 나왔기 때문에 주몽신화가 단군신화에 영향을 미쳤다는 것이다.

신화는 문자 이전의 역사이기 때문에 구전으로 전승되다가 후대에 문자로 채록되는 특징을 가진다. 단군신화도 오랜 세월이 흐른 뒤에 채록된 것이다. 그 과정에서 채록자인 일연이 승려이기 때문에 단군을 불교적 관점에서 제석천으로 해석했을 뿐이다. 미시나 쇼에이가 어떻게 고조선 신화를 부정하는지 아래 인용문을 보자.

> 단군전설의 모태인 주몽전설에는, 현존하는 문헌의 범위 내에서, 주몽의 어머니는 웅신연의 신녀라든가 물속의 입술이 긴 동물로 표현되고 있을 뿐 곰 형태의 여신으로 명기되어 있지는 않다. 그런데 단군전설에서는 위에 언급한 것처럼 그것이 웅형의 여자로 이야기되고 있고, 또 그것이 엉터리 이야기가 아니라는 점은 주몽전설에서 이미 충분히 예상하고 있었던 요소였다. 그러니까 현존하는 문헌의 주몽전설에서는 웅형의 여신이라고 운운하는 점은 표면에 나타나 있지는 않지만, 필시 단군전설의 근거가 되었던 주몽전설의 이본에는 웅신연의 여신에 해당하는 것이 웅형의 신으로 이야기되고 있었다고 생각할 수밖에 없고, 처음부터 단군전설이 독창적으로 나온 것은 아니다.[102]

の男神たる天帝が, 檀君傳說で帝釋天となつて居るのは, 檀君傳說が佛敎信仰の極盛期に出來上つた傳說なる以上, それは當然な習合であり, 潤色である."
[102] 三品彰英, 「久麻那利考(下)」, 『靑丘學叢』20, 大阪屋號書店, 1935, pp. 95~96.

주몽의 어머니는 웅신연의 신녀나 곰 형태의 여신으로 명기되어 있지 않지만, 단군신화에서 웅녀가 여자로 이야기되고 있고, 단군전설이 엉터리 이야기가 아닌 것은 주몽전설이 엉터리가 아니기 때문이며, 그래서 유화와 웅녀는 동일인물이라는 것이다. 또 현존하지 않지만 '웅녀와 유화가 같다'는 이야기가 전해졌다고 생각할 수밖에 없는데, 그 이유는 '단군신화는 독창적으로 나올 수 없기 때문'이라는 것이다. 그는 현존하지 않지만 자신의 생각을 뒷받침하는 이야기가 전해졌을 것이라고 한다. 미시나 쇼에이는 사료에 근거하지 않고 가설만으로 주몽전설이 단군전설에 영향을 미쳤다고 주장한 것이다.

그런데 이들은 왜 ① '하백녀=웅녀', ② '하백녀≠유화', ③ '하백녀=유화≠웅녀'라고 주장하는 것일까? 이들의 주장에는 고조선의 역사와 고구려의 천하관을 동시에 부정하는 서술 전략이 있다. 첫째, '하백녀=웅녀'라는 주장은 우리 역사, 고조선-부여-고구려라는 연대기에서 고조선을 지운다. 고조선 건국신화가 고구려 건국신화의 변형이라면 웅녀는 곧 유화가 된다. 즉 고조선 건국신화와 고구려 건국신화를 동일시함으로써 고조선의 역사를 지워버리기 위한 것이다.

둘째, '하백녀≠유화', '하백녀=유화≠웅녀'라는 주장은 고구려 천하관을 부정한다. 위의 인용문에서 "처음부터 단군전설이 독창적으로 나온 것은 아니다"라는 구절과 관계가 있다. 미시나 쇼에이는 주몽전설이 단군전설에 영향을 미쳤다고 하여 마치 주몽전설의 독자성을 인정하는 듯이 보인다. 고조선 신화의 독창성은 부정하지만 고구려 건국신화는 인정한 것처럼 보이는 이 문장은 고구려 건국신화는 독자적인 것이 아니라 몽골이나 만주계 등에서 영향을 받았다고 하는 북방전래설의 다른 표현이다.

본래 사학자였던 미시나 쇼에이는 「신화와 문화경역(神話と文化境域)」에서 조선은 독자적인 신화가 나올 수 없는 민족이라서 남방이나 북방에서 영향을 받아 신화가 만들어졌다고 말한다. 한반도의 남쪽은 인도에서 해류를 타고 일본을 거쳐 유입된 신화의 영향을 받았으며, 북쪽은 몽골·만주계 등에서 영향을 받았다는 것이다.[103]

북방전래설은 고구려 건국신화의 세계관을 부정하기 위한 논리로 제공되었다. 신화의 북방전래설과 남방전래설은 한반도 북부에는 한사군이, 남부에는 임나일본부가 설치되어 우리 민족을 지배했다는, 일본의 이른바 한반도 한사군설과 임나일본부설과 등치된다. 이러한 설은 조선총독부 산하 조선사편수회에서 만들어 놓은 논리로, 고대부터 우리 민족은 외세의 지배를 받았으므로 일본의 식민 지배는 정당하다는 논리를 제공한다. 미시나 쇼에이의 북방전래설은 한반도 한사군설에 해당하고, 남방전래설은 임나일본부설의 다른 이름일 뿐이다. 한반도 한사군설은 우리 민족의 영토를 공간적으로 축소한 것이다. 중국의 여러 사서들은 고조선의 수도가 지금의 하북성 근처라고 전한다. 고조선의 영토를 한반도로 축소시켜, 우리 신화가 북방의 영향을 받았다고 본 것이다. 남방전래설, 북방전래설 등과 같은 신화 해석의 틀은 우리 민족의 문화가 이민족의 영향 관계에 의해서 발전해왔다는 타율성으로 귀착된다. 우리는 독자적으로 문화를 발전시킬 수 없는 민족이므로 자신들이 우리 민족을 발전시켜주겠다는 것이다. 즉 식민 지배 이데올로기를 정당화하기 위한 논리다.

---

103 三品彰英, 『增補 日鮮神話伝說の硏究』, 平凡社, 1975, p. 28; 三品彰英, 「神話と文化境域」, 『神話と文化史』, 平凡社, 1977, pp. 529~532.

그런데 국내 학자들은 일제강점기 때 만들어 놓은 신화 해석의 틀을 그대로 수용한다. 표현만 달리할 뿐이다. 다음 인용문을 보자.

① 빙이 또는 풍이라고도 한다. 중국의 황하에 사는 수신으로, (······) 그러나 고구려에 하신에 대한 신앙이 일찍부터 있었을 터이고, 이 하신에 대한 명칭을 중국 고대 설화에서 빌려옴으로써 그렇게 부르게 된 것이라고 생각한다.[104]

② 고구려에서는 맥자, 옹자를 피하여 중국의 수신명인 하백을 차용하여 거기에 대치했을 뿐이다.[105]

③ 중국 '하백'으로 인하여 '하백녀'에게 수신적 속성이 부가되었다는 점은 '시조 주몽이 성장지 부여를 떠나 도망하면서 강 앞에 이르렀을 때 자신의 정체를 밝힌 뒤 위험을 극복하며 강을 건너는' 대목을 통해서 충분히 설명할 수 있다.[106]

④ 황하의 신인 하백이 바로 주몽신화 속에 등장하는 유화의 부계인 하백인지 확정할 만한 자료는 없지만 그것을 부정할 만한 자료는 더더욱 없다는 점을 인정한다면 잠정적으로 둘을 동일시하는 방향의 논의가 훨씬 효용성이 있으리라 생각한다.[107]

①에서 ④까지 모두 고구려 추모왕의 외조부가 중국 황하의 수신이

---

[104] 정구복 외, 『역주 삼국사기 3: 주석편(상)』, 한국학중앙연구원, 2012, p. 405.
[105] 이병도, 앞의 책 『한국 고대사회와 그 문화』, pp. 41~42.
[106] 이지영, 앞의 글 「하백녀, 유화를 둘러싼 고구려 건국신화의 전승 문제」, p. 28.
[107] 조현설, 앞의 글 「건국신화의 형성과 재편에 관한 연구: 티벳·몽골·만주·한국 신화의 비교를 중심으로」, p. 151.

라고 말하고 있다. ①은 『역주 삼국사기 3: 주석편(상)』의 하백에 대한 주석이다. ②~④는 각각 이병도, 이지영, 조현설의 주장이다. 이병도는 고구려인들이 그들이 신성시하는 맥자와 웅자를 피해서 하백녀를 웅녀라 쓰지 못하고 중국 수신인 하백을 차음해서 하백녀라고 했다고 한다. 이 말에는 이중의 의도가 함의되어 있다. '웅녀와 하백녀는 같다'는 것이며, '우리 민족은 독자적인 문화를 가질 수 없다'는 의미다. 일제강점기 때의 논리와 다르지 않다.

　이지영, 조현설 등의 '하백녀에 중국의 수신격이 부가되었다'는 주장도 고구려 천하관을 부정하는 북방전래설의 다른 표현으로, 이민족의 영향을 받았다는 미시나 쇼에이의 주장을 반복한 것이다. 이지영은 "중국 '하백'으로 인하여 '하백녀'에게 수신적 속성이 부가되었다는 점"[108]에 대한 증명으로 강을 건너는 장면을 들고 있다. 그는 주몽이 부여를 떠나 엄리대수에 도착한 후, 뒤에는 부여군이 쫓아오고 앞에는 강이 가로막힌 상황에서 하늘에 "자신의 정체를 밝힌 뒤 위험을 극복하며 강을 건너는 대목을 통해서 충분히 설명할 수 있다"[109]고 말한다. 그러고는 "물을 치자 자라와 물고기가 떠서 다리를 만들어준다. 이 일은 온전히 시조의 신성한 능력에서 비롯된 것이다"[110]라고 말한다. 중국 하백의 수신적 성격이 주몽으로 이어지기 때문에 주몽이 활로 물을 쳐서 물고기와 자라가 다리를 만든 것이지 시비인 동명의 모친은 그러한 신성한 능력이 없다는 것이다. 시비이기 때문에 "아들의 위험을 알

108　이지영, 앞의 글 「하백녀, 유화를 둘러싼 고구려 건국신화의 전승 문제」, p. 28.
109　위와 같음.
110　이지영, 앞의 글 「하백녀, 유화를 둘러싼 고구려 건국신화의 전승 문제」, p. 29.

고 강물의 물고기를 동원하여 다리를 놓게 하는 일은 애초부터 불가능하다"¹¹¹는 것이다. 유화가 시비 또는 시아(侍兒)였다는 기록은 다음과 같다.

> 북이 탁리국왕의 시비가 임신을 했다. 왕이 (시비를) 죽이려고 하자 시비가 '계란과 같은 큰 기운이 하늘에서 내려와 임신을 했습니다'라고 말했다. 그 후에 아들을 낳았다.¹¹²

> 북이 탁리국왕이 출행을 나가자 그 시아가 뒤에 아이를 낳았다. 왕이 돌아와 죽이려고 했다.¹¹³

『논형』과 『후한서』에는 고구려의 시조모가 왕의 시중을 드는 시비와 시아로 기록되어 있다. 『논형』 「길험」편과 『후한서』 「동이열전」의 기록에 나타난 '시비' 또는 '시아'는 이민족 문화와 역사를 낮춰 표현하는 춘추필법(春秋筆法)이다.

『논형』은 중국 후한시대에 살았던 왕충(王充)이 서기 86년경에 쓴 책이다.¹¹⁴ 후한은 고구려와 중국 대륙을 두고 다툰 나라다. 주지하다시피 고구려는 다물사상이 국가 이념이다. 조·한전쟁에서 진 고조선은 수도인 왕검성을 한나라에 빼앗겼다. 한나라는 고조선의 영토 네 곳에

---

111 위와 같음.
112 『논형』 「길험」편. "北夷橐離國王侍婢有娠 王欲殺之 婢對日 有氣大如鷄子從天而下我 故有娠 後産子."
113 『후한서』 「동이열전」. "北夷索離國王出行 其侍兒於後身 王還 欲殺之."
114 부사년, 정재서 역주, 앞의 책 『이하동서설』, p. 57.

군현을 설치했다. 따라서 고조선을 계승한 고구려는 고토(古土) 회복, 잃어버린 옛 조선(고조선) 영토 회복을 이념으로 삼았기 때문에 후한과 긴장 관계를 유지할 수밖에 없었다. 『논형』「길험」편에 쓰인 부여의 시조모를 '시비'로만 해석할 수 없는 이유다.

또한 이지영은 "하백녀가 수신적 성격을 갖게 된 데는 중국의 하백신의 영향"[115]이 큰데, "중국 내 동이족이 만주와 한반도로 이주하면서 자연스레 이 신격도 함께 전승"[116]되었다고 주장하고 있다. 그러면서 고구려 건국신화는 북방에서 생겨난 '백조처녀설화'와 같은 이야기가 말갈족 등을 통해 고구려에 전해지고, 유화 세 자매의 이름은 만주족 시조신화 등에서 영향을 받았을 것이라고 한다. 조현설도 고구려 건국신화는 만주 건국신화의 "'인물수, 버들 모티프, 수신적 성격' 등에서 통하는 바가 있다"[117]고 한다. 미시나 쇼에이가 창안한 북방전래설의 틀에서 고구려 건국신화를 해석한 것이다.

그런데 필자는 동이족의 하백이 '중국 황하의 신 형성'에 영향을 끼쳤다고 보았다. 일부 동이족이 서방으로 이주하여 상나라를 세울 때 하백의 전설을 가지고 갔거나 하백의 집단 일부가 같이 이동했다가 오랜 시간이 지나 상나라가 그 제후국인 주나라에 패하자 동이족 일부는 본래 선조가 살았던 동북 지역으로 되돌아 왔고, 일부는 남아서 이민족과 섞여 토착화되었는데, 이때 하백의 전설이나 하백의 집단도 그러한 전철을 밟아서 황하의 수신으로 신격화된 것으로 이해했다. 중국

---

[115] 이지영, 앞의 글 「하백녀, 유화를 둘러싼 고구려 건국신화의 전승 문제」, p. 43.
[116] 위와 같음.
[117] 조현설, 앞의 글 「건국신화의 형성과 재편에 관한 연구: 티벳·몽골·만주·한국 신화의 비교를 중심으로」, p. 151.

문헌마다 풍이 또는 하백에 대해서 다르게 설명한 것도 그가 황하의 신이 되는 과정을 보여준 것으로 보았다. 이러한 점으로 볼 때, 하백은 중국 황하 수신이 동쪽으로 이주해 와서 고구려 신화에 영향을 미친 것이 아니라 그 반대다.[118]

또 중국 황하문명보다 앞선 문명을 꽃피운 홍산문화의 주인공이 동이족이라는 점도 신화의 북방전래설에 문제를 제기할 수 있다.[119] 중국의 문헌『삼조북맹회편(三朝北盟會編)』권3 '중화(重和) 2년 10일 정사'조에 "여진은 옛날 숙신이다. 본래 주리진(朱里眞)인데 번역의 오류로 여진이라고 부르게 되었다. 본래 고려 주몽의 후손이다"[120]라고 했다. 황순종은 여러 가지 사료를 근거로 "숙신과 (고)조선은 만주와 산동반도에 있던 같은 나라"[121]임을 증명했다. 숙신은 고조선의 다른 이름이라는 것이다.『고려사』'예종 12년 3월 계축'조에는 "고려를 부모의 나라"[122]로 표현하는 금나라 아골타(阿骨打)의 조서가 기록되어 있다. 이러한 기록들은 고대부터 동이족이 동북아시아의 패권자임을 말하는 것이다. 앞선 문명이 뒤의 문명에 영향을 끼친다는 점을 감안한다면 북방전래설은 재고되어야 한다.

그렇다면 미시나 쇼에이의 신화 해석의 틀을 비판하는 학자는 없는가 반문해볼 수 있다. 김화경은『한국신화의 원류』머리말에서 "한국

---

118 김명옥, 앞의 글「고구려 건국신화 하백의 출자에 대한 인식 재검토」.
119 이형구, 앞의 책『발해 연안에서 찾은 한국 고대 문화의 비밀』; 윤내현, 앞의 글「고조선의 강역과 국경」.
120 『삼조북맹회편』. "女眞古肅愼國也 本名朱理眞 番语訛爲女眞 本高麗朱蒙之遺 或以爲."
121 황순종,『식민사관의 감춰진 맨얼굴』, 만권당, 2014, p. 143.
122 『고려사』. "高麗爲父母之邦."

문화의 남방기원설에는 '임나일본부설'의 존재를 인정하려는 망령이 깃들어 있다"고 강하게 비판한다.[123] 그러나 본문에서는 미시나 쇼에이의 논리를 그대로 수용하고 있다. 그는 「동명왕편」의 해모수 신화를 설명하면서 "동북아시아와 북방 시베리아의 유목민들 사이에 널리 퍼져 있는 신화적 사유이고, 이런 사유가 북부여라는 고대국가의 형성 과정에서 건국신화로 채택되었다"[124]고 본다. 또한 주몽신화의 난생 모티프는 "부여족이 동쪽으로 이주하면서 먼저 살고 있던 코리약족과 같은 고아시아족들과 문화적으로 접촉함으로써 난생 모티프를 갖게 되어 일광 감응에 따른 임신과 알에서 출생이라고 하는 분화가 이루어진 것이 아닐까 하는 가설을 제시한다."[125] 주몽신화의 난생 모티프는 "지리적으로나 문화적으로 거리가 먼 남방적인 요소가"[126] 아니라는 것이다. 그러면서 "고주몽신화와 같은 일광 감응 신화는 북방아시아로부터 들어왔다고 보아도 크게 잘못은 없을 것이다"라고 한다.[127] 즉 김화경은 미시나 쇼에이의 북방전래설과 남방전래설을 모두 부정한 게 아니라 남방에서 유입된 난생설화가 주몽설화에 영향을 미쳤다는 논리만 부정한 것이다.

나경수도 중국의 일광 감응 모티프가 기마민족에게 흡수되어 그들의 고유한 태양숭배와 결합되었고, 그것이 주몽신화에 들어왔다고 말

---

[123] 김화경, 『한국신화의 원류』, 지식산업사, 2005.
[124] 김화경, 위의 책 『한국신화의 원류』, pp. 165~166.
[125] 김화경, 위의 책 『한국신화의 원류』, pp. 187~188.
[126] 김화경, 위의 책 『한국신화의 원류』, p. 187.
[127] 김화경, 위의 책 『한국신화의 원류』, p. 197.

한다.[128] 이것은 미시나 쇼에이의 북방전래설을 바탕으로 한 해석이다. 이처럼 국내 연구자들은 일제강점기에 만들어 놓은 신화 해석 프레임을 비판 없이 수용할 뿐 아니라 확대 재생산하고 있다.

고구려 건국신화는 천자의 자손이라는 강한 자부심을 담고 있다. 고구려를 천하의 중심에 놓고 주변국을 바라보는 것이다. 고구려는 정복전쟁을 통해 주변국을 흡수 통합해 영토를 넓혀갔으며, 수양제가 이끈 100만 대군에도 멸망하지 않고 도리어 그들을 격퇴시켰다. 천하의 중심이라는 사상은 이러한 배경에서 나온다. 그래서 추모왕은 북부여에서 나와 엄리대수가 가로막고 있을 때 "나는 황천의 아들이며 어머니는 하백의 따님이신 추모왕이다. 나를 위해 갈대를 연결하고 거북은 떠올라라"[129]라고 명령할 수 있었던 것이다.

고구려 건국 주체들만 고구려를 천하의 중심으로 생각한 것은 아니다. 광개토대왕 때 북부여 방면에서 지방관을 지낸 모두루(牟頭婁)라는 인물이 있다. 그의 묘지 첫머리에는 "하백의 손자이며 일월의 아들인 추모성왕은 원래 북부여에서 오셨으니 천하 사방은 이 나라 이 고을이 가장 성스러운 곳임을 알 것이다"[130]라고 쓰여 있다. 천하 사방 이 나라 이 고을이 가장 성스러운 곳이라는 말은 고구려를 천하의 중심으로 생각하지 않으면 나올 수 없는 말이다. 고구려의 금석문은 고구려인들이 직접 자기의 세계를 서술한 것이기 때문에 그들의 세계관이 오롯이

---

128 나경수, 『한국의 신화 연구』, 교문사, 1993, p. 97.
129 「광개토호태왕릉비문」. "我是皇天之子, 母河伯女郞, 鄒牟王, 爲我連葭浮龜."
130 「모두루지비문」은 이덕일·김병기, 앞의 책 『고구려는 천자의 제국이었다』, p. 313에서 재인용. "河泊之孫日月之子鄒牟聖王元出北夫餘天下四方知此國郡最聖□□□."

담겨 있다.[131]

5. 맺는말

이 글은 '하백녀는 유화가 아니다. 하백녀는 웅녀다'라는 관점에 의문을 품으면서 시작되었다. 하백녀에 대한 연구는 ① '하백녀=웅녀', ② '하백녀≠유화', ③ '하백녀=유화≠웅녀'로 정리된다. ①은 이마니시 류가 창안했고, 이 논리를 발전시켜 미시나 쇼에이는 ②의 논리를 생산했다. 비교적 최근 연구는 '하백녀는 유화가 아닌데 왜 아닌가'에 초점이 맞춰진다. 이것은 이마니시 류와 미시나 쇼에이의 논리를 발전시킨 것으로, ③ '하백녀는 웅녀가 아니라 유화다'이다. 이 논지는 '하백녀는 본래의 유화가 아니라, 북방민족의 영향을 받아 그들이 숭배하는 버드나무 숭배사상이 주몽설화에 더해져서 하백녀가 '유화'라는 이름을 얻었다'는 것이다. 즉 '유화'는 후대에 얻어진 이름이므로, '하백녀는 본래부터 유화가 아니다'로 귀결된다.

하백녀가 북방민족의 영향을 받아 '유화'가 되었다는 논지는 북방전래설이라는 신화 해석의 틀에 따른 결과다. 미시나 쇼에이는 한반도 북쪽은 북방민족 신화의 영향을, 남쪽은 인도에서 건너온 신화의 영향을 받았다고 주장했다. 이 두 신화 이론은 각각 일본인들이 조선의 지배 이론으로 만든 한반도 한사군설과 임나일본부설과 짝을 이룬다. 신화의 북방유입설과 남방유입설이라는 해석의 틀을 창안한 것이다. 우

---

131 이덕일·김병기, 앞의 책 『고구려는 천자의 제국이었다』.

리 민족은 독자적인 신화가 나올 수 없는 민족이라서 외부의 영향을 받아 신화가 만들어졌다는 설이다. 한반도 한사군설과 임나일본부설은 우리 민족이 고대로부터 이민족의 지배를 받아왔다는 것으로 역사를 왜곡한 식민 지배 이데올로기다.

고구려 건국신화에는 하늘과 물의 자손이라는 고구려인들의 강한 자부심이 내재되어 있다. 고구려를 천하의 중심에 놓고 있는 것이다. 이러한 자부심을 가지고 있는 민족은 타민족이 지배하기 어렵기 때문에 일제는 우리를 독자적인 신화를 형성할 수 없는 민족이라고 왜곡하는 것이다. 이것이 미시나 쇼에이의 남북방계 신화 유입설의 핵심이다.

그러나 국내 학자들은 이마니시 류와 미시나 쇼에이의 신화 읽기 틀을 비판하기는커녕 계승, 발전시키며 재생산한다. 총론에서는 비판하면서 각론에서는 그대로 수용하는 행태도 보인다. 이는 일제강점기에 만들어 놓은 신화 해석의 틀을 '절대 이론'으로 인식하고 있다는 증거다. 또한 우리 스스로 타자가 바라보는 시각으로 우리 신화를 해석해왔다는 말이기도 하다. "아국은 신화가 빈약하며 이에 비하면 일본의 신화는 현저한 발달을 했다"[132]거나 우리 신화는 "우주, 천체에 관한 신화는 거의 없고 오직 파생적 일·월 신화가 하나 있을 뿐"이라는 말은 우리 신화를 타자의 시각으로 본 것의 방증이다.

신화는 세계를 바라보는 지평이자 "그 신화가 생성될 당시에 살고 있던 사람들의 집단적인 경험과 의식이 반영"[133]된 이야기다. 신화는 공동체 일원에게 정서적 일체감을 주면서 그들의 경험을 기억하고 전

---

[132] 이재수, 앞의 책 『한국소설 연구』, p. 14.
[133] 이종호·이형석, 『고조선, 신화에서 역사로』, 우리책, 2009, p. 25.

승한다. 따라서 신화는 역사다. 문자 이전의 역사를 집단적 기억을 통해 전승하는 집단의 역사다.[134] 역사는 사람들을 단결시킨다. 그래서 역사와 신화는 그 집단의 정신을 담고 있다. 역사와 신화가 중요한 이유다. 일제가 역사와 신화의 왜곡에 앞장선 이유이기도 하다.

이 글은 일제강점기 사학자들이 우리 역사를 왜곡하고 천자의 자손이라는 강한 우리의 자부심을 부정하고자 만든 신화 해석의 틀에서 벗어나 요동의 드넓은 땅을 달리던 기마민족의 후예답게 천자의 자손이라는 자부심으로 우리 신화를 바라보자는 제안이다.

---

[134] 노에 게이치, 김영주 옮김, 앞의 책 『이야기의 철학: 이야기는 무엇을 기록하는가』.

3장
어린이책에 나타난 고구려 건국신화의 전승 양상

1. 머리말

건국신화는 어린이들의 국가관과 민족 정체성 확립에 영향을 미치는 텍스트다. 고구려 건국신화인 이규보의 「동명왕편」이 어린이책에서 어떻게 전승되고 있는지 살피는 것은 어린이들에게 국가관과 민족의 정체성을 확립하는 데 미치는 영향을 파악하는 일이다.

고구려 건국신화는 김부식이 쓴 『삼국사기』와 일연이 쓴 『삼국유사』에도 실려 있다. 그런데 김부식과 일연이 전승하는 건국신화는 「동명왕편」의 내용과 다를 뿐 아니라 전승하는 태도에도 차이가 있다. 이는 『구삼국사』를 원 텍스트로 삼았는가 아닌가의 차이다.

이규보는 『구삼국사』를 저본으로 삼았고, 김부식은 중국 측 기록만을, 일연은 『위서』 등의 중국 자료와 우리나라 고문서 그리고 민간 기록을 인용하여 서술했다.[135] 이러한 이유로 「동명왕편」은 『구삼국사』의

---

[135] 일연, 이재호 옮김, 「『삼국유사』의 체재」, 『삼국유사 1』, 솔, 2008, pp. 8~10.

"원 신화의 모습을 생생하게"[136] 전한다고 했다. 『삼국사기』·『삼국유사』와 차이가 난 이유이기도 하다. 한편, 이규보의 말처럼 민중 사이에 회자된 내용보다 더 신이하고 성스러운 이야기가 『구삼국사』에 수록되었다면[137] 당대 건국 주체와 그들에 대한 민중의 의식도 이 책에 담겨 있을 것이다. 따라서 『구삼국사』를 바탕으로 한 「동명왕편」에도 건국 주체와 그들에 대한 민중의 의식이 전승되었을 터이므로 『삼국사기』·『삼국유사』와는 전승 태도에 차이가 난 것이다.

　김부식과 일연은 이규보가 성(聖)과 신(神)의 이야기라고 여긴 사건들을 삭제했다. 이규보는 일찍이 「동명왕편」을 보았으나 공자가 괴력난신을 말하지 않았고 『위서』와 『통전(通典)』에도 그 이야기가 간략하기에 그러려니 했는데, 『구삼국사』를 얻어 세 번을 읽어보니 귀(鬼)와 환(幻)이 아니라 성과 신의 이야기였음을 알았다고 했다. 그런데 김부식이 크게 이상한 일은 후세에 보일 것이 아니라고 여겨 그 사건들을 임의로 생략했다는 것이다. 하나의 사건을 놓고 이규보는 성스러운 것으로 본 반면, 김부식은 괴력난신으로 여겼다는 말이다.[138] 신채호도 김부식이 "사대주의를 근본으로 하여 『삼국사기』"[139]를 지었다고 비판했다.

　따라서 이 글은 『구삼국사』를 원 텍스트로 삼아 저술한 「동명왕편」을 중심으로 고구려 건국신화 속의 성스러움과 신이함에 대해 살핀다. 김부식과 일연이 전하지 않은 성과 신의 이야기는 무엇이며, 신이한

---

[136] 황패강, 「동명왕 주몽신화 연구」, 『한국신화의 연구』, p. 209.
[137] 이규보, 「동명왕편」, 『동국이상국집』 제3권; 한국고전종합DB (http://db.itkc.or.kr).
[138] 위와 같음.
[139] 신채호, 박기봉 옮김, 앞의 책 『조선상고사』, p. 37.

능력을 펼치는 주체는 누구인지, 또 이를 어린이책에서 어떻게 전승하고 있는지를 고찰하는 것이 구체적 연구 내용이 된다. 어린이책에서 전승자의 관점을 살피는 일은 중요하다.

전승자의 관점은 아이들에게 고구려 건국신화에 대한 고정된 시각을 심어줄 수 있다. 따라서 전승자가 균형 잡힌 시각을 견지하고 있는가는 매우 중요한 전제가 된다. 특히 신이한 능력의 주체와 서사의 변화는 전승자의 관점을 살필 수 있는 중요한 요소다.

고구려 건국신화에 대한 국내 자료 중 가장 이른 시기의 것은 「광개토호태왕릉비문」이다. 414년에 장수왕이 세운 이 비문은 건국신화의 성립 시기 또는 전승의 논의에서 핵심적인 자료로 다루어지고 있다. 논의의 핵심은 해모수의 하강과 해모수와 하백의 대결 장면, 그리고 유화 추방 화소다. 그러나 이러한 화소들이 지닌 상징성에 대한 해석보다는 화소의 첨가 시기에 대한 논의가 주를 이루고 있다. 서영대, 이지영, 조현설은 해모수와 하백의 대결, 그리고 유화의 추방 화소가 5~6세기 이후에 첨가되었다고 보았고,[140] 이종태, 김기흥, 윤성용, 정원주, 김홍규 등은 「광개토호태왕릉비문」 이전에 이들 화소가 포함된 신화가 형성되었다고 보았다.[141] 이종태 이하 연구자들은 유화의 추방 화

---

[140] 서영대, 「고구려의 국가 제사: 동맹을 중심으로」, 『한국사연구』 120, 한국사연구회, 2003; 이지영, 앞의 글 「하백녀, 유화를 둘러싼 고구려 건국신화의 전승 문제」; 조현설, 앞의 글 「건국신화의 형성과 재편에 관한 연구: 티벳·몽골·만주·한국 신화의 비교를 중심으로」.

[141] 이종태, 「고구려 태조왕계의 등장과 주몽국조의식의 성립」, 국민대학교 대학원 석사학위 논문, 1987; 김기흥, 「고구려 건국신화의 검토」, 『한국사연구』 113, 한국사연구회, 2001; 윤성용, 「고구려 건국신화와 제의」, 『한국고대사연구』 39, 한국고대사학회, 2005; 정원주, 「고구려 건국신화의 전개와 변용」, 『고구려발해연구』 33, 고구려발해학회, 2009; 김홍규, 앞의 글 「광개토왕릉비 이전의 주몽신화: 책략적 영웅들의 행방」, p. 9.

소가 4세기 이전에 형성되었으며, 이 화소들이 「광개토호태왕릉비문」
에 생략된 이유는 추모왕의 신성한 혈통을 강조하기 위한 정치적 수사
의 필요성 때문이라고 주장했다.[142] 또한 4세기 말 고구려 때 편찬된
『유기(留記)』에 주몽신화가 기록되었을 것이며, 그 책이 고려 초까지
고구려 건국신화의 전승 역할을 했다고 보았다.

고구려 건국신화의 형성 과정에 대한 논의는 김흥규가 "혼미스러운
풍요"[143]라고 할 만큼 활발한 반면, 이 신화가 어린이들에게 어떻게 전
승되고 있는가에 대한 연구는 탐지되지 않았다. 이 글에서 다룰 어린
이책은 조호상의 『주몽의 나라』,[144] 김향금의 『고구려를 세운 영웅 주
몽』,[145] 정해왕의 『주몽, 고구려를 세우다』,[146] 김종렬의 『주몽』[147]이다.
대상으로 삼은 책은 비교적 판매지수나 세일 포인트가 높다.[148] 판매지
수나 세일 포인트가 높다는 것은 주몽신화를 다룬 다른 책에 비해서
더 많은 어린이가 읽었다는 뜻이며, 그만큼 많은 어린이의 국가관과
민족의 정체성 확립에 영향을 끼친다는 의미다.

분석 대상으로 삼은 어린이책 4종 중 2종은 글 중심의 서사물로 아
이들의 이해를 돕기 위해 삽화가 삽입된 읽기 책이며, 2종은 그림책이
다. 읽기 책은 조호상이 쓴 『주몽의 나라』와 김종렬이 쓴 『주몽』으로

---

[142] 김흥규, 앞의 글 「광개토왕릉비 이전의 주몽신화: 책략적 영웅들의 행방」, p. 36.
[143] 김흥규, 앞의 글 「광개토왕릉비 이전의 주몽신화: 책략적 영웅들의 행방」, p. 6.
[144] 조호상 글, 조혜란 그림, 『주몽의 나라』, 알마, 2006.
[145] 김향금 글, 김동성 그림, 『고구려를 세운 영웅 주몽』, 웅진주니어, 2009.
[146] 정해왕 글, 한태희 그림, 『주몽, 고구려를 세우다』, 현암사, 2010.
[147] 김종렬 글, 김홍모 그림, 『주몽』, 비룡소, 2011.
[148] 추천지수가 높다고 해서 반드시 판매지수나 세일 포인트가 높은 것은 아니며, 세일 포인트가 가장 높다고 해서 추천지수가 높은 것은 아니므로, 인터넷서점 세 곳을 조사하여 신뢰도를 높이고자 했다.

〈표 5〉 주몽신화와 관련된 어린이책의 판매 현황(2016년 1월 5일 조사)

제목	저자	추천지수	세일 포인트	판매지수
주몽의 나라(2006)	조호상 글, 조혜란 그림	126	1,180	702
고구려를 세운 영웅 주몽 (2009)	김향금 글, 김동성 그림	108	518	576
주몽, 고구려를 세우다 (2010)	정해왕 글, 한태희 그림	24	237	1,122
주몽(2011)	김종렬 글, 김홍모 그림		606	714

텍스트가 중심이다. 정해왕이 쓴 『주몽, 고구려를 세우다』와 김향금이 쓴 『고구려를 세운 영웅 주몽』은 그림책으로 그림이 중심이 된다. 독자 대상도 다르다. 조호상의 책은 초등 고학년을 대상으로 했으며, 김종렬, 정해왕, 김향금의 책은 저학년을 대상으로 삼았다. 매체도 다르고 상정된 독자층도 다르지만, 어린이책에서 건국 주체의 세계관과 그 집단 구성원들의 경험, 그리고 그들의 의식세계 상징이 제대로 전승되는지 확인하는 것은 중요한 의미를 가진다. 어린이는 역사와 신화 등의 서사물을 통해 민족의 역사와 민족정신을 배우기 때문이다.

2. 고구려 건국신화 분석

고구려 건국신화를 다룬 국내 자료는 「광개토호태왕릉비문」, 『삼국사기』, 「동명왕편」, 『삼국유사』 등이 있다. 이 가운데 가장 이른 시기의 국내 자료는 「광개토호태왕릉비문」이다. 414년 장수왕이 부왕인 광개토대왕의 업적을 기리기 위해 세운 이 비에는 왕가의 근원과 건국 이

<표 6> 고구려 건국신화 비교

화소	광개토호태왕릉비문	동명왕편	삼국사기	삼국유사
금와왕 탄생	×	○	○	○
동부여 천도	×	○	○	○
해모수 하강	×	○	×	×
해모수와 유화의 만남	×	청하(靑河) 구리 집으로 유인	×	웅신산 밑 압록강변
하백의 입궁 방법	×	하백녀가 알려줌 – 용거	×	×
해모수 청혼	×	○	×	×
하백의 해모수 시험	×	○	×	×
해모수와 유화의 이별	×	해모수 홀로 승천	×	돌아오지 않음
유화 추방	×	우발수	우발수	우발수
유화와 금와왕의 만남	×	강력부추가 잡아서	금와왕이 발견	우발수에서 울고 있는 유화 발견
주몽 잉태	알	햇빛-알	햇빛-알	햇빛-알
버려짐	×	짐승들 보호	짐승들 보호	짐승들 보호
성장과 비범한 자질	×	유화에게 활과 화살을 만들어달라고 해서 파리 쏨. 묶인 나무에서 탈출, 사슴 사냥	7세에 스스로 활과 화살을 만들어 백발백중	7세에 스스로 활과 화살을 만들어 백발백중
남하 계기	명(命)	일곱 아들과 신하의 시기로 주몽이 떠나겠다고 함	일곱 아들과 신하의 시기로 유화가 떠나라고 함	대소의 시기로 유화가 떠나라고 함
준마 알아보는 사람	×	유화	주몽	주몽
도강	엄리대수	엄체수(개사수)	엄시수(개사수)	엄수

오곡종자 전달자	×	신모가 보낸 비둘기	×	×
개국 후 강토 확장	×	비류왕 송양 대결	비류왕 송양 대결	×
송양과의 내기 전투	×	활쏘기, 고각, 장마	×	×
주몽 승천	용머리에 서서 승천	○	○	×

야기가 수록되어 있다. 건국신화는 비가 세워진 지 700여 년이 지난 후에 김부식의 『삼국사기』에 나타난다. 그러나 이보다 앞서 고려 광종 때 편찬된 것으로 추정되는 『구삼국사』에 고구려 창업 이야기가 실렸다.[149] 이 사료는 현존하지 않지만 그 내용 일부는 이규보의 「동명왕편」에 원주로 남아 있다.[150] 「광개토호태왕릉비문」, 『삼국사기』, 「동명왕편」, 『삼국유사』 등에서 그 내용을 비교해보자.

이규보가 강조하듯 고구려 건국신화는 신이하고 성스러운 이야기다. 「동명왕편」은 크게 네 부분으로 나뉜다. 동부여의 금와왕 설화, 해모수의 신이한 사적과 유화와의 혼인, 주몽의 탄생과 성장, 주몽의 개국과 영토 확장이다. 좀 더 세부적으로 살펴보면 ① 동부여의 금와왕 설화 → ② 해부루의 옛 도읍지에 해모수 하강 → ③ 해모수와 유화의 만남 → ④ 하백의 해모수 시험 → ⑤ 해모수와 유화의 이별 → ⑥ 유화의 추방 → ⑦ 금와왕과 유화의 만남 → ⑧ 주몽의 신이한 잉태 및

---

[149] 김흥규, 앞의 글 「광개토왕릉비 이전의 주몽신화: 책략적 영웅들의 행방」, p. 9.
[150] "지난 계축년(1193, 명종 23) 4월에 『구삼국사』를 얻어 「동명왕본기(東明王本紀)」를 보니 그 신이한 사적이 세상에서 이야기하는 것보다 더했다"는 구절이 이규보의 「동명왕편」 서문에 서술되어 있다.

탄생 → ⑨ 주몽의 시련 → ⑩ 주몽의 남하 및 개국 → ⑪ 영토 확장 → ⑫ 주몽의 승천 등으로 이루어져 있다.

김부식이 쓴 『삼국사기』와 일연의 『삼국유사』는 「동명왕편」의 ②~⑤에 해당하는 화소를 소략하거나 생략했다. 그 대신 우발수에서 금와왕을 만난 유화가 해모수와의 만남 후 하백으로부터 추방당한 사실을 간략하게 설명한다.

「동명왕편」과 『삼국사기』의 차이는 두 가지다. 첫째, 신이성[151]을 소략하거나 생략했고, 둘째, 신이성의 주체를 바꾸었다. 『삼국사기』는 신이한 능력을 펼치는 주몽 부모의 화소가 소략되거나 생략되어 있다. 그러니까 김부식은 주몽 부모의 이야기를 축소하거나 왜곡한 것이다.

「동명왕편」에서 해모수가 하늘에서 하강하는 장면부터 살펴보자.

> 하늘에서 내려오는데 오룡거(五龍車)를 타고, 따르는 사람 1백여 인은 모두 흰 고니를 탔다. 채색 구름은 위에 뜨고 음악 소리는 구름 속에서 울렸다. 웅심산(熊心山)에 머물렀다가 10여 일이 지나서 내려오는데, 머리에는 오우관(烏羽冠)을 쓰고 허리에는 용광검(龍光劍)을 찼다.[152]

해모수가 해부루의 옛 도읍에 입성하는 이 장면은 아름답고 웅장하다. 오룡거, 오우관, 용광검 등은 모두 왕의 상징물이다. 즉, 김부식이 소략하거나 생략한 화소는 해모수의 위엄뿐 아니라 승자의 표식이자

---

[151] 신과 같은 비범한 능력으로 보통의 사람이 볼 때 신기하고 이상한 특성을 일컫는다.
[152] 「동명왕편」. "從天而下. 乘五龍車. 從者百餘人. 皆騎白鵠. 彩雲浮於上. 音樂動雲中. 止熊心山. 經十餘日始下. 首戴烏羽之冠. 腰帶龍光之劍." 한국고전종합DB(http://db.itkc.or.kr).

신성성을 상징한다. 해부루가 그의 도읍을 해모수에게 순순히 내주고 동부여로 이주한 사건은 그가 해모수와의 싸움에서 패했음을 의미한다.

해모수는 해부루와의 싸움에서 승자일 수밖에 없다. 신성한 존재이기 때문이다. 그래서 해모수는 당당하고 압도적인 모습으로 해부루의 옛 도읍에 입성한다. 그런데 해모수는 해부루의 도읍에 바로 입성하지 않는다. 당당하고 압도적인 모습을 지속시킨다. 하늘에서 하강해 웅심산에서 10여 일을 머무는데, 이것은 해모수가 자신의 위엄을 천하에 공포한다는 의미다. 해모수의 신이성은 계속된다. 아침에 하늘에서 내려와 정사를 보고 저녁에 올라간다. 말채찍으로 땅을 그어 구리 집을 짓고, 잉어, 사슴, 꿩으로 변하는 하백을 수달, 승냥이, 매 등으로 변신하여 사로잡는다. 변신하는 동물은 물, 땅, 하늘에 사는 동물이다. 물에서는 잉어보다는 수달이, 땅에서는 사슴보다는 승냥이가, 하늘에서는 꿩보다는 매가 더 강하다. 이러한 변신 모티프는 그가 하늘과 땅과 물을 지배하는 천자의 아들임을 증명한다.

한편 시조의 어머니 유화는 물의 신 하백의 딸이다. 유화는 굳이 하백을 거론하지 않아도 신성한 인물이다. 이별의 슬픔 때문에 자신이 챙겨준 오곡종자를 주몽이 놓고 가자 유화는 비둘기를 사신으로 보낸다. 주몽이 천신만고 끝에 엄체수(淹遞水)를 건너 나무 그늘에서 잠시 쉬고 있을 때였다. 한 쌍의 비둘기가 날아오자 주몽은 어머니가 보낸 사자임을 알고 활을 꺼내 들었다. 그가 누구인가? 활을 잘 쏘는 자를 주몽이라 하지 않는가?[153]

---

[153] 『삼국지 위서』 「동이열전」 '고구려조'. "字之曰 朱蒙 其俗言 「朱蒙」 者 善射也."

시위를 떠난 화살은 정확히 비둘기를 맞춰 그의 앞에 떨어뜨렸다. 주몽은 비둘기 입에서 오곡종자를 꺼내고 숨을 불어넣어 날려 보낸다. 유화가 보낸 오곡종자 화소에 연구자들은 그녀를 농경신 또는 지모신(地母神)으로 여긴다.[154]

그러나 김부식은 시조모인 유화의 신이성을 삭제해버렸다. 또 유화의 신이성을 주몽의 신이성으로 바꾸어버렸다. 준마(駿馬) 화소가 그것이다. 유화는 준마를 알아보는 혜안이 있었다. "내가 들으니 장사가 먼 길을 가려면 반드시 준마가 있어야 한다. 내가 말을 고를 수 있다."[155] 북방 유목민족에게 말은 곧 전투력이었다. 뛰어난 말을 알아본다는 것은 전투력을 증가시키는 일이다. 유화는 주몽에게 준마를 골라주고 오곡종자까지 챙긴다. 오곡종자는 곧 국가의 기틀을 다지는 식량 자원이다. 한 나라의 군사력과 경제력은 식량에서 비롯된다. 식량이 없는 주몽에게 어떤 군사가 모이겠는가. 유화는 그것을 너무 잘 알고 있었기 때문에 이별의 슬픔 속에서도 오곡종자까지 챙겼던 것이다. 이별의 아픔을 견뎌내며 아들을 위해 이것저것 챙기는 유화는 외유내강의 어머니다. 그러나 김부식이 쓴 『삼국사기』에는 이러한 유화의 면모가 사라지고 없다. 주몽은 스스로 활과 화살을 만들고, 준마를 알아보는 능력을 갖췄다. 『삼국사기』에서 유화는 단지 왕자와 여러 신하가 주몽을 죽이려는 것을 눈치 채고 주몽을 떠나보낼 뿐이다.

---

[154] 오세정, 「유화와 자청비(自請妃)를 통해 본 한국 농경신의 성격」, 『한국고전여성문학연구』 21, 한국고전여성문학회, 2010; 최원오, 「곡물 및 농경 관련 신화에 나타난 성적 우위의 양상과 그 의미: 「주몽신화」, 「세경본풀이」, 「목도령형 홍수신화」를 중심으로」, 『한중인문학연구』 19, 한중인문학회, 2006.

[155] 「동명왕편」. "吾聞士之涉長途者. 須憑駿足. 吾能擇馬矣."

한 나라의 건국신화는 "왕실과 국가의 영속성과 지배의 정당성을 과시"[156]하고 "왕과 왕실의 권위를 내세울 수 있는 제도적 장치"[157]다. 그러나 해모수와 유화에 대한 김부식의 서술은 지나치게 유학자적 관점에서 이루어졌다. "유가적인 합리주의의 역사 서술 방식에 의하여 우리나라 상고시대의 신화 전설을 주관적으로 깎아 고쳐"[158]버려서 고구려 건국신화 속 신이성은 사라지고 그 주체도 바뀌어버렸다. 이규보는 「동명왕편」을 통해 국가의 시조모인 어머니의 상을 유학자적 시각에서 전승한 김부식의 서술을 비판하는 동시에 신이성의 주체를 복원했다. 즉 「동명왕편」에 나타난 유화의 모습은 이규보가 유화의 성격을 창작한 것이 아니라 『구삼국사』에 쓰인 건국신화를 본래대로 서술한 것이다.[159] 그렇다면 오늘날 고구려 건국신화는 어떻게 전승되고 있을까?

3. 어린이책 전승 양상

전승사

1905년 10월, 한국인들은 비로소 고구려 「광개토호태왕릉비문」의 존재를 알게 되었다. 그러나 이 비는 1905년에 발견된 것이 아니다.

---

[156] 이도학, 『살아 있는 백제사』, 휴머니스트, 2003, p. 361.
[157] 위와 같음.
[158] 일연, 이재호 옮김, 『삼국유사 1』, 솔, 2008(개정판 4쇄), p. 9.
[159] 이규보의 「동명왕편」에는 『구삼국사』에 수록된 고구려 건국신화의 원문이 각주로 수록되어 있다. 따라서 각주를 통해 『구삼국사』에 수록된 고구려 건국신화의 원형을 파악할 수 있다.

1882년에 이미 발견되었으며, 중국의 학자 좌종당(左宗棠)[160]이 「광개토호태왕릉비」라는 사실을 증명한 상태였다. 이 사실을 탐지한 일본은 사코 가게노부를 중국에 파견한다. 사코 가게노부는 스파이 훈련을 받은 육군 참모본부 장교였다. 그는 만주 일대를 시찰하면서 비를 탁본하여 일본으로 보냈고, 한국은 20년 후에나 비의 발견 사실을 알게 되었다. 우리나라 유학생이 현재 도쿄의 우에노 공원 박물관에 전시된 탁본을 우연히 발견하고 그것의 복사본을 입수하여 국내 신문사로 보내면서 비로소 비문을 보게 되었다.[161] 비문은 이렇게 시작한다.

> 옛날 시조 추모왕께서 창업하신 터다. 왕은 북부여에서 나오셨으며, 천제의 아들이고, 어머니는 하백의 따님이다.[162]

비문에 따르면, 고구려 시조는 천제의 아들이며, 어머니는 물의 신 하백의 딸이다. 신성한 혈통이 천명되어 있다. 신화는 그 나라의 기원과 혈통을 담고 있을 뿐 아니라 신이한 탄생과 고난을 극복하고 나라를 세운 영웅의 이야기이기도 하다. 그래서 앤서니 스미스(Anthony D. Smith)는 건국신화는 '내가 누구인지 알기' 위한 것이며, 공동체의 자

---

[160] 좌종당은 중국 청나라 말기의 정치가이자 양무운동의 선구자다. 그는 1852년 이후 증국번(曾國藩)의 상군을 지휘하여 태평천국의 난을, 1876년 흠차대신으로서 신장의 위구르족의 난을 진압했고, 1866년 중국 최초의 관영 조선소를 만들어 양무운동의 선구자가 되었다. https://ko.wikipedia.org.
[161] 앙드레 슈미드, 정여울 옮김, 『제국 그 사이의 한국 1895~1919』, 휴머니스트, 2007, pp. 47~48.
[162] 「광개토태왕릉비문」, "惟昔始祖鄒牟王之創基也 出自北夫餘 天帝之子 母河伯女郎."

치권을 위해 전승한다고 했다.¹⁶³ 그에 따르면, 건국신화를 전승한다는 의미는 영웅의 시대와 황금기에 즐길 수 있었던 자유와 권리를 되찾으려는 욕망이자 민족적 자긍심을 후대에 전달하는 것이다.¹⁶⁴ 특히 국가가 어려움에 처했을 때는 건국 영웅의 이야기를 통해 민족의 우월성을 확인하고 국가의 위기를 극복하고자 한다. 이규보가 몽골의 침략으로 좌절된 민족

백암 박은식(출처: wiki)

의 자긍심을 고취하고자 「동명왕편」을, 대한제국 말기 외교권을 빼앗겼을 때 단재 신채호가 「을지문덕」을, 백암 박은식이 『천개소문전(泉蓋蘇文傳)』과 『동명왕실기(東明王實記)』를 썼듯이 말이다. 대한제국시대의 지식인들은 역사를 존중하고 영웅을 숭배하는 일이 곧 나라를 사랑하는 사상이라고 여겼다.¹⁶⁵

이처럼 건국신화는 신과의 생물학적 연관성에 큰 의의를 두고 있다. 따라서 신의 후손이 세운 나라는 고결하고 영웅적인 조상으로부터 내려온 것이며, 그러하기에 문화적인 특권을 가질 자격이 있는 표상이

---

163 Anthony D. Smith, *Myths and Memories of the Nation*, New York: Oxford university press, 1999, p. 60.
164 Anthony D. Smith, *Myths and Memories of the Nation*, p. 70.
165 "國家의 制度로 成立ᄒ고 國民의 資格으로 生活ᄒ는 者는 皆其歷史를 尊重히 ᄒ고 英雄을 崇拜ᄒ는디 其國民이 文明홀사록 歷史를 더욱 尊重히 ᄒ고 英雄을 더욱 崇拜홈이 卽其國家를 愛ᄒ는 思想이라." 「독고구려영락대왕묘비등본」, 『서북학회월보』 1(7), 1909에 수록됨. 『한국개화기학술지』(영인본), 아세아문화사, 1978.

『동명왕실기』(출처: 훈옥션)

된다.[166] 건국신화가 갖는 이러한 특질, 생물학적으로 신의 후손이며 문화적 특권을 가진 공동체의 정신적 산물을 넓은 의미로 민족[167]의 산물이라고 하겠다. 우리나라에서 민족이라는 용어는 역사의식과 함께 호명된다.[168] 청일전쟁(1894) 이후 독립협회는 단군조선 이래 우리 역사를 종속의 역사로 규정하고 1897년에 건립된 대한제국에 와서야 비로소 독립을 이루었다고 설파

---

[166] Anthony D. Smith, *Myths and Memories of the Nation*, p. 58.

[167] 『대한매일신보』에 따르면 민족은 그 조상과 역사와 거주지와 종교와 언어가 같고, 반드시 같은 정신과 같은 이해, 같은 행동의 구성을 핵심으로 한다. 논설 「민족과 국민의 구별」, 『대한매일신보』 1908년 7월 30일자 참조.

[168] 1894년 청일전쟁 이후 중국 속국에서 벗어난 지위를 지키고 1905년 일본의 주권 강탈 이후에 잃어버린 국권을 되찾고자 우리 민족의 혈통, 역사, 언어 등 그 표상에 대한 지식들이 생산되었다. 민족은 동일한 혈통과 역사와 언어에 기반한 자연발생적 집단이기 때문에 자연소멸도 가능해진다. 자연발생적 집단이 소멸하지 않으려면 민족이라는 용어는 추상화 과정을 거칠 수밖에 없다. 민족은 "① 단순한 집단을 가리키는 개념, ② 부족을 가리키는 개념, ③ 현존 국가체제의 구성원을 가리키는 개념, ④ 국가체제 부재의 상황에서도 존재할 수 있는 국가의 원형적 집단을 가리키는 개념"을 거친다. 국가의 원형적 집단을 가리키는 ④번은 일제강점기를 거치면서 특정 국가를 지시하지 않는 방향, 즉 추상성과 보편성을 최대한 획득하는 방향으로 확장한다. 추상성과 보편성을 띤 민족이라는 용어는 저항적 용어로 사용 가능해졌다. 즉 국가의 원형적 집단이라는 바탕에서 민족은 국가 이전이자 이후가 되며 제국주의 국가에 대항하는 거점이 될 수 있었다. 앙드레 슈미드, 정여울 옮김, 앞의 책 『제국 그 사이의 한국』, pp. 52~53; 권보드래, 「근대 초기 '민족' 개념의 변화: 1905~1910년 『대한매일신보』를 중심으로」, 『근대계몽기 지식의 굴절과 현실적 심화』, 소명, 2007.

한다.[169] 독립협회의 역사 인식은 사회적으로 역사에 관심을 갖는 계기가 되었다. 역사 교과서 편찬의 필요성이 대두되었고, 민간에서 역사 교과서 발행이 본격화되었다.[170] 그러나 이때는 민족주의에 기반한 역사적 상상력이 상고시대에까지는 이르지 못했다. 당시의 이해관계와 직접적으로 결부되었을 때만 특별한 관심을 가졌다. 예를 들면, 간도 지역의 국경 문

단재 신채호(출처: wiki)

제 등이다. 이러한 역사의식은 신채호에 의해서 새롭게 재편된다. 신채호는 고조선-부여-고구려 역사체계를 세우는데, 이때 민족을 주체로 하고 역사를 형식으로 취한다.[171] 『대한매일신보』의 논설위원이었던 신채호는 역사체계를 통해 민족·국민이라는 새로운 인식의 틀을 가능하게 했다.

당시 역사체계를 세우는 일은 민족정신을 세우는 일이었다. "국교(國敎)와 국사가 망하지 않으면 그 나라는 망하지 않는다"[172]는 백암 박은

---

169 권보드래, 위의 글 「근대 초기 '민족' 개념의 변화: 1905~1910년 『대한매일신보』를 중심으로」, p. 50.
170 우리나라 역사를 상고, 중고, 근고, 근세로 나누고 남북시대를 기록한 최초의 국사 교과서는 김교헌의 『신단민사』이며, 1904년에 발행되었다.
171 권보드래, 앞의 글 「근대 초기 '민족' 개념의 변화: 1905~1910년 『대한매일신보』를 중심으로」, p. 54.
172 박은식, 「한국통사」, 『백암 박은식 전집』 제1권, 백암박은식전집편찬위원회, 2002, p. 1080.

「대한매일신보」, 1904년 8월 4일 창간호(출처: 독립기념관)

식의 말은 역사와 종교를 통해 민족의 혼을 불러일으키고자 했음을 잘 보여준다.[173] 박은식은 국권이 타락하고 타인의 노예가 된 원인은 국민의 애국사상이 천박하기 때문이라고 보았다. 애국사상이 천박해진 까닭은 '첫째도 사대부를 배운 죄이고, 둘째도 사대부를 배운 죄'라고 설파한다.[174] 사대부는 우리의 역사를 배우기보다 중국의 역사, 즉 남의 나라 역사를 배우기 때문에 "어릴 때부터 머릿골 속에 노예 정신이 깊

---

[173] 대한제국 시기에 국권을 잃어버릴 위기에 처하자 민족주의적 선각자들은 민족의 정신을 세우는 일이 국교와 국사(역사)에 있다고 보았다. 여기서 국교는 대종교를 말한다. 일제강점기에 김교헌, 신채호, 박은식, 김승학, 김좌진 등 대다수의 독립운동가들은 대종교인이었고, 역사를 연구했다. 민족의 혼이 살아 있다면 잃어버린 나라는 반드시 찾을 수 있다고 믿었기 때문이다.
[174] 한국문화연구소 편, 「서사건국지」, 『역사·전기소설 6』, 아세아문화사, 1979, p. 198.

이 뿌리박혀 평생의 학문이 다 노예 학문이고 평생의 사상이 모두 노예 사상"[175]이라는 것이다. 그래서 이 열등한 근성을 뿌리째 뽑아버리고 민족의 자강 자립의 정신을 배태하게 하려면 조선 역사를 인민의 머릿골 속에 살아 있게 해야 한다고 말한다.[176] 신채호도 사대주의가 우리나라 사천 년의 신성한 역사를 더럽히고 위대한 영웅들을 사장시켰기 때문에 망국의 위기를 초래했으며, 그 원인은 역사의식의 부재에 있다고 보았다. 즉 사대부가 유교만을 숭상하여 민중의 기를 꺾어버리고 역사의식을 말살했다고 본 것이다.[177] 이때 지식인들은 주권 회복의 길을 자주적인 우리 역사에서 찾고자 했다. 이리하여 나온 서사물이 역사서와 역사인물 영웅전들이다. 영웅 서사물은 1905년에서 1907년까지 집중적으로 출현하다 일제가 출판언론법으로 탄압한 1908년부터 현격히 줄어들었다.[178] 이러한 배경에서 『초등 대한역사』(1908), 『초등 본국략사』(1908), 『초등 대한역사』(1909), 『초등 대한역사』(1910) 등 대한제국 초등 교과서가 발행되었다. 그러나 위의 교과서들은 민족의 자긍심과 혼을 제대로 전승하지 못하고 되레 축소했다. 대한제국 말기는 주권을 행사할 수 없는 식물국가였다는 점을 감안한다면 이상한 일도 아니다. 대한제국 시기에 발행된 초등 교과서 중 『초등 대한역사』(1908) 2장 '고구려'를 살펴보자.

---

[175] 박은식, 조준희 옮김, 『대통령이 들려주는 우리 역사』, 박문사, 2011, p. 246.
[176] 박은식, 조준희 옮김, 위의 책 『대통령이 들려주는 우리 역사』, p. 247.
[177] 김명옥, 「역사인물동화 연구: 박문수를 중심으로」, 건국대학교 대학원 박사학위 논문, 2014, p. 30.
[178] 위와 같음.

> 高句麗 始祖 朱蒙은 北扶餘의 王 解夫婁 孫이오 金蛙의 子―이니 곳 檀君의 遺種이라 骨表가 영위ᄒᆞ고 年이 七歲에 弓矢ᄒᆞ물 自作 ᄒᆞ야 百發百中ᄒᆞ니 兄弟 七人이 其能을 忌ᄒᆞ야 殺코자 ᄒᆞ는지라.[179]

교과서에서는 해모수가 천자의 아들이라는 설명도, 신이한 사적을 일으키는 일도 모두 삭제되었다. 천자의 자손이라는 강한 자부심 대신, 북부여 해부루의 손자로, 그리고 동부여 금와왕의 아들로 표기하여 혈통을 바꿔버렸다. 『초등 본국략사』(1908), 『초등 대한역사』(1909), 『초등 대한역사』(1910)도 대동소이하다. 간략한 계보만을 서술한 대한제국 시기의 교과서에는 우리 민족이 천자의 자손으로서 위엄과 긍지를 느낄 수 있는 서술이 없다.

이후 어린이를 대상으로 한 고구려 건국신화는 1923년 『어린이』 10월호에 수록된 「고주몽 이야기」다. 손진태가 쓴 이 이야기에는 '역사동화'라는 부제가 달려 있다. 이 글에도 해모수의 하강과 해모수와 하백의 대결 장면, 그리고 유화의 신모적 성격은 전승되지 않는다. 손진태의 「고주몽 이야기」는 '역사동화'라는 부제가 달려 있는 만큼 이야기를 강조하고 있다.

이야기는 개연성을 바탕으로 한 허구로 재미와 문학적 상상력에 옷을 입히는 일이다. 고구려 건국신화의 주인공 주몽이 역사인물이라는 점, 고구려 건국신화를 토대로 이야기를 구성한다는 점에서 재미와 문학적 상상력을 풍부하게 할 수 있는 요소가 다분하다. 「동명왕편」에서 해모수의 하강 모티프와 변신 모티프, 유화의 신모적 속성은 하늘과

---

[179] 『초등 대한역사』, 옥호서림, 융희 2년(1908) 7월.

땅과 물을 종횡무진할 우주적 상상력을 제공해준다.

그러나 손진태는 대화체를 사용하고, 제3의 서술자가 이야기를 전달하는 방식을 택하면서도 아이들에게 문학적 상상력과 고구려 건국신화가 지닌 상징적 의미를 전달하지 못하고 있다. 신성을 상징하는 화소들을 삭제했기 때문이다. 이러한 현상은 오늘날까지도 지속된다. 1990년 초등학교 국어 교과서 『읽기 6-2』를 비롯해 이 글에서 다루고 있는 책들에도 이러한 현상들이 고스란히 나타난다.

신이성의 전승

어린이책에서 전승되고 있는 고구려 건국신화 화소를 정리하면 〈표 7〉과 같다. 〈표 7〉은 어린이책에서 신이한 능력을 펼치는 주체가 누구이며 유화를 전승하는 관점은 어떠한지를 살피는 데 유용할 것이다.

「동명왕편」에서 신이성은 건국 주체의 신분과 관련이 있으며, 건국의 당위성을 제공하는 요소다. 한편 건국신화의 신이성은 그 시대 사람들의 삶의 방식을 이해하는 일이며, 세계를 바라보는 당대인들의 사유를 경험하는 일이기도 하다.

「동명왕편」에서 신이성을 엿볼 수 있는 장면은 해모수의 하강 장면, 해모수와 하백의 대결, 알에서 태어난 주몽, 갈대와 자라가 놓은 다리, 송양왕과의 대결 등이다. 이 모든 신이한 장면에 당위성을 제공한 것이 해모수가 하늘에서 내려오는 장면이다. 하늘의 자손인 해모수는 하늘의 자손임을 증명하는 시험으로 하백과 대결하고, 하늘의 빛으로 주몽을 잉태했으며, 주몽이 위기에 처하자 갈대와 자라가 다리를 놓는다. 영토 확장을 위한 전쟁에서 하늘의 자손이기 때문에 이길 수밖에 없는 것이다. 이렇듯 해모수의 하강 장면은 건국신화에서 모든 신이성의 근

〈표 7〉 어린이책의 고구려 건국신화 비교

화소	주몽의 나라 (조호상, 2006)	고구려를 세운 영웅 주몽 (김향금, 2009)	주몽, 고구려를 세우다 (정해왕, 2010)	주몽 (김종렬, 2011)
금와왕 탄생	○	×	×	○
동부여 천도	○	×	×	○
해모수 하강	○	×	×	×
해모수와 유화의 만남	○	해모수가 하늘에서 유화를 봄	×	×
하백의 입궁 방법	○	×	×	×
해모수 청혼	○	×	×	×
하백의 해모수 시험	○	×	×	×
해모수와 유화의 이별	○	유화의 비녀로 가죽 상자 찢고 혼자 하늘행	×	×
유화 추방	○	○	×	○
유화와 금와왕의 만남	어부 강력부추	금와왕이 유화를 불쌍히 여김	강가에서 울고 있는 유화를 봄	사냥 나왔다가 유화 발견
주몽 잉태	햇빛-알	햇빛-알	햇빛-알	햇빛-알
버려짐	짐승들 보호	짐승들 보호	짐승들 보호 왕이 알을 깨려 함	짐승들 보호
성장과 비범한 자질	유화에게 활과 화살을 만들어달라고 해서 파리 쏨. 묶인 나무에서 탈출, 사슴 사냥	한 달 만에 말함. 유화에게 활과 화살을 만들어달라고 해서 파리 쏨. 묶인 나무에서 탈출, 사슴 사냥	또래보다 키 크고 힘이 셈	활쏘기 대회에서 대소가 쏜 화살을 가름
남하 계기	왕자와 여러 신하들이 죽이려고 하자 유화가 떠나라고 함(김부식 따름)	천제의 손자인 자신이 말을 기르는 것은 죽는 것만 못하니 남하하여 나라를 세우겠다고 함	왕자들이 주몽을 죽이려고 하자 유화가 눈치 채고 멀리 도망가라고 함	왕자들이 주몽을 죽이려고 하자 유화가 눈치 채고 멀리 도망가라고 함

준마 알아보는 사람	유화	유화, 주몽 - 혀에 침(바늘)을 꽂아놓음	주몽	유화
도강		○	○	○	○
오곡종자 전달자	신모가 보낸 비둘기	○	×	×
개국 후 강토 확장	비류왕 송양 대결	×	×	×
송양과의 내기 전투	활쏘기, 고각, 장마	×	×	×
주몽 승천	○	×	×	×

거가 된다.

고구려 건국신화에는 부여왕 해부루 신화와 동부여 금와왕 신화가 포함되어 있다. 부여왕 해부루는 늦도록 자식이 없었는데, 산천에 제사하여 아들 낳기를 빌러 가는 길에 개구리 형상의 작은 아이를 얻었다. 그 아이가 금와왕이다. 또 정승 아란불(阿蘭弗)의 꿈에 "천제가 내게 내려와서 '장차 내 자손으로 하여금 이곳에 나라를 세우려 하니 너는 피하라'"[180]고 해서 도읍을 가섭원(迦葉源)으로 옮겼다. 동부여로 옮긴 해부루의 뒤를 이은 왕이 금와왕이다. 천자의 말에 따라 부여왕 해부루가 도읍을 가섭원으로 옮겼다는 말은 부여가 천자의 여러 제후국 중 하나였다는 의미다.[181]

해부루의 옛 도읍에 하늘에서 천자의 자손이 내려온 장면은 고구려

---

[180] 「동명왕편」. "其相阿蘭弗曰. 日者天降我曰. 將使吾子孫. 立國於此. 汝其避之."
[181] 윤내현에 따르면 고조선은 여러 거수국을 거느린 제국이었다. 윤내현, 『고조선 연구』, 일지사, 1994; 윤내현, 『한국열국사 연구』, 지식산업사, 1999.

가 '천자의 제국'임을 천명하는 사건이다. 다섯 마리의 용이 끄는 수레를 탄 해모수 뒤에 흰 고니를 탄 백여 사람이 병풍처럼 펼쳐져 하늘에서 내려온다. 맑고 고운 풍악 소리가 구름 속에서 끊임없이 울려 퍼진다. 해모수는 하늘에서 내려오던 중 웅심산에서 10여 일을 머문다. 하늘과 땅을 아침저녁으로 오르내리는 해모수가 웅심산에서 10여 일을 머문 것은 해부루의 지배를 받던 사람들에게 자신의 지배의 정당성을 과시하고 권위를 내세우기 위해서였다. 〈표 7〉에서 확인된 바와 같이 「동명왕편」을 저본으로 삼은 김향금의 책에는 이 장면이 생략되어 있다. 김종렬은 이 장면을 간단하게 처리했다.

> "지금부터 어미가 하는 말을 가슴 깊이 새겨두어라. 네 아버지는 하느님의 아들이신 해모수님이란다." 주몽의 두 눈이 휘둥그렇게 커졌어요. "나는 물을 다스리는 신 하백의 딸이란다. 젊은 시절, 하늘에서 다섯 마리의 용이 끄는 수레를 타고 땅으로 내려온 해모수님을 만났지. 우리는 첫눈에 반했단다."[182]

김종렬은 이규보의 「동명왕편」에서 주몽의 성장과 비범한 자질, 나무에 묶인 주몽이 나무를 뿌리째 뽑는 용사의 화소를 가져왔다. 또 준마를 알아보는 화소에서도 채찍을 휘두른 사람은 유화이며, 달아나지 않은 말을 보고 혀에 침(바늘)을 꽂는 화소도 이규보를 따랐다. 그러나 그 외의 신이한 장면들은 모두 삭제했거나 흔적만 남겼다.

해모수가 하늘에서 내려오는 장면에는 신이함과 웅장함이 있다. 어

---

[182] 김종렬, 앞의 책 『주몽』, pp. 26~27.

린이들이 새로운 세계를 경험하고, 역사의 시공간을 체험하는 장면이다. 그런데 김향금과 김종렬은 아이들에게 역사의 시공간을 체험할 기회를 제공하지 못하고 있다. "하늘에서 다섯 마리의 용이 끄는 수레를 타고 땅으로 내려온 해모수님을 만났"다는 정보만을 제공한다. 작가들이 고구려 건국신화를 '황당한 이야기'가 아닌 '합리적인 이야기'로 전승하고자 『삼국사기』를 수용했을 가능성이 있다. 또 『삼국사기』가 전승되고 있는 최고(最古)의 역사서라는 점도 수용하도록 작용했을진대, 이는 아이들을 위한 것으로 보기 어렵다.

김부식의 『삼국사기』에서는 동부여 금와왕의 탄생 신화를 전한 뒤, 해모수에 대해서 다음과 같이 언급하고 있다.

> 그의 옛 도읍(북부여)에는 어디에서 왔는지 알 수 없는 사람이 천제의 아들 해모수라고 자칭하면서 거기에 와서 도읍을 정했다.[183]

김부식은 해모수가 하늘에서 내려온 장면을 삭제했다. 또 "어디에서 왔는지 알 수 없는 사람이 천제의 아들 해모수라고 자칭"했다고 했다. 이렇게 서술한 이유는 그가 신라 중심으로 역사를 바라보기 때문이다. 신채호는 김부식의 『삼국사기』를 다음과 같이 혹평한다.

> 동북 양 부여를 빼버려 조선 문화의 근원을 진흙 속에 묻어버리고, 발해를 버려서 삼국 이래 결정된 문명을 짚더미에 내던져버리고, 이두문과 한역을 구별할 줄 몰라서 한 사람이 여러 사람으로 되고, 한 곳의 지명이

---

[183] 『삼국사기』「고구려본기」. "其舊都有人, 不知所從來, 自稱天帝子解慕漱, 來都焉."

여러 곳으로 된 것이 많으며, 국내 역사서와 외국 서적을 취사선택하는 데 흐려서 전후가 서로 모순되고 사건이 중복된 것들이 많아서 거의 역사적 가치가 없다고 할 것이었다.[184]

신채호에 따르면, 신라의 후예인 김부식은 부여와 발해의 역사를 우리의 역사에서 삭제했고, 이두문을 몰라 인명과 지명의 혼란을 초래했다. 그뿐 아니다. 중국은 공자 이래 춘추필법으로 자국의 역사는 유리하게 쓰고 불리한 사실은 삭제하거나 감춰서 서술하는데, 김부식은 비판 없이 그들의 자료를 수용하여 우리 역사를 축소했다는 것이다.

『삼국유사』를 저본으로 삼은 정해왕은 해모수의 하강 장면이 없음은 물론이거니와 해모수에 대해서 "오래전 하늘님의 아들 해모수님과 사랑에 빠져 살림을 차렸지요. 그런데 해모수님은 말도 없이 훌쩍" 떠나버렸다고 묘사한다. 정해왕은 고구려 건국 주체의 뿌리를 무책임한 인물로 만들어서 건국신화가 내포한 건국의 정당성과 권위를 상당히 훼손했다. 주지하다시피 고대사회는 모계사회였다. 고구려에는 이런 모계사회의 유습이 남아 있는데, "고구려의 혼인 풍습은 신랑이 신부의 집에 가서 살다가, 자식을 낳아 장성한 후에야 신랑의 집으로 돌아온다."[185] 『삼국지 위서』「동이전」에 좀 더 자세한 설명이 있다.

> 고구려의 혼인 풍습은 혼인하기 전에 말[言語]로써 미리 신랑 신부를 정하면 여자의 집에서는 몸채(대옥) 뒤편에 작은 별채(소옥)를 짓는데, 이를

---

184 신채호, 박기봉 옮김, 앞의 책 『조선상고사』, p. 37.
185 『후한서』「동이열전」'고구려조'. "其昏姻皆就婦家, 生子長大, 然後將還."

사위집(서옥)이라고 부른다. 날이 저물 무렵에 신랑이 신부의 집 문밖에 도착해 자신의 이름을 밝히고 절하면서 신부와 함께 잘 수 있도록 해달라고 요청한다. 이렇게 두세 번 거듭 요청하면 신부의 부모는 그때서야 사위집에 가서 자도록 허락하고, 신랑이 가져온 돈과 폐백은 사위집 곁에 쌓아둔다. 그 후 아들을 낳아서 장성하면 남편은 아내를 데리고 본집으로 돌아온다.[186]

그런데 이러한 시대적 상황을 고려하지 않고 전승하면 신화의 본래 의미는 훼손된다.

주몽의 탄생은 신이하다. 햇빛을 받아 잉태되었고, 알로 태어난다. 알은 태양을 상징한다. 알로 태어난 주몽이 하늘의 자손이라는 근거는 해모수의 하강 화소다. 해모수의 하강 장면은 주몽에게 건국의 당위성과 필연성을 제공한다. 주몽은 자신을 죽이려는 금와왕의 일곱 왕자들을 피해 남쪽으로 내려가기로 결정했다. "나는 천제의 손자인데 남을 위하여 말을 기르니 사는 것이 죽는 것만 못합니다. 남쪽 땅에 가서 나라를 세우려 하나 어머니가 계셔서 마음대로 못합니다"[187]라고 말한다. 즉 주몽은 자신이 천제의 아들이라는 자각과 자부심이 있었다. 그래서 건국을 위해 남쪽으로 내려가다 자신을 가로막은 엄체수 앞에서 "나는 황천의 아들이며 어머니는 하백의 따님이신 추모왕이다. 나를 위해 갈

---

[186] 『삼국지 위서』 「오환선비동이전」 '고구려조'. "其俗作婚姻, 言語已定, 女家作小屋於大屋後, 名壻屋, 壻暮至女家戶外, 自名跪拜, 乞得就女宿, 如是者再三, 女父母乃聽使就小屋中宿, 傍頓錢帛, 至生子已長大, 乃將婦歸家." 이덕일·김병기, 앞의 책 『고구려는 천자의 제국이었다』, p. 334.
[187] 「동명왕편」. "我是天帝之孫. 爲人牧馬. 生不如死. 欲往南土造國家. 母在不敢自專."

대를 연결하고 거북은 떠올라라"[188]라고 명령할 수 있었던 것이다. 해모수의 하강 장면은 해모수가 천자의 자손임을 천명하는 데서 그치는 것이 아니라 이후 건국의 당위성과 개연성을 제공한 것이다.

 해모수가 하백에게 유화와의 혼인을 허락해달라는 장면도 천자의 자손임을 증명하는 화소다. 하백이 해모수에게 "천제의 아들이라면 무슨 신통하고 이상한 재주가 있는가?"[189]라며 재주를 시험하려 하자 해모수는 "무엇이든지 시험"[190]하라고 말한다. 천자의 자손을 증명하라는 하백 앞에서 해모수는 하백이 변신한 동물보다 힘이 더 세고 더 날쌘 동물로 변신한다. 여기에 나타나는 동물은 물과 땅과 하늘에서 사는 동물로, 세계 모두를 포괄하고 있다. 우주를 관장하는 천자라는 사유가 변신 모티프에 내포되어 있는 것이다.

 그러나 어린이책에는 조호상이 쓴 『주몽의 나라』를 제외하고 해모수의 하강 장면과 변신 모티프가 모두 사라졌다. 조호상은 「동명왕편」을 아이들이 읽기 편하게 다듬어서 썼다. 그 덕분에 「동명왕편」의 내용을 온전히 전하고 있다. 정해왕이나 김종렬의 책은 물론이거니와 「동명왕편」을 저본으로 삼은 김향금의 책에도 변신 모티프는 사라졌다. 공교롭게도 이 세 편은 모두 저학년을 대상으로 삼은 책이다. 변신 모티프는 인간과 자연물이 다름 아님의 상징이며, 물활론적(物活論的) 세계관의 반영이다. 물활론적 세계관은 특히 아이들의 속성이기도 하며, 아이들에게 무한한 상상력을 제공한다. 새가 되고, 물고기가 되고, 달리는

---

[188] 「광개토호태왕릉비문」. "我是皇天之子, 母河伯女郞, 鄒牟王, 爲我連葭浮龜."
[189] 「동명왕편」. "河伯曰. 王是天帝之子. 有何神異."
[190] 「동명왕편」. "王曰. 唯在所試."

짐승이 되어 시공간을 누비며 다닌다.

　해모수는 아침에 내려와서 정사를 돌보고 저녁에 하늘로 올라간다. 하늘과 땅의 거리는 "이억만 팔천칠백팔십 리"로, "사다리로도 오르기 어렵고, 날개로 날아도 쉽게 지치"[191]는 거리다. 그런 하늘과 땅의 거리를 아침저녁으로 오르고 내린다는 상상력이야말로 우주적 상상력 그 자체다.[192] 그러나 해모수가 하늘에서 하강하는 장면과 변신 모티프의 삭제로 아이들은 우주적 상상력을 경험할 기회를 갖지 못했다.

　상상력은 문학이 아이들에게 주는 선물이다. 상상력은 유희이며 자유다. 시공간을 떠나는 자유를 주며, 시공간을 초월한 역사 현실을 경험하게 하는 유희다. 특히 건국신화는 역사를 문학적으로 전승하는 서사물로, 역사 현실과 시공간을 초월한 상상력이 결합되어 있다. 이 서사물은 역사를 상징적으로 보여준다. 그래서 건국신화를 공유하는 집단은 건국의 역사와의 상징적 고리를 상상력이 매개한다. 과거에 어떤 일이 일어났는가를 역사적 기록으로 확인하고, 여러 상징은 개연성을 바탕으로 상상한다. 그러므로 건국신화를 읽는 행위는 과거의 관점에서 역사적 사건을 인식하고 이해하는 것이다.[193]

　이러한 점에서 볼 때, 해모수가 하늘에서 내려오는 장면을 삭제한 채 고구려 건국신화를 전승하는 일은 아이들에게 "역사의 육체와 생동력"[194]을 빼앗는 행위다. 역사적 사실과 상징을 연결하는 유희와 자유를 빼앗는 것이다. 이 장면의 삭제로 아이들은 고구려인들이 지닌 크

---

191 「동명왕편」. "蒼穹之去地二億萬八千七百八十里. 梯棧蹋難升. 羽翮飛易瘁."
192 「동명왕편」. "朝夕态升降."
193 김명옥, 앞의 글 「역사인물동화 연구: 박문수를 중심으로」, p. 190.
194 노에 게이치, 김영주 옮김, 앞의 책 『이야기의 철학: 이야기는 무엇을 기록하는가』, p. 120.

고 넓은 세계관도, 세계를 자신들의 중심으로 생각하는 천하관도 알 수 없게 되었다.

유화 전승 관점의 문제

이규보가 『구삼국사』를 보고 "우리가 본래 성인(聖人)의 나라라는 것을 천하에 알리고자" 쓴 「동명왕편」의 유화는 부드러우면서도 강한 어머니다. 해모수와 사통하기 이전의 유화는 "부드럽고 가냘팠으며 아름다웠다."[195] 그러나 매우 나약했다. 유화는 세 명의 남성에게 버림받았지만, 거부의 몸짓조차 하지 못하고 숙명처럼 받아들였다. 해모수와 사통 후에는 그에게 버려졌으며, 가문을 욕되게 한 죄로 입술을 석 자나 되게 옭매인 채 아버지에게 추방당해 금와왕의 궁에 갇혀 지냈다. 게다가 상서롭지 못하다 하여 태어난 자식을 왕에게 빼앗긴다. 그런 나약한 유화가 주몽을 기르면서 점차 강인한 여성으로 변해간다. 주몽을 위해 활과 화살을 만들어 주고, 금와왕의 일곱 아들과 주몽을 둘러싼 정치적 상황을 주시한다. 어머니이기 때문에 금와왕과 그의 아들들의 동태를 살피는 일을 게을리할 수 없었다. 자칫 한눈을 팔았다가는 아들을 잃을 수 있기 때문이다. 그래서 주몽이 위험에 처하자 아들을 주저없이 떠나보낼 수 있었다. 주몽을 떠나보내는 일이 금와왕의 일곱 왕자로부터 주몽을 보호하는 길임을 알았기 때문이다.

한편, 「동명왕편」에는 시조모인 유화의 신이성이 돋보인다. 준마를 알아보는 혜안이 있는가 하면, 비둘기를 사자로 사용한다. 신화에서 외유내강의 면모를 지닌 유화는 어린이책에서 어떻게 전승되고 있을까?

---

195 「동명왕편」, "綽約顔花媚."

어린이책에서 유화는 매우 유약하게 전승된다. 「동명왕편」에서 해모수는 여자 일행이 목욕하는 것을 보고 유화를 마음에 두었다. 유화가 아름답기 때문이 아니라 아들 낳기에 급해서였다. 해모수는 말채찍으로 한 번 땅을 그어서 구리 집을 짓고, 금 술잔에 맛있는 술을 차려 놓고 여자들이 들어오기만을 기다렸다. 해모수는 여자들이 술에 취하자 문을 가로막았다. 놀란 여자들이 달아나다 한 여자가 넘어졌다. 그녀가 유화다. 그러니까 유화는 자의적 선택으로 해모수를 만나 사랑한 것이 아니다. 그런데 강제혼을 당한 유화 이야기를 어린이책에서는 아름다운 사랑 이야기로 바꾸었다.

> 어느 무더운 여름날, 세 딸은 넘실넘실 강에서 헤엄치며 놀고 있었지요. 마침 하늘 위에서 해의 신 해모수가 다섯 용이 끄는 황금 수레를 타고 가다 맏딸 유화를 보곤 홀딱 반했어요.
> 해모수는 으리으리한 구리 궁전을 뚝딱 짓고 유화를 초대했어요.
> 유화도 해모수의 멋진 모습에 반하고 말았어요.
> 해모수와 유화는 결혼하자고 꼭꼭 약속했어요.[196]

> 나는 물을 다스리는 신 하백의 딸이란다. 젊은 시절 하늘에서 다섯 마리의 용이 끄는 수레를 타고 땅으로 내려온 해모수님을 만났지. 우리는 첫눈에 반했단다. 사랑에 빠진 유화 부인과 해모수는 혼인을 했어요.[197]

---

[196] 김향금, 앞의 책 『고구려를 세운 영웅 주몽』.
[197] 김종렬, 앞의 책 『주몽』, pp. 27~28.

해모수와 유화의 결혼은 해모수의 폭력으로 이루어진 강제혼이다. 그런데 김향금과 김종렬은 두 사람이 서로 홀딱 반한 아름다운 사랑 이야기로 바꾸어버렸다. 아마 어린 독자들이 읽을 것을 염두에 두고 이렇게 바꾸었을 것이다. 그런데 독자가 어리다고 강제혼을 아름다운 사랑 이야기로 바꾸어도 될까? 이야기의 본래 의미를 훼손하면서까지 바꾸어야 할 이유가 있을까?

고구려 건국신화는 주몽의 성장과 고구려의 건국 그리고 영토의 확장이라는 역사적 사실을 담고 있듯, 유화의 삶도 담고 있다. 유화는 강제로 아이를 가졌고, 아버지로부터 추방당했다. 여성으로서의 삶이 얼마나 고달팠을지 짐작이 되는 지점이다. 강제혼을 아름다운 사랑 이야기로 바꿔 전승하는 것은 진실을 왜곡하는 것이다. 아동 독자들이 왜곡된 신화보다는 신화 본래의 정신, 신화를 통해 당대인들의 사유를 공유해야 한다면 본래의 이야기를 그대로 전하는 것이 더 바람직하다.

「동명왕편」에서 유화는 성장하는 과정을 보여준다. 여리고 약하기만 했던 유화는 점점 강인한 여성으로 변모했다. 그런데 정해왕은 유화의 약한 모습만을 담고 있다. 정해왕이 서술한 금와왕과 유화의 만남 장면을 보자.

> 부여 나라의 금와왕이 강가를 거닐 때였어. 저만치 한 여인이 강물을 바라보며 흐느끼고 있는 거야.[198]

첫 장면부터 유화는 울고 있다. 남쪽으로 떠나겠다는 주몽의 말에도

---

[198] 정해왕, 앞의 책 『주몽, 고구려를 세우다』.

유화는 운다. 주몽과 헤어지는 장면에서 "유화 부인은 흐르는 눈물을 애써"[199] 감춘다. 이렇듯 유화는 유약한 모습으로 전승되고 있다. 정해왕은 남성적인 시각에서 신화를 바라보고 있는 것이 아닌가 하는 생각을 지울 수 없다. 그런데 이러한 전승은 초등 교과서에서부터 등장한다. 해방 후 고구려 건국신화가 초등 교과서에 수록된 것은 제5차 교육과정뿐이다. 초등학교 국어 교과서 『읽기 6-2』에 수록되었는데, 금와왕이 "강가에 앉아 울고 있는 한 여인을 발견"한다. 교과서에 수록된 유화는 좋은 말을 보는 능력도 없고, 비둘기를 사자로 삼아 오곡종자를 보내는 일도 없다. 준마를 알아보는 능력이 얼마나 중요한지는 앞에서 언급했으므로 이곳에서는 생략한다.

김종렬이 그린 유화는 현명하고 인자한 어머니다. 금와왕의 명령으로 말 목장의 일꾼이 되었을 때 유화는 낙담하지 말라고 한다. 주몽은 "지금의 처지에 낙담하지 마라. 곧 네 뜻을 펼칠 날이 올 테니 말 먹이는 일에 마음을 다하여라"[200]라는 유화의 말을 가슴에 새긴다. 또 활쏘기 시합에서 이긴 주몽을 보고, 유화는 "재주가 있다 하여 함부로 자랑해서는 안 된다. 네 재주를 시기한 사람이 나쁜 마음을 품을 수도"[201] 있다며 경계심을 늦추지 말라고 말한다. 준마를 알아보는 능력도 갖추었다.

그러나 김종렬은 유화를 현명하고 인자한 어머니상으로 그리고 있지만 정작 중요한 신모로서의 모습은 삭제해버렸다. 정해왕도 마찬가

---

199 위와 같음.
200 김종렬, 앞의 책 『주몽』, p. 42.
201 김종렬, 앞의 책 『주몽』, p. 9.

지다. 유화의 신모적 형상은 비둘기를 사자로 삼아 오곡종자를 보내는 데 있다. 오곡종자를 보낸 화소는 매우 중요하다. 오곡종자는 농경사회의 번영을 상징한다. 주지하다시피 종자는 땅속에서 발아하여 놀라운 증식을 수반한다.[202] 곡식의 증식은 곧 국가를 유지, 발전시키는 데 필수적인 요소다. 따라서 오곡종자는 나라의 기틀을 세우는 데 없어서는 안 될 씨앗이다. 씨앗만 있다면 어디든지 정착할 수 있다. 나라의 기틀을 다지게 해주는 오곡종자를 유화가 챙겨 비둘기로 보냈다는 이 화소에는 유화의 신모로서의 면모가 담겨 있다.[203]

고구려는 10월에 하늘에 제사를 지낼 때, 나무로 깎은 부인상과 고등신을 모셨는데, 부인상은 하백녀 유화를, 그리고 고등신은 주몽의 신묘를 의미했다.[204] 이처럼 고구려인들은 유화를 개국의 기틀을 마련해 준 인물로 여기면서 매우 신성시했다. 그리고 그 신성성은 주몽이 그의 어머니와 헤어질 때 슬픔에 겨워 두고 온 오곡종자를 유화가 사자를 통해 보내는 것으로 상징화되어 있다.

이규보의 「동명왕편」에는 지금은 전승되지 않지만 고구려 건국신화의 원형이라 할 수 있는 『구삼국사』가 원주로 남아 있다. 본래 삼국의 역사책이 존재했다는 말이다. 이규보는 「동명왕편」을 창작한 것이 아니라 『구삼국사』에 의거해서 서술했다. 따라서 전승자는 「동명왕편」과

---

[202] 오세정, 앞의 글 「유화와 자청비를 통해 본 한국 농경신의 성격」, p. 278.
[203] 최원오, 앞의 글 「곡물 및 농경 관련 신화에 나타난 성적 우위의 양상과 그 의미: 「주몽신화」, 「세경본풀이」, 「목도령형 홍수신화」를 중심으로」, pp. 366~367.
[204] 『삼국사기』. "卷三十二 雜志一, 祭祀. 後漢書云, '高句麗好祠鬼神·社稷·零星. 以十月祭天大會, 名曰東盟. 其國東有大穴號襚神校勘 亦以十月迎而祭之.' 北史云, '高句麗, 常以十月祭天, 多淫祠 有神廟二所, 一曰夫餘神, 刻木作婦人像. 二曰高登神, 云是始祖, 夫餘神之子. 並置官司, 遣人守護, 蓋河伯女·朱蒙云.'"

『삼국사기』를 비교하여 오늘날의 가치에 맞게 전승할 필요가 있다.

김향금, 김종렬, 정해왕이 전승하는 고구려 건국신화는 오늘날의 가치로 볼 때 타당한지 의문스럽다. 유화의 역할을 축소하고, 유화가 한 일을 주몽이 한 일로 바꾸는 점은 오늘날의 여성상과도 많이 다르다. 어린이책에 나타난 유화는 여전히 나약하며 순종적이다. 「동명왕편」이 전승된 지 천여 년이 지난 지금, 유화를 바라보는 관점은 오히려 후퇴했다.

4. 맺는말

건국신화의 문학적 형상화는 민족정신뿐 아니라 민족의 삶과 의식을 체험해볼 수 있게 해준다. 신화에 내재된 집단 경험과 그들 의식의 상징 요소들이 어린이들에게 제대로 전승되고 있는지 확인하는 것은 역사의 주체성과 민족정신의 계승이라는 측면에서 중요하다. 고구려 건국신화에는 천자의 자손이라는 강한 자부심이 내재되어 있는데, 이는 천하의 중심이라는 천하관이 자리하고 있는 것이다.

그런데 오늘날 어린이들에게 전승되고 있는 고구려 건국신화는 민족의 자긍심과 주체성을 가질 만하다고 말하기 힘들다. 분석한 4종의 책 중 조호상의 『주몽의 나라』를 제외하고 저학년을 대상으로 한 그림책과 읽기 책에 신이성이 소략되거나 생략되었고, 신이성의 주체도 바뀌었다. 이러한 기원은 멀게는 김부식에서, 가깝게는 민족의 자유가 박탈당하고 언론과 출판이 탄압받던 시대에서 찾을 수 있을 것이다. 그러나 해방 이후에도, 그리고 오늘날까지도 여전히 신이성을 생략하고 신이성의 주체를 바꾸는 일이 반복되고 있다. 탈유교적 시대에 아이들에게 유교적 관점을 강요하고, 창조적 시대에 상상력을 억압하고 있음의 방증이다.

건국신화에는 역사와 문학이 공존하는, 시공간을 초월한 우주적 상상력이 결합되어 있다. 건국신화라는 서사물은 문학적으로 서술한 역사다. 역사적 사실을 알려줄 뿐만 아니라 문학적 즐거움도 준다. 특히 아이들에게 하늘, 땅, 물을 자유자재로 날아다니는 상상력을 제공한다. 자연과 인간이 통하는 물활론적 상상력이다. 이러한 상상력을 통해 아이들은 역사와 민족정신을 이해한다. 그 시대의 사람들의 생각을 공유하고 나누는 것이다. 그래서 건국신화를 통해 과거의 관점에서 역사적 사건을 인식하고 이해하게 된다. 그러므로 건국신화를 공유하는 일은 민족의 역사와 정신을 공유하는 것이다. 아이들에게 민족의 자긍심과 나라 사랑하는 마음을 심어주는 일은 극히 쉬운 일일지도 모른다. 건국신화를 제대로 전승하는 일이 그 시작이 될 수 있다. 아이들에게 고구려 건국신화가 제대로 전승되지 못한 것은 비단 전승자의 잘못만이 아니다. 연구의 부재가 더 큰 요인이다. 고구려 건국신화의 올바른 전승을 위해 전승자와 연구자가 함께 노력해야 할 때다.

4부

가야와 일본은
소호금천씨의
후손이 세운 나라다

1장
「가락국기」를 통해 본 가야 건국 주체세력 출자에 관한 연구

1. 머리말

이 글의 목적은 「가락국기(駕洛國記)」를 통해 가야 건국세력의 출자를 살피는 데 있다. 가야계 신라인들은 자신들이 "헌원의 후예요, 소호금천씨의 후손"[1]이며, "하늘에 제사를 지내는 투후(秺侯)의 후손"[2]이라고 했다. 소호금천씨가 원시조이며, 김일제(金日磾)가 중시조라는 것이다.

문화비평가들에 따르면 역사 사건에 관한 기술은 필연적으로 허구적 형식에 의존할 수밖에 없는데, 그렇다고 해서 역사적 사건 자체가 허구적인 것은 아니다. 불가피하게도 "사건을 기술한 모든 시도는 다양한 형식의 상상력에 의존할 수밖에 없기"[3] 때문이다. 또 신화는 역사

---

1 『삼국사기』 「김유신열전」. "軒轅之裔 少昊之胤."
2 「문무왕릉비문」.
3 린 헌트, 조한욱 옮김, 「문학, 비평 그리고 역사적 상상력: 헤이든 화이트와 도미니크 라카프라의 문학적 도전」, 『문화로 본 새로운 역사』, 조합공동체 소나무, 1997, p. 151.

김일제 묘

의 그림자이자 "역사에서 돌출된 단편적 기록일 수 있다."⁴ 따라서 이 글은 가야의 건국신화에 기록된 역사의 단편을 추적해서 「가락국기」에서 지칭하는 '하늘'과 가야계 신라인들이 원시조와 중시조로 지칭하는 인물들을 통해 가야 건국 주체의 출자를 살피려는 것이다.

칭성(稱姓)의 기원을 통해 가야계의 출자를 밝히려는 연구에 따르면, 가야계는 가야가 신라에 멸망한 이후 6세기 말 7세기에야 김씨라고 칭성했다. 그들이 가문을 빛내기 위해 소호금천씨에서 그 세조를 찾았다는 것이다. 이용현에 따르면, 7세기 후반에 소호금천씨 출자 시조 전설이 창출되었고, 김유신과 그 후예들이 김씨를 표방했다.⁵

이문기는 가야계 시조 출자 전승과 칭성의 변화 관계를 연구하면서 가야계 출자 전승은 그것이 "성립될 당시의 후예들의 인식이나 표방일

---

4 원가, 정석원 옮김, 『중국의 고대신화』, 문예출판사, 2012(2판), p. 27.
5 이용현, 「가야의 성씨와 '금관'국」, 『사총』 48, 고려대학교 역사연구소, 1998, pp. 11~22.

뿐"⁶이기 때문에 "역사적 사실 그 자체가 될 수 없다"⁷고 했다. 가야계가 신라계를 표방하고 "금관가야계의 신성성과 유구성 혹은 우월성을 과시하려는"⁸ 맥락에서 "6세기 말에 처음으로 김씨를 칭하면서 시조 출자 전승으로는 '천강금란(天降金卵) 출생설'을 내세웠고, 중대 초에 이르러서는 '소호금천씨 출자설'로 바꾸어 표방"⁹했다는 것이다.

권덕영은 재당 신라인이었던 김씨를 「대당고김씨부인묘명(大唐故金氏夫人墓銘)」에서 김일제의 후손이라고 기록한 것은 소호금천씨를 시조로 삼은 것처럼 "관념적 시조 의식의 소산"이라고 했다. 소호금천씨를 시조로 삼고 김일제의 후손이라고 기록한 것 등은 사실이 아니라 자기 가계에 대한 우월성을 과시하려는 관념에서 비롯된 것일 뿐이며, 실제로 김씨 칭성은 7세기 후반에 이루어졌다는 것이다.¹⁰

그런데 칭성 연구를 통해 가야계의 출자를 밝히려는 기존 연구와 달리 북한 학자 조희승은 가야계의 건국 주체를 고조선 유민으로 본다.¹¹ 북방 고조선의 무덤인 귀틀무덤이 김해와 부산 지역에서 출현하기 때문이다.

조희승을 제외하면 대부분의 연구자들은 가야계 신라인들이 정치적 의도나 관념적 소산에 따라 천강금란 출생설을 내세워 소호금천씨와

---

6   이문기, 「금관가야계의 시조 출자 전승과 칭성의 변화」, 『신라문화제학술발표논문집』 25, 동국대학교 신라문화연구소, 2004, p. 5.
7   위와 같음.
8   이문기, 위의 글 「금관가야계의 시조 출자 전승과 칭성의 변화」, p. 28.
9   이문기, 위의 글 「금관가야계의 시조 출자 전승과 칭성의 변화」, p. 1.
10 권덕영, 「「대당고김씨부인묘명」과 관련한 몇 가지 문제」, 『한국고대사연구』 54, 한국고대사학회, 2009.
11 조희승, 이덕일 주해, 『북한 학자 조희승의 임나일본부 해부』, 말, 2019.

김일제 후손이라고 했다고 주장했으며, 김씨 칭성은 7세기에 이르러서야 이루어졌다고 본다. 즉, 가야 건국신화인 「가락국기」는 이때 만들어졌다는 뜻인데, 기왕의 연구에 따르면 가야의 건국신화가 지닌 역사성은 허구가 되어버리는 문제가 발생한다.

한편, 선행 연구들은 김씨 칭성 기원에 관해 논의를 진행하면서 가야 건국 시조인 수로왕에 관해서는 언급하고 있지 않다. 『삼국사기』 「김유신열전」에 "남가야 시조 수로왕은 신라와 성이 같다"[12]고 했으니, 가야계 신라인들이 소호금천씨와 김일제 후손이라는 문구는 김수로왕도 이들의 후손이라는 뜻이다. 따라서 가야 건국 주체인 김수로의 출자를 파악하는 일은 가야 건국신화의 역사성을 파악하는 동시에 가야계 계보를 찾는 일이기도 하다. 따라서 이 글은 1차 사료를 통해 가야계 신라인들이 '가문을 빛내기 위해 7세기에 칭성했는가'를 검토하고, 「가락국기」에서 지칭하는 '하늘'에 대해서 살피고자 한다.

2. 가야계 건국신화 내용 검토

건국신화에는 건국 주체의 출자와 건국 과정 그리고 도읍지가 서술되어 있는데, 가야 건국신화인 「가락국기」도 예외는 아니다. 가야계 건국신화는 김해 금관가야 건국신화와 고령 대가야 건국신화가 있다. 건국 주체세력의 출자를 파악하기 전에 먼저 「가락국기」를 살펴보자.

---

12 김부식, 이재호 옮김, 『삼국사기 3』, 솔, 2001, p. 262.

후한 세조 광무제 건무 18년 임인(42) 3월 상사일에 구지봉에서 수상한 소리가 들려 구간(九干)과 마을 사람 2~3백 명이 모이니, '하늘이 나에게 명령해서 이곳에 나라를 세워 임금이 되라고 했다'면서 '신이여, 신이여, 수로를 내놓아라. 내놓지 않으면 구워 먹겠다'라며 노래하고 춤을 추라고 했다. 사람들이 기뻐하며 노래하고 춤을 추니 하늘에서 자주색 줄이 내려왔는데, 줄 끝에 붉은 단이 붙은 보자기에 금합이 싸여 있었다. 열어보니 황금색 알이 여섯 개가 있어 아도간(我刀干)이 기뻐하며 집으로 돌아와 탑 위에 두었다. 다음 날에 사람들이 다시 모여 금합을 열어보니 알 여섯 개가 어린이로 변해 있었다. 수십 일이 지나자 키가 9척이나 되어 그달 보름에 왕위에 올랐다. 세상에 처음 나타났다고 하여 이름을 수로라 하거나 수릉(首陵)이라 했다. 나라 이름은 대가락이라 하거나 또 가야국이라고도 했으니, 곧 여섯 가야국 중의 하나다. 나머지 다섯 사람도 각각 다섯 가야국으로 돌아가서 임금이 되었다.[13]

「가락국기」에 수록된 가야 건국신화에서는 가야가 후한의 세조 광무제 건무 18년 임인년에 건국했음을 명시하고 있다. 임인년은 서기 42년이다. 「가락국기」는 여섯 가야 중 대가야 또는 가야국이라고 칭한 금관가야와 다섯 가야국의 건국신화다. 그런데 하늘에서 내려온 금합 속 여섯 개의 알에서 처음 태어난 수로가 금관가야의 왕이 되고, 나머지 다섯 사람도 다섯 가야국[14]으로 각각 돌아가서 임금이 되었다고 한다.

신화에는 건국 주체에게 건국하라는 하늘의 명령, 즉 건국의 배경과

---

13 일연, 이재호 옮김, 『삼국유사 1』, 솔, 2002(개정판), pp. 342~344.
14 아라가야, 고령가야, 대가야, 성산가야, 소가야 또는 금관가야다.

구지봉

사람들이 임금을 맞이하는 의식을 치르는 장면, 그리고 건국 주체가 하늘에서 하강해 건국한 장면이 담겨 있다. 건국의 당위성과 그 과정인데, 가야 건국신화는 천명이라는 당위성과 난생신화라는 형식으로 기록되어 있다.

건국 주체가 천명을 받아서 내려오거나 스스로 하늘에서 내려온 것으로 묘사된 신화의 천손사상은 고조선 신화를 비롯한 동이족 신화의 공통적인 요소다.[15] 가령 고조선은 천신인 환웅이 하강해서 인간으로 화해 웅녀와 혼인한 후 단군을 낳고 단군이 조선을 건국한다. 난생형 건국신화는 건국 주체가 하늘에서 햇빛을 받아 알로 태어나거나, 새가 떨어뜨린 알을 건국 주체의 어머니가 먹고 태어나거나, 하늘에서 내려온 빛줄기 끝 금합 속에 알로 하강하는 등 모두 하늘에서 내려온다는 공통점이 있다.

고조선 건국신화는 천신이 직접 하강하지만, 난생형은 형태의 차이, 즉 햇빛이나 알로 하강한다는 점이 다를 뿐이다. 그러나 알은 고어에

---

15 김명옥, 「고조선 건국신화와 난생신화의 연관성 연구」, 『문화와융합』 42(12), 한국문화융합학회, 2020.

서 태양을 뜻하고,[16] 햇빛 또한 태양 빛이며, 태양은 하늘로 인식한다. 형태는 다르지만 천신(천손)의 하강이라는 점에서 같다. 난생형 건국신화는 학계에서 동이족 신화로 인정한다.[17]

최치원이 쓴 『석리정전(釋利貞傳)』[18]에는 고령 대가야 건국 주체인 이진아시왕(伊珍阿豉王)의 출자가 나온다.

> 가야산신 정견모주(正見母主)는 천신 이비가지(夷毗訶之)에 감응하여, 대가야의 왕 뇌질주일(惱窒朱日)과 금관국(金官國)의 왕 뇌질청예(惱窒靑裔) 두 사람을 낳았는데, 뇌질주일은 이진아시왕의 별칭이고, 청예는 수로왕의 별칭이라 했다. 그러나 가락국(駕洛國) 옛 기록의 '여섯 알[六卵]의 전설'과 더불어 모두 허황한 것으로서 믿을 수 없다.[19]

대가야는 이진아시왕으로부터 도설지왕(道設智王)까지 대략 16대 520년을 유지하다 신라 진흥왕에게 멸망한다. 『석리정전』에는 가야산신인 정견모주가 천신인 이비가지에 감응되어 이진아시왕과 김수로왕을 낳는 것으로 되어 있다. 이에 대해 백승충은 이 신화가 "토착적 성

---

16 한국문화상징사전편찬위원회, 앞의 책 『한국문화상징사전 1』.
17 중국의 신화학자 원가와 장광직은 난생신화가 모두 동이족의 신화라고 했다.
18 지금은 전해지지 않지만 『석리정전』은 최치원이 쓴 신라의 승려 이정(利貞)의 전기다. 이정은 순응(順應)과 함께 당나라에 갔을 때 양나라 때 죽은 보지공(寶誌公)의 영혼이 나타나 해인사를 지으라고 하자 귀국해서 순응과 함께 해인사를 건립했다. 조희승, 이덕일 주해, 앞의 책 『북한 학자 조희승의 임나일본부 해부』, p. 35 주석 22번 참고.
19 『신증동국여지승람』 권29 '경상도 고령'조. "按崔致遠 『釋利貞傳』云: '伽倻山神正見母主, 乃爲天神夷毗訶之所感, 生大伽倻王惱窒朱日·金官國王惱窒靑裔二人, 則惱窒朱日爲伊珍阿豉王之別稱, 靑裔爲首露王之別稱'. 然與駕洛國古記六卵之說, 俱荒誕不可信."

격이 강하기 때문에 별도로 '천손강림'의 요소가 확인되지 않는 한 천신 '이비가지' 계통을 상정할 이유가 없다"[20]고 했다. 정말 그럴까? 이비가지를 수식하는 '천신'이라는 단어와 "감응하여"에 주목할 필요가 있다. 천신은 하늘 신을 지칭한 것이며, 감응되었다는 말에는 명시하지 않았지만, 빛에 의한 감응임을 유추할 수 있다.

사마천이 전하는 『사기』 「오제본기」에는 황제 탄생 과정이 기술되어 있는데, "어머니는 부보인데 기 들판에 가서 큰 번개가 북두추성(북두칠성의 첫 번째)을 감싸는 것을 보고 감응해서 임신해 24개월 만에 수구에서 황제를 낳았다"[21]고 했다. 부보는 빛을 보고 감응해서 황제를 잉태한 것이다.

전욱의 탄생설화에서도 "북두칠성의 일곱째 별빛이 달을 통과하여 무지개처럼 된 후에 유방(幽房)에 머무는 여추(女樞)를 감응시켜 임신을 시켰는데, 여추는 약수에서 전욱을 낳았다"[22]고 했다. 황제 헌원은 소호와 창의를 낳았고, 창의는 전욱을 낳았다. 즉 황제는 소호의 아버지고,[23] 전욱은 황제의 손자이자 소호의 조카다.[24]

가야 후손들이 스스로 소호금천씨의 후손이라고 하는 데서 확인할 수 있듯이 고령 대가야 건국신화는 감응신화라는 점에서 황제와 전욱

---

20 백승충, 「가야의 개국설화에 대한 검토」, 『역사와현실』 33, 한국역사연구회, 1999, p. 133.
21 사마천, 한가람역사문화연구소 사기연구실 옮김, 앞의 책 『신주 사마천 사기 1: 오제본기』, p. 114. "母曰附寶, 之祁野, 見大電繞北斗樞星, 感而懷孕, 二十四月而生黃帝於壽丘."
22 『제왕세기』, "金天氏末 瑤光之星, 貫月之虹 感女樞幽房之宮, 生顓頊于若水 首戴于戈"를 김인희, 앞의 책 『소호씨 이야기』, p. 145에서 재인용.
23 『제왕세기』, "少皥是黃帝之子. 金天氏少皥. 靑陽卽少皥."
24 『제왕세기』, "顓頊是黃帝之孫."

의 탄생설화와 그 계보를 같이한다. 후술하겠지만, 이는 가야와 신라인들이 편두를 한 사실에서도 확인된다. 편두는 북두를 닮으려고 머리를 반반하게 한 것이다.25 따라서 천신 이비가지를 헌원과 전욱의 탄생설화에서 보이듯 북두칠성의 비유로 볼 수 있다면, 이진아시왕은 북두칠성의 빛의 감응으로 태어난 것이다. 북두는 하늘에 존재하고, 우주를 운행하는 기운이 여기에서 나오기 때문에 '하늘'을 상징한다.

그런데 고령 대가야 건국신화는 이진아시왕의 동복형제로 김수로왕을 언급하고 있다. 최치원은 "가락국 옛 기록의 '여섯 알의 전설'과 더불어 모두 허황한 것으로서 믿을 수 없다"라고 했지만, 이것은 신화가 지니는 상징성에 대한 이해보다 유학자의 관점에서 가야 건국신화를 살폈기 때문일 것이다.

고령 대가야 신화에 관해서 백승충은 최치원이 해인사 창건 주역인 승려 순응과 이정의 전기를 편찬할 때 「가락국기」 건국신화를 참고해서 수로를 형제간으로 묘사하여 동질성을 표방했는데, 이것은 가야 중심국으로서의 전통과 위상을 강조하기 위한 것이라고 했다.26

백승충의 주장에 따르면 최치원이 고령 대가야 건국신화를 만들었다는 말인데, 최치원 스스로가 '여섯 알의 전설'은 허황된 것으로 믿을 수 없다고 했을뿐더러, 신라인이었던 최치원이 가야의 전통과 위상을 강조할 하등의 이유가 없으므로 굳이 '수로왕'을 넣어 이진아시왕과 형제로 묘사할 이유가 없다.

---

25 소호금천씨가 주인공인 대문구문화인들은 편두를 하는 풍습이 있었는데, 네모난 북두를 닮으려고 했다. 북두는 카오스의 세계로 시공간이 생겨나기 이전의 세계이자 영원계로 인식했기 때문이다. 김인희, 앞의 책 『소호씨 이야기』.
26 백승충, 앞의 글 「가야의 개국설화에 대한 검토」, p. 141.

이문기도 고령 대가야가 그 전통성을 강조하려는 정치적 의도로 과거의 맹주였던 금관가야를 휘하에 포함한 것이라고 했다.[27] 이들의 주장은 금관가야와 대가야는 별개라는 의미를 내포하고 있다. 그러나 앞에서도 언급했듯이 천손사상을 내포하고 있는 난생형 건국신화는 동이족 신화이며, 천신에 의한 감응설에도 천손사상이 내포되어 있다. 즉 가야산신인 정견모주가 하늘에 감응해서 대가야의 이진아시왕과 수로왕을 낳았다는 것은 「가락국기」 출생설과 다르지 않다. 금합 속 여섯 개의 알에서 태어나서 김수로가 금관가야의 왕이 되고, 나머지 형제들도 각기 나라를 다스렸다고 했다. 「가락국기」에 따르면, 하늘에서 여섯 개의 알이 금합에 싸여 내려왔고, 알에서 여섯 명의 어린아이가 나왔으며, 이들이 자라서 각각 6개국의 왕이 되었다. 『석리정전』은 김수로왕과 이진아시왕을 형제로 묘사했다. 두 건국신화에서 김수로왕과 이진아시왕은 같은 계통의 세력임을 상징적으로 보여준 것이다. 따라서 고령 대가야 이진아시왕은 금관가야의 '하늘'에서 내려온 세력과 같다.

3. 원시조, 소호금천씨

「가락국기」에서 가야 건국신화의 주체는 '하늘'에서 내려오는데, 가야계 신라인들은 그들의 원시조를 소호금천씨라고 전한다. '하늘'과 소호금천씨는 어떤 연관성이 있을까? 『삼국사기』 「김유신열전」에 김유신의 12대 선조는 수로왕이며, 신라 법흥왕 19년(532)에 "왕비와 세 아

---

27 이문기, 앞의 글 「금관가야계의 시조 출자 전승과 칭성의 변화」.

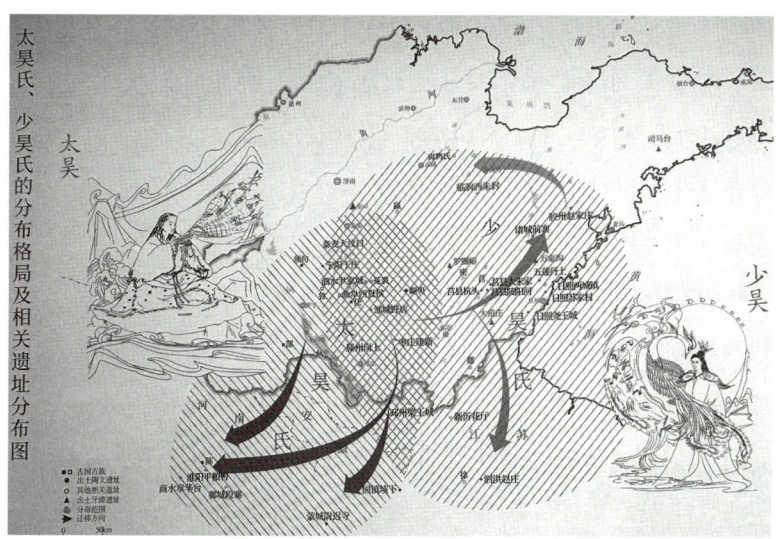

산동박물관에 그려진 태호복희씨와 소호금천씨 분포도

들인 맏아들 노종(奴宗), 둘째아들 무덕(武德), 막내아들 무력(武力)과 함께 국고와 보물을 가지고"[28] 신라에 항복한 구해왕(仇亥王)이 그의 증조다. 김유신의 조부는 구해왕의 셋째 아들인 무력이다.[29]「김유신열전」에는 "신라 사람이 스스로 소호금천씨의 후손이라고 일렀기 때문에 성을 김이라고 했는데, 비문에는 또한 헌원의 후예요 소호의 자손이라 했으니 남가야 시조 수로왕은 신라와 성이 같다"[30]라고 했다. 가야계인들은 그들의 원시조를 소호금천씨로 인식한 것이다.

소호금천씨 설에 대해서 이문기는 『북제서(北齊書)』 565년에 신라의

---

28 김부식, 이재호 옮김, 『삼국사기 1』, 솔, 1997, p. 143.
29 김부식, 이재호 옮김, 『삼국사기 1』, 솔, 1997.
30 김부식, 이재호 옮김, 『삼국사기 1』, 솔, 1997, pp. 261~262.

김씨가 처음 나타나고, 신라에서 칭성이 정치 사회적 특권을 상징하기 때문에 금관 가야계 칭성 시기는 이보다 빠를 수 없다고 했다. 그래서 금관가야계 칭성은 565년 이후에 이루어졌다고 보았다. 즉 이문기는 김유신의 아버지인 서현(舒玄) 대에 신라 왕실을 모방해서 처음으로 김씨라고 칭성하면서 "가문에서 전승되어 오던 금관가야의 개국설화"[31]인 '천강금란 출생설'에서 시조 수로의 출자를 내세웠고, 중대 초에 이르러서는 '소호금천씨 출자설'로 바꾸어 시조 출자 전승을 표방했다는 것이다.[32] 가문에서 전승되어 오던 금관가야 개국설화인 '천강금란 출생설'에서 수로왕의 출자를 구했다는 것은 천강금란 출생설에 김유신의 선조인 수로를 왕으로 넣어 '만든 건국신화'라는 의미일 것이다. 김유신의 후예들이 신라 중대에 가서 '소호금천씨 출자설'로 바꾼 것이 그러한 사실을 증명한다는 뜻이다.

위의 견해처럼 정말로 가야 건국신화는 소호금천씨와 아무런 연관이 없는 것일까? 중국 산동성 임기시에 있는 동이박물관은 복희를 비롯해 소호, 치우, 전욱, 제곡, 순 등을 동이족 수장이라고 했다. 하지만 사마천은 『사기』에서 중국 역사를 서술하면서 황제를 첫머리에 놓고 전욱-제곡-요-순으로 설정해 놓았다. 그러나 반고는 『한서』 「고금인표」에서 사마천과 달리 고대 제왕의 계보를 "① 태호복희씨, ② 염제신농씨, ③ 황제헌원씨, ④ 소호금천씨, ⑤ 전욱고양씨, ⑥ 제곡고신씨, ⑦ 제요도당씨, ⑧ 제순유우씨"[33] 순으로 정리했다. 춘추시대(서기전 770~

---

31 이문기, 앞의 글 「금관가야계의 시조 출자 전승과 칭성의 변화」, p. 28.
32 이문기, 앞의 글 「금관가야계의 시조 출자 전승과 칭성의 변화」.
33 사마천, 한가람역사문화연구소 사기연구실 옮김, 앞의 책 『신주 사마천 사기 1: 오제본기』, p. 119.

서기전 403) 진나라 사관과 전국시대(서기전 403~서기전 221) 위나라 사관이 편찬한 역사서 『죽서기년』에도 소호가 제위에 올랐다고 서술했다. 이외에 『국어』, 『제왕세기』, 『여씨춘추』, 『회남자』 등도 이처럼 서술했다.[34] 그런데 『제왕세기』에서는 소호가 황제의 아들이라고 했다.[35]

『춘추좌전』 '소공 17년'조의 주석에서 두예도 소호가 황제의 아들이라고 말했다. 소호는 유명한 동이족이라서 사마천이 소호를 지우고 황제의 손자인 전욱을 제위에 올린 것이다.

"문화는 행위로 기록된 문서"[36]인데, 문화 행위가 어떻게 소호 종족들 사이에 계승되는지 보자. 소호가 활동했던 무대는 산동성 서남부를 중심으로 하남성의 동쪽, 강소성과 안휘성 북쪽 일대였다. 이곳에서 서기전 4100년에서 서기전 2600년까지 이어진 신석기 문화를 중국에서는 대문구문화라고 하는데, 대문구문화의 주인공으로 소호를 꼽는다.[37] 소호의 '호(昊)'자는 "머리 위에 해가 떠 있는 형상으로 하늘 중심의 태양"[38]이라는 의미가 있다. 김인희는 소호의 형상을, 편두를 해서 머리는 네모나고, 위쪽 앞니 두 개를 뽑고, 평생 돌구슬을 입에 물고 잇몸 뼈를 갈아 입이 새처럼 뾰족하다고 묘사했다.[39] 머리를 편두를 해서 네모나게 만든 것은 북두의 모습을 흉내 내는 것이고, 새처럼 입 모양을 만든 것은 새를 어둠을 물리치고 광명을 가져오는 태양조로 인식했

---

34 위와 같음.
35 『제왕세기』. "少皞是黃帝之子."
36 클리퍼드 기어츠, 문옥표 옮김, 『문화의 해석』, 까치, 1998, p. 20.
37 김인희, 앞의 책 『소호씨 이야기』.
38 唐蘭, 「中國奴隷社會的上限源在五六千年前」, 『大汶口文化討論文集』, 齊魯書社, 1981을 김인희, 앞의 책 『소호씨 이야기』, p. 20에서 재인용.
39 김인희, 앞의 책 『소호씨 이야기』, p. 20

기 때문이다. 새를 태양과 동일시하는 것인데, 새가 태양을 지고 날기 때문에 어둠을 뚫고 태양이 솟아난다고 여겼기 때문이다.[40]

『춘추좌전』「소공」 권17 '전' '조이'조에 소호금천씨가 새의 명칭으로 관직명을 지었다는 기록이 있다. 새를 토템으로 삼은 종족은 조이족인데, 고대 문헌에 따르면 조이족은 발해, 황해 연안에 넓게 분포되어 있었다.[41] 북한 학자 리지린은 한반도에 거주한 원시족도 조이 계통에 속한다고 했다.[42] 소호씨 봉조신화는 은나라 현조와 동일하게 인식되고, 은나라를 비롯해 서국의 서언왕과 진나라는 모두 동이족의 난생신화를 가지고 있다.[43]

그런데 조이족의 난생신화는 중국 동북 지역과 한반도로 이어질 뿐만 아니라, 대문구문화에서 발견된 새 모양 토기들 역시 한반도에서 발견된다. 가야의 활동 무대인 낙동강 하류에서 '새' 형상의 압형토기가, 고성 동외동 패총에서 새무늬청동기 등이 발굴된 것은 새를 토템으로 삼은 일족과 관계가 깊다.[44]

또 『삼국지 위서』「동이전」 '한전 변진'조에 "장사 지낼 때 큰 새의 깃털을 쓰는데, 죽은 자가 날아오르도록 한다는 뜻이다"[45]라고 했다. 고대에는 새를 망자의 넋을 하늘로 이끌어주는 하늘의 사자로 인식했고, 이러한 장례 풍속은 변진 사람들이 새를 토템으로 삼고 있었음을

---

40 김인희, 앞의 책 『소호씨 이야기』.
41 리지린, 이덕일 해역, 앞의 책 『리지린의 고조선 연구』.
42 위와 같음.
43 김명옥, 앞의 글 「동아시아 난생신화와 중국 한족과의 관계 연구」.
44 백승충, 앞의 글 「가야의 개국설화에 대한 검토」.
45 『삼국지 위서』「동이전」 '한전 변진'조. "以大鳥羽送死, 其意欲使死者飛揚."

새 모양 토기(제기)

알 수 있게 한다.

가야인들과 신라인들이 편두를 했던 기록도 있다. 『삼국지 위서』 「동이전」 '한전 변진'조에 "아이가 태어나면 돌로 머리를 눌렀는데, 머리를 납작하게 만들려는 것이다. 지금의 진한 사람들 모두 편두를 했다"[46]라고 했다. 가야인들과 신라인들은 북두칠성을 닮고자 편두를 했던 것이다. 소호금천씨가 주인공인 대문구인들이 편두를 한 이유이기도 하다. 김인희의 말을 들어보자.

> 고대인들은 "북극성의 원기(元氣)는 북두칠성을 움직이고, 북두칠성의 자루는 전체 별들을 움직인다"[47]고 믿었어. 당시 사람들은 우주의 운행

46　『삼국지 위서』 「동이전」 '한전 변진'조. "兒生, 便以石厭其頭, 欲其褊. 今辰韓人皆褊頭."
47　陵思賢·李迪, 『天文考古通論』, 紫禁城出版社, 2005, p. 90을 김인희 앞의 책 『소호씨

가야 지역 유적에서 발굴된 압형토기(출처: 경남일보)

을 좌우하는 모든 원기가 북극성에서 나온다고 여긴 거야. 북두는 카오스의 세계로 하늘과 땅이 생겨나기 이전의 시공간이어서 생멸이 없는 영원계를 의미하거든. 그러기에 존재의 무한한 시작과 출발점을 의미하기도 하고, 다원커우인들은 머리를 북두의 모양처럼 네모나게 바꾸기로 했지. 그러면 영원히 죽지 않는 생명을 얻을 것만 같았으니까.[48]

북두는 고대인들에게 시공간의 생멸이 없는 영원계를 의미하기 때문에 북두를 닮고자 했던 것이다. 소호금천씨의 편두 문화 흔적이 시공간을 훌쩍 뛰어넘어 가야와 신라에서도 나타난 이유는 공동체의 정

이야기』, p. 145에서 재인용.
48 김인희, 앞의 책『소호씨 이야기』, p. 145.

누공토기

신문화의 반영이기 때문이다. 아리엘 골란에 따르면, 문화의 상징성은 수천 년이 지나도 놀랄 만한 안정성을 보여준다. 이것은 한 민족의 상징성이 그 민족의 먼 조상과의 연관성이나 다른 민족과의 차별성을 말해주는 것이다.[49]

누공토기(鏤孔土器)는 대문구문화에만 나타나는 특징이다. 그릇 받침대가 모두 동그랗게 구멍이 뚫렸거나 마름모꼴이다. 누공토기는 대문구문화 이후에 사라졌다가 한반도 낙동강 유역 가야계 유물에서 발견되었다.

시공간의 차이를 두고 누공토기가 발굴된 것은 두 문화의 연관성을 시사한다. 소호의 문화가 가야의 문화로 계승되었다고 본 것은 "집단의 성원들에게 받아들여질 수 있는 방법으로 작용할 수 있기 위해서 마땅히 알고 있어야 하는 모든 것들로 구성"[50]되었기 때문이다. 생물에게 DNA가 있듯이 문화에도 DNA가 존재한다. 즉 가야계의 구성원들은 그들 선조들이 대대로 전승되어 온 새 신앙과 편두의 문화를 습득해왔거나 구전으로 전승해왔기 때문에 그들도 새에 대한 신앙과 편두

---

[49] 아리엘 골란, 정석배 옮김, 앞의 책 『선사시대가 남긴 세계의 모든 문양』.
[50] 클리퍼드 기어츠, 문옥표 옮김, 앞의 책 『문화의 해석』, p. 23.

등이 자연스럽게 계승되었던 것이다.

4. 중시조, 투후 김일제

소호금천씨가 원시조임을 밝힌 묘지명 「대당고김씨부인묘명」에는 중시조에 관한 기록도 있다. 「대당고김씨부인묘명」은 1954년 중국 섬서성 서안 동쪽 교외 곽가탄(郭家灘)에서 발견되었는데,[51] 재당 신라인이었던 김씨부인 비문에는 집안 선조들이 적혀 있다.

> 태상천자 때 나라가 편안했는데, 그 적장자께서 가문을 여셨는데 호(號)가 소호씨금천(少昊氏金天)이시니 곧 우리 가문이 씨(氏)를 받은 세조(世祖)이시다. 그 후에 종파가 갈라지고 갈래가 나뉘어 번창함이 있고 빛남이 있어서 천하에 만연하니 많고도 많도다. 먼 조상 이름은 일제(日磾)이신데, 흉노 조정(龍庭)에서 서한에 귀순하셔서 무제(武帝)에게 벼슬하셨다. 명예와 절개를 삼가니 시중(侍中)과 상시(常侍)에 발탁하고 투정후(秺亭侯)에 봉하셨다.[52]

김씨부인은 재당 신라인 4세대로, 증조부는 김원득(金原得), 조부는 김충의(金忠義), 부는 김공량(金公亮)이다.[53] 묘지 비문에 따르면, 김씨

---

51 이덕일, 「신라 문무왕도 투후 김일제의 후손이다」, 『경기신문』 2020년 12월 21일자.
52 위와 같음.
53 권덕영, 앞의 글 「「대당고김씨부인묘명」과 관련한 몇 가지 문제」.

부인 가문은 소호금천씨로부터 시작해서 여러 종파로 갈라지고 번성했음을 알 수 있다. 그런데 이 비문은 중시조로 김일제를 명시하고 있다. 김일제는 본래 흉노 휴도왕(休屠王)의 태자였는데, 한무제 원수 2년(서기전 121) 곽거병이 수만 군사를 거느리고 공격하자 우현왕이었던 휴도왕은 항복을 거부했다. 그러자 좌현왕 혼야왕(渾邪王)은 휴도왕을 죽이고 한나라에 항복했다. 이때 수많은 흉노인들과 함께 휴도왕의 태자도 한나라로 끌려가서 한무제의 말을 관리하다가 망하라(莽何羅)가 무제를 암살하려는 것을 막아 그 공으로 투후에 봉해졌다.[54] 김일제가 김씨 성을 갖게 된 것은 휴도왕이 금인(金人)을 가지고 하늘에 제사를 지냈기[55] 때문에 무제가 김씨 성을 하사한 것이다.

금인과 관련해서 소호금천씨를 살펴보자. 소호가 금천씨가 된 유래와 관련해서 『여씨춘추』에서 고유(高柔)는 "금덕(金德)으로써 천하의 왕이 되어서 금천씨라고 불렀으며, 죽어서는 금으로 배향되어 서방 금덕의 신이 되었다"[56]라고 주석을 달았다. 또 욕수(蓐收)에 관해서는 "소호 후예의 아들로 해(該)라고 하고 모두 금덕이 있어서 죽어서는 금신(金神)으로 제사를 받았다"[57]라고 했다.

『예기』「월령(月令)」 욕수에 관한 정현의 주석을 보면 "그 제는 소호이고 그 신은 욕수이다. 이들은 백정의 임금과 금관의 신으로서 예부터 덕을 드러내고 공을 세운 자다. 소호는 금천씨이고, 욕수는 소호씨

---

54 사마천, 한가람역사문화연구소 사기연구실 옮김, 『신주 사마천 사기 16: 봉선서·하거서·평준서』, 한가람역사문화연구소, 2021, pp. 285~286.
55 『사기』「위장군표기열전(衛將軍驃騎列傳)」. "收休屠祭天金人."
56 『여씨춘추』 권7「맹추기(孟秋紀)」. "以金德王天下 號爲金天氏 死配金爲西方金德之神."
57 『여씨춘추』 권7「맹추기」. "少皞氏裔子曰該 皆有金德 死託祀爲金神."

의 아들로 해이며 금관이라고 한다"⁵⁸고 했다. 『산해경』「해외서경」에서 곽박은 욕수에 관해 "금신이다"라고 했다.⁵⁹ 소호는 금덕이 있어서 금천씨가 되었거나, 금관의 신으로서 덕을 드러냈기 때문에 금천씨가 되었다. 그의 자손으로 알려진 욕수를 금관 또는 금신이라고 했다. 이렇듯 흉노의 휴도왕이 금인을 가지고 하늘에 제사를 지냈다는 기사는 소호금천씨와의 연관성을 시사한다.

흉노의 조정을 용정(龍庭)이라고 하는 유래도 보자. "흉노는 매년 5월이면 용정에서 대규모 집회를 열고 조상신과 천지신에게 제사를"⁶⁰ 지낸다고 해서 용정이라고 했다. 그런데 『삼국지 위서』「동이전」 '한' 조 '마한'을 보면 "늘 5월이면 씨 뿌리기를 마치고 귀신에게 제사를 지낸 다음 무리 지어서 노래와 춤을 즐기는데, 술 마시기를 밤낮으로 그치는 법이 없었다."⁶¹고 한다. 흉노와 마한이 5월에 조상신과 천신에게 제사 지내는 풍습이 같다.

그렇다면 흉노인과 가야계는 어떤 연관성이 있을까? 손진기에 따르면, 선진(先秦)시대에 북방민족은 흉노를 비롯해 동호, 산융, 동이, 예맥, 숙신, 한 등의 종족들이 넓게 분포되어 있었다. 그 가운데 동호와 흉노만을 보면, 한대에 이르러 동호는 그 일부가 흉노로 흡수되고, 일부는 오환, 선비로 갈라진다. 이보다 앞선 전국시대에 진개가 동호를

---

58 『예기』「월령」. "孟秋之月 其日庚辛, 其帝少皥, 其神蓐收. 此白精之君 金官之臣 自古以來 著德立功者也 少皥 金天氏 蓐收 少暭氏之子 曰該 爲金官."
59 정재서 역주, 앞의 책 『산해경』, p. 234.
60 권덕영, 앞의 글 「「대당고김씨부인묘명」과 관련한 몇 가지 문제」, p. 401 각주 11번 참고.
61 『삼국지 위서』「동이전」 '한'조. "常以五月下種訖, 祭鬼神, 羣聚歌舞, 飮酒晝夜無休."

습격한 사건이 벌어지는데, 『사기』 「흉노열전」에서는 "동호가 천여 리 물러났다"[62]고 했고, 『삼국지 위서』 「오환선비동이전」에서는 "조선이 드디어 약해졌다"[63]고 했다. 동호는 곧 고조선 종족의 일부임을 알 수 있다. 진개의 동호 습격 사건은 전국시대(서기전 403~서기전 221)에 일어난 일로, 한대(서기전 202~서기 8) 이전 시대이므로, 한대에 흉노로 흡수된 동호(고조선) 종족 중에 김일제의 선조가 포함되었을 것이다. 한편 "흉노는 한대에 북으로 이동하고 나머지 10여만 락(落)이 스스로 선비라 일컬었다"[64]고 했는데, 동호는 오환, 선비로 분리되고 흉노 일부가 선비가 된 것이다. 또 선비는 이후 북위(386~534)를 세우는데, 북위 8대 세종선무를 낳은 문소태후는 고구려 사람으로 꿈에 햇빛을 받아 세종선무를 낳았다.[65] 문소태후가 꾼 예지몽은 천손사상을 내포한 빛의 감응설 계보임을 알 수 있다. 그런데 신라 문무왕도 흉노인인 김일제를 중시조로 인식했다. 문무왕은 태종 무열왕과 김유신의 누이인 문명왕후(文明王后) 김문희(金文姬) 사이에서 태어났다. 양친이 모두 김씨다. 「문무왕비문」을 보자.

> 그 신령스러운 근원은 멀리서부터 내려와 화관지후(火官之后)에 창성한 터전을 이었고, 높이 세워져 바야흐로 융성하니, 이로부터 □지(枝)가 영

---

62 『사기』 「흉노열전」. "其後燕有賢將秦開, 為質於胡, 胡甚信之. 歸而襲破走 東胡, 東胡卻 千餘里."
63 『삼국지 위서』 「오환선비동이전」. "魏略曰 燕乃遣將秦開]攻其西方 取地二千餘里 至滿番汗為界 朝鮮遂弱. 朝鮮遂弱."
64 손진기, 임동석 옮김, 『동북민족원류』, 동문선, 1992, p. 30.
65 『북사』 「열전」 '효문문소황후고씨'.

이함을 담아낼 수 있었다. 투후 제천지윤(祭天之胤)이 7대를 전하여 (······) 했다.⁶⁶

'투후 제천지윤'은 하늘에 제사 지내는 투후의 후손이라는 의미다. 투후는 한무제가 김일제에게 내린 제후의 이름이다. 문무왕은 신라 왕족이었으나 양친이 모두 김씨인 점과 그의 모친이 가야계라는 점을 볼 때 집안 내력에 대해서 잘 알고 있었을 것이다.

그런데 「대당고김씨부인묘명」에 "한나라가 덕을 드러내 보이지 않고 난리가 나서 괴로움을 겪게 되자 곡식을 싸 들고 나라를 떠나 난을 피해 멀리까지 이르렀다. 그런 까닭에 우리 집안은 멀리 떨어진 요동에 숨어 살게 되었다"⁶⁷라고 했다.

한나라가 덕을 드러내 보이지 않아서 괴로움을 겪게 된 배경은 왕망(王莽)이 세운 신(新: 서기 9~25)나라 건국과 관련이 있다. 왕망은 한나라를 무너뜨리고 신나라를 세웠는데, 이때 김일제의 후손들이 신나라의 조정에서 활약했다. 그래서 정약용(丁若鏞)도 "변진의 김수로가 모두 서한 계통의 사람"⁶⁸이라고 했다.

『가야사』를 쓴 문정창에 따르면, 왕망은 김일제의 증손인 김당(金當)과 형제다. 왕망과 김당은 김일제의 증손인 것이다.⁶⁹ 한 왕조의 일족인 광무제 유수(劉秀)가 신나라를 멸망시키자 신나라 조정에서 요직을

66　이덕일, 앞의 글 「신라 문무왕도 투후 김일제의 후손이다」.
67　권덕영, 앞의 글 「「대당고김씨부인묘명」과 관련한 몇 가지 문제」, p. 402.
68　『아방강역고(我邦疆域考)』 권2, '변진별고(弁辰別考)'조. "弁辰之金首露. 皆係西韓之人."
69　이덕일, 「왕망과 김일제의 후손은 한 집안」, 『경기신문』 2020년 12월 28일자.

차지했던 김일제의 후손들이 멀리 요동까지 와서 은거했다. 후술하겠지만 이때 고조선 유민들과 융합되었을 것인데, 요동에 은거하던 김일제의 후손 중 일부는 남하해서 가야를 건국했을 것이며, 일부는 신라 김씨 왕족이 되었을 것이다. 신라 김씨 왕족의 출자를 알려주는 김알지 설화는 자주색 구름이 하늘에서 땅에 뻗쳤고, 황금궤가 나뭇가지에 걸려 있으며, 그 밑에는 흰 닭이 울고 있었다고 전한다. 궤 속에 사내아이가 있어서 알지라 했고, 금궤에서 나왔으므로 김씨라고 했다. 알지의 후손인 미추가 왕위에 올랐으니, 신라의 김씨는 알지에서 시작되었다고 했다.[70]

하늘에서 자주색 구름이 뻗친 것과 황금궤 등이 김수로왕의 설화와 유사하다. 차이점이 있다면 김수로왕은 알에서 태어났지만, 김알지는 궤 속에서 아이로 누워 있었다. 알에서 깨어난 것은 2차 상징으로, 궤는 알로 볼 수 있다. 즉, 김알지 설화도 난생설화의 유형이다. 특히 흰 닭은 새로 볼 수 있는데, 새벽을 여는 닭은 어둠을 물리치고 밝음을 불러온다. 대문구문화에서 보였던 새가 해를 지고 날라서 밝음을 불러오는 것과 같은 의미의 표현일 것이다. 그런데 가야계 신라인들은 왜 그들의 직계 시조인 김수로왕보다 원시조와 중시조를 더 강조했을까? 너무나 자명해서 강조할 필요를 못 느꼈을까? 가야계 신라인인 김유신과 김씨부인 집안이 수로왕을 시조로 언급하지 않고 원시조와 중시조만 언급한 것에 관해서는 더 연구가 필요하지만, 가야가 신라인들에게 멸망한 정치적 상황과 맞물렸기 때문일 것이다. 가야가 신라에 항복했지만 가야 지역에는 가야의 유민들이 정착해 있었으므로 직계 시조인 김

---

70   일연, 이재호 옮김, 『삼국유사 1』, 솔, 2002(개정판).

수로왕을 언급한다면 가야의 복원 운동이 일어날 불씨는 여전히 남아 있었기 때문일 것이다. 가야와 신라의 융합에 힘써야 할 지도층에서 가야의 건국 주체인 김수로왕을 언급한다면 가야인들을 선동할 수 있다는 정치적 계산 때문에 의도적으로 언급하지 않았던 것이다. 따라서 자기 세대와 가까운 시조보다는 자기 뿌리에 대해서 잊지 않고 전승하려는 의도에서 원시조와 중시조를 기록했을 것으로 생각된다.

한편 문무왕은 용삭(龍朔) 원년 신유(661) 3월에 조서를 내려 수로왕을 종묘에 합하여 제사를 지내라고 하면서 김수로왕을 15대 시조라고 언급하는데,[71] 문무왕 본인이 가야계와 신라계의 혼인으로 태어나 양쪽 모두의 혈통을 지니기 때문에 이런 발언이 가능했을 것이다. 따라서 "사회적으로 가문의 위상을 자랑하고 내부적으로는 혈족 의식을 제고해 그 결속을 강화"[72]하려고 김씨를 칭성했다고 보기 어렵다. 왜냐하면 통일신라시대에는 문무왕이나 그 뒤 신문왕 대에 오묘제를 실시하면서 직계 조상을 강조했고, 조선시대에는 자기 선조의 내력을 모르는 양반이 없었기 때문이다. 양반 자녀들이 어릴 적부터 익히는 게 집안 조상의 내력이었다. 가야계 김유신이나 문무왕, 그리고 김씨부인 묘비에서 보여주는 것은 자기 뿌리를 잊지 않고 전승하려는 의도로 읽을 수 있을 것이다.

「김유신전」이나 「문무왕비문」 그리고 「대당고김씨부인묘명」은 대대로 내려온 가문의 역사를 서술한 것이다. 김씨부인의 가계에서 성씨의 유래를 소호금천씨로 인식하고 있음을 확연히 드러낸다.

---

[71] 위와 같음.
[72] 이문기, 앞의 글 「금관가야계의 시조 출자 전승과 칭성의 변화」.

그런데 권덕영은 소호금천씨 시조설이 신라 경문왕 대에 형성된 것이며, 김씨부인 가문에서 그러한 시조 관념을 독자적으로 만들어냈다고 보기 어려우므로 김씨부인의 선대가 범무열왕실의 일원이었을 것이라고 주장한다. 즉 태종 무열왕 때(7세기) 소호금천씨 출자설이 만들어졌는데, 혜공왕 대를 전후해 퇴조했다가 9세기 후반에 다시 등장했다고 주장한다. 이러한 주장은 금석문 또는 문헌이 나타난 시기에 맞춘 주장이다.

5. 건국 주체세력, 고조선의 유민

가야 건국 주체의 후손들은 그들 스스로 소호금천씨와 김일제 후손이라고 했다. 그런데 건국신화에서는 수로왕이 '하늘'에서 내려왔다고 명시하고 있다. 그렇다면 이들이 지칭한 '하늘'은 어디일까? 하늘에 대해서 북한 학자 조희승은 북방을 가리킨다고 했다.[73] 북방세력의 특성에 대해서는 "목곽(나무곽과 귀틀) 무덤을 장법으로 하는 집단"[74]이라고 했다. "귀틀무덤은 북방 고조선의 평양 일대에서 남한 세력의 김해, 부산 지방 진출을 물리적으로 증명"[75]해준다는 것이다. 즉 '하늘'이 지칭하는 곳은 '북방에 있던 고조선'이라는 것이다.

『삼국사기』「신라본기」'혁거세'조에는 "이에 앞서 조선의 유민이 산

---

[73] 조희승, 이덕일 주해, 앞의 책 『북한 학자 조희승의 임나일본부 해부』.
[74] 조희승, 이덕일 주해, 앞의 책 『북한 학자 조희승의 임나일본부 해부』, p. 26.
[75] 위와 같음.

골짜기 사이에 나누어 살면서 6촌을 이루"[76]었다고 했다. 혁거세가 나라를 세운 시기는 전한(前漢) 효선제(孝宣帝) 오봉(五鳳) 원년(서기전 57)이다. 서기전 108년에 고조선이 멸망했으니 50년이 지났을 때다. 옛 고조선 지역에 남아 있는 유민들도 있었겠지만, 일부는 남하했을 것이다. 특히 지배계층은 이동이 불가피했을 것이며, 이는 『삼국지 위서』「동이전」'한'조의 기사로 확인된다.

진수는 삼한에 대해서 『위략』을 인용하여 말하길 "당초 우거(右渠)가 격파되지 않았을 때, 조선의 상 역계경(歷谿卿)이 이 일을 (우거에게) 간언했으나 (우거가) 받아들이지 않자 동쪽의 진국으로 갔다. 그때 백성들 중에는 그를 따라 나가 (그곳에) 정착한 사람이 2천 호가 넘었으며, 아울러 조선에 조공하는 번국들과도 왕래하지 않았다"[77]라고 했다. 그런데 역계경이 진국으로 넘어가기 전에 준왕은 위만과의 대결에서 패해 "측근들과 나인을 데리고 도망하여 바다로 들어가 한 땅에 들어가 살면서 한왕을 자처한다."[78] '한'조는 『위략』을 인용해 "준의 아들과 친척들 중에서 나라(조선)에 남아 있던 사람들도 그 일로 말미암아 '한씨'로 성을 속였다. 준은 바다 한가운데에서 왕이 되고 나서도 조선과는 내왕하지 않았다"[79]라고 했다.

진수는 '한'에 대해서 "세 종류가 있는데, 첫째는 마한이다. 둘째는

---

[76] 『삼국사기』「신라본기」'혁거세'조. "先是朝鮮遺民分居山谷之間爲六村."
[77] 『삼국지 위서』「동이전」'한'조. "魏略曰 初, 右渠 未破時, 朝鮮相歷谿卿以諫 右渠 不用, 東之辰國, 時民隨出居者二千餘戶, 亦與朝鮮貢蕃不相往來."
[78] 『삼국지 위서』「동이전」'한'조. "將其左右宮人走入海, 居韓地, 自號韓王."
[79] 『삼국지 위서』「동이전」'한'조. "魏略曰: 其子及親留在國者, 因冒姓韓氏. 準王海中, 不與朝鮮相往來."

진한이다. 셋째는 변진이다. 진한은 옛날의 진국이다"[80]라고 했다. 마한에 대해서 "산과 바다 사이에서 흩어져 살고 성곽은 없다"[81]고 했다. 『후한서』 「동이열전」 '삼한'조도 보자.

> 한은 세 종류가 있는데, 첫째는 마한이다. 둘째는 진한이다. 셋째는 변진이다. 마한은 서쪽에 있는데, 54개의 나라가 있고, 그 북쪽은 낙랑과 접했고, 남쪽은 왜와 접해 있다. 진한은 동쪽에 있는데, 12개국이며, 그 북쪽은 예맥과 접해 있다. 변진은 진한의 남쪽에 있는데, 또한 12개의 나라가 있고, 그 남쪽은 또한 왜와 접해 있다.[82]

그런데 변진에 대해서 왕회분(王會汾)은 『진서』와 『양서』에 모두 변한으로 되어 있어서 마땅히 변진은 변한이 되어야 한다고 말한다. 또 『위서』에도 변한으로 나와 있다고 했다.[83] 진수는 『위서』에서 변진의 열두 나라는 진왕에게 속한다고 했다. 그런데 진왕은 대대로 마한 사람들이 맡았는데, 『위략』을 인용하여 그 이유를 "분명히 그들이 외지를 떠돌다가 이주해 온 사람들이었기 때문에 마한의 견제를 받은 것이다"[84]라고 했다.

---

80 『삼국지 위서』 「동이전」 '한'조. "有三種, 一曰馬韓, 二曰辰韓, 三曰弁韓. 辰韓 者, 古之辰國也."
81 『삼국지 위서』 「동이전」 '한'조. "散在山海間, 無城郭."
82 『후한서』 「동이열전」 '삼한'조. "韓有三種: 一曰馬韓, 二曰辰韓, 三曰弁辰 馬韓在西, 有五十四國, 其北與樂浪, 南與倭接. 辰韓 在東, 十有二國, 其北與濊貊接. 弁辰在 辰韓之南, 亦十有二國, 其南亦與倭接."
83 『후한서』 「동이열전」 '삼한'조. "王會汾謂晉·梁二書皆作「弁韓」, 當從改. 今按: 魏志亦作「弁韓」."
84 『삼국지 위서』 「동이전」 '한'조. "魏略曰: 明其為流移之人, 故為馬韓所制."

한편 『동번기요(東藩紀要)』에 따르면, 한나라 혜제(惠帝) 때(서기전 195) 조선왕 기회(箕淮)가 마한을 세웠는데, 신나라 왕망 2년(서기 9)에 백제 온조왕에게 멸망했고, 진한, 변한은 언제 건국했는지 알 수 없지만, 서기전 57년 이후에 신라 박혁거세에게 멸망했다고 했다. 즉 삼한은 모두 전한시대(서기전 202~서기 8)에 존재했다가 후한시대(25~220) 초기에 멸망했다는 것이다.[85]

따라서 가야의 건국신화에서 건국 주체가 '하늘'에서 하강해 42년에 가야를 건국할 당시 고조선은 멸망한 지 150여 년이 지났지만, 전한시대부터 고조선의 준왕과 그의 측근들이 한 땅에 살았고, 우거왕 때 2천 호가 넘는 백성들을 이끌고 진국으로 넘어갔다는 기록과 마한, 변한, 진한이 옛 진국이라는 점, 변진 사람들은 외지를 떠돌다 이주해 온 사람들이기 때문에 진왕은 마한 사람이 맡았다는 기록, 마한은 백제 건국 후 서기 9년에 백제에, 변한, 진한은 신라 혁거세의 건국(서기전 57) 이후에 멸망한 점, 삼한이 전한시대에 존재했다 후한시대 초기에 멸망한 점 등을 통해 가야계뿐 아니라 신라와 고구려, 백제가 고조선에 그 뿌리를 두고 있음을 알 수 있다.

이는 건국설화를 통해서도 확인된다. 고조선을 제외한 은나라, 서국, 진나라, 베트남, 고구려(백제 포함), 신라, 가야 등 동이족 신화는 천손사상을 담은 난생신화다. 난생신화에서 알은 하늘신 또는 태양 등의 상징 형태가 알로 변화되었을 뿐 그 의미가 변화한 것은 아니다. 따라서 동이족 난생신화는 고조선의 천손사상의 상징 형태를 잇는 신화

---

[85] 문성재 역주, 『정역 중국정사 조선·동이전 1』, 우리역사연구재단, 2021, p. 335.

다.[86]

　소호씨나 전욱은 태양을 숭배한 동이족이다. 소호씨가 새를 토템으로 삼은 것도 새가 태양을 지고 난다고 여겼기 때문이다. 그들은 하늘을 숭배하는 종족이었다. 그런데 신석기시대의 상징들은 어떤 이유인지 알 수 없지만 청동기로 접어들면서 재사고화가 일어난다.[87] 즉 태양이 하늘신으로, 하늘신이 알로 상징물이 바뀐 것이다. 동아시아에 널리 분포되어 있던 태양숭배사상은 태양이 곧 하늘이며, 하늘신은 알이나 햇빛으로 대체되어 난생형 신화로 나타난 것이다. 천손사상의 표현이 고조선의 건국신화에서는 천신의 직접 하강 형식이라면 난생신화에서는 알이나 햇빛으로 변형되어 나타난 것이다.[88]

　그렇다면 어떻게 소호금천씨의 후예들이 한반도 남부로 이동했을까? 대문구문화의 주인공인 소호금천씨에게는 전욱이라는 조카가 있었다. 소호의 형제인 창의의 아들이다. 전욱은 숙부인 소호를 도와 국정을 보좌하다가 북방의 천제가 되는데, 중국에서는 홍산문화의 주인공을 전욱이라고 한다.[89] 윤내현은 홍산문화의 하가점하층문화와 상층문화의 주인공을 고조선으로 보고 있다.[90] 고조선 유민의 유입 경로는 위에서 말한 바와 같다. 이들은 자신들의 뿌리를 구전으로 전승했고, 그러한 기억이 오랫동안 전승되어 오다가 「김유신비문」에 수록된 것이다. 비문에는 비 주인공의 가계가 게재되는데, 주인공의 가계를 일부러

86　김명옥, 앞의 글 「고조선 건국신화와 난생신화의 연관성 연구」.
87　아리엘 골란, 정석배 옮김, 앞의 책 『선사시대가 남긴 세계의 모든 문양』.
88　김명옥, 앞의 글 「고조선 건국신화와 난생신화의 연관성 연구」.
89　우실하, 앞의 글 「동북공정의 최종판 요하문명론」.
90　윤내현, 앞의 책 『고조선 연구(상)』.

조작해서 넣었을 것이라고는 생각할 수 없기 때문이다.

　가야 난생신화에서 김수로의 출자를 밝힌 '하늘'은 가깝게는 고조선의 유민이 기거한 곳이지만, 그들의 원시조는 소호금천씨, 중시조는 김일제라는 인식이 전승되어 왔다. 따라서 가야계는 "헌원의 후예요, 소호의 자손"이며, "하늘에 제사를 지내는 투후의 후손"이라고 한 것이다.

6. 맺는말

　「가락국기」에서 가야 건국 주체는 하늘에서 알 형태로 내려오는데, 이것은 동아시아에 널리 퍼져 있는 난생형 신화다. 고령 대가야 건국신화에 따르면, 가야산신 정견모주가 천신 이비가지에 감응해서 형제인 수로와 이진아시왕을 낳았다. 황제 및 전욱의 탄생신화와 같은 감응신화다. 즉 가야계 건국신화는 동이족 신화 유형이다.

　건국신화는 건국 주체의 출자와 당위성 등을 내포하고 있다. 이 글의 목적이 가야 건국세력의 출자를 밝히는 것인데, 고조선을 비롯해 동이족 난생형 신화는 모두 '하늘'로 지칭되어 있다. 그런데 가야계 신라인들의 '하늘'의 실마리는 「김유신비문」에 있다. 「김유신비문」에는 "헌원의 후예요, 소호의 자손"이라고 했다. 즉 가야계는 소호금천씨의 후손이라는 것이다. 소호금천씨에 대한 문헌 기록들과 동이족 신화들 그리고 유물 관계 등을 살펴보면 매우 유사한 점들을 발견할 수 있었다. 가령 소호금천씨가 주인공인 대문구문화에는 새와 관련된 유물들이 매우 많다. 즉 새를 토템으로 삼은 종족이라는 것을 알 수 있다. 또한 북두를 닮고 싶어서 편두를 했다. 낙동강 유역에서 발굴된 유물들에서 새 모양의 토기들이 출토되고, 변진 사람들의 장례 풍습 중 망자의 넋을 하늘로 이끌어주라고 큰 새의 깃털을 사용했다든지, 편두를 통해 영원한 세계인 북두를 닮으려 한 점, 새와 관련된 신화 등은 소호의 문화를 계승한 것이다. 문화의 상징은 매우 안정적이다. 약간의 변화를 겪더라도 수천 년 동안 변하지 않은 상징을 전승한다는 점에서도 그러하다.

흉노에서 한나라 포로가 되었다가 투후로 봉해진 김일제가 가야인들의 중시조다. 「대당고김씨부인묘명」에는 김씨가 소호금천씨부터 시작해 여러 종파로 갈라져 번창했다고 하고, 김일제를 먼 조상으로 인식했다. 「문무왕비문」에도 '하늘에 제사 지내는 투후의 후손'이라고 하여 김일제를 조상으로 기록했다. 즉 원시조는 소호금천씨이고, 중시조는 김일제라는 것이다. 김일제는 흉노 휴도왕의 태자로 한나라 곽거병이 수만의 군대를 이끌고 흉노를 침략할 때 포로가 되었다가 한무제를 암살로부터 구해서 투후라는 제후로 봉해졌고, 그의 후손들은 그 후 한나라 조정에서 요직을 맡았다. 그러나 왕망이 신나라를 세우자 그의 후손들은 신나라 조정에서 활동했다. 이후 신나라가 멸망하고 후한이 들어서면서 그의 후손들은 멀리 요동까지 와서 은거할 수밖에 없었다. 이때 이미 멸망한 고조선 유민과 융합되었고, 그 세력의 일부가 남하해서 가야를 건국하고 일부는 신라의 김씨 왕족이 되었다.

「대당고김씨부인묘명」에서 말하듯 소호금천씨 후예는 여러 갈래로 번성해서 갈라지고 융합하는 과정을 거치는데, 선진 시기에 북방민족은 동호, 산융, 동이, 예맥, 숙신, 한 등의 종족들이 넓게 분포되어 있었고, 한대에는 동호(고조선)의 일부가 흉노에 흡수되는데, 이때 김일제의 선조가 포함되었을 것이다. 그것은 금인으로 하늘에 제사를 지냈다는 문화에서 확인된다. 『예기』「월령」과 『여씨춘추』의 주석자들은 소호금천씨의 아들 욕수가 금신(金神)이라고 했다. 흉노는 금인으로 하늘에 제사를 지냈는데, 한무제는 이로 인해 일제에게 김씨 성을 하사했다.

따라서 김일제 후손이 요동에 은거할 당시 이미 고조선 유민들이 있었기 때문에 그들과 다시 융합되었을 것이다. 이에 대한 근거로 『삼국지 위서』「동이열전」 '한'조 등을 통해 살폈다. 이들 융합세력의 일부는 남쪽으로 내려와 가야를 건국하고, 일부는 신라의 왕족이 되었을 것이다. 다만 그들이 세조와 중시조만 언급하고 수로왕에 대해서는 언급하지 않은 점은 정치적 상황으로 파악했다. 문무왕은 661년에 수로왕을 종묘에 합하여 제사를 지내라고 하면서 15대 시조라고 언급하는데, 이는 본인이 가야계와 신라계의 혼인으로 태어나 양쪽 모두의 혈통을 지녔기 때문에 가능했을 것이다.

정리하자면 가야계 건국세력인 소호금천씨 일족이 여러 갈래로 번성했고, 그 가운데 동호(고조선)의 일부가 흉노로 흡수되었을 때 김일제의 선조도 흉노가 되었을 것이며, 한무제 당시 곽거병이 흉노를 침입할 때 김일제는 한나라의 포로가 되었고, 한무제를 암살에서 구함으로써 투후로 봉해져 그의 후손들은 한나라 조정에서 요직을 지냈다. 그러나 왕망이 신나라를 건국할 때 그의 후손들은 신나라의 조정에서도 활동했고, 후한이 들어서자 멀리 요동까지 와서 은거했다. 이때 요동에는 고조선의 유민들이 있었고, 이들과 융합되어 일부는 정착하고, 일부는 남하해서 가야를 건국하고, 일부는 신라계 왕족이 되었을 것이다.

이러한 추론이 가능한 것은 문화의 상징성과 계승성이라는 측면에서 살펴보았기 때문이다. 특히 역사를 상징적으로 서술한 건국신화는 문화의 상징성과 계승성을 잘 보여준다. 소호금천씨의 조카인 전욱이 북방을 다스리는 천제인데, 중국에서는 전욱을 홍산문화의 주인공이라고 했다. 홍산문화의 하가점하층문화와 상층문화는 고조선의 문화이며, 고조선은 천손사상을 그들의 건국신화를 통해 전승했다. "문화 유형은 대개 계승성을 가지고"[91] 있어서 시간이 흐르면서 태양 및 하늘은 알이나 새 등의 난생신화로 변형되어 전승되었다. 형태의 변형은 있지만, 그 문화 상징이 변한 것은 아니다. 따라서 천손사상이 고조선 이후 은나라 및 진나라, 서국, 부여, 고구려, 신라, 가야의 건국신화로 계승된 점도 소호금천씨 후손이자 김일제 후손이 고조선 유민과 융합되어 가야를 건국한 세력이라는 사실을 뒷받침한다.

---

91 손진기, 임동석 옮김, 앞의 책 『동북민족원류』, p. 72.

2장
한국과 일본 천손강림신화로 본 니니기노미코토 원적 연구

1. 머리말

이 글의 목적은 한일 양국의 천손강림신화를 통해 니니기노미코토(瓊瓊杵尊)의 원적을 살피는 데 있다. 니니기노미코토 신화에 나타난 '하늘'에 대해 구체적으로 알아보고, 니니기노미코토 신화의 '하늘'이 어떻게 고조선 건국신화를 비롯해 은나라, 서국, 고구려, 가야, 신라의 건국신화와 연결되는지 살피려는 것이다.

헤이든 화이트(Hayden White)와 도미니크 라카프라(Dominick LaCapra)는 역사학에 대해서 문학비평적 접근을 시도했는데, 역사학에 문학비평적 접근이 가능하다면 이것의 역도 성립할 것이다. 그들은 "지성사에서 반복적으로 등장하는 주제란 사고와 상징적 의미의 구조가 바로 우리가 역사라고 알고 있는 모든 것의 핵심적인 부분"[92]이라

---

[92] 린 헌트, 조한욱 옮김, 앞의 글 「문학, 비평 그리고 역사적 상상력: 헤이든 화이트와 도미니크 라카프라의 문학적 도전」, pp. 147~148.

니니기노미코토 하강 장면(출처: Yahoo Japan)

고 했다. 이러한 점이 역사적 저술에서 문학적 서술과 동일한 구조를 가진다고 보았다. 그렇다면 신화를 통해서 역사적으로 접근하는 방법도 가능할 것이다. 특히 건국신화는 건국철학과 주요한 사건들이 상징적으로 구조화되어 있는 만큼 그것의 의미를 파악한다면 신화에 응축된 역사에 접근하는 것도 가능할 것이다.

원가도 신화를 연구함으로써 역사의 진상을 캘 수 있으며, "민족성의 뿌리를 이해하는 계기"[93]가 된다고 했다. 클리퍼드 기어츠(Clifford Geertz)는 "문화는 행위로 기록된 문서"[94]라고 했다. 행위의 결과가 문

---

93 원가, 정석원 옮김, 앞의 책 『중국의 고대신화』, p. 28.
94 클리퍼드 기어츠, 문옥표 옮김, 앞의 책 『문화의 해석』, p. 20.

화로 나타나기 때문이다. 건국신화도 마찬가지다. 건국신화 속에는 신화를 만든 건국 주체들의 행위가, 즉 역사의 진상이 새겨져 있다. 천손강림신화의 주인공들은 그들이 하늘에서 강림했다고 상징적으로 사건을 조직했기 때문에 이러한 방법을 통해서 니니기노미코토의 원적을 살피려는 것이다.

니니기노미코토에 관해서 연구자들의 관심은 지속되어 왔다. 왕희자는 천손강림신화에 대해 동북아시아 및 시베리아계 태양숭배사상으로서의 보편성을 언급하고, 두 신화의 차이는 북방계가 수렵, 유목 생활을 청산하고 농경 정착 생활로 들어서면서 신화 유산을 변경할 수밖에 없었기 때문이라고 했다.[95]

노성환은 한국 천손강림신화가 일본에 수용되는 과정과 일본 신화에 미친 영향에 대해서 논의했다. 그는 한국 천손강림신화가 일본에 들어가 신들의 기원 이야기로 이용되었는데, 다시 소왕국 권력 기원신화로 활용되었다가 그것이 분열되면서 타계 방문담이 첨가되고, 이후 타계 방문담으로만 구성된 후세의 왕권신화를 만들어냈다고 보았다. 즉 일본 왕권신화 형성과 발전은 한국에서 건너간 천손강림신화가 있었기에 가능했다고 본 것이다.[96] 또한 일본 신화에 보이는 왕권을 상징하는 신기 3종(구슬, 거울, 칼)은 유라시아의 스텝지대로부터 유입된 스키타이 문화라고 보았다.[97]

---

[95] 왕희자, 「한·일 양국 천손강림신화 비교 고찰」, 『비교한국학』 10(1), 국제비교한국학회, 2002.
[96] 노성환, 「일본신화에 있어서 한국신화의 수용과 변용: 천손강림신화를 중심으로」, 『일본언어문화』 13, 한국일본언어문화학회, 2008.
[97] 노성환, 『일본신화와 고대한국』, 민속원, 2010, p. 87.

김화경은 천황가의 왕권이 "한국에서 유목문화와 샤머니즘의 세계관을 가지고 건너간 집단"[98]이라고 했다. 즉 일본의 지배계층 문화가 한국에서 건너갔음을 구명한 것이다.[99] 일본 니니기노미코토 신화에 나타난 '하늘'에 관해서 한·일 학자들 대다수는 구체적인 지명이나 국명은 달라도 한반도로 비정한다.[100] 그러면서 그들은 천손사상의 문화가 유라시아 스키타이 문화나 알타이계 유목민의 문화가 한반도에 유입되어 일본으로 전래되었다고 보았다. 그렇다면 동아시아에 널리 분포되어 있는 천손사상을 어떻게 볼 것인가, 즉 '외래 유입 사상으로만 볼 수 있는가'라는 의문이 생긴다. 외래유입설은 한반도가 문화 전달의 통로에 지나지 않는다는 의미가 있다.[101] 천손사상 또한 자생적일 수 없다는 말이다. 따라서 이 글은 '한반도는 문화 통로의 역할밖에 없는가? 즉 천손사상은 한반도에 자생적일 수는 없는가'라는 질문의 답을 찾아가는 글이 될 것이다.

---

[98] 김화경, 「한·일 신화의 비교 연구: 단군신화와 니니기노미코토 신화의 비교를 중심으로 한 고찰」, 『국학연구』 20, 한국국학진흥원, 2012, p. 118.
[99] 김화경, 위의 글 「한·일 신화의 비교 연구: 단군신화와 니니기노미코토 신화의 비교를 중심으로 한 고찰」.
[100] 일본 고대국가의 5부족 형태가 고대 한국에서 유래되었지만, 이것은 알타이계 유목민의 사회조직으로 한국을 통해 일본으로 전래되었다고 보는 연구자는 剛正雄(1979)이며, 고천원을 신라, 고령, 마한 등으로 본 연구자는 安木美典(1977), 馬淵和夫(1999), 新井白石(1977)이다. 유창균, 김종택, 이병선, 이경희 등도 합천, 거창, 고령 등으로 보고 있다. 노성환, 앞의 책 『일본신화와 고대한국』, pp. 89~90.
[101] 최재석, 「일본고대천황원적고: 원주민인가, 부여족인가, 또는 백제인인가」, 『한국학보』 14(2), 일지사, 1988.

2. 신화 내용 분석

한국의 천손강림신화는 고조선, 부여, 고구려, 가야, 신라 등의 건국 신화다. 고조선 건국신화에서는 천신인 환인의 아들 환웅이 직접 하강한다. 부여, 고구려, 가야, 신라의 설화는 건국 주체가 햇빛을 받아 알로 태어나거나 하늘에서 알로 내려온다. 신과 알이라는 형태는 다르지만, 고조선을 포함한 우리나라 건국신화의 주체들은 모두 하늘에서 내려온다. 뿐만 아니라 중국 고대 은나라, 서국, 베트남의 문랑국 건국신화도 천손강림신화이며 난생신화다. 그런데 난생신화는 고조선 건국신화의 변형이다.[102] 신화 발전의 첫 번째 단계에서 고대인들은 무생물이 살아 있는 것으로 파악했으며, 이때는 사물과 사람 사이에 보이지 않는 끈으로 연결되어 있다고 여겼다. 이것이 토템 관련 신화로 발전하고, 그다음에 하늘과 땅의 소통이 단절되는 신화가 발생한다.[103] 고조선신화와 난생신화를 이에 견주어보면, 고조선 신화는 초기 단계에서 토템신화로 넘어가는 발전 단계이며, 난생신화는 토템신화에서 하늘과 땅의 소통이 단절되는 신화 발생 단계다.[104] 신은 내려올 수 있지만, 땅의 존재는 하늘로 올라갈 수 없었다.

한편 고조선 건국신화와 난생신화는 하강 주체들의 형상이 다를 뿐인데, 고조선 건국신화에서는 환웅이 "신의 형상이라면, 난생신화에서

---

[102] 김명옥, 앞의 글 「고조선 건국신화와 난생신화의 연관성 연구」 참조. 신화의 발전 단계와 청동기시대에 일어나는 재사고화를 통해서 고조선과 난생신화의 연관성을 구명했다.
[103] 원가, 김선자·이유진·홍윤희 옮김, 앞의 책 『중국신화사(상)』.
[104] 김명옥, 앞의 글 「고조선 건국신화와 난생신화의 연관성 연구」, p. 122.

는 그 형상이 '새'이거나 '햇빛'이라는 차이가"[105] 있다. 이러한 형상의 차이가 마치 연관성이 없는 것처럼 보일 뿐이다.

하지만 화소 및 구조를 살펴보면 매우 유사하다. 하늘 신격(환웅, 현조, 해, 재래와 구희, 해모수)이 햇빛이나 알 그리고 흰말이나 금합의 형태로 하강해서 자식을 낳는데, 자식이 사람이나 알로 태어난다. 이들은 모두 건국 주체가 되는데, 그들은 버려짐으로써 고난을 겪다가 나라를 세운다.[106] 따라서 고조선의 건국신화를 비롯해 동아시아에 분포된 난생설화가 서로 연관성을 갖고 있음이 확인되므로[107] 여기에서는 니니기노미코토 신화를 중심으로 살펴보자. 내용을 요약하면 다음과 같다.

> 아마테라스오호미카미, 다카기노카미는 태자에게 명하여 내려가서 아시하라노나카츠쿠니를 통치하라고 한다. 태자가 내려가려고 준비하는 동안 아이가 태어났는데, 태자는 아이를 내려 보내는 것이 좋겠다고 건의한다. 아이 이름은 아메니기시쿠니니기시아마쯔히타카히코호노니니기노미코토이다(줄여서 니니기라고 한다). 이리하여 니니기가 하강하려고 하자 사루타비코노카미가 천신이신 어자가 천강한다는 말을 듣고 마중하러 올라와서 기다린다. 그래서 아메노코야노미코토, 후토타마노미코토, 아메노우즈메노미코토, 이시코리도메노미코토, 타마노오야노미코토 등 다섯 명의 부족장 신을 대동하고 구슬과 거울 그리고 칼을 가지고, 또 토코요노오모히카네노카미, 타지카라오노카미, 아메노이하토와케노카미

---

[105] 김명옥, 앞의 글 「고조선 건국신화와 난생신화의 연관성 연구」, p. 124.
[106] 자세한 화소 비교는 김명옥, 앞의 글 「고조선 건국신화와 난생신화의 연관성 연구」, p. 122 참조.
[107] 김명옥, 앞의 글 「고조선 건국신화와 난생신화의 연관성 연구」.

를 대동하고 쓰쿠시의 히무카의 타카치호의 영봉으로 하강한다.[108]

한일 천손강림신화의 공통점과 차이점을 살피기 위해 고조선 건국신화와 가야 건국신화 그리고 니니기노미코토 신화의 화소들을 정리하면 〈표 8〉과 같다.

표에서 볼 수 있듯이 니니기노미코토 신화 중 어떤 부분은 가야 건국신화와 더 유사하고, 어떤 부분은 고조선 건국신화에 더 가까운 면이 있다. 먼저 가야 건국신화와의 공통점을 보자. 김수로가 하늘에서 내려올 때 금합이 붉은 단이 붙은 보자기에 싸여 다섯 명의 다른 형제들과 같이 하강하듯이 니니기노미코토도 다섯 명의 부족장 신을 대동

---

[108] 오오노야스마로, 권오엽·권정 옮김, 『고사기』, 고즈원, 2007, pp. 299~300. "爾, 天照大御神·高木神之命以, 詔太子正勝吾勝勝速日天忍穗耳命, 今, 平訖葦原中國之白. 故, 隨言依賜, 降坐而知者, 爾, 其太子正勝吾勝勝速日天忍穗耳命答白, 僕者將降裝束之間, 子, 生出. 名天邇岐志國邇岐志 天津日高日子番能邇邇藝命, 此子應降也, 此御子者, 御合高木 神之女, 萬幡豐秋津師比賣命, 生子, 天火明命, 次, 日子番能邇邇藝命二柱也, 是以, 隨白之, 科詔日子番能邇邇藝命, 此豐葦原水穗國者, 汝將知國言依賜, 故, 隨命以可天降. 爾, 日子番能邇邇藝命將天降之時, 居天之八衢, 上光高天原, 下光葦原中國之神, 於是有, 故爾, 天照大御神·高木神之命以, 詔天宇受賣神, 汝者, 雖有手弱女人, 與伊牟迦布神牆面勝神, 故, 專汝往將問者, 吾御子爲天降之道, 誰如此而居, 故, 問賜之時, 答白, 僕者, 國神, 名猿 田毘古神也. 所以出居者, 聞天神御子天降坐故, 仕奉御前而, 參向之侍. 爾, 天兒屋命·布刀玉命·天宇受賣命·伊斯許理度賣命·玉祖命, 并五伴緒矣支加而天降也. 於是, 副賜其遠岐斯 八尺勾璁·鏡及草那藝劍, 亦, 常世思金神·手力男神·天石門別神而, 詔者, 此之鏡者, 專爲我御魂而, 如拜吾前, 伊都岐奉, 次, 思金神者, 取持前事爲政, 此二柱神者, 拜祭佐久久斯侶伊須受能宮, 次, 登由宇氣神, 此者, 坐外宮之度相神者也, 次, 天石戶別神, 亦名, 謂櫛石窓神, 亦名, 謂豐石窓神. 此种者, 御門之神也. 次, 手力男神者, 坐佐那那縣也. 故, 其天兒屋命者, 布刀玉命者 天宇受賣命者, 伊斯許理度賣命者, 玉祖命者, 故爾, 詔天津日子番能邇邇藝命而, 離天之石位, 押分天之八重多那雲而, 伊都能知和岐知和岐弓, 於天浮橋, 宇岐士摩理, 蘇理多多久斯弓, 天降坐竺紫日向之高千穗之久士布流多氣. 故爾, 天忍日命·天津久米命二人, 取負天之石靫, 取佩頭椎之大刀, 取持天之波士弓, 手挾天之眞鹿兒矢, 立御前而仕奉, 故, 其天忍日命, 天津久米命."

〈표 8〉 한일 천손강림신화 화소 비교

	고조선 건국신화	가야 건국신화	니니기노미코토 신화
하강 주체	환웅(천신의 아들)	수로왕	니니기(천신의 손자)
연령	성인	알(어린아이)	아이
하강 이유	홍익인간	하늘이 건국하라는 명령	마을 사람들을 지배하려고
하강 의지	자의	타의	타의(건의와 명령)
하강 장소	태백산 신단수	구지봉	쯔쿠시의 히무카의 타카치호의 영봉
신물	천부인 세 개	×	구슬, 거울, 칼
동반자	비, 구름, 바람과 3천여 명	다섯 개의 황금색 알 (어린아이)	다섯 명의 부족장 신과 세 명의 신하 대동
곰과 범	○	×	×
혼인	웅녀	허왕후	카무아타쯔히메(산신)
자손	단군	거등왕	세 명의 신
자손의 위업	고조선 건국	왕위 계승	니니기 대를 이은 통치

하고 하강한다. 또 김수로는 알에서 어린아이로 나와서 며칠 만에 성장해서 왕이 되고, 니니기노미코토는 어린아이로 하강한다. 하늘의 명령에 따라서 하강한다는 이유도 같다. 김수로는 하늘이 "나라를 새로 세워 임금이 되라"[109]고 해서, 니니기노미코토는 오시호미미노미코토가 건의해서 아마테라스오호미카미와 다카기노카미가 통치할 나라를 위임받아 내려온다. 하강 주체가 바로 건국을 하기 때문에 자손이 대를

---

[109] 『삼국유사』, 「가락국기」. "皇天所以命我者 御是處 惟新家邦 爲君后."

이어 왕위를 계승한다는 점도 같다.

니니기노미코토 신화가 고조선 건국신화와 같은 점은 세 가지 신물을 받아서 강림한다는 것이다. 고조선 건국신화는 천부인 세 개를, 니니기노미코토는 구슬, 거울, 칼을 하사받는다. 고조선 건국신화의 천부인 세 개에 관해서는 지속적으로 연구되고 있지만, 그 신물이 무엇인지에 관해서는 학자들마다 의견이 다르다.[110] 하지만 천부인은 하늘이 인정한 하늘의 자손이라는 징표일 것이라는 의견에는 동의한다.

부(符)에 관한 용례를 보자.『사기』「주본기」에 제절(諸節)에 대해 배인은 마융(馬融)의 말을 인용해 주석 달기를 "모두 부절을 받은 해당 관리들이다"[111]라고 했다.『사기』「오제본기」에서도 "부산에서 부절을 가진 제후들의 조회를 받"[112]았다고 했다. 이처럼 그 용례가 신분을 보장해주는 징표로 쓰이고 있다. 따라서 천부인은 하늘이 신분을 보장해주는 징표일 것이다.

한편 아마테라스오호미카미는 니니기노미코토에게 거울을 주면서 "이 거울을 언제나 나의 혼으로 하여, 나를 모시듯이 제사하거라"[113]라고 한다. 거울은 통치자, 또는 "우주를 통치하는 하느님의 현신"[114]을 상징한다. 또 태양의 광명을 상징하며, 세상의 모든 것이 거울에 비치

---

110 최남선이 천부인을 거울, 검 그리고 '방울, 북, 관' 중 하나라고 언급한 이래 천부인이 무엇 인지에 대한 논의는 꾸준히 이루어지고 있다. 이에 관해서는 왕희자, 앞의 글「한·일 양국 천손강림신화 비교 고찰」, pp. 193~195 참조.
111 『사기』「주본기」. "【集解】馬融曰「諸受符節有司也」."
112 『사기』「오제본기」. "合符釜山." 사마천, 한가람역사문화연구소 사기연구실 옮김, 앞의 책『신주 사마천 사기 1: 오제본기』, p. 157.
113 오오노야스마로, 권오엽·권정 옮김, 앞의 책『고사기』, p. 308. "詔者, 此之鏡者, 專為我御魂而 如拜吾前."
114 한국문화상징사전편찬위원회, 앞의 책『한국문화상징사전 1』, p. 43.

아마테라스오호미카미(출처: Yahoo Japan)

기 때문에 동양문화에서는 수호신을 상징한다.[115] 또한 마음의 반영을 상징하기 때문에 거울은 아마테라스신의 영혼이자 그의 신체 자체다.[116] 아마테라스를 모시는 이세신궁(伊勢神宮)에는 그에게서 받았다고 여기는 거울이 봉안되어 전해지고, 구슬은 일본 천황이 거주하는 곳에, 칼은 아쓰타신궁(熱田神宮)에 보관되어 있으며, 일본 천황 즉위식에 사용되고 있다.[117] 이를 통해 거울, 구슬, 칼은 천황의 황위를 증

---

[115] 한국문화상징사전편찬위원회, 앞의 책 『한국문화상징사전 1』.
[116] 위와 같음.
[117] 왕희자, 앞의 글 「한·일 양국 천손강림신화 비교 고찰」.

4부 가야와 일본은 소호금천씨의 후손이 세운 나라다 · 411

표하는 상징임을 알 수 있다.

　한편, 하강 주체인 환웅은 인간 일 360여 가지를 관장하며 신시를 통치하고 김수로는 왕으로 추대되며, 니니기노미코토는 하강 전에 여러 신하들을 파견해서 정복한 아시하라노나카츠쿠니를 다스린다. 또한 환웅의 후손인 단군은 나라를 건국하지만, 김수로왕의 자손과 니니기의 후손은 왕위를 계승한다. 건국과 왕위계승은 상당한 차이가 있다. 하나는 새롭게 건국한 것이고, 다른 하나는 있는 왕위를 계승한 것이다. 양국의 천손강림신화를 견주어 살필 때 차이점보다는 공통점이 더 많다. 아리엘 골란은 문화의 공통적인 현상은 공통 원인에 기인한다고 했다.[118] 그렇다면 공통 원인은 무엇일까?

3. 향한국(向韓國)으로 본 니니기노미코토의 원적

　앞에서 살펴보았듯이 니니기노미코토 신화는 어떤 부분에서는 고조선 건국신화와 유사하고, 또 어떤 부분에서는 가야 건국신화와 유사하다. 그 원인으로 가야의 건국 주체가 고조선의 유민이고, 가야 건국 이후 바다를 건너 일본을 개척한 역사가 포함되었을 가능성을 배제할 수 없다. 최재석과 북한 학자 조희승도 우리 민족의 일본 개척사로 파악했는데,[119] 신화는 "역사의 그림자일 수 있으며 역사에서 도출된 단편

---

[118] 아리엘 골란, 정석배 옮김, 앞의 책 『선사시대가 남긴 세계의 모든 문양』.
[119] 최재석, 앞의 글 「일본천황원적고: 원주민인가, 부여족인가, 또는 백제인인가」; 조희승, 『북한 학계의 가야사 연구』, 말, 2020.

적인 기록일 수 있"[120]기 때문이다.

니니기노미코토 신화는 그가 아시하라노나카츠쿠니에 강림하기 전의 이야기가 펼쳐진다.[121] 앞부분의 주요 내용은 아시하라노나카츠쿠니

---

[120] 원가, 정석원 옮김, 앞의 책 『중국의 고대신화』, p. 27.
[121] 아마테라스오호미카미는 자기 아들 마사카쯔아카쯔카찌하야히아메노오시호미미노미코토(이하 아메노오시호미미노미코토)에게 토요아시하라노찌키노노가이호아키미즈호노쿠니(이하 아시하라노나카츠쿠니)를 다스리라고 그곳을 하사해서 위임한다. 그곳에 내려간 아메노오시호미미노미코토는 "아시하라노나카츠쿠니는 아주 소란스러운 상태다"라며 다시 하늘로 돌아온다. 그러자 타카미무스히노카미, 아마테라스오호미카미는 신들을 모아 놓고 누구를 보낼지 회의를 한 후 아메노호히노카미를 파견했더니 즉시 오호쿠니누시노카미에게 아첨하여 3년이 될 때까지 복명하지 않는다. 타카미무스히노카미, 아마테라스오호미카미는 다시 신들과 회의를 해서 아마쯔쿠니타마노카미의 아들 아메와카히코를 보내기로 하고 그에게 활과 화살을 줘서 보냈는데, 그는 즉시 오호쿠니누시노카미의 딸 시타테루히메를 얻고, 그 나라를 손에 넣으려 계획하고는 8년이 될 때까지 복명하지 않는다. 이에 타카미무스히노카미, 아마테라스오호미카미는 또 여러 신들과 상의하여 아메와카히코가 복명하지 않은 이유를 추궁하러 나키메라고 하는 꿩을 보낸다. 이에 나키메는 하늘에서 아시하라노나카츠쿠니에 내려가 아메와카히코가 사는 집 문 앞의 신성한 계수나무 위에 앉아서 천신이 말한 대로 빠뜨리지 않고 전한다. 그러자 아메노사구메가 새(나키메)의 말을 듣고 아메와카히코에게 우는 소리가 아주 나쁘다며 쏘아 죽이라고 한다. 아메와카히코는 천신이 하사한 활과 화살로 그 꿩을 쏘아 죽여버린다. 그런데 그 화살은 꿩의 가슴을 관통하고 하늘로 올라가 아마테라스오호미카미, 타카미무스히노카미가 있는 곳에 이른다. 다카키노카미는 화살을 집어서 "만일 아메와카히코가 명령을 어기지 않고, 나쁜 신을 쏘려고 한 화살이 여기에 도착한 것이라면, 아메와카히코에게 맞지 말거라. 만일 사심이 있다면, 아메와카히코는 이 화살에 의해 재앙을 입어라"라고 말하며 그 화살이 연 구멍을 통해 아래로 던진다. 그러자 아메와카히코는 가슴을 맞고 죽었다. 그래서 아마테라스오호미카미는 또 신들에게 물어서 아메노카쿠노카미를 보내기로 하는데, 그는 자기의 아들 타케미카즈치노카미를 보내자고 한다. 그래서 아메노토리후네노카미를 타케미카즈치노카미에 딸려서 아시하라노나카츠쿠니에 판견한다. 그들이 오호쿠니누시노카미에게 아마테라스오호미카미, 타카미무스히노카미의 말을 전하길 "나의 아들이 다스릴 나라라고 위임하셨다. 그런데 당신의 의향은 어떠한가"라고 했다. 이에 오호쿠니누시노카미는 아들이 답할 거라면서 그가 새 사냥과 고기잡이를 하러 가서 돌아오지 않았다고 한다. 그 아들을 데려와서 물으니, 그 아들은 나라를 천신에게 바친다며 타고 온 배를 밟아 엎고 주술의 박수를 쳐서 섶나무 울타리로 변하게 하고 숨었다.

를 평정하는 과정이다. 처음 정벌에 나선 아메노오시호미미노미코토는 "아시하라노나카츠쿠니는 아주 소란스러운 상태"[122]라며 되돌아오고, 두 번째 파견한 아메노호히노카미는 즉시 오호쿠니누시노카미에게 아첨하여 3년이 될 때까지 복명하지 않는다. 세 번째 파견한 아메와카히코는 그 나라를 손에 넣으려고 오호쿠니누시노카미의 딸 시타테루히메와 결혼하고 8년이 되도록 복명하지 않았다. 사신을 보내면 사신을 죽이고, 군대를 보내면 그 군대가 오호쿠니누시노카미에게 복종하는 이야기를 볼 때, 아시하라노나카츠쿠니를 평정하는 일이 지난하고 힘든 일이었음을 알 수 있다. 한 번의 사신과 네 번의 군대를 파견한 후에야 그곳을 평정하고 니니기노미코토는 강림할 수 있었다.

그렇다면 니니기노미코토가 내려온 '하늘'은 어디일까? 먼저 니니기노미코토가 어느 곳에 정착했는지 보자.

> 니니기가 말하기를, "이곳은 한국(韓國)을 바라보고 있고,[123] 카사시의

이에 타케미카즈치노카미가 오호쿠니누시노카미에게 또 아들이 있냐고 묻자, 그는 타케미나카타노카미가 있다고 했다. 그때 타케미나카타노카미가 1,000명이 끌어야 겨우 끌 수 있는 거대한 바위를 손끝으로 치켜들고 힘겨루기를 하자고 하면서 어수를 잡으려고 생각한다고 말한다. 그는 타케미나카타노카미가 어수를 잡으려고 할 때 손을 얼음기둥으로 변화시키고, 또 손을 칼날로 바꾸자 타케미나카타노카미가 두려워서 물러났다. 그래서 타케미카즈치노카미가 타케미나카타노카미의 손을 잡아 간단히 비틀어 눌러 부수어버리자 도망쳐 달아난다. 타케미카즈치노카미가 쫓아가 죽이려 하자 살려달라며 아시하라노나카츠쿠니를 바치겠다고 한다. 오오노야스마로, 권오엽·권정 옮김, 앞의 책 『고사기』에서 정리함.

122 오오노야스마로, 권오엽·권정 옮김, 앞의 책 『고사기』, p. 261. "伊多久佐夜藝 有那理 告而 更還上."
123 이 부분의 원문은 "於是 詔之, 此地者, 向韓國"로 되어 있다. 『한한대자전(漢韓大字典)』, 민중서림, 1999년 본에 따르면 向의 뜻은 '① 북창향, 북향한 창, ② 향방향, 향하는 방향, ③ 향할 향 ㉠ 바라봄 (……) ㉡ 향하여 감 (……) ㉢ 마음을 기울임'으로

곶과도 바로 통하여 있어 아침 해가 바로 비치는 나라, 저녁 해가 비치는 나라다. 그러므로 여기는 정말 좋은 곳이다" 하며, 그곳의 땅 밑 반석에 두꺼운 기둥을 세운 훌륭한 궁궐을 짓고 하늘을 향해 치기를 높이 올리고 그곳에서 살았다.[124]

한일 양국 학자들은 니니기노미코토가 내려온 곳, "한국을 바라보고 있고 카사시의 곶과도 통하는 곳,"[125] 즉 '하늘'을 가야 또는 백제 등 한반도로 비정했다. 최재석은 "천손이 하늘에서 내려온 지역이 일본열도의 중앙 지역이 아니라 가장자리이며, 가장 서쪽에 위치한 규슈라는 것도 천황의 원적을 시사한다"[126]라고 했다. 그는 규슈가 한국과 가장 가깝고, 천손이 "강림한 곳의 방향이 본래 조선족이 살았던 나라 한국을 향하고 있기 때문에 매우 길한 곳이라고 탄성을" 지른 것이라고 했다. 또한 "천손이 강림한 지역은 『고사기』(천손강림)에는 구지후루(久士布流)이고 『일본서기』(신대하 제9단)에는 구지후루(槵觸)이다. 구지후루의 '후루'는 내려온다는 뜻의 일본어이고 '구지'는 『삼국유사』「가락국기」의 김수로왕이 강림한 지역인 구지(龜旨)와 동일한 지명이다"[127]라

되어 있다. 그런데 권오엽·권정은 "여기는 조선을 상대하고"로 번역했다. 김화경과 노성환, 최재석은 "이곳은 한국을 바라보고 있고"로 번역했다.
124 "於是, 詔之, 此地者, 向韓國, 真來通笠沙之御前而, 朝日之直刺國, 夕日之日照國也. 故, 此地,甚吉地, 詔而, 於底津石根宮杜布斗斯理." 원문은 오오노야스마로, 권오엽·권정 옮김, 앞의 책 『고사기』, p. 300; 번역은 최재석, 앞의 글 「일본고대천황원적고: 원주민인가, 부여족인가, 또는 백제인인가」, p. 6.
125 노성환, 앞의 책 『일본신화와 고대한국』, pp. 84~85.
126 최재석, 앞의 글 「일본고대천황원적고: 원주민인가, 부여족인가, 또는 백제인인가」, p. 7.
127 최재석, 앞의 글 「일본고대천황원적고: 원주민인가, 부여족인가, 또는 백제인인가」, pp.

고 하면서 천손강림신화의 내용이 김수로왕의 강림신화와 꼭 같고, 강림지 양쪽 지명의 일치는 우연이 아니라 한국과 관련이 있음을 나타낸다고 했다.[128] 그러면서 "조선족이 제일 먼저 건너간 지역이며 조선족(백제인)이 집단적으로 거주한 장소에 천손이 강림하고 그곳이 그들이 떠나온 한국을 향하고 있어 매우 좋다고 하는 것은 바로 천황의 조상의 원적이 한국이라는 것을 뜻"[129]한다고 했다. 즉 니니기노미코토의 원적을 백제(인)로 본 것이다. 그런데 니니기노미코토의 원적이 조선족(백제인)이라고 한다면, 니니기노미코토 신화가 왜 가야 건국신화와 유사한지 해명이 되어야 한다. 최재석 그 자신이 말하듯이 천손이 강림한 구지후루는 김수로왕이 내려온 구지봉과 동일한 지명이기 때문이다.

그래서 일본 학자 가미가이토 겐이치(上垣外憲一)는 니니기노미코토가 3세기 초엽에 일본으로 건너간 가야의 왕자라고 했고,[130] 노성환도 한국에서 "규슈로 건너간 가야의 왕자"[131]라고 했다. 북한의 조희승은 『고사기』나 『일본서기』의 니니기노미코토 설화는 가야 사람들의 "일본열도 진출을 반영한 설화"[132]라고 하면서, 『고사기』에 실린 니니기노미코토의 모습이 이른바 금관가야국의 김수로 '천손강림' 모습과 아주

5~6.
[128] 최재석, 앞의 글 「일본고대천황원적고: 원주민인가, 부여족인가, 또는 백제인인가」.
[129] 최재석, 앞의 글 「일본고대천황원적고: 원주민인가, 부여족인가, 또는 백제인인가」, p. 6.
[130] 上垣外憲一, 『天孫降臨の道』, 筑摩書房, 1986, pp. 26~27을 노성환, 앞의 책 『일본신화와 고대한국』, p. 89에서 재인용.
[131] 노성환, 앞의 책 『일본신화와 고대한국』, p. 90.
[132] 조희승, 앞의 책 『북한 학계의 가야사 연구』, p. 280.

유사하고 이 설화가 규슈 지방 진출"¹³³을 말해준다고 했다. 또한 그는 '한(韓)'이 가야(가라)국을 가리키는 말이라고 했다. "즉 가라(加羅)가 조선이란 뜻인 가라(韓)로 전화되고, 후에 韓이 唐(가라)으로 된 것이다. 그러나 韓이란 글자는 우리나라 동남부 지역의 호칭으로 쓰였다. 그 음은 한으로 발음되었을 뿐 가라가 아니었다. 따라서 韓이라는 글자는 일본에서만 가라로 읽었고, 우리나라에서는 가라라고 읽지 않았다. 일본에서 韓을 가라라고 읽게 된 것은 앞에서 말한 것처럼 바로 가야(가라) 사람들을 가리킨 데서부터 온 것이다"¹³⁴라고 했다. 조희승은 가야 사람들이 "조선과 가장 가까운 북규슈 일대에 많이 진출했다"¹³⁵라고 하면서 가야 계통의 지명 등을 통해 논증했다.

그런데 '가라'라는 말이 일본에서 조선이라는 뜻의 한(韓)으로 바뀌었다면, 韓은 종족의 의미로 사용했을 것이다. 韓에 대해서 문성재는 마한에 주석을 달면서 "조선왕 준왕이 해로로 망명길에 올라 재건한 '조선=韓계'의 나라"¹³⁶라고 했다. '조선=韓계'라는 표현으로 볼 때 韓이라는 단어는 족명으로 쓴 것으로 보인다. 즉 '조선(족)=한(족)'으로 보아도 무방할 듯하다. 따라서 한이라는 글자는 지역을 가리킬 뿐만 아니라 종족명으로도 쓴 것이다. 또 고조선의 준왕은 위만에게 패해 바다로 들어가 한의 왕이 되었다고 했는데,¹³⁷ 이에 대해서 "『위략』에서 이르길 준의 왕과 친척들 중에서 나라(조선)에 남아 있던 사람들도

---

133 위와 같음.
134 조희승, 앞의 책 『북한 학계의 가야사 연구』, pp. 263~264.
135 조희승, 앞의 책 『북한 학계의 가야사 연구』, p. 264.
136 문성재 역주, 앞의 책 『정역 중국정사 조선·동이전 1』, p. 312.
137 『삼국지 위서』 「동이전」 '한'조. "將其左右宮人走入海, 居韓地, 自號韓王."

그 일로 말미암아 '한씨(韓氏)'로 성씨를 속였다"[138]라고 했다. 준왕은 한의 왕이 되었고, 위만조선에 남아 있던 사람들은 성씨를 한으로 고쳤다. 준왕과 혈족 관계에 있는 사람들이 한씨로 성을 고쳤다는 기사를 통해 유추해보면, 고조선이 한나라에 멸망할 때 고조선의 한씨 종족 중 일부는 한반도로 이주했을 것이며, 이들이 이후 삼한을 이루다가 일부 세력은 토착세력과 연합해서 가야를 건국했을 것이다.

가야 건국신화에 김수로가 강림할 때 이미 구간과 마을 사람들 200~300명이 모여서 구지가를 불렀던 것을 상기해보자. 그들이 구지가를 부르며 춤추자 하늘에서 금합이 내려오고, 그 속에 여섯 개의 알이 있는데, 아도간이 탑 위에 올려놓고 그다음 날에 보니 여섯 개의 알이 모두 어린이로 변했다. 그들은 수십 일 만에 성장해서 각각 나라의 임금이 되었다고 했다.[139] 하늘에서 내려온 여섯 개의 알은 북방에서 내려온 세력의 상징일 것이다. 이것은 "조선의 유민이 산골짜기 사이에 나누어 살면서 6촌을 이루"[140]었다는 『삼국사기』 「신라본기」 '혁거세'조의 기사로도 확인된다. 즉 가야를 건국한 세력은 고조선의 유민일 것이며, 「가락국기」에서 지칭하는 '하늘'은 '고조선(족)=한(족)'일 것이다.

한편, 준왕이 위만에게 패할 당시 고조선의 위치가 지금의 하북성 일대라는 점에서도 '한'으로 지칭되는 세력을 고조선(족)이라고 볼 수 있다. 한나라는 고조선을 멸망시키고 한사군을 설치했는데, 그 수현(首

---

138 『삼국지 위서』 「동이전」 '한'조. "魏略曰: 其子及親留在國者, 因冒姓韓氏."
139 일연, 이재호 옮김, 『삼국유사 1』, 솔, 2002(개정판).
140 『삼국사기』 「신라본기」. "先是朝鮮遺民分居山谷之間爲六村."

縣)이 낙랑군이다. 낙랑군의 위치를 알 수 있다면 고조선의 수도 왕험성의 위치도 알 수 있을 것이다. 『사기』「조선열전」에서 조선에 관해 사마정이 『괄지지(括地志)』를 인용해서 말하길 "고구려의 도읍 평양성은 본래 한나라 낙랑군 왕험성인데, 또 옛 조선 땅이라고 했다"[141]라고 했다. 고조선의 수도인 왕험성에 한나라가 낙랑군을 설치했다는 것이다. 그렇다면 낙랑군의 위치를 알면 고조선의 수도인 왕험성도 알 수 있을 것이다.

당시 낙랑군의 위치를 알 수 있는 기사는 『태강지리지(太康地理志)』인데, "낙랑군 수성현에는 갈석산이 있고, 장성이 시작되는 곳이다"[142]라고 했다. 중국에서 갈석산은 조조 등 9황제가 오른 산으로 너무나 유명한데, 하북성에 있다. 갈석산은 만리장성의 동쪽 끝이기도 하다.[143] 고조선이 멸망하기 전 준왕이 "북방에서 남하했으니 '삼한' 역시 종족적으로는 한반도 남부의 남방계 토착민집단이 아니라 북방 이주민집단"[144]이라고 보는 게 타당하다. 즉 지금의 하북성을 비롯해 요동 등에 거주한 고조선인들이 남하해서 토착민들과 결합해 한을 이루다가 나라를 건국한 것이다. 따라서 한은 고조선(족)과 연관성이 깊다.

신라, 고구려, 백제, 가야 등의 건국 이전에 삼한이 존재했고, 준왕은 위만과의 전쟁에서 지고 한의 왕이 되었다고 했다. 『삼국지 위서』「동이전」 '한'조에서는 마한, 변한, 진한 등을 서술한다. 즉 한(韓)은 국명

---

141 『사기』「조선열전」. "括地志云: 高驪都平壤城, 本漢樂浪郡王險城, 又古云朝鮮地也."
142 『사기』「하본기」. "太康地理志云'樂浪遂城縣有 碣石山 長城所起.'"
143 사마천, 한가람역사문화연구소 사기연구실 옮김, 앞의 책 『신주 사마천 사기 2: 하본기』, pp. 43~47.
144 문성재 역주, 앞의 책 『정역 중국정사 조선·동이전 1』, p. 312.

이기도 하면서 고조선 이래 이어온 민족 전체를 지칭한 종족의 이름이 기도 한 것이다. 조희승도 가야계가 일본에 진출하면서 韓은 가야 사람들을 가리키는 데서 왔다고 했다. 韓은 가야 사람들을 가리키는 것이지만, 가야 사람들의 원적은 고조선(족)이다. 최재석이 조선족(백제인)으로 서술한 것도 같은 의미로 사용했음을 알 수 있다. 후술하겠지만, 니니기노미코토 신화에는 고조선의 유민들이 가야를 건국한 후 200~300년 후에 다시 일본으로 진출해서 개척하는 과정이 담겨 있는 것이다. 따라서 니니기노미코토 신화는 조선족 일부가 가야족이 되었고, 그 일부가 바다를 건너 일본을 개척한 역사를 담고 있으므로 그의 원적은 조선족(가야인)이다. 고조선 신화와 가야 건국신화의 유사성이 그것을 말해준다.

4. 문화 계승으로 본 니니기노미코토의 원적

천손강림신화에서 핵심은 '하늘'일 것이다. 하늘에 관해서 북한 학자 조희승은 북쪽이라고 했다. '북쪽(하늘)'은 나라의 위치에 따라 달라질 수 있다. 주지하다시피 동이족인 은나라의 시조 설은 그 어머니가 하늘에서 떨어뜨린 알을 먹고 낳았다.[145] 은나라는 지금의 산동 지방 하남시 일대에 있었던 고대국가인데, 알을 떨어뜨린 현조를 순(舜)임금으로 보았다. 설은 우의 치수 사업을 도와서 공을 세웠는데, 순이 그

---

[145] 『사기』 「은본기」. "殷契 母曰簡狄 有娀氏之女 爲帝嚳次妃 三人行浴見玄鳥墮其卵 簡狄取吞之 因孕生契."

공을 인정해서 상나라에 봉했기 때문이다.[146]

한편 가야의 건국신화에서 하늘은 가깝게는 고조선의 유민이지만, 그들의 원시조는 소호금천씨이며, 중시조는 흉노의 김일제였다. 『삼국사기』「김유신열전」에 "신라 사람이 스스로 소호금천씨의 후손이라고 일렀기 때문에 성을 김(金)이라 했는데, 유신의 비문에도 또한 헌원의 후예요 소호의 자손이라 했으니 남가야 시조 수로왕은 신라와 성이 같다."[147]라고 했기 때문이다. 신라「문무왕비문」에도 "투후 제천지윤이 7대를 전하여"[148]라고 해서 김일제를 조상으로 전하고 있다. 재당 신라인이었던 김씨부인의「대당고김씨부인묘명」에도 "태상천자께서 나라를 태평하게 하시고 집안을 열어 드러냈으니, 이름하여 소호씨금천이라 한다. 이는 곧 우리 집안이 성씨를 갖게 된 세조"[149]이고, "먼 조상 이름은 일제이신데, 흉노 조정에서 서한에 귀순하셔서 무제에게 벼슬하셨다."[150]라고 했다.

문화는 오랜 세월이 흘러도 약간의 변형만 있는데, 소호금천씨가 주인공인 대문구문화에서 발견된 유골에서 편두 흔적이 발견된다.[151] 변진 사람들도 아기가 태어나면 머리를 눌러 반반하게 했다는 기록이 『삼국지 위서』「동이전」'한전 변진'조에 있다.[152] 누공토기와 새 모양

---

146 김명옥, 앞의 글「고조선 건국신화와 난생신화의 연관성 연구」.
147 김부식, 이재호 옮김,『삼국사기 3』, 솔, 1997, pp. 261~262.
148 이덕일, 앞의 글「신라 문무왕도 투후 김일제의 후손이다」.
149 권덕영, 앞의 글「「대당고김씨부인묘명」과 관련한 몇 가지 문제」, p. 401.
150 이덕일, 앞의 글「신라 문무왕도 투후 김일제의 후손이다」.
151 김인희, 앞의 책『소호씨 이야기』.
152 『삼국지 위서』「동이전」'한전 변진'조. "兒生, 便以石厭其頭, 欲其褊. 今辰韓人皆褊頭."

토기 유물이 한반도 남부에서 발견된다. 문헌 기록과 유물의 유사성 등을 종합해볼 때, 신라계 가야인들이 그들의 출처를 소호금천씨와 투후 김일제라고 서술한 것을 뒷받침해준다.

이는 고조선 후예와 김일제 후손의 이동 경로를 통해서도 알 수 있다. 김일제 후손이 왕망이 세운 신나라 조정에서 중요한 역할을 하다가 후한이 들어서자 멀리 떨어진 요동에 숨어 살았다는 「대당고김씨부인묘명」과, 고조선의 준왕이 바다를 건너 한의 왕이 되었다는 『삼국지 위서』 「동이전」 '한'조 기사가 이를 말해준다.[153]

한편, 일본 니니기노미코토 신화는 장례 절차를 새에게 맡긴다는 점에서도 가야 및 소호금천씨와 깊은 연관성을 드러낸다. 아메와카히코가 죽었을 때 하늘에 있는 그의 아버지와 처자가 내려와서 빈소를 차리는데, "기러기에게는 음식을 나르는 역할을, 백로에게는 청소하는 역할을, 물총새에게는 사자를 위한 조리인으로 하고, 참새에게는 절구로 쌀을 찧는 여자로 하고, 꿩에게는 우는 여자로 하여, 이처럼 역할을 나누어 정하고, 여덟 낮 여덟 밤에 걸쳐 가무음곡을 올렸다"[154]라고 했다. 새에게 장례 역할을 담당하게 한 것은 그 담당자의 관직명을 새 이름으로 정했다는 의미일 것이다.

소호금천씨도 새 이름을 관직명으로 삼았다. 『춘추좌전』 「소공」 권17의 담나라 군주와 노나라 소공의 대화를 보자. "소공이 묻기를 '소

---

153 『삼국지 위서』 「동이전」 '한'조. "將其左右宮人走入海, 居韓地, 自號韓王. [二]魏略曰: 其子及親留在國者, 因冒姓韓氏. 準王海中, 不與朝鮮相往來. 其後絶滅, 今韓人猶有奉其祭祀者."
154 오오노야스마로, 권오엽·권정 옮김, 앞의 책 『고사기(상)』, p. 274. "河鴈爲岐佐理持 鷺鳥爲御食人 雀爲碓女 雉爲哭女 如此行定而 日八日夜八夜以 游也."

호씨가 새 이름으로 관직의 명칭을 삼은 것은 무슨 까닭입니까?'라고 하자 (담나라 군주가) '우리 소호씨 지께서 임금이 되시자 봉조가 날아왔습니다. 그래서 새를 벼리로 삼아 조사가 되어 새 이름으로 관직명을 삼으셨습니다'"[155]라고 했다. 새가 관직을 담당한 것이 아니라 새 이름을 관직명으로 삼았던 것이다. 즉 가야계가 소호금천씨의 후손이라는 점을 상기해보면, 새가 장례 절차를 담당해서 진행한 것이 아니라 장례 절차 담당자의 관직명을 새의 이름으로 불렀던 것이다.

한편,『삼국지 위서』「동이전」'한전 변진'조에 "장사 지낼 때 큰 새의 깃털을 쓰는데, 죽은 자가 날아오르도록 한다는 뜻이다"[156]라는 기록이 있다. 새 이름의 관직명을 가진 자들이 장례 절차를 진행했다는 것은 대문구 사람들과 같은 내세관을 가진 것이다. 즉 새는 하늘의 사자로 죽은 자의 영혼을 하늘로 이끈다고 믿었기 때문이다.

니니기노미코토 신화에서도 새는 은나라 설화처럼 하늘의 사자로 등장한다. 아메와카히코가 아시하라노나카츠쿠니에 파견된 지 8년이 될 때까지 복명하지 않자 아마테라스오호미카미가 아메와카히코를 추궁하러 꿩을 사신으로 보냈다는 화소도 동이계 난생신화와 연계성이 있다. 은나라 신화에서는 현조가 하늘의 명령으로 떨어뜨린 알을 간적이 먹고 설을 낳았다. 알은 태양숭배사상의 변형이다. '하늘=태양=새=알'이다. 고조선의 천신 또는 환웅이 태양신이라면, 그것의 대체물 또는 변형이 알인 것이다.[157] 한편 아마테라스오호미카미가 니니기에게

---

155 리지린, 이덕일 해역, 앞의 책『리지린의 고조선 연구』, p. 245. "昭公問焉, 曰少皞氏鳥名官何故也. 我高少皞氏摯之立也 鳳鳥適至 故紀於鳥 爲鳥師而鳥名."
156 『삼국지 위서』「동이전」'한전 변진'조. "以大鳥羽送死, 其意欲使死者飛揚."
157 김명옥, 앞의 글「고조선 건국신화와 난생신화의 연관성 연구」3장 1절 참고.

준 거울의 상징도 태양과 연결되지만, 아마테라스오오미카미 자체도 거울을 손에 잡고 해로 태어난다.[158]

동이족의 활동 무대인 산동반도 및 동북아시아에는 태양숭배사상이 널리 퍼져 있었다. 암각화에 새겨진 태양이 그것을 말해준다. 또 단군신화의 환인과 환웅이 천신이라는 점도 태양숭배의 흔적으로 볼 수 있다.

소호금천씨와 고조선의 관계도 보자. 전욱은 소호의 조카다. 소호는 황제의 아들이며, 따라서 전욱은 황제의 손자다. 황제가 소호와 창의를 낳고, 창의가 전욱을 낳은 것이다.[159] 그런데 『제왕세기』에서 전욱은 "10세에 소호를 보좌했고, 12세에 관례를 치렀으며, 20세에 제위에 올랐다. 구려의 난을 평정하고 수덕으로써 금덕을 계승하고 북방의 천제가 되었다"[160]라고 했다. 이러한 기록 때문에 중국에서는 내몽골 지역의 홍산문화 주인공으로 전욱을 꼽는다. 또한 홍산문화는 고조선문화와 연관성이 있다.[161]

아리엘 골란은 신석기시대에 만들어진 숭배적 상징들이 이유는 알 수 없지만 청동기시대에 들어서면서 재사고화 과정이 일어났다고 했다.[162] 이를 적용해보면 태양숭배사상은 동이족이 활동한 산동 지역 및 동북아시아 일대에 널리 퍼져 있었고, 고조선시대에는 태양이 천신인 환웅이라는 신격으로 나타났다가 후대로 갈수록 햇빛과 알로 표현물

---

158 한국문화상징사전편찬위원회, 앞의 책 『한국문화상징사전 1』, p. 44.
159 『제왕세기』 '소호'조. "少皞是黃帝之子"; '전욱'조. "顓頊是黃帝之孫 黃帝生昌意, 昌意生顓頊."
160 『제왕세기』. "生十年而佐少昊, 十二年而冠, 二十年而登帝位. 平九黎之亂, 以水承金, 位在北方."
161 윤내현, 앞의 책 『고조선 연구(상)』.
162 아리엘 골란, 정석배 옮김, 앞의 책 『선사시대가 남긴 세계의 모든 문양』.

앙소문화 태양그림토기 조각사진

이 바뀌게 된다.[163] 따라서 고조선시대에 나타난 천손사상은 고조선(족)이 멸망 후 한반도로 이동할 때 자연적으로 같이 이동했고, 고조선(족)이 가야를 건국한 후 일본을 개척한 역사가 니니기노미코토 신화에 담겨 있는 것이다. 따라서 천손사상이나 천손강림신화는 시베리아 등의 외래에서 유입되었다기보다는 우리 민족의 자생적 사상이자 역

---

[163] 김명옥, 앞의 글 「고조선 건국신화와 난생신화의 연관성 연구」.

사의 상징이다.

한편 니니기노미코토가 도착한 곳, 한국은 "아침 해가 바로 비치는 나라, 저녁 해가 비치는 나라"[164]다. 이 문구는 조선이라는 명칭과 관련이 있을 것이다. 조선의 명칭에 관해 장안(張晏)은 "조선에는 습수(濕水), 열수(洌水), 산수(汕水)가 있는데, 세 개의 강이 합해져서 열수(洌水)가 된다. 낙랑이니 조선이니 하는 것도 여기서 이름을 딴 것이 아닌가 싶다"[165]라고 했다. 그렇다면 '조선'이라는 국명은 물가와도 관련이 있을 것이다. 또 『신증동국여지승람(新增東國輿地勝覽)』과 『동사강목』에서는 조선을 '해가 뜨는 동쪽 나라'라고 했다.[166] 조선이라는 의미는 명확하지 않지만 이러한 기록들로 볼 때 '물에서 해가 떠오르는 나라'라는 의미도 포함되었을 것이다. 고조선이 태양을 숭배한 천신족이라는 점을 상기해보자. 고조선족이 새를 해와 동일시하는 이유는 새가 해를 등에 지고 떠오른다고 생각했기 때문이다. 즉 그들이 '하늘=태양=알=새'를 동일시한다는 점에도 해가 뜨는 나라라는 의미가 담겨 있을 것이다.

정리하자면 니니기노미코토의 원적은 조선족(가야인)인데, 그들이 남하해서 가야를 건국했다. 또한 니니기노미코토 신화가 고조선 및 가야 건국신화와 유사한 이유는 가야 건국 이후 200~300년을 한반도 가야에서 생활하던 조선족(가야인)들과 지배층 일부, 즉 일본으로 건너간

---

[164] 오오노야스마로, 권오엽·권정 옮김, 앞의 책 『고사기(상)』, p. 309. "朝日之直刺國, 夕日之日照國也."
[165] 『사기집해』. "張晏曰 朝鮮有濕水·洌水·汕水, 三水合為洌水, 疑樂浪·朝鮮取名於此也." 문성재 역주, 앞의 책 『정역 중국정사 조선·동이전 1』, p. 32.
[166] 문성재 역주, 앞의 책 『정역 중국정사 조선·동이전 1』.

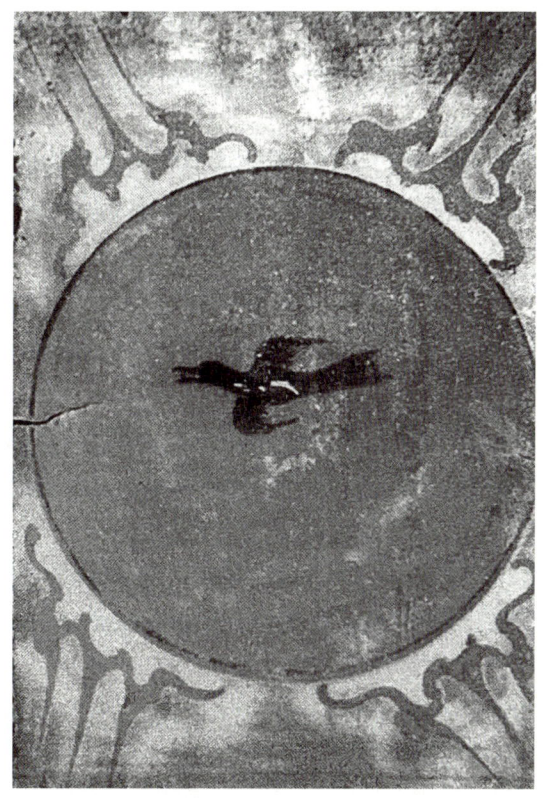
태양조

세력들이 가야의 건국 이야기를 니니기노미코토 신화에 담았기 때문이다. 가야 건국신화와의 차이점은 일본으로 건너가서 개척하는 과정이 신화에 가미된 점에 기인한다.

5. 맺는말

이 글의 목적은 한일 천손강림신화를 통해 일본 니니기노미코토 신화의 원적을 살펴보는 것이다. 니니기노미코토가 강림해서 "향한국"이라고 말하므로 양국의 학자들은 한국을 한반도로 비정한다. 그러나 한반도라고 비정하면서도 천손강림신화는 유라시아 스텝지대로부터 유입된 스키타이 문화라든가 알타이계 유목민 문화가 한반도를 통해 일본으로 건너갔다고 이해한다.

한일 천손강림신화를 비교했을 때 니니기노미코토 신화는 어떤 면은 고조선 건국신화와 유사하고, 어떤 면은 가야 건국신화와 닮아 있다. 가야 건국신화와의 유사점은 천명에 따라 하강한다는 점, 다섯 명의 형제 또는 부족장 신, 어린아이의 모습 등이 공통적으로 나타났다는 점이다. 반면 고조선 건국신화와의 유사점은 신물(구슬, 거울, 칼)을 가지고 하강한다는 점이다. 이것은 환웅이 가지고 내린 천부인 세 개에 해당한다고 보았다. 신물은 하강 주체들의 신분을 보장해주는 징표라고 파악했다. 이러한 공통점으로 니니기노미코토의 '하늘', 즉 그의 원적을 살폈다.

니니기노미코토 신화에는 고조선족(가야인)이 일본을 개척하는 이야기가 담겨 있다. 아시하라노나카츠쿠니 정벌에 나선 이들이 그 나라를 손에 넣으려고 토착민과 혼인하고 복명하지 않거나 사신을 죽이는 등 천신을 배신하는 모습은 일본 개척의 힘든 과정을 보여준다. 한 번의 사신과 네 번의 군대를 파견한 후에야 평정하고 니니기노미코토는 강림할 수 있었다. 그런데 그가 강림한 곳은 '향한국', 즉 한국을 바라보는 곳이었다.

이 글에서는 한(韓)이 일본에서는 조선이라는 뜻의 가라(韓)로 전환되었기 때문에 한을 종족적 의미로 바라보았다. 준왕이 위만에게 패해 바다를 건너 한왕이 된 점, 고조선 준왕의 친척들이 성씨를 한씨로 속였다는 점, 『삼국사기』「신라본기」의 고조선 유민들이 산골짜기 사이에 6촌을 이루며 살고 있었다는 기사가 고조선(족)이 위만에게 패하고 한반도로 이주했을 가능성을 뒷받침한다는 점, '조선=한계'라고 본 문성재의 연구 등은 고조선(족)이 가야를 건국한 세력임을 알 수 있게 한다. 그런데 가야를 건국한 고조선(족)이 200~300년이 지난 후에 일본에 진출하면서 애초에 조선(족)을 지칭한 한이라는 말이 조선족(가야인)을 지칭하는 것으로 전화되었다.

또한 문화 계승적인 측면에서도 니니기노미코토의 원적을 살펴보았다. 천손강림신화에 나타난 '하늘'은 각 나라의 위치에 따라 달라진다. 가야계인들이 기록해 놓은 「김유신열전」이나, 신라의 「문무왕비문」, 그리고 재당 신라인 김씨부인의 「대당고김씨부인묘명」에서는 그들의 원시조를 소호금천씨로, 중시조를 김일제로 서술했다. 중국에서는 소호금천씨를 대문구문화의 주인공으로 보는데, 가야인들도 대문구인들처럼 편두를 했고, 누공토기와 새 모양 토기 등의 유물이 한반도 남부에서도 발견되었으며, 장례에 큰 깃털을 사용했다는 점 등이 신라계 가야인들의 출자가 소호금천씨임을 뒷받침해준다.

니니기노미코토 신화에서는 장례 절차를 새에게 맡겼다. 새에게 장례 역할을 맡겼다는 것은 소호금천씨가 새 이름을 관직명으로 삼았던 것처럼 그 담당자의 관직명도 새로 정했다는 의미다. 또 새를 하늘의 사자로 여긴다는 점도 동이족의 난생신화와 연결된다. 소호금천씨는 태양을 숭배했다. 그들은 태양을 하늘 그 자체이자 새로 인식했다. 새는 그 형상이 햇빛 또는 알로 변화되었다. '해=하늘=햇빛=알=새'는 그들에게 동일한 의미를 가진다. 한편, 소호금천씨의 조카는 전욱이며, 그는 홍산문화의 주인공이다. 홍산문화는 고조선과 밀접하다.

정리하자면 태양숭배사상은 동이족이 활동한 산동 지역 및 동북아시아 일대에 널리 퍼져 있었고, 고조선시대에는 태양이 천신인 환웅이라는 신격으로 나타났다가 후대로 갈수록 표현물이 햇빛과 알로 바뀌게 된다. 따라서 고조선시대에 나타난 천손사상은 고조선(족)이 멸망 후 한반도로 이동할 때 자연적으로 같이 이동하게 되었고, 고조선(족)이 가야를 건국한 후 200~300년 뒤에 일본을 개척한 역사가 니니기노미코토 신화에 담겨 있는 것이다. 따라서 천손사상이나 천손강림신화는 유라시아 등 외래에서 유입되었다기보다는 우리 민족의 자생적 사상이자 역사의 상징이다.

원가는 "각국의 신화는 특유의 민족성을 반영하고"[167] "어느 나라의 신화든 제각기 자기 나라의 민족적 특성을 반영한 것이 사실이다"[168]라고 했다. 고조선 건국 이래 우리 민족은 천손의 자손이라는 자부심으로 새로운 땅을 개척해왔다. 고조선 건국신화를 비롯해 동이계의 난생신화와 고대 일본의 신화가 그것을 말해준다.

---

[167] 원가, 정석원 옮김, 앞의 책 『중국의 고대신화』, p. 28.
[168] 위와 같음.

3장
허왕후는 만들어진 신화인가

1. 머리말

『삼국유사』에 수록된 「가락국기」는 가야의 건국신화를 포함한 가야의 역사다. 건국신화는 건국 주체의 뿌리가 어디에서 기인했으며, 왜 나라를 건국했고, 건국하면서 어떤 일을 겪었는지를 상징적으로 엮어서 만든 건국의 역사다.

건국신화는 '신화'라는 용어 때문에 마치 허구적인 이야기처럼 느껴진다. 하지만 서구에서는 문자로 기록되기 전의 역사를 신화로 받아들이고 있다.[169] 문자가 없던 시절, 사람들은 삶에서 체득한 지혜나 역사를 후손들에게 결승문자(結繩文字)나 구전으로 전승했다.[170] 문자가 없던 시절, 기억은 시간과의 싸움이었다. 그래서 많은 세월이 흘러도 잊

---

[169] 카렌 암스트롱, 이다희 옮김, 앞의 책 『신화의 역사』.
[170] 서욱생은 말로 전승되었다가 나중에 기록된 사료를 구전 사료라고 했다. 서욱생, 조우연 옮김, 앞의 책 『중국 전설시대와 민족 형성(상)』, p. 64에서 재인용.

김수로왕 표준영정사진(출처: 전통문화포털)　　　허왕후 표준영정사진(출처: 전통문화포털)

을 수 없게 내용을 구성했는데, 건국신화에서처럼 상징을 넣어서 만들었다. 상징은 "추상적인 개념이나 사물을 구체적인 사물로 나타내"[171] 는 것을 말한다. 눈에 보이지 않는 생각들을 눈에 보이는 구체적인 사물로 빗댄 것이다. 상징으로 만들어진 건국의 역사는 대대로 전승되다가 문자로 기록되었다. 이 같은 맥락에서 가야 건국 시조인 수로왕과 인도 아유타국 허왕후의 혼인과, 허왕후에 의해 가야에 불교가 전래되었음을 전하는 『삼국유사』 「가락국기」, 「금관성 파사석탑」의 이야기 또한 실제의 역사를 반영했음을 알 수 있다.

---

[171] 국립국어원, 『표준국어대사전』(https://stdict.korean.go.kr).

그런데 강단사학계의 대다수는 건국신화를 허구라고 한다. 그들은 청동기시대가 되어야 나라를 건국할 수 있다고 주장한다. 그들이 주장하는 청동기시대는 서기전 15세기~서기전 10세기이기 때문에 고조선이 서기전 2333년에 건국했다고 기록된 『삼국유사』를 믿을 수 없는 사서라고 말한다. 이러한 견해의 연장선에서 『삼국유사』에 나타난 48년 허왕후의 가야 도래 및 불교 전래에 대한 내용 역시 부정되고 있다. 그들은 수로왕이 42년에 가야를 건국했다는 기사를 믿을 수 없다는 입장을 고수하기 때문이다. 그들의 주장은 한마디로 『삼국유사』 「가락국기」나 「금관성 파사석탑」이 후대에 만들어진 설화라는 것이다.

김태식은 "신라 중기 시기의 왕후사(王后寺) 창건 연기 등을 포함하여 고려 초까지 여러 창사(創寺) 연기담, 토착 지명과 관련된 전승 등이 추가되면서 허왕후 결혼 설화는 완성되었다"[172]라고 말한다. 즉 허왕후 신화는 만들어졌는데, 3세기 초부터 만들어져 신라 중기 이후에 결혼 화소가 보태지고 사찰 연기 설화와 지명과 관련된 이야기들이 추가되면서 최종적으로 고려 초에 완성되어 「가락국기」에 수록되었다는 것이다. 인도사를 전공했다고 자랑하는[173] 이광수도 김태식과 이영식의 주장을 근거로 허왕후 신화가 만들어졌다고 말한다.

허왕후 신화가 만들어졌다면 가야의 불교 전래는 허구가 되며, 그녀와 혼인한 수로왕, 나아가 수로왕에 의한 가야 건국 역시 부정된다. 허왕후 결혼담은 가야 건국과 하나로 묶여 있기 때문이다. 그들의 주장

---

[172] 김태식, 「「가락국기」 소재 허왕후 설화의 성격」, 『한국사연구』 102, 한국사연구회, 1998, p. 45.
[173] 이광수, 『인도에서 온 허왕후, 그 만들어진 신화』, 푸른역사, 2017, pp. 5~8.

처럼 정말 수로왕 신화도, 허왕후 신화도, 불교의 가야 전래도 특정한 세력에 의해서 만들어진 것인가? 그렇다면 『삼국사기』에 기록된 1~2세기 가야와 신라의 전쟁 기록들[174]도 만들어졌다는 말이다. 하지만 '정치적인 내용의 기록들을 만들어내는 일이 실제로 가능한가'라는 의문이 든다. 이 글은 이러한 의문에 답을 찾아가는 글이다.

이 글에서는 위와 같은 의문을 해결하기 위해 『삼국유사』 「가락국기」 및 「금관성 파사석탑」의 내용을 통해 허왕후가 실존 인물이었으며, 그녀에 의해 불교가 가야에 전래되었음을 면밀하게 살펴볼 것이다. 그 후 김태식, 이광수 등이 허왕후 신화를 후대의 창작으로 보는 근거들을 살펴보고 그 모순점을 비판할 것이다. 마지막으로 그들이 허왕후 신화를 허구로 몰아가는 까닭을 상세히 검토해보고자 한다.

2. 『삼국유사』 소재 허왕후 신화 분석

『삼국유사』에 수록된 단군신화나 주몽신화에는 건국 시조의 혼인 과정은 대체로 생략되어 있다. 그런데 가야 건국신화는 수로왕과 허왕후의 혼인 과정을 자세히 묘사한다. 이것은 허왕후가 아유타국이라는 이국에서 왔기 때문일 것이다. 『삼국유사』는 허왕후가 왜 머나먼 이국에서 가야로 오게 됐는지, 오는 과정에서 어떤 일이 있었는지에 대해 다

---

[174] 김부식, 이재호 옮김, 「신라본기」, 『삼국사기』, 솔, 1997에 수록된 기사는 다음과 같다. ① 탈해이사금 21년(77), ② 파사이사금 8년(87), ③ 파사이사금 15년(94), ④ 파사이사금 17년(96), ⑤ 파사이사금 18년(97), ⑥ 파사이사금 27년(106), ⑦ 파사이사금 29년(108), ⑧ 지마이사금 4년(115), ⑨ 지마이사금 5년(116).

음과 같이 이야기한다.

열여섯 살 허황옥(許黃玉)은 피붙이인 보옥과 함께 건무 24년 무신(48) 5월에 머나먼 인도 아유타국에서 배를 타고 가야로 출발했다. 허황옥의 부모인 부왕과 모후가 동시에 꿈에 하늘의 상제를 만났는데, 상제는 "가락국 왕 수로는 하늘이 내려보내 왕위에 오르게 했으니 신성한 분이란 이 사람이며, 또 새로 나라를 다스림에 있어 아직 배필을 정하지 못했으니 그대들은 공주를 보내어 배필을 삼게 하라"라고 명했다. 꿈에서 깬 부모는 허황옥에게 가락국으로 떠나라고 한다.[175] 허황옥은 부모의 명을 받들어 배를 타고 동쪽으로 향했다. 그런데 수신의 노여움을 사서 얼마 가지 못하고 되돌아간다. 허황옥이 부왕에게 이와 같은 사실을 말하자 부왕은 탑을 싣고 가라고 말한다.[176] 탑은 5층이었으며, 사면의 조각은 매우 기묘했다. 또 돌은 옅은 무늬가 있었다.[177] 허황옥은 탑을 싣고 붉은 돛과 붉은 기를 달고 출발했는데, 순조롭게 바다를 건너 금관국 남쪽 해안에 도착한다. 이때 수로왕은 구간으로부터 자신들의 딸 가운데 배필을 삼으라는 청을 들었다. 수로왕은 "내가 이곳에 내려옴은 하늘의 명령이다. 내게 짝지어 황후로 삼게 함도 또한 하늘이 명령할 것이니 그대들은 염려하지 말라"며 유천간(留天干)에게는 망산(望山)에서, 그리고 신귀간(神鬼干)에게는 승점(乘岾)에서 왕비 맞을 준비를 하라며 명령한다. 허황옥의 배를 먼저 발견한 사람은 유천간이었다. 승점에 있던 신귀간은 대

---

[175] 일연, 이재호 옮김, 『삼국유사 1』, 솔, 2008, p. 351.
[176] 일연, 이재호 옮김, 『삼국유사 2』, 솔, 2008, p. 24.
[177] 일연, 이재호 옮김, 『삼국유사 2』, 솔, 2008, p. 25.

궐로 달려가 왕비의 도착 사실을 알렸다. 구간 등이 왕비를 궁궐로 모셔 가려고 했으나 왕비는 모르는 사람을 경솔하게 따라가지 않는다며 움직이지 않았다. 허황옥은 두 달을 배 위에 머물면서 험난한 바닷길을 헤쳐 왔는데 왕이 보이지 않으니 섭섭했다. 허황옥의 말을 전달받은 수로왕은 장막의 궁전을 설치하고 왕비를 기다렸다. 왕비는 별포(別浦) 나루에 배를 매고 육지로 올라와 입고 있던 비단 바지를 벗어 산신에게 폐백을 드리고 나서 행궁을 향해 가니 왕이 그녀를 맞이하여 함께 장막 궁전에 들어갔다. 둘은 이틀 밤과 하루 낮을 지내고 본궁으로 환궁했다.

위 내용은 『삼국유사』의 「가락국기」와 「금관성 파사석탑」을 시간의 흐름대로 재구성하여 요약한 것이다. 허황옥은 수로왕을 만난 후 아유타 공주라는 신분과 성과 이름, 나이, 그리고 가야에 오게 된 배경과 파사석탑을 싣고 온 구체적인 경위에 대해서 이야기하고 있다. 이러한 내용은 허왕후나 그녀와 동행한 일행이 말하지 않으면 알 수 없는 내용이기 때문에 가야의 건국신화는 토착민의 시선으로 서술되어 있다는 특징을 가진다.[178]

허왕후 신화는 상징성보다는 구체적인 사실들을 기록하고 있다. 허왕후의 가야 도래 및 혼인 과정은 혼인 대상자인 수로왕의 건국신화에 비해 매우 구체적이다. 허왕후 신화에서는 상제가 부모의 꿈에 동시에 나타나 수로왕의 배필로 허황옥을 지목하지만, 실제로는 수로왕이 허왕후 부모에게 사신을 보냈다고 보는 것이 더 합리적일 것이다. 따라

---

[178] 김명옥, 「백승충의 가야사 연구에 대한 비판적 검토」, 『리터러시연구』 13(2), 한국리터러시학회, 2022.

파사석탑

서 수로왕이 구간에게 자기의 배필도 하늘이 정해서 명할 것이라고 말한 것은 수로왕이 허왕후 세력에게 사신을 보내 놓고 그들의 대답을 기다리는 것으로 볼 수 있다. 이것은 수로왕과 허왕후 세력 간에 교류가 있었음을 시사한다.

한편, 허왕후는 아유타국에서 출발했다가 수신의 노여움을 받았다고 하는데, 아마 파도가 높게 일거나 항해를 할 수 없을 만큼 기후가 안 좋았을 것이다. 이것을 허왕후 신화에서는 수신의 노여움으로 표현한 것이다. 이처럼 수로왕과 허왕후의 결혼담은 해양문화 코드를 담고 있기 때문에 이 신화는 가야와 아유타국 간의 교류 가능성의 근

거가 된다.[179]

그러나 김태식은 "서기 1세기 무렵에 인도 아요디아국과 김해 가락국 사이에 교류가 있었다고 하기에는 지극히 어렵"[180]기 때문에 이 기사는 믿을 수 없다고 주장한다. 김태식은 1세기에 가야와 인도가 교류했다고 보기엔 어렵다는 '암묵적 증거'[181]만을 제시하고 있다.

인도의 고대 항해 저술가인 모디나파 보스데이는 고대 인도의 돛에 관해서 "돛에는 네 가지 색이 사용되었는데, 주로 흰색과 빨간색이 많이 사용되었다. 멀리서도 색깔을 보고 잘 구별할 수 있었다"[182]라고 했다. 허황옥이 타고 온 배도 붉은 돛을 달고 붉은 기를 휘날리며 서남쪽에서 나타났다. 인도의 고대 항해 저술가의 말과 일치한 것이다.

1912년에 출간된 『고대 인도 해양 항해 역사(A History Of Indian Shipping And Maritime Activity From The Earliest Times』(미 캘리포니아대학 소장)에는 허황옥 도래 시기와 유사한 시기의 배 그림에 두 개의 붉은 돛대가 그려져 있다. 이 배 그림에 관해서「과학으로 본 허황옥 3일」의 내레이터는「초기 역사시대 인도-동남아 항해 고고학(Seafaring Archaeology of the East Coast of India and Southeast Asia

---

[179] 이화선,「가야문화권역 인디카(Indica)형 야생벼 분포 양상과 고고유적 속 벼 식물유체 분석을 통한『삼국유사』속 '허황옥 설화' 재조명」,『문화와융합』43(11), 한국문화융합학회, 2021.

[180] 김태식, 앞의 글「「가락국기」 소재 허왕후 설화의 성격」, p. 22.

[181] '암묵적 증거'란 "책이나 현존하는 어떤 시대의 서책에서 어떠한 역사 사실에 대한 기술이 없으면 시대에는 그런 관념이 존재하지 않았을 것이라고 단정 짓는" 것을 말한다 "인멸이 심한 시대에 대한 연구일수록 '암묵적 증거'를 적게 취하는 것이 바람직하다." 샤를 세뇨보의 말을 서욱생, 조우연 옮김, 앞의 책『중국 전설시대와 민족 형성(상)』, p. 64에서 재인용.

[182] 모디나파 보스데이, 진재운 감독의 다큐영화「과학으로 본 허황옥 3일」에서 재인용.

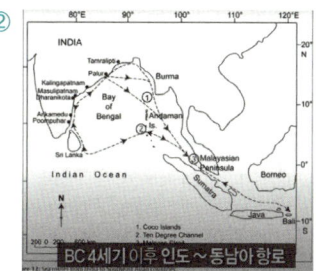
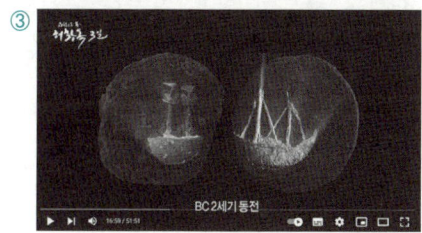

① 『고대 인도 해양 항해 역사』에 수록된 두 개의 붉은 돛대 그림
② 인도-동남아 항로
③ 2세기 인도 동전

(출처: 「과학으로 본 허황옥 3일」)

during the Early Historical Period)」 장을 인용하면서 "인도가 동남아에 진출할 무렵부터 시작되는데, 당시의 항로가 지금도 뚜렷이 남아 있다"고 전한다. 이는 서기전 4세기부터 불교 전파를 목적으로 한 무역이 모두 뱃길로 이루어졌음을 알려준다.[183]

또한 서기전 2세기에 인도에서 주조된 동전에는 두 개의 돛대가 그려져 있다. 이것은 당시 인도의 해상무역이 화폐에 등장할 정도로 보편적이었으며 활발했음을 의미한다. 따라서 허황옥 역시 아유타국에서 가야로 이동한 『삼국유사』의 기록처럼 뱃길을 이용했을 가능성이 매우 높다.

인도뿐 아니라 당시 가야의 선박 제조기술과 항해술을 유추할 수 있

---

[183] 인도 항해술과 관련된 내용과 이미지는 진재운 감독의 다큐영화 「과학으로 본 허황옥 3일」에서 인용했음을 밝힌다.

는 '선실 칸막이 격벽'이 발견되었다. 이 유물은 2012년 김해 봉황동에서 출토되었으며, 3~4세기의 것으로 보고 있다. 이 유물은 선박의 선실 사이를 막는 일종의 칸막이인데, 이 칸막이로 배의 길이를 추산했을 때 배의 크기는 대략 15미터다. 김해시 학예사 심재용은 "가야에서 대마도, 이키섬(壱岐島), 일본 규슈로 충분히 갈 수 있으며 서해안, 남해안을 따라 올라가는 연안 항해도 충분히 활용 가능한 규모의 배"[184]라고 했다. 가야가 3~4세기에 이 같은 규모의 선박을 만들 수 있었다면 그 이전의 시기에도 선박을 만들었을 가능성은 충분하다.

지구 환경의 변화와 인류 역사의 영향 관계를 연구한 이진아는 가야의 지형이 해상국가로서 필요조건을 갖추고 있다고 말한다. 해상국가의 필요조건은 "본국 뒤편에는 큰 산이 있고 앞으로는 바다가 펼쳐지거나, 큰 산에서 발원하는 물이 유속이 빠르고 수심이 깊은 강을 형성해 바다로 이어져야 한다는 점이다."[185] 즉 목재의 원활한 공급으로 배를 만들 수 있는 지형인데, 가야는 태백산맥과 소백산맥이 접하는 풍부한 산림지대이며, 그 산에서 발원한 낙동강이 있다. 가야는 해상국가의 조건에 부합할 뿐만 아니라 봉황동에서 출토된 유물이 증명하듯 항해 가능한 선박을 주조했다.

이 같은 인도의 항해기술 및 선박 제조기술에 관한 기록과 가야의 선박 유물들은 두 나라가 『삼국유사』의 내용처럼 바닷길을 이용해 교류했으며, 허왕후가 인도에서 가야로 도래했음을 직접적으로 보여주는

---

184 심재용, 「과학으로 본 허황옥 3일」에서 재인용.
185 이진아, 『지구 위에서 본 우리 역사』, 루아크, 2017, p. 44.

자료라 할 수 있다.[186]

김해시 구산동에 소재한 파사석탑은 허왕후의 도래와 가야에 불교가 전래되었음을 알려주는 구체적인 증거물이다. 불교에서의 탑은 부처의 열반 이후 그 유해(사리)를 봉안한 부처의 무덤이다. 그래서 석탑은 불교의 주요한 신앙 대상이다. 이러한 성격을 가진 탑이 가야에 왔고, 현재까지도 그 실물이 전해진다는 것은 허왕후에 의해 가야에 불교가 전래되었다는 것을 직접적으로 알려준다.

실제로 『삼국유사』 「금관성 파사석탑」은 이 탑이 전래된 후 가야에 사찰이 창건되었다는 사실을 전한다. 「금관성 파사석탑」은 탑이 호계사에 위치하게 된 배경과 불교의 도래 시기에 대해서 말한다. 즉 「금관성 파사석탑」은 가야 불교가 시작됨을 알리는 설화다. 여기에서 중요한 것은 "연우시해동미(말)유창사봉법지사[然于時海東未(末)有創寺奉法之事]"다. 이를 해석하면 "그때에 해동에는 절을 짓고 불법을 받드는 일이 없었다"로 해석된다. 하지만 미(未)가 아닌 말(末)로 해석하면 "그때에 해동의 끝에는 절을 세우고 불법을 받드는 일이 있었다"로 해석된다. '미'일 때는 불교가 들어오기 전이 되고, '말'일 때는 불교가 이미 들어와 있는 상태가 된다.

---

[186] 허왕후 도래지와 관련하여 김병모는 중국 사천성 안악현 일대에서 도래했다고 여긴다. 안악현 일대에는 허씨 집성촌과 허씨 사당이 있고, 허씨족의 종산에는 쌍어가 있는데, 쌍어가 아요디아, 사천, 김해를 연결해준다는 것이다. 김병모는 허왕후의 조상이 인도에서 무역로인 차마고도를 통해 고대에 지명이 보주(普州)였던 안악현으로 왔으며, 그녀는 이곳에서 태어났다고 말한다. 안악현은 양자강 유역에 있으므로 허왕후는 그곳에서 강을 따라 나와 서해로 항해했을 것으로 파악한다. 필자의 글의 목적은 허왕후의 도래지에 관한 연구라기보다는 그의 실존성을 밝히는 점에 방점을 두고 있다. 항해술과 선박 제조기술은 그의 실존성을 뒷받침하는 증거로서 서술한 것이다.

도명은 『삼국유사』 규장각 본과 고려대 소장본, 그리고 『삼국유사 교감연구』 등의 검토를 통해 이 책들이 모두 '말'자로 인쇄된 것을 확인했다. 또한 그는 '말'자로 해석하든 '미'자로 해석하든 허왕후가 시집올 때 불교의 상징물인 탑을 가지고 왔다는 점이 중요하다고 말한다. 허왕후의 도래와 함께 우리나라에 불교가 최초로 전파되었다는 기록 때문이다.[187]

이와 함께 「김해명월사사적비」에는 서기 144년 3월에 사찰이 창건되었다고 명시되어 있다. 이에 따르면, 수로왕은 허왕후를 만나 만전을 설치한 산의 신령함에 감동하여 산 이름을 명월이라고 짓고, 훗날에 신국사(新國寺), 진국사(鎭國寺), 흥국사(興國寺)를 창건했다. 신국사는 세자를 위해 산 서쪽 벼랑에, 진국사는 왕후를 위해 산 동쪽에, 흥국사는 왕 자신을 위해 산 가운데 지었다고 했다. 「김해명월사사적비」를 쓸 당시(1708)에는 흥국사를 삼원당(三願堂)이라고 했고, 신국사와 진국사는 터만 남았다고 기록했다.

그런데 「김해명월사사적비」를 쓴 증원(證元)은 삼원당은 임진왜란으로 헐렸는데, 중수할 때 무너진 담 아래에서 "건강 원년(144) 갑신 삼월 남색(建元元年甲申三月藍色)"이라는 명문이 쓰인 기왓장을 얻었다면서, 장유화상(長遊和尙)이 서역으로부터 불법을 받들어 옴에 왕이 불도를 중히 여겨 숭불하게 된 것을 증험한다고 했다.[188]

도명은 이 기사를 근거로 현지 마을 답사와 탐문을 통해 신국사와 진국사 그리고 흥국사 터로 추정되는 옛터를 찾았다. 마을 현지인들에

---

[187] 도명, 『가야불교, 빗장을 열다』, 담앤북스, 2022, pp. 81~88.
[188] 도명, 위의 책 『가야불교, 빗장을 열다』, pp. 101~103.

「김해명월사사적비」(출처: 한국학중앙연구원)

게 전해오는 이야기를 토대로 절터를 찾았는데, 이는 구전이 역사적 사실임을 증명해주는 예이기도 하며, 『삼국유사』의 기록과 같이 허왕후 당대에 불교가 가야로 전래된 증거임을 알 수 있다.

3. 허왕후 설화 후대 창작설에 대한 비판

앞에서 살펴보았듯 『삼국유사』에 수록된 허왕후 신화는 역사적 사실에 기반한 것이었다. 하지만 김태식과 이광수 등은 허왕후 신화가 후대에 창작된 설화이고 이야기의 주인공인 허왕후는 허구의 인물이라며 불교의 가야 전래 역시 부정하고 있다.

이들이 허왕후를 부정하는 까닭은 그녀의 출신이 아유타국이라는 점 때문이다. 아유타국이라는 출신을 바탕으로 허왕후를 부정하는 것은 일제 식민사학자인 시라토리 구라키치가 1894년에 "김수로왕이 인도의 아유타국에서 황후 허씨를 맞이해 결혼하는 일을 기록하는 것에 이르러서는 거짓으로 꾸며진 것의 진면목을 노정(露呈)한 것"[189]이라고 한 말의 반복일 뿐이다.

『삼국유사』에 따르면 허왕후는 수로왕을 만날 때 "저는 아유타국의 공주입니다. 성은 허라 하고 이름은 황옥이며 나이는 열여섯 살입니다"[190]라며 자신의 출신을 분명하게 밝히고 있다. 그러나 김태식은 "아유타국에서 왕녀가 왔다는 전설이 생"긴 것은 "승려들에 의하여 문자로 정착되는 과정에서 불교적으로 윤색"되었다고 보았다. 또 "허왕후가 불교적으로 인연이 깊은 어떤 나라에서 왔다든가 하는 식으로 한 번 더 장식된 것이 아닐까 한다. 아유타국의 이름은 그 나라가 인도에서도 불교적으로 가장 인연이 깊은 나라였기 때문에 허왕후 결혼 설화 속에 삽입되었다고 판단된다"[191]고 주장했다. 이광수도 설화의 원형이 불교로 윤색되는 과정에서 '아유타'가 삽입되었다고 주장한다.[192] 이처럼 김태식과 이광수는 허왕후는 허구적 인물이지만, 마치 실제 인물인 것처럼 승려들이 불교적으로 윤색해서 「가락국기」에 포함했다고 주장한다.

---

[189] 시라토리 구라키치, 김창겸·김희만·전혜빈 옮김, 「조선의 고전설고(朝鮮の古傳說考)」, 『『식민사관 형성』 기초 자료 번역』, 한국민족종교협의회, 2019, p. 190.
[190] 일연, 이재호 옮김, 『삼국유사 1』, 솔, 2008(개정판), p. 351.
[191] 김태식, 앞의 글 「「가락국기」 소재 허왕후 설화의 성격」, p. 24.
[192] 이광수, 「가락국 허왕후 도래 설화의 재검토: 부산-경남 지역 불교 사찰 설화를 중심으로」, 『한국고대사연구』 31, 한국고대사학회, 2003, p. 188.

특히 이광수는 아유타는 아요디야의 음차인데, 아요디야는 신화상으로만 존재하며 『라마야나』에 나타난 성도 아요디야는 사라유 강에 위치한 사케타(Saketa)를 모델로 해서 만들어졌다고 했다.[193] 곧 아요디야는 5세기 중반부터 7세기에 생겼으므로 허왕후가 48년에 아유타국에서 온 것은 성립할 수 없는 허구라는 것이다. 그러면서 허왕후를 지모신이라고 주장한다.

> '아유타'는 「가락국기」의 원전이 형성된 것으로 보이는 7~8세기 이후의 어느 한 시기에 원래의 수신의 모티프에 '아유타'가 추가되면서 '아유타국에서 온 공주'로 변화한 것으로 추정된다. 지모신으로서 '물'을 상징하는 다산의 구조는 변하지 않고 다만 '아유타'가 갖는 정치 문화적 상징성만 추가됨으로써 훨씬 세련된 형태의 인물로 바뀌게 된 것이다.[194]

허왕후를 지모신과 연결 짓는 것은 일제 식민사학자 미시나 쇼에이의 주장이다.[195] 이광수는 미시나 쇼에이의 논고를 인용하면서 허왕후는 본래 물을 상징하는 지모신이었는데 '아유타'의 문화적 상징성이 추가되어서 세련된 인물로 바뀌었다고 주장한다. 즉 허왕후 신화의 찬자가 신을 인간으로 만들었다는 것이다.

---

[193] 이광수, 위의 글 「가락국 허왕후 도래 설화의 재검토: 부산-경남 지역 불교 사찰 설화를 중심으로」, p. 186.
[194] 이광수, 위의 글 「가락국 허왕후 도래 설화의 재검토: 부산-경남 지역 불교 사찰 설화를 중심으로」, p. 189.
[195] 미시나 쇼에이는 우리나라 설화가 한반도 북부는 중국에서, 한반도 남부는 일본에서 전래되었다고 주장하는 이로, 설화 북방전래설과 남방전래설로 식민지 지배 이론을 만든 인물이다.

그러나 아유타국의 실체보다는 허왕후가 인도에서 왔다는 전승 자체가 중요하다. 왜냐하면 중국 명나라에서 조선을 부를 때 종종 '고려'라고도 불렀듯 허왕후 설화가 구전될 당시 인도를 대표하는 명칭이 아유타국일 수도 있기 때문이다. 또는 이 설화가 구전된 지역에서는 '인도=아유타국'이라는 인식이 있었을 수도 있고, 한자로 음차된 아유타국은 허왕후가 실제 발음한 나라 이름과 다를 수 있다. 즉 이광수가 단정한 것처럼 아요디야는 신화상 존재한 나라라서 5세기 이전에는 역사상 존재하지 않았다고 할 수 없다. 신화에서 전승한 아요디야는 이후에 어떤 이름으로 치환되었을 가능성도 배제할 수 없다. 아유타국이 아요디야를 음차한 것이고 사케타가 아요디야로 치환되었듯이 한자로 음차된 아유타국은 인도에서 다른 이름이었거나 치환되었을 가능성도 있기 때문이다.

한편, 김태식과 이광수는 허왕후 설화가 7~8세기에 완성되었고, 금관지주사(金官知州事)가 『개황력(開皇曆)』에다 연기설화를 더해서 만들었다고 주장한다. 김태식의 말을 들어보자.

> 김수로와 허왕후의 신비로운 결혼 설화는 신라 중대 시기에 완성되었고, 고려 문종 30년 태강(太康) 2년 병진(1076)에 이르러 몇 가지 이야기가 덧붙여져서 금관지주사에 의하여 글로 편찬된 것이다. 당시 금관지주사는 이미 전해지고 있던 『개황력[개황록(開皇錄)]』에다가 고려 초까지 구전되던 창사연기(創寺緣起)설화와 견문 등을 추가하여 「가락국기」를 완성했을 것이다.[196]

---

[196] 김태식, 앞의 글 「「가락국기」 소재 허왕후 설화의 성격」, pp. 42~43.

김태식은 "허황옥의 신비로운 결혼 설화"가 신라 중대에 완성되었다고 한다. 이광수도 7~8세기 신라 중대에 만들어졌다고 주장한다.[197] 김유신이 태종무열왕과 더불어 삼국을 통일한 이후 문무왕은 자신이 외가인 가야계 김유신과 문명왕후의 위상을 높이려는 목적에서 『개황력』을 편찬했고, 이때 가락국의 편년과 왕 세대 수가 결정되었으며,[198] 허왕후의 결혼담이 삽입되었다는 것이다. 그리고 그 근거로 『사기』에 나타난 잉신(媵臣)[199]이나 종정감(宗正監), 천부경(泉府卿), 사농경(司農卿)과 같은 한대 관직명을 제시했다. 곧 이러한 관직명의 표기는 당나라와의 활발한 교류를 바탕으로 중국 문화에 대한 이해가 높았던 신라 중대에나 가능하다는 뜻이다. 김태식과 이광수 등은 허왕후 신화가 허구라고 먼저 상정해놓고 논리를 펴고 있다.

허왕후 신화에 등장하는 관직명이 당대에 사용되었다면, 이 신화는 허왕후 당시가 아니라 신라 중대에 만들어졌다고 볼 수 있다. 하지만 허왕후 신화 속 잉신을 비롯한 관직명은 서한시대부터 사용되었다. 즉 이러한 관직명의 표기는 허왕후 당시의 시대상을 충실하게 반영한 것으로서 이 신화가 후대에 만들어졌다는 근거가 될 수 없으며, 오히려 허왕후의 실존성을 증명해준다. 왜냐하면 가야의 김수로 선조가 서한 때 투후가 된 김일제이며, 그 후손들은 서한과 동한 사이에 있는 신라 조정에서 요직을 맡았기 때문에 나올 수 있는 표현이기 때문이

---

[197] 이광수, 앞의 글 「가락국 허황후 도래 설화의 재검토: 부산-경남 지역 불교 사찰 설화를 중심으로」.
[198] 김태식, 앞의 글 「「가락국기」 소재 허황후 설화의 성격」, p. 42.
[199] 『사기』 「은본기」. "乃爲有莘媵臣"; 「진본기」. "吾媵臣百里傒在焉."

다.[200] 따라서 허왕후 신화 속 관직명은 허왕후 설화가 역사적 사실임을 증명하는 표현이 된다.

가야의 건국신화는 토착민의 시점에서 서술되었다. 그리고 허왕후가 아유타국에서 배를 타고 와서 왕을 만나는 과정은 누구나 볼 수 있는 사방이 트인 바닷가에서 이루어졌다. 그러므로 그 지역의 토착민들은 허왕후가 오는 장면을 직접 보았을 것이며, 허왕후 일행은 토착민들과는 다른 외모를 가지고 있었기 때문에 많은 사람이 인상적으로 기억했을 것이다. 허왕후의 도래라는 이색적인 장면은 많은 사람들이 봤고, 그들의 후손들에게 전승되었을 것이다. 그 사람들의 기억을 '모두 가

---

[200] 김수로의 출자를 알 수 있는 기사는 『삼국사기』「김유신열전」 기록과 「대당고김씨부인묘명」 그리고 「문무왕비문」이다. 이 기록들은 일관되게 가야계 원시조를 소호금천씨로, 중시조를 김일제로 인식했다. 「대당고김씨부인묘명」은 재당 신라인이었던 김씨부인 비문으로, 1954년 중국 섬서성 서안 곽가탄에서 발견되었다. 비문에는 원시조가 소호로, 중시조가 김일제로 기록되어 있다. 비문은 김일제가 흉노 조정에서 서한에 귀순했으며 무제에게 발탁되어 투정후에 봉해졌다고 기록했다. 그런데 『사기』「위장군표기열전」에는 곽거병이 한무제 원수 2년(서기전 121)에 흉노를 정벌할 때 수많은 흉노인들이 한나라로 끌려왔는데, 이때 흉노 우현왕의 태자인 일제도 같이 끌려와 한무제의 말 관리를 하게 되었고, 망하라가 무제를 암살하려는 것을 알고 그것을 막아 한무제로부터 투후에 봉해졌다고 했다. 『사기』와 「대당고김씨부인묘명」의 내용이 일치한다. 다만 「대당고김씨부인묘명」에서 김일제가 한나라에 귀순한 것으로 서술했다면, 『사기』에서는 포로로 끌려온 것으로 되어 있다. 김씨부인이 재당 신라인이라는 점을 감안하면 이 비문을 쓴 재당 신라인들이 표현을 순화해서 기록했으리라는 생각이 든다. 「대당고김씨부인묘명」에는 "한나라가 덕을 드러내 보이지 않고 난리가 나서 괴로움을 겪게 되자, 곡식을 싸 들고 나라를 떠나 난을 피해 멀리까지 이르렀다. 그런 까닭에 우리 집안은 멀리 떨어진 요동에 숨어 살게 되었다"라고 했다. 이 기록은 신나라와 관련이 있다. 왕망은 김일제의 증손인 김당과 형제이며, 김당은 김일제의 증손이다. 김일제의 후손이 요동에 은거할 수밖에 없는 상황을 서술한 것이다. 이와 관련해서는 김명옥, 앞의 글 「「가락국기」를 통해 본 가야 건국 주체세력 출자에 관한 연구」; 권덕영, 앞의 글 「「대당고김씨부인묘명」과 관련한 몇 가지 문제」, p. 402; 이덕일, 「왕망과 김일제의 후손은 한 집안」, 『경기신문』 2020년 12월 28일자를 참조.

짜'라고 치부하기에는 무리가 있다.

한편, 이광수는 허왕후가 아유타국에서 도래한 가장 확실한 증거인 파사석탑의 내력을 전하는 『삼국유사』 「금관성 파사석탑」의 내용을 부정한다.

> 금관 호계사(虎溪寺)의 파사석탑은 옛날 이 고을이 금관국일 때, 시조 수로왕의 비인 황후 허황옥이 후한 건무 24년 무신에 서역 아유타국에서 싣고 온 것이다. 처음에 공주가 부모의 명을 받들어 바다를 건너 동으로 향해 가려 하다가 수신의 노여움을 사서 가지 못하고 돌아가 부왕에게 아뢰니 부왕은 이 탑을 싣고 가라 했다. 그제야 순조롭게 바다를 건너 금관국의 남쪽 해안에 와서 정박했다.[201]

위 내용에서 나타나듯 호계사 파사석탑은 48년에 허왕후가 아유타국에서 싣고 온 것이라고 분명하게 밝히고 있다. 하지만 이광수는 이 기사가 「가락국기」에 수록되지 않은 설화이므로 "「가락국기」 안에 있는 허왕후 신화가 확대 재생산된 것"[202]이라 한다. 그리고 이 설화는 『삼국유사』 「황룡사 장륙존상」과 비교했을 때, ① 구조와 표현이 매우 유사한 점, ② 인도와 관련된 불국토(佛國土) 관념이 보이는 점, ③ 배를 타고 왔다는 점, ④ 기복 모티프를 가지고 있다는 점 등을 근거로 「황룡사 장륙존상」을 모방하여 후대에 창작된 것으로 보았다.

---

201 일연, 이재호 옮김, 『삼국유사 2』, 솔, 1997, pp. 23~24.
202 이광수, 앞의 글 「가락국 허왕후 도래 설화의 재검토: 부산-경남 지역 불교 사찰 설화를 중심으로」, p. 185.

「황룡사 장륙존상」은 신라 제24대 진흥왕이 533~569년에 걸쳐 건립한 황룡사의 창사연기설화다.

> 진흥왕이 즉위 14년에 용궁 남쪽에 대궐을 지으려고 했는데, 그곳에 황룡이 나타났으므로 그곳을 절로 고쳐서 황룡사라고 했다. 황룡사를 지을 수 있었던 것은 어느 날 하곡현 사포에 도착한 큰 배 한 척 때문이었다. 그 배에는, 인도 아육왕이 황철 5만 7천 근과 황금 3만 푼을 모아서 불상 셋을 주조하려다 못 하고, 황철과 황금을 배에 실어 바다에 띄우면서 "인연이 있는 국토에 가서 장륙존상을 이루어달라"는 공문도 있었다. 한 부처와 두 보살의 상 모형도 함께 실려 있었다. 금과 철로 574년에 장륙존상을 주존하고 두 보살도 주존해 황룡사에 모셨다.[203]

먼저 두 설화의 구조를 살펴보자.

〈표 9〉에서 확인되듯이 「금관성 파사석탑」과 「황룡사 장륙존상」의 구조는 같다. 그러나 이광수의 주장처럼 「금관성 파사석탑」이 「황룡사 장륙존상」을 모방해서 지었다는 뜻은 아니다. 구조가 같다는 말을 모방해서 지었다는 뜻으로 이해한다면 이것은 설화에 대한 이해가 없다

---

[203] 또 별본이 존재하는데, 아육왕은 부처가 세상을 떠난 후 1백여 년 만에 출생했으므로 부처에게 공양하지 못함을 한스럽게 여겨 금과 철을 거두어 몇 번이나 불상을 주조하려고 했으나 성공하지 못한다. 그런데 왕의 태자는 불상을 주조하는 일에 참여하지 않았다. 왕이 그 이유를 물으니 성공하지 못할 것을 알고 있었다고 한다. 왕이 그 말을 듣고 철과 금을 배에 실어 보냈다. 배는 여러 나라를 두루 돌아다녔지만, 모두 불상을 주조하는 데 성공하지 못했다. 마지막으로 신라에 이르렀는데, 진흥왕이 문잉림(文仍林)에서 주조하여 불상을 완성했다. 일연, 이재호 옮김, 『삼국유사 2』, 솔, 1997, pp. 28~31.

〈표 9〉「금관성 파사석탑」과「황룡사 장륙존상」의 구조 분석

화소	파사석탑 설화	황룡사 장륙존상 설화
배경 사찰	호계사	황룡사
출발지	서역 아유타국	서축(인도)
출발 시간	건무 24년 무신(48) 6월	아육왕(아소카왕) 서기전 304~서기전 232[204]
도착 시간 (소요 시간)	건무 24년 무신(48) 음력 7월 27일(약 2개월간)	신라 제24대 진흥왕 즉위 14년 계유 (553) 약 1,300여 년(*별본)
파견자	허왕후 부왕	아육왕(아소카왕)
파견물	파사석탑	철, 금
전달자	허왕후	공문
동기	수신의 노여움	불상 주조 실패
경과	불교 전래	불상 주조
후일담	제8대 질지왕 2년(452)에 왕후사 창건 기사와 기록, 파사석탑 돌에 대한 기록	진평왕 6년(584) 금당 조성, 선덕여왕 때 1대, 2대 지주에 관한 기록

는 말이다.

설화는 구비전승을 특징으로 한다. 문자가 없던 시절 구비전승법은 일정한 틀이 있었다. 굳이 오늘날의 말로 표현하자면 '구비전승 문법' 쯤 된다. 구비전승에는 가령 축약적 반복을 사용하거나, 정형구 단위를 사용한다. 정형구적 요소는 고정된 사용 방식과 융통성 있는 사용 방

---

[204] 아소카왕의 생몰연대는 정확히 알 수 없으나, 즉위년은 268년으로 산출되고 재위기간은 37년으로 본다. 윤세원,「전륜성왕의 개념 형성과 수용 과정에 관한 연구」,『동양사회사상』17, 동양사회사상학회, 2008.

식이 있는데, 이 두 가지 사용 방식은 연속성이 있다. 즉 "정형구적 요소는 축어적인 동일성을 만들어내는 데 사용되고, 또 어떤 때는 모종의 융통성이나 변화를 산출하는 데 도움을"[205] 준다.

구술문화시대 기억의 전승 방법을 연구한 설화학자 월터 J. 옹(Walter J. Ong)은 축약적 반복과 정형구를 통해서 전승이 이루어진다고 밝혔다. 그에 따르면, 전승하는 틀이 있으며, 그 틀을 탄력적으로 이용해서 기억을 전승한다는 것이다. 따라서 〈표 9〉에 나타난 두 설화의 동일한 구조는 구비전승의 틀을 보여주는 것으로 이해할 수 있다.

하지만 이광수는 「황룡사 장륙존상」이 허왕후 신화를 만드는 데 결정적인 역할을 했다고 말한다. 또한 허왕후 신화의 구조와 표현이 「황룡사 장륙존상」과 매우 유사한 것이라고 했는데, 이는 곧 허왕후 신화가 최소 7~8세기에 만들어졌다는 다른 표현이다. 그러나 허왕후 신화는 48년을, 「황룡사 장륙존상」은 6세기 중엽을 배경으로 하고 있으니 앞과 뒤가 전도된 주장이다.

이어서 「금관성 파사석탑」과 「황룡사 장륙존상」이 공통적으로 인도와 관련하여 불국토 관념을 보이고 있다는 주장을 살펴보자. 「황룡사 장륙존상」에서 아소카왕은 불상 주조에 실패하지만, 진흥왕은 성공한다. 아소카왕은 정법(正法)으로 세상을 통치하는 불교 속 이상적 군주인 전륜성왕(轉輪聖王)[206]이라 칭해졌다.[207] 그런데 「황룡사 장륙존상」에서는 진흥왕이 아소카왕에 비견되거나 더 뛰어난 인물이었다고 말하고 있다. 또한 「황룡사 장륙존상」은 신라가 아소카왕이 말한 "(부처와) 인연이 있는 국토", 곧 불국토임을 강조하고 있다.

---

[205] 월터 J. 옹, 임명진 옮김, 『구술문화와 문자문화』, 문예출판사, 2019(개정판), p. 119.

이광수는 신라가 자신들이 불국토였음을 강조하려는 목적에서 「황룡사 장륙존상」을 만들어냈듯 「금관성 파사석탑」 역시 이와 비슷한 맥락에서 만든 설화라고 주장하는 것이다. 하지만 「황룡사 장륙존상」 속 진흥왕은 허구적 인물이 아니며, 황룡사의 장륙존상 역시 고려 말까지 실존했다. 그렇다면 「금관성 파사석탑」 속 허왕후와 그녀가 가져온 파사석탑도 허구가 아니다.

그다음으로 허황옥이 배를 타고 왔으므로 「금관성 파사석탑」은 허구라는 주장을 보자. 이 주장은 당시에 해양기술이 발달하지 않았다는 인식을 기반으로 한다. 그러나 앞서 살폈듯, 인도는 일찍부터 해양기술이 발달한 나라였다. 허왕후는 가야에 7월 말에 도착했고, 인도에서 한반도까지 항해하는 시간은 2개월 정도 되므로 허왕후는 6월 초쯤 출발했을 것이다. 그때는 초속 30미터가 넘는 벵골 계절풍이 부는 때인데,[208] 바람을 등지고 각도만 조절하면 항해하는 데 무리가 없음이 과학적으로 증명되었다.[209] 또한 허왕후가 파사석탑을 배에 실은 것은 무

---

[206] 윤세원은 전륜성왕에 관해서 다음과 같이 정의했다. 첫째, 통치의 내용에 의하여 통치권의 정당성이 확립되는 통치자다. 둘째, 철저한 투명성과 공공성의 토대 위에서 권력을 행사하는 통치자다. 셋째, 자신의 통치 영역에 존재하는 도덕적 비열함의 원인을 제거하는 통치자다. 넷째, 솔선수범하는 통치자다. 다섯째, 도덕적 정당성을 현실적 정당성으로 전환시킬 힘을 가진 통치자다. 윤세원, 앞의 글 「전륜성왕의 개념 형성과 수용 과정에 관한 연구」, pp. 9~10.
[207] 윤세원, 앞의 글 「전륜성왕의 개념 형성과 수용 과정에 관한 연구」.
[208] 진재운 감독의 다큐영화 「과학으로 본 허황옥 3일」에서 재인용.
[209] 허모랑 나노웨더 책임연구원 인터뷰. 「과학으로 본 허황옥 3일」에서 재인용. "(바람은) 계절에 따라 바뀌는 거죠. 우리나라와 인도가 위치하고 있는 지역의 주풍이 계절에 따라서 방향이 바뀐다거나 흐름이 바뀌는 것이지, 예를 들어 지구의 나이에 따라서 바뀌는 바람이 아닙니다. 지구는 같은 방향으로 자전하고 있기 때문입니다. 매월마다 크게 바뀌는데, 바람의 방향만 잘 읽는다면 항해에 큰 도움이 된다는 것입니다."

사 항해에 대한 기복의 의미도 있었겠지만 탑의 무게로 배의 각도를 조절하는 역할도 했을 것이다. 이는 인도인들의 오랜 항해 경험과 기술 축적의 결과라 할 수 있다. 따라서 배를 타고 왔으므로 「금관성 파사석탑」이 허구라는 주장은 받아들이기 어렵다.

마지막으로 「금관성 파사석탑」에서 수신의 분노를 가라앉히고자 배에 파사석탑을 싣는 등의 기복 모티프가 허구의 증거가 될 수는 없다. 기복은 신적인 존재로부터 인간의 삶에 물질적 또는 정신적으로 유익한 것을 구하는 행위다.[210] 자연숭배, 조상숭배, 샤머니즘 등은 현세의 기복을 목적으로 하는 종교 형태다. 모든 종교는 현세의 안녕을 기원한다는 점에서 기복신앙을 기본으로 한다. 때문에 허왕후가 무사 항해를 기원하며 파사석탑을 실은 것은 허구의 증거가 될 수 없다.

그런데 이광수는 더 나아가 허왕후가 허구적인 인물에서 역사적 인물로 인식된 것은 15세기부터라 했다. 이에 따르면, 『경상도속찬지리지(慶尚道續撰地理誌)』(1469)에서 허왕후릉이 언급되고 있는데, 이를 통해 허왕후는 "15세기에 들어오면서 설화 속 인물이 아닌 역사적 실존 인물로 인식"[211]되었다고 한다. 이후 송인(宋寅)이 편찬한 『이암집

---

[210] "종교적 영역에서 기복적 행위는 세가지 요소를 포함한다. 첫째, 복을 구하는 대상인 신성한 영역의 존재. 여기서 신성한 존재는 세계를 초월하면서 동시에 세계 안에 영향을 주는 실재를 의미한다. 둘째, 신성한 존재에게 구하는 것이 인간에게 전달되는 어떤 형태의 중개 과정이다. 신성한 자는 구하는 것을 직접 줄 수도 있고, 또 간접적으로 중개자의 제의나 상징적인 행위를 통해 전달할 수도 있다. 셋째로 신성한 자가 주는 것은 물질적 혹은 정신적인 것으로 받는 자 개인의 상태를 현재보다 더 나아지게 한다." 김충환, 「막스 베버의 '자본주의정신'에서 바라본 한국 개신교의 기복신앙」, 『현상과인식』 38(3), 한국인문사회과학회, 2014, pp. 131~132.
[211] 이광수, 앞의 글 「가락국 허왕후 도래 설화의 재검토: 부산-경남 지역 불교 사찰 설화를 중심으로」, p. 192.

(頤庵集)』에 허황옥이 아들을 열 명 낳았고 그중 두 명에게 허씨 성을 하사했다는 이야기나, 허엽(許曄)과 양천 허씨인 허적(許積)이 경상도 관찰사로 재임하면서 수로왕릉을 보수했는데, 이때 허적이 「보주태후 허씨릉비음기(普州太后許氏陵碑陰記)」를 찬술하고 여기에서 허황옥이 두 아들에게 허씨 성을 하사했음을 기록하는 등의 사례를 통해 허왕후를 15세기에 이르러서야 실존 인물로 인식했다고 했다. 그리고 이광수는 양천 허씨의 시조는 고려 개국공신인 허선문(許宣文)인데, 허적이 허왕후와 허선문을 연결하는 등 허씨들이 족보를 조작했다고 주장했다.

하지만 이 역시 받아들이기 어렵다. 조선시대 양반들에게 족보는 매우 중요한 것이기 때문이다. 과거제도의 응시자는 어떤 가문의 후손인지 써야 했으며, 양반가에서 자신을 소개할 때 누구의 몇 대 손이라고 시조부터 말하지 자기 이름만 말하지 않는다. 그래서 양반사회가 유지되었던 것이다. 또한 같은 성씨지만 중간에 갈라져 원시조가 있고 중시조가 있다. 따라서 양천 허씨의 중시조는 허선문이고, 원시조는 허황옥이 된다. 허씨와 관련해서 경상도에서 채록된 이야기가 있다.

> 그런 분이 부부로 사는데, 아들로 형제만 놓았으몬(낳았으면) 좋을낀데 여러 형제 딸린 기라. 형제를 놓았어. 놓았는데 그 아들을 영감 성 김씨 성으로 해야 될 기 아니요? 할라쿤께(하려고 하니) 영감 당신은 자석을 이 말이지, 나는 뒤에 존재가 없어서 우찌 되나? 우리 아들을 가르자 이랬어. 그래 가이고 성을, 그때 김해 김씨, 김해 허씨 이래 됐거든. 다 한 형제간이라. 갈라 가이고 이랬어.[212]

---

[212] 『한국구비문학대계』 8-2, 한국정신문화연구원, 1980, pp. 33~34.

민중들은 김수로와 허왕후가 아들을 많이 낳았는데, 허왕후가 아들들이 왜 모두 김씨 성을 따라야 하냐며 아들을 가르자고 먼저 청했다고 기억하고 있다. 또 김해 김씨와 허씨는 한 부모에서 나온 아들들이 갈라진 것이기 때문에 김씨와 허씨는 형제 사이라고 말한다. 이처럼 허씨 유래담은 민중들에 의해 구비전승되었다. 민중들도 기억하고 전승한 역사적 사실을 이광수가 몰랐을 리가 없다.

이광수는 「김해명월사사적비」의 장유화상 역시 허구의 인물이라 주장한다. 그에 따르면 장유화상은 본래 허왕후와 관계가 없는데, 후대에 만들어진 '장유'가 원래부터 존재했던 것처럼 허왕후의 '친정 사람'으로 만들어버림으로써 설화가 훨씬 추동력을 갖게 되었다고 말한다. 그런데 이렇게 설화가 재생산되고 확산된 것은 조선시대에 숭유억불 정책으로 작은 규모의 암자들이 많이 생겼고 "사찰들이 살아남기 위해서 고육지책으로 사찰의 연기설화 창조에 적극 나섰"[213]기 때문이라는 것이다. "재가 신자들에게 제일의 종교 행위는 사찰의 기부"인데 "재가 신자라는 고객을 확보하기 위해서"[214] 허왕후 설화가 창조되고 적극적으로 확대되었으며, 그 중심에는 사찰이 있다는 것이다.

이광수는 1995년 김해시에서 만든 「가락불교장유종불조사창건비」에 있는 '허왕후의 제3 왕자가 자(姉)씨 공주를 따라 왜국으로 건너가 여왕국을 세웠다'는 내용은 허왕후 설화가 국가적인 성격을 가졌음을 보여준다고 주장한다.[215] 즉 허왕후 설화를 가지고 지속적으로 재생산하

---

[213] 이광수, 앞의 글 「가락국 허왕후 도래 설화의 재검토: 부산-경남 지역 불교 사찰 설화를 중심으로」, p. 198.
[214] 이광수, 앞의 글 「가락국 허왕후 도래 설화의 재검토: 부산-경남 지역 불교 사찰 설화를 중심으로」, p. 202.

면서 현대에 이르러서는 국수주의로 나아갔다는 주장이다. 이광수에 따르면, 허왕후를 역사 인물로 인식하면 국수주의자가 되는 것이다.

이처럼 김태식, 이광수 등은 허왕후 신화는 7~8세기에 만들어지고 금관지주사가 『개황력』을 쓸 당시에 몇몇 요소를 추가해 형태를 갖추었으며, 이후 일연이 『삼국유사』를 편찬하면서 「가락국기」에 들어가게 되었다고 일관되게 주장한다. 이들의 주장에는 근거가 없고 추론만 있을 뿐이다.

4. 허왕후 및 가야 불교를 허구라고 주장하는 이유

이 장에서는 왜 그토록 허왕후 설화와 가야 불교를 허구라고 주장하는지 살펴본다. 김태식의 주장을 살펴보자.

> 고고학적 발굴 성과를 볼 때, 현재의 김해시 일대가 문화 중심으로 대두하는 시기는 대성동 고분군의 본격적인 조성 시기인 3세기 후반부터다. 그러므로 설화 관련 유적지들이 현재의 김해시 일대로 비정된다면, ① 이 설화의 성립 시기를 3세기 후반 이후로 늦추어야 할 필요가 생긴다. 그러나 초기의 문화 중심이었던 양동리 지역에서 설화의 줄거리가 성립된 후 세력 중심지가 김해시 일대로 옮겨왔을 수도 있으며, 그런 과정에서 일부 지명이 그에 맞게 재조정되었을 수도 있으므로, ② 수로왕 신화 자체의 성립 시기를 3세기 후반으로 늦출 수는 없을 것이다. 다만 「가락

215 위와 같음.

국기」의 기년은 고고학적 자료가 보여주는 증거와 걸맞지 않으며, 따라서 ③ 이를 너무 신뢰하여 수로왕이 왕비를 맞이하는 연대가 건무 24년(48)으로 되어 있는 점까지 세세하게 인정할 수는 없다는 것이다. 허왕후가 죽을 때의 나이가 157세로서 정상인의 나이로는 지나치게 많다는 점도 고려되어야 할 것이다. 보다 근본적으로 볼 때, 가야의 개국 기년이 이처럼 설정된 것은 신라 왕력과의 연관 아래 상향 조정된 결과라고 생각된다.[216]

위 인용문 ①의 '이 설화'는 「가락국기」다. 「가락국기」는 수로왕이 1세기에 가야를 건국했다고 한다. 그러나 김태식은 이를 믿을 수 없으며, "설화의 성립 시기를 3세기 후반 이후로 늦추어야 할 필요가 생긴다"라고 주장한다. 또 ②에서는 "수로왕 신화 자체의 성립 시기를 3세기 후반으로 늦출 수는 없을 것이다"라고 하며, 더 나아가 ③에서는 "이(「가락국기」)를 너무 신뢰하여 수로왕이 왕비를 맞이하는 연대가 건무 24년(48)으로 되어 있는 점까지 세세하게 인정할 수는 없다"고 서술한다.

정리하면 김태식은 '사람들이 「가락국기」를 너무 신뢰해서 역사로 알고 있는데, 사실은 그렇지 않다. 「가락국기」의 설화는 3세기 후반에 생겼는데 그보다 앞선 1세기에 가야를 건국했다는 기록은 말이 되지 않는다. 그러니 수로왕이 42년에 건국하고 6년 후인 48년에 허왕후를 맞이했다는 기사는 인정할 수 없다'라고 말한 것이다.

김태식은 "(허왕후) 설화의 성립 시기를 3세기 후반"으로 본 근거로

---

[216] 김태식, 앞의 글 「「가락국기」 소재 허왕후 설화의 성격」, pp. 7~8. 밑줄은 인용자.

허왕후가 토착세력이 아니라는 점을 든다. 「가락국기」는 건무 24년(48)에 구간들이 왕에게 그들의 딸 중에서 왕비를 삼으라고 청하자 수로왕이 "내가 이곳에 내려옴은 하늘의 명령이다. 내게 짝지어 왕후로 삼게 함도 하늘이 명령할 것이니 그대들은 염려하지 말라"[217]고 했다고 전한다. 그런데 김태식은 이 장면을 두고 "마치 수로왕이 절대적인 정복 군주처럼 느껴질 수도 있다"[218]면서 "가야의 수로왕이 토착세력을 압도할 정도의 우월성이 있었던 것일까?"[219]라고 반문한다. 이 반문은 수로왕이 절대적인 정복 군주가 아니었다는 확언이다.

김태식은 왕이 비등한 힘을 가지고 있는 세력 중 하나의 세력에서 왕후를 맞이하게 되면 중앙집권적 왕권 창출에 부담이 되기 때문에 토착세력 중에서 왕후를 삼지 않았다고 말한다. 즉 수로왕이 토착세력의 협조나 자발적 복속을 이끌어내지 못할 정도로 세력이 미약했다는 주장이다. 그가 보기에 1세기 당시의 김해 지역은 국가를 세울 만한 높은 문화가 형성되지 않았다. 그래서 수로왕이 42년에 건국한 것도, 건국 후 6년 만인 48년에 왕비를 맞이하는 기사도 믿을 수 없다는 것이다.

김태식은 1세기에 가야가 건국되지 않았다는 근거로 김해 중심지에서 벗어난 유물과 유적을 예로 든다. 창원 다호리 유적에서는 서북한 계통의 토광묘와 세형동검이 출토되었지만 김해 지방에서는 유적이 발견된 바가 없고, 김해시 "양동리 일대에서 서기 1세기 이래 철기, 와질토기(瓦質土器) 및 토광묘(土壙墓) 유적이 나타나"[220]지만 김해시 중

---

[217] 일연, 이재호 옮김, 『삼국유사 1』, 솔, 2008, p. 348.
[218] 김태식, 앞의 글 「「가락국기」 소재 허왕후 설화의 성격」, p. 3.
[219] 위와 같음.
[220] 김태식, 앞의 글 「「가락국기」 소재 허왕후 설화의 성격」, p. 6.

심지에서 8킬로미터 떨어져 있어서 가야가 42년에 건국했다는 「가락국기」 기사는 믿을 수 없다는 것이다. 그러면서 「가락국기」의 건국 기사는 편찬자가 신라 왕력과 연관해서 조정했다고 파악했다.

그런데 김태식은 '「가락국기」 편찬자가 가야의 건국 연대를 신라 왕력과 비교해서 조정했지만 「가락국기」 설화의 성립 시기는 3세기다'라고 주장하려다 보니 48년에 가야로 도래한 허왕후의 존재가 걸림돌이 되었을 것이다. 그래서 김태식은 허왕후를 허구적 인물로 만들었다. 이에 따라 허왕후와 관계된 수로왕과 그 자식들 그리고 장유화상도 허구적 인물이 되었으며, 자연히 1세기 가야의 건국과 불교의 전래 역시 허구가 되었다.

김태식, 이광수, 백승충은 허왕후 신화가 신라 중대인 7~8세기경 문무왕이 수로왕을 종묘에 모신 것[221]을 계기로 하여 만들어졌다고 주장한다. 즉 문무왕의 어머니인 문명왕후는 김유신의 누이인데, 문무왕이 자신의 외가인 "가야 왕실의 존엄성을 높이기 위해서"[222] 그리고 무열왕계 왕실 "자신들의 위엄을 높이기 위해 (……) 금관가야의 가계를 고양하는 작업을 시도했"[223]다는 주장이다. 그리고 수로왕과 "허왕후의 결혼 모티프의 얼개가 만들어진 것은 이러한 상황"[224]에서였다고 말한다.

---

[221] 신라 제30대 법민왕은 용삭 원년 신유(661) 3월 어느 날에 조서를 내렸다. "가야국 시조의 9대손 구형왕(仇衡王)이 우리나라에 항복할 때 거느리고 온 아들 세종의 아들이 솔우공(率友公)이요, 그 아들 서운잡간(庶云匝干)의 딸 문명왕후께서 나를 낳았다. 때문에 시조 수로왕은 나에게 있어서 15대조의 시조가 된다. 그 나라는 이미 멸망했으나 그 묘는 아직 남아 있으니, 종묘에 합하여 제사를 계속하게 하겠다." 일연, 이재호 옮김, 『삼국유사 1』, 솔, 2008(개정판), p. 356.
[222] 김태식, 앞의 글 「「가락국기」 소재 허왕후 설화의 성격」, p. 42.
[223] 이광수, 앞의 글 「가락국 허왕후 도래 설화의 재검토: 부산-경남 지역 불교 사찰 설화를 중심으로」, p. 185.

그런데 이 당시 문무왕이나 그 직계는 이미 신라에서 최고 권력을 가진 왕이었다. 또 문무왕의 외가인 김유신 집안은 신라 진골 김춘추와 혼인할 정도로 권세가 있는 가문이었다. 곧 멸망한 나라의 후손이라는 말은 자신들의 위엄을 높이는 데 보탬이 될 수도 없고, 가문을 빛내려고 가계 선조를 위조할 필요 역시 없다는 말이다.

7~8세기에 허왕후 신화가 만들어졌다는 이들의 주장의 근거는 아무 것도 없다. 백승충은 "가락국에도 5세기 후반 불교의 전래를 인정한다면, 가락국 개국설화가 거의 골격을 갖춘 것으로 추정되는 7~8세기"[225]에 허왕후 신화가 삽입되었다고 주장하고, 김태식은 "여기서 과감한 추론을 시도한다면"이라고 한다. 백승충은 "인정한다면"이라고 말하고, 김태식은 "추론을 시도한다면"이라고 해서 두 사람 모두 가정법을 쓰고 있다. 즉 근거가 없는 추론이라는 말이다.

이들이 허왕후 설화가 7~8세기에 만들어졌다고 주장한 핵심은 가야의 건국과 그 시기에 있다. 김태식은 문무왕대나 그 직후에 "김유신 및 문명왕후의 존재와 관련하여 가야 왕실의 존엄성을 높이기 위해서" 『개황력』을 편찬하면서 가락국의 편년과 왕 세대 수를 써 넣었다는 것이다.[226] 그리고 "「가락국기」의 초기 기년은 신라의 왕력과 맞추기 위하여 무리하게 상향 조정된 것이므로 큰 의미"[227]가 없으며, 「가락국기」의 찬자인 금관지주사가 개인적인 주관을 가지고 조작했다고 보았

---

224 위와 같음.
225 백승충, 「김해 지역의 가야 관련 전승자료: 허왕후 설화를 중심으로」, 『향토사연구』 15, 한국향토사연구전국협의회, 2003, p. 86.
226 김태식, 앞의 글 「「가락국기」 소재 허왕후 설화의 성격」, p. 42.
227 김태식, 앞의 글 「「가락국기」 소재 허왕후 설화의 성격」, p. 27.

다.[228] 나아가 김태식은 『개황력』 찬자가 "한문을 쓴다고 해도 그런 역사적 문맥을 잘 알지 못한 채 '시조'라는 개념으로 '세조'를 쓴 것이"[229] 아닌지 그 찬자의 지적 수준까지 의심한다.

이광수는 김태식의 견해를 인용하면서 "가야계 후손의 정치적 비중이 절정에 달하자 (……) 위상 제고 차원에서 가락국 건국신화의 정당화 작업을 했을 것이고, 그러한 맥락에서 수로 신화를 비롯한 가락국의 역사가 문자로 정착되었을 가능성이 크다"[230]고 했다.

백승충 역시 "수로왕 중심의 개국설화도 가야 당대에 완성된 것이 아니라 가야 멸망 이후 김유신 가계의 득세를 전후하여 『개황록』"[231]에 써 넣은 것으로 보았다.

이들 주장의 핵심은 42년 가야 건국이 후대의 자료인 『개황록』에 의해 조작되었다는 것이다. 그러므로 수로왕의 건국신화, 허왕후와의 결혼담, 그리고 불교의 가야 전래를 기술한 「가락국기」 역시 후대에 만들어졌다는 것이다. 하지만 가야가 42년에 건국되지 않았다면 『삼국사기』에 나오는 1~2세기 가야와 신라 간의 전쟁 기사를 설명할 수 없다.

이들이 42년 가야 건국을 부정하는 진짜 이유는 무엇일까? 그 실마리는 '낙랑군의 유민'이라는 말에서 찾을 수 있다. 김태식은 수로왕 세

---

[228] 김태식, 앞의 글 「「가락국기」 소재 허왕후 설화의 성격」, p. 35.
[229] 김태식, 앞의 글 「「가락국기」 소재 허왕후 설화의 성격」, p. 34.
[230] 이광수, 앞의 글 「가락국 허왕후 도래 설화의 재검토: 부산-경남 지역 불교 사찰 설화를 중심으로」, pp. 184~185.
[231] 백승충, 앞의 글 「김해 지역의 가야 관련 전승자료: 허왕후 설화를 중심으로」, pp. 15~16.

력이 낙랑군 지역에서 도래한 유이민이며, "허왕후로 표상되는 김해 가락국의 왕비족도"[232] 낙랑 지역에서 수시로 왕래하는 상인집단으로 파악했다. 백승충 역시 김수로 세력이 1~3세기 김해 지역에서 낙랑과 교역했다고 주장한다.[233] 김태식이 42년 수로왕이 가야를 건국할 수 없는 이유로 "1세기에는 그리 높은 문화가 형성되지 않았기 때문"[234]이라고 했듯, 이들은 당시 가야는 나라로서 존재할 수 없다고 여겼으며, 단순히 상업집단이라 규정했다.

이들이 가야 건국을 부정하고 수로왕을 상인집단으로 만든 이유는 3세기 이후에 임나가 있었다고 주장하기 위해서다.[235] 『일본서기』「신공기」 '49년'조의 신라를 쳐서 가야를 정벌했다는 기사를 사실로 만들기 위해서다. 기실 가야 건국의 부정과 허왕후 설화의 부정은 김태식과 백승충 등이 새롭게 주장한 것도 아니다. 일제 식민사학자들이 주장한 것을 그대로 추종할 뿐이다.

백승충은 "한편 『일본서기』에는 김해 지역을 남가라 등으로 칭하면서 가야세력권의 맹주로서가 아니라 다른 가야계 소국과 동일하게 취급하고 있을 따름이다"[236]라고 고백한 바 있다. 이 말은 시라토리 구라

---

[232] 김태식, 앞의 글 「「가락국기」 소재 허왕후 설화의 성격」, p. 40.
[233] 백승충, 앞의 글 「가야의 개국설화에 대한 검토」.
[234] 김태식, 앞의 글 「「가락국기」 소재 허왕후 설화의 성격」, p. 5.
[235] 백승충은 '가야=임나'라고 주장하기 위해서 첫째, 가야 건국세력인 김수로 세력의 성격을 '대외무역세력'으로 만들었다. 둘째, 신라와 가야의 전쟁 기사를 무역에 용이한 해상권 장악 싸움으로 만들었으며, 셋째 포상팔국전쟁을 대외무역권을 두고 다투는 가야세력의 내분으로 만들었다. 김명옥, 앞의 글 「백승충의 가야사 연구에 대한 비판적 검토」, p. 527.
[236] 백승충, 「3~4세기 한반도 남부 지방의 제세력 동향: 초기 가야세력권의 변화를 중심으로」, 『역사와경계』 19, 부산경남사학회, 1990, p. 48.

키치가 "가라는 임나의 한 나라로서 지금의 김해다"[237]라고 한 말의 다른 버전이다. 그러나 가야가 임나였다는 기록은 하나도 없다.

　김태식과 이광수 그리고 백승충 등이 허왕후의 실존성을 부정하는 근본적인 이유는 '가야=임나'라고 주장하기 위해서였다. '가야=임나'가 되려면 가야는 42년에 건국되어서는 안 되고, 48년에 허왕후가 도래해서도 안 된다. 허왕후의 도래를 인정하면 가야의 세계(世系)를 인정해야 하고 가야 불교도 인정해야 하므로 임나가 설 자리가 없기 때문이다.

5. 맺는말

　이 글은 허왕후 신화의 실존성에 관한 글이다. 김태식과 이광수는 허왕후 신화는 3세기 초부터 만들어졌고, 이후 신라 중대에 허왕후의 결혼담, 사찰의 연기설화와 지명 등이 보태져 고려 초에 최종적으로 완성되어 「가락국기」에 수록되었다고 한다. 이들에 따르면 허왕후는 허구적 인물이다. 그런데 이들은 구체적인 사료를 가지고 허왕후의 실존성을 의심하는 것이 아니라 '암묵적 증거'에 의해 허왕후를 허구의 인물로 만들고 있을 뿐이다.

　하지만 김해시 구산동에 소재한 파사석탑은 허왕후의 실존성을 증명해주는 가장 뚜렷한 증거물이다. 앞에서 이야기했듯 허왕후는 아유

---

[237] 시라토리 구라키치, 김창겸·김희만·전혜빈 옮김, 「조선 고대 제국 명칭고」, 『'식민사관 형성' 기초 자료 번역』, 한국민족종교협의회, 2019, p. 207.

타국에서 출발한 지 얼마 되지 않아 수신의 노여움으로 다시 되돌아올 수밖에 없었지만, 이때 부왕이 파사석탑을 싣고 가라고 해서 가야에 도착하게 되었던 것이다. 그리고 허황옥이 머나먼 가야로 시집오게 된 것은 상제가 그녀 부모의 꿈에 동시에 나타나 수로왕의 배필이 되라고 말했기 때문이었다. 이 글에서는 이를 수로왕 세력과 허왕후 세력이 교류한 사실의 상징으로 보았다. 따라서 꿈에 상제가 출현한 것은 수로왕이 사신을 보낸 것으로 파악했다.

그러나 김태식, 이광수는 허왕후가 허구적 인물이었다는 근거로 아유타국을 들고 있다. 아유타국은 아요디아의 음차인데, 『라마야나』에 나타난 성도(聖都)일 뿐 역사에서 실존했던 나라는 아니라는 것이다. 아요디아는 사라유강에 위치한 사케타를 모델로 해서 5세기 중반부터 7세기에 만들어졌으므로 허왕후가 48년에 가야로 시집온 것은 성립되지 않는다는 것이다.

허왕후가 허구적 인물이면 두 가지의 역사적 사실이 부정된다. 첫째, 수로왕에서 구형왕에 이르는 가야사의 세계는 허구가 된다. 곧 허왕후와 수로왕의 결혼도, 수로왕 사이에서 낳은 열 명의 아들도 허구가 된다. 또 수로왕 이후 장남인 거등왕에서 그 후손인 마지막 왕 구형왕까지 이어지는 가야는 역사상 존재하지 않은 나라가 된다.

둘째, 가야의 불교가 부정된다. 수로왕이 태자를 위해 세웠다는 신국사도, 허왕후를 위해 세운 진국사도, 그리고 자신을 위해 세운 흥국사도 모두 거짓이 되는 것이다. 이뿐만 아니라 질지왕이 허왕후의 명복을 빌기 위해 세운 왕후사도, 「김해명월사사적비」의 "건강 원년(144) 갑신 삼월 남색"이라는 명문이 쓰인 기왓장을 얻었다는 비문의 내용도 거짓이 된다.

이들이 허왕후와 가야 불교를 부정하는 근본적인 이유는 1세기에 가야가 건국되지 않았음을 주장하기 위해서다. 김태식 등은 1세기 당시 가야 지역은 문화가 후진적이어서 나라를 세울 수 없었으며, 3세기 이후에야 낙랑과의 교류를 통해 선진 문화를 접할 수 있었다고 주장했다. 곧 이들은 가야가 낙랑군과의 교류를 통해 비로소 나라로서 성립 요건을 갖추게 되었으며, 그 중심에 상인집단인 수로왕과 허왕후 세력이 있었다고 주장하는 것이다. 이들이 가야 건국을 부정하고 김수로를 상인집단으로 만든 이유는 3세기 이후 가야 지역에 '임나'가 존재했음을 주장하기 위해서다. 또 '가야=임나'라는 등식을 주장하기 위함이다.

4장
백승충의 가야사 연구에 대한 비판적 검토

1. 머리말

　가야 건국신화는 학계에서 동이족 신화로 인정하는 난생형 건국신화다. 건국 주체가 알에서 태어난 난생형 건국신화는 태양숭배사상 또는 천손사상을 상징적으로 내포하고 있다. 천손사상은 단군신화를 비롯해 은나라, 서국, 진나라, 부여, 고구려, 신라, 가야, 일본 니니기노미코토 신화 등에서 나타나며, 가장 이른 시기의 신화에는 천신(천손)이 직접 하강하는 형태로 나타나다가 점차 하늘을 상징하는 알이나 햇빛 등으로 대체된다.[238]

　건국신화는 건국 주체들이 건국의 당위성과 신성성을 확보하기 위해서 만들어냈을 가능성이 크며, 건국 당사자보다는 선조의 치적에 더 치중하는 경향이 있다. 단군신화는 단군의 아버지인 환웅의 업적, 환국에서 출자한 환웅의 업적 중심으로 서술되어 있고, 「동명왕편」은 3부

---

[238] 김명옥, 앞의 글 「고조선 건국신화와 난생신화의 연관성 연구」.

중 1~2부가 해모수와 유화 관련 기사다.

고조선 및 고구려의 건국신화는 건국 주체가 그들의 출자를 통해 신성한 존재임을 증명하고, 선대의 업적과 건국의 당위성을 그것과 연결해 전승한다. 건국신화를 만들어 널리 알리는 자들은 건국 주체이며, 그들의 관점에서 서술된 것이다. 하지만 「가락국기」는 구간과 그들이 통솔하던 백성들의 관점에서 서술되었다. 왜 그런 차이가 있는지, 문맥을 통해 그것을 포착해낼 수밖에 없을 것이다.

월터 J. 옹은 역사 서술의 원형이 구술문화에 있다고 했다.[239] 노에 게이치도 "인간의 경험은 한편으로는 신체적인 습관이나 의식으로 전승되며, 다른 한편으로는 '이야기'로 축적되어 전승"[240]된다고 했다. 당대인들의 다양한 경험이 "기억으로 만들어지고, 그 기억을 시간적·공간적으로 정리하고 배열해서"[241] 이야기를 만들어낸다는 것이다. 역사 서술도 마찬가지다. 선택한 사건을 시공간으로 배열해 기록한다. 건국신화는 건국이라는 사건을 기억하고 전승하기 쉽게 하려고 이야기 형식으로 만든 것이다. 따라서 건국신화의 주재료가 역사라는 점을 고려할 때, 건국신화 문맥 속에 배열된 의미들을 잘 파악한다면 감춰진 역사의 흔적들을 포착해낼 수 있을 것이다.

그러나 대부분의 강단사학자는 「가락국기」를 '허구'라고 주장한다.[242]

---

[239] 월터 J. 옹, 임명진 옮김, 『구술문화와 문자문화』, 문예출판사, 2019(개정판), p. 75.
[240] 노에 게이치, 김영주 옮김, 앞의 책 『이야기의 철학: 이야기는 무엇을 기록하는가』, p. 25.
[241] 위와 같음.
[242] 김태식이 대표적이다. 김태식은 수로왕이 왕권을 창출하고 왕비를 맞이하는 연대가 "건무 24년 무신(48)으로 되어 있는 것은 의문"이라면서 1세기 당시의 김해 일대는 높은 문화가 형성되지 않았기 때문이라고 했다. 또 「가락국기」의 기년이 고고학 자료와 안 맞는다면서 수로가 왕비를 맞이하는 연대가 서기 48년이라는 점은 인정할 수

일제 식민사학자들은 우리 건국신화가 지역에서 전승된 고유 신앙에다 불교적 색채를 윤색해서 일연이 창작했다고 주장하는데,[243] 강단사학계에서는 그것을 비판 없이 수용하기 때문이다. 백승충도 마찬가지다.[244] 그는 가야 건국세력을 경제세력으로 규정하고 그들이 3~4세기에 어떻게 변화되는지를 살피는데, 그 과정에서 가야 건국 주체인 김수로의 실존성과 가야가 건국된 서기 42년이라는 시기에 대해 부정적으로 바라보고 있다. 따라서 이 글에서는 백승충이 어떻게 가야의 건국신화를 부정하는지 비판적으로 검토해보고자 한다.

백승충의 논리를 살피기에 앞서 텍스트 분석을 통해 「가락국기」에 기록된 문맥의 의미를 살펴보고, 이후 백승충이 어떻게 가야의 건국 시기와 건국 주체인 김수로를 부정하는지, 그 이유는 무엇인지 살필 것이다.

없다고 했는데, 이것은 가야가 서기 42년에 건국했다는 사실을 인정할 수 없다는 뜻이다. 이문기는 시조의 출자 전승은 후예들의 인식이나 표방이지 역사적 사실 그 자체가 될 수 없다고 했다. 김태식, 앞의 글 「「가락국기」 소재 허왕후 설화의 성격」; 이문기, 앞의 글 「금관가야계의 시조 출자 전승과 칭성의 변화」.

[243] 일본 식민사학자인 시라토리 구라키치와 이노우에 히데오 등의 주장인데, 이것에 관해서는 뒤에 서술했다.

[244] 백승충, 「1~3세기 가야세력의 성격과 그 추이: 수로집단의 등장과 포상팔국의 난을 중심으로」, 『역사와세계』 13, 효원사학회, 1989; 백승충, 앞의 글 「3~4세기 한반도 남부 지방의 제세력 동향: 초기 가야세력권의 변화를 중심으로」; 백승충, 앞의 글 「가야의 개국설화에 대한 검토」.

2. 「가락국기」 내용 분석

『삼국유사』「기이」편에 수록된 「가락국기」를 요약하면 다음과 같다.

① 천지가 개벽한 후로 나라 이름도 없고 왕과 신화의 칭호도 없을 때 이 지방에는 구간이 백성을 통솔하며 산과 마을에 모여 살면서 우물을 파서 마시고 밭을 갈아서 먹었다.

② 후한의 세조 광무제 건무 18년 임인(42) 3월 상사일에 그들이 사는 곳의 북쪽 구지에서 '하늘이 명령해서 이곳의 왕이 되라고 했는데, 너희들이 수로를 내놓으라고 노래하며 춤을 추면 하늘에서 대왕을 맞이할 것이다'라는 수상한 소리가 들렸다. 구간들이 그 말에 따르자 하늘에서 자주색 줄이 내려와 땅에 닿았는데, 그 끝에는 황금색 알 여섯 개를 감싼 금합이 있었다. 사람들이 기뻐서 절하며 그 알을 아도간의 집 탑 위에 두고 모두 흩어졌다.

③ 12일이 지나자 알 여섯 개가 모두 어린이로 변했고, 수십 일이 지나자 키가 9척이 되어, 그달 보름날에 왕위에 올랐다. 세상에 처음 나타났다고 하여 이름을 수로라 하거나 수릉이라고 했다.

④ 나라 이름은 대가락(大駕洛)이라 하거나 또 가야국이라고도 했으니, 곧 여섯 가야국 중의 하나다. 나머지 다섯 사람도 각각 다섯 가야국으로 돌아가서 임금이 되었다.[245]

①은 이주세력인 수로가 북쪽에서 내려오기 전의 토착세력의 정치

---

[245] 일연, 이재호 옮김, 『삼국유사 1』, 솔, 2008(개정판), pp. 341~345.

체제와 생활사를 보여준다. 아도간, 여도간, 피도간 등 구간이 1만 호에 7만 5천 명을 나누어서 다스리는 정치 상황을 보여주며, 우물을 파고 밭을 경작하는 행위는 공동생활과 정착생활을 의미한다.

②는 이주세력과 토착세력이 맞닥뜨린 광경이다. 어느 날 "북쪽 구지에서 수상한 소리"가 들렸다. 토착민의 관점에서 이 소리는 경계할 만한 수상한 소리였다. 그들의 관점에서는 정체를 알 수 없는 세력이기 때문에 "그 모습은 안 보이고 소리만 났다"라고 표현한 것이다.[246] 두 세력이 서로의 존재를 확인하는 문답 과정은 이주세력이 토착세력을 무력충돌 없이 통합한 과정을 상징적으로 보여준다. 만약 이주세력이 무력을 사용했다면 토착세력이 기뻐하며 춤을 추지도, 천손사상을 내포하지도 않았을 것이다. ③과 ④는 두 세력이 통합된 이후 상호간 조율을 통해 정치체제와 다스리게 되는 강역 등을 논의하는 과정, 즉 건국 과정을 보여준다.

한편, 이주세력과 토착세력 간의 정치협상은 외교적 수사로 이루어졌다. 이주세력인 김수로는 자신이 하늘의 명령으로 건국하려고 한다며, 구간들에게 그들이 하늘에 임금을 내려달라고 청하는 형식을 취하라고 명령한다.[247]

---

[246] 단군신화에서 이주세력과 토착세력의 만남은 환웅 세력이 도시를 건설하고 새로운 문명을 개척하는 과정으로 나타난다. 토착세력인 곰 부족과 범 부족이 환웅에게 인간이 되게 해달라고 소원하는 모습과 웅녀와 환웅의 혼인은 두 세력의 흡수통합 과정을 상징하는 것인데, 이것은 이주세력인 환웅 관점에서 서술된 것이다.

[247] "하늘이 나에게 명령하신 것은 이곳에 와서 나라를 새로 세워 임금이 돼라 하셨다. 그래서 내려왔다. 너희들은 이 산 꼭대기를 파고 흙을 집으면서 '신이여, 신이여, 수로를 내놓아라. 내놓지 않으면 구워 먹겠다'라고 노래하고 춤을 추어라. 그러면 곧 하늘에서 대왕을 맞이하여 너희들은 매우 기뻐서 춤추게 될 것이다." 일연, 이재호 옮김, 『삼국유사 1』, 솔, 2008(개정판), p. 343.

위 구절은 김수로 세력이 토착세력보다 우위에 있음을 보여준다. 그러나 김수로는 토착세력을 강제로 병합하지 않고, 그들의 요청이라는 형식을 빌려 토착세력을 흡수하겠다는 뜻을 내비치고 있다. 이것은 외교적 수사로서, 김수로가 사신을 보내 그의 뜻을 전달하고, 구간이 그것을 받아들인 것이다. 이주세력을 받아들이는 의식은 기뻐하며 노래하고 춤추는 것으로 표현되었다.

그러나 김수로는 토착세력을 흡수하고 나서 곧바로 그들을 완전히 장악한 것은 아니다. 알이 어린아이로 바뀌고, 그 아이가 9척이 되어서 왕위에 오른다는 서술은 세력 확장의 상징이다. 김수로의 세력 확장은 매우 빠르게 이루어졌을 것이다. 어린아이가 '수십 일' 만에 9척이 될 수 없음은 상식인데, 이러한 표현을 쓴 것은 단기간에 세력 확장이 이루어졌음을 상징적으로 표현한 것이다. 즉 수십 일 만에 9척으로 자랐다는 표현은 토착세력이 완전히 김수로 세력의 지배하에 놓이기까지의 시간과 과정을 나타낸 것이다.

단군신화와 주몽신화는 건국 주체의 선조 출자와 그 업적을 기리는 것으로 시작한다. 반면에, 가야의 건국신화는 건국 주체가 내려오는 광경과 토착세력의 반응으로 시작한다. 이것은 건국신화가 철저하게 토착세력의 관점에서 만들어졌다는 의미다. 만약 건국 주체가 신화를 만들었다면, 건국의 당위성과 신성성을 확보하기 위해서 그들의 선조 계보와 그 업적에 관해서 언급했을 것이다.

역사 서술 원형은 구술문화에 있는데, 기억이 정보를 취사선택해서 "여러 사실을 일정 문맥 속에 재배치하고, 나아가 그것들을 시간 계열에 맞춰 재배열함으로써 마침내 '세계'나 '역사'에 대해서 이야기할 수 있게 된다."[248] 중요한 사건과 일정한 문맥 그리고 시간 계열에 맞춰 재배열한다는 뜻은 그 사건이 어떠한 의미가 있는지 문맥에 맞춰 재배열하는 그 순간에 이미 해석이 포함되어 있음을 의미한다.

중요한 사건들을 잊지 않고 당대 및 후대에 전승하기 위해서 "기억하기 쉽고 바로 말할 수 있도록 만들어진 패턴에 입각하여 사고"[249]하기 때문에 "정형적인 표현, 표준화된 주제적 배경(집회, 식사, 결투, 영웅의 조력자 등), (……) 패턴화된 격언 등 기억하기 좋은 형식"[250]에 따라 이야기를 재배열한다.

역사 서술의 원형이 구술문화임을 상기해보면 당시 토착세력에게 이주세력을 맞이하고 통합하는 과정은 기억할 만한 경험이었을 것이며, 그 경험을 기억하기 쉽게 「가락국기」에 재배열했을 것이다. 사건의 재배열과 기억을 쉽게 하는 패턴으로 짜인 가야 건국신화를 풀어본다면 다음과 같다.

> 김수로가 가야를 건국하기 전의 가야 지역은 구간이 다스리고 있었다. 이때는 국가라는 정치체제가 성립되기 전이다. 후한의 세조 광무제 건무 18년 임인(42) 3월 상사일에 북쪽에서 김수로의 세력이 내려왔다. 그들은 매우 강성해서 선주민들은 그들의 힘으로 김수로 세력을 대적할 수 없다는 것을 인식했으며, 이러한 사실을 '수상한 소리'와 '하늘의 명령'으로 표현했다. 김수로 세력은 선주민세력을 무혈로 통합하고자 했다.

---

[248] 노에 게이치, 김영주 옮김, 앞의 책 『이야기의 철학: 이야기는 무엇을 기록하는가』, pp. 23~24.
[249] 월터 J. 옹, 임명진 옮김, 『구술문화와 문자문화』, 문예출판사, 2019(개정판), p. 75.
[250] 위와 같음.

그래서 선주민들에게 사신을 보내 자신들의 남하는 '하늘의 명령'이라고 했다. 선주민에게 내건 조건은 그들이 산꼭대기를 파고 흙을 집으면서 '구지가'를 부르고 춤을 추는 것이다. 왕이 되어달라고 청하라는 뜻이다. 그러면 자신이 수락하는 형식을 취하겠다는 의미인데, 너희들은 하늘에서 대왕을 맞이하여 기뻐하며 춤추게 될 것이라는 표현이 그것이다. 구간들이 회의를 거쳐 김수로 세력의 요구 조건을 받아들이자 비로소 김수로왕과 형제(또는 같은 정치세력)가 모습을 드러내는데, 하늘에서 자주색 줄이 드리워져 땅에 닿고 그 줄 끝에 금합이 있으며, 그 속에 황금알 여섯 개로 표현되었다. 이후 김수로 세력은 빠르게 확장되어 선주민들과 정치체제 및 다스리는 구역 등을 확정하는 협의 과정을 거쳐 수로가 대가락 또는 가야국의 왕이 되고 나머지는 각각 5가야를 다스린다.

가야 건국신화는 선주민의 관점에서 건국 당시 경험을 바탕으로 서술되어 있다. 그런데 백승충은 "신화라는 것이 원래 정확한 역사 무대와 시기를 가질 수 없다"[251]라고 했다. 한마디로 가야 건국신화는 역사가 아니라 '가짜'라는 것이다.

신화의 물질 조건은 역사다. 역사가 있어야 그것을 바탕으로 신화가 만들어진다는 말이다. 신화로 전승되었던 트로이전쟁은 고고학 발굴을 통해 역사로 밝혀졌다. 서기전 1300~서기전 1200년 사이에 일어났던 전쟁을 경험한 당대인들이 그들의 경험을 기억으로 만들어 전승했던 것이다. 이와 마찬가지로 가야 건국신화는 서기 42년에 가야 건국 과정을 경험한 선주민들이 그들의 경험을 기억으로 만들어 전승한 것이다.

---

[251] 백승충, 앞의 글 「가야의 개국설화에 대한 검토」, p. 121.

경험이 기억이 되고 이야기로 만들어진다면 그것은 허구가 아니라 역사다. 단지 문자가 없던 시절 쉽게 전달하기 위해 상징을 사용하고, 정형구를 만들어서 전승한 것이지, 없는 사실을 창작한 것이 아니다. 즉, 「가락국기」는 허구가 아니라는 말이다.

3. 김수로 출자 연구에 관한 비판

「가락국기」가 전하는 김수로의 출자에 관해 백승충은 허구라고 여긴다.[252] 그가 김수로를 허구적 인물로 만드는 방법은 세 가지다. 첫째, 김씨 칭성은 가야 멸망 후에 생겨났다고 주장하기, 둘째, 신화의 성격 바꿔버리기, 셋째, 시조신(始祖神) 신앙에 따라 만들어낸 인물이라고 주장하기다. 이것을 구체적으로 살펴보자.

첫째, 백승충은 「가락국기」와 『개황력』 그리고 「김유신비문」을 근거로 김씨 칭성은 가야 멸망 이후에 생겨났다고 주장한다. 「가락국기」와 『개황력』은 '금란'에서 태어났기 때문에 '김씨'라고 했는데, 「김유신비문」에는 소호의 직계라서 김씨라고 칭했다는 것이다.[253] 백승충은 두 사료의 김씨 칭성의 기원과 이유가 다르기 때문에 '김수로는 가짜'라고 주장한다. 또 『개황력』은 가야가 멸망한 후에 편찬되었고, 「김유신비문」은 7세기 후반에 작성되었기 때문에 수로의 '김씨 성'은 "가락국의 역사와 세계 및 '김해 김씨'의 유래를 정리한 과정에서 후대의 인식

---

252 백승충, 앞의 글 「가야의 개국설화에 대한 검토」.
253 위와 같음.

김수로왕릉

이 많이 반영"[254] 되었다고 보고 있다.

　백승충은 "믿을 만한 사서에 근거하는 한 김씨 성의 사용은 진흥왕 대에 처음"[255] 보인다고 했다. 그가 믿을 만한 사서라고 한 것은 『북제서』다. "2월 갑인에 조서를 내려 신라왕 김진흥을 사지절(使持節) 동이교위(東夷校尉) 낙랑군공(樂浪郡公) 신라왕(新羅王)으로 삼았다"[256]는 기사에서 김씨 성이 처음 보인다는 것이다. 신라의 김씨 성은 6세기 중후반 이후에 생겼기 때문에 「김유신비문」에 '소호금천씨설'을 채용한 것은 "신성성과 유구성을 강조"[257]하려는 것일 뿐 사실이 아니라고 한다. 한마디로 『삼국유사』는 1281년에 편찬되었기 때문에 가야 건국신

---

[254] 백승충, 앞의 글 「가야의 개국설화에 대한 검토」, p. 118.
[255] 위와 같음.
[256] 『북제서』. "二月甲寅, 詔以新羅國王金眞興爲使持節·東夷校尉·樂浪郡公·新羅王."
[257] 백승충, 앞의 글 「가야의 개국설화에 대한 검토」, p. 119.

화인 「가락국기」는 후대에 일연이 창작한 '가짜 이야기'라는 뜻이다.

그런데 이때 김씨 성이 처음 칭성되었다면 진흥왕이 김씨 성을 칭성했다는 기록이 있어야 한다. 소호금천씨는 금덕으로써 천하의 왕이 되었기 때문에 금천씨라고 했고, 김일제는 금인을 가지고 하늘에 제사를 지냈기 때문에 김일제라고 했다.[258] 만약에 이때 진흥왕이 처음 김씨 성을 칭성했다면 『북제서』에 김씨 성을 칭성한 이유에 대해서 언급했을 것이다. 후술하겠지만 김유신은 비교적 가까운 조상을 김수로라고 했고, 원시조를 소호금천씨라고 했으며, 재당 신라인이었던 김씨부인의 묘지명에도 '원시조는 소호금천씨, 중시조는 김일제'라고 했다. 『북제서』의 기록은 오히려 진흥왕이 그 이전에도 김씨 성을 칭성했음을 방증하는 것이다. 역사서에 나타난 기록은 하한은 될 수 있지만, 반드시 상한을 나타내는 것은 아니다. 그러니까 이 이전부터 신라왕의 김씨 칭성이 신라 사회에 널리 인식되었기 때문에 그것이 중국의 역사서에도 기록될 수 있었던 것이다.

둘째, 백승충은 신화의 성격을 바꿔버린다. 건국신화를 제의신화로 그 성격을 바꿔버린 것이다. 그는 「가락국기」가 일연이 가야 지역의 고유 신앙인 '집단강우축술' 또는 '풍요제'의 변종이거나 기우제·지신제였던 설화를 김수로의 탄생신화와 결합시켜서 창작한 이야기라고 주장한다.[259] 「가락국기」는 가야의 건국신화가 아니라 제의신화라는 것이다. 수로가 구간이 모인 자리에 구지가를 매개로 강림한 것이 그것을

---

[258] 김명옥, 앞의 글 「「가락국기」를 통해 본 가야 건국 주체세력 출자에 관한 연구」, p. 650.
[259] 백승충, 앞의 글 「가야의 개국설화에 대한 검토」, p. 119.

증명한다고 했다. 또 그는 수로가 어원적으로 '높다', '신성하다'의 뜻이고 알이 내려온 곳이 해변이라는 점에서 그것을 영적인 동물인 거북과 연결시킬 수 있으며, 울산 반구대 암각화를 참고해볼 때, 바닷가에 위치해 있는 이 지역의 생활환경 및 신앙 형태와 직접적인 관련이 있다고 했다. 가야 지역의 고유 신앙이 김수로의 탄생신화와 결합된 것이 「가락국기」라는 것이다.

이것은 백승충만의 독창적인 주장이 아니다. 이노우에 히데오는 「가락국기」에 "영신의 제의가 상세하게 언급되어 있다. (……) 그 영신제의(迎神祭儀)는 「가락국기」가 편찬된 1076년에 김해의 동제(洞祭)로서 그대로 실행되고 있다는 점이 주목된다"[260]라고 했다. 당시 영신제의를 반영해서 일연이 「가락국기」를 창작했다는 뜻이다.[261] 백승충은 이노우에 히데오의 논리를 그대로 가져온 것에 지나지 않는다.

백승충은 "가락국의 개국설화는 '수로'에 대한 제례를 행할 때 찬가의 형태로 불리어졌던 것으로서 전승 과정에서 많은 윤색과 가필이 행해졌을 것은 분명"[262]하다고 했다. 그는 "'수로'에 대한 제례를 행할 때"라고 하면서 마치 가야의 건국 주체로서 김수로를 인정하는 듯하지만, 사실은 그렇지 않다.

백승충은 가야 건국신화에 나타난 구간의 성격, 개국 연도, 국호, 6란설 등을 분석했다. 먼저 '6란설'에 관한 그의 해석을 보자.[263] 그는 '5

---

260 이노우에 히데오, 김진광 옮김, 「조선의 건국신화」, 『일본인들의 단군 연구』, 민속원, 2009, p. 179.
261 백승충, 앞의 글 「가야의 개국설화에 대한 검토」.
262 백승충, 앞의 글 「가야의 개국설화에 대한 검토」, p. 121.
263 백승충, 앞의 글 「가야의 개국설화에 대한 검토」, p. 124.

가야'조의 "근거가 된 '6란설'은 당대의 사실로 보기는 어렵다고 하겠는데, (……) 가락국의 개국설화에도 가락국과 가라국 이외의 다른 국에 대한 언급이 전혀 없기 때문에 적어도 신라 말 이전에는 '6란설'에 근거한 6가야연맹설의 관념이 없었음을 확인할 수 있다"[264]라고 했다. 그러나 「가락국기」는 6가야 전체의 건국설화다. 굳이 따로 개국설화를 가질 필요가 없는 것이다.

신라 말 이전에 '6란설'에 근거한 '6가야연맹설' 관념이 없다는 말은 신라 말 이전에는 「가락국기」가 없었다가 통일신라시대인 7세기 중반 이후에 만들어졌다는 말이다. 또 백승충은 『삼국유사』에서 '5가야'조라는 형식은 달마의 「전법게(傳法偈)」 '일화오엽(一花五葉)'을 가져와 일연이 불교적으로 윤색한 것이라고 했다.[265] 『삼국유사』 권3 「탑상(塔像)」편 '어산불영(魚山佛影)'조[266]를 바탕으로 '6란설'에 근거한 5가야를 일연이 '불교적으로 윤색했다'는 것이다.

우리의 건국신화를 '일연이 창작했다'라는 설을 추적하면 항상 나카 미치요와 닿는다.[267] 나카 미치요가 1894년에 「조선고사고」에서 단군

---

264 위와 같음.
265 위와 같음.
266 내용은 다음과 같다. "『고기』에 이런 기록이 있다. '옛날에 하늘에서 알이 바닷가에 내려와 사람이 되어 나라를 다스렸으니 곧 수로왕이다. 이때 경내에 옥지가 있어 못 안에 독룡(毒龍)이 살고 있었다. 만어산(萬魚山)에 다섯 나찰녀(羅刹女)가 있어 독룡과 왕래하고 서로 사귀었다. 때문에 때로 번개와 비를 내려 4년 동안 오곡이 익지 않았다. 왕은 주술로 금하려고 했으나 능히 할 수 없게 되자 머리를 조아리며 부처께 청하여 설법을 한 후에야 나찰녀가 오계를 받고 그 뒤에는 재해가 없어졌다. 이로 인하여 동해의 어룡이 마침내 골짜기에 가득한 돌로 화하여 각기 종과 경쇠의 소리를 내었다'라고 했다. 이상은 옛 기록이다."
267 나카 미치요, 신종원 옮김, 「조선고사고」, 『일본인들의 단군 연구』.

전설은 "불교가 동쪽으로 전파된 뒤에 중들이 날조한 망령된 이야기"[268]라고 언급한 이후 일제 식민사학자들은 단군신화를 묘향산 산신설화나 평양연기설화를 바탕으로 일연이 창작했다[269]거나, 주몽전설의 이본[270]이라고 주장했다. 전자는 강단사학자인 서영대, 송호정으로 이어지고, 후자는 이병도, 김철준, 이지영으로 이어지고 있다.[271]

가야 건국신화에 대해 시라토리 구라키치는 "난생의 전설은 인도 고유의 것으로서, 불서(佛書) 가운데 기재되었던 것을 그들 나라의 승려들이 자국(自國)의 조종(祖宗)을 찬미하기 위한 재료로서 빌려와서, 그 용기와 무력[勇武]을 장식한 것에 지나지 않는다"[272]라고 했다. 그러니까 난생신화는 인도의 고유한 신화인데, 불교가 전래되면서 불경에 게재된 신화를 승려들이 건국신화로 날조했다는 말이다. 그는 "(김수로를) (……) 차라리 이를 거짓으로 만든 인물이라고 보는 것이 온당치 않을까 한다"[273]라고 했다. 결국 김수로는 역사적 인물이 아니라 승려들이 날조한 '가짜 인물'이라는 것이다.

백승충은 서영대와 송호정이 일제 식민사학자인 시라토리 구라키치와 오다 쇼고의 논리를 그대로 가져와서 단군신화를 왜곡한 것처럼 시라토리 구라키치의 논리를 차용해 가야 건국신화를 왜곡한다. 「가락국기」는 일연이 가야 지역의 고유 신앙인 집단강우축술 또는 풍요제

---

268 나카 미치요, 신종원 옮김, 위의 글 「조선고사고」, p. 165.
269 시라토리 구라키치와 오다 쇼고가 대표적이다.
270 이마니시 류와 미시나 쇼에이다.
271 김명옥, 앞의 글 「단군이 신화의 세계로 쫓겨난 이유는?」.
272 시라토리 구라키치, 조경철 옮김, 앞의 글 「단군고」, p. 185.
273 시라토리 구라키치, 조경철 옮김, 앞의 글 「단군고」, pp. 189~190.

〈표 10〉 건국신화 창작 왜곡설과 그 주장의 계보

신화	일연 창작설과 그 내용	일제 식민사학자	한국 강단사학자
단군신화	중들이 말조한 망령된 이야기	나카 미치요	
	묘향산 산신설화 + 평양연기설화	시라토리 구라키치, 오다 쇼고	서영대, 송호정
	주몽설화 이본	이마니시 류, 미시나 쇼에이	이병도, 김철준, 이지영
『가락국기』	인도 고유 전설을 승려들이 건국신화로 날조	시라토리 구라키치	백승충
	지역 토착신앙	이노우에 히데오	
	지역 토착신앙 + 김수로 탄생 설화		

의 변종이거나 기우제·지신제였던 설화를 김수로의 탄생신화와 결합시켜서 창작한 이야기'라는 것이다. 그러니까 '김수로는 가짜다'라는 말을 우회적으로 한 것이다. 1945년 광복이 된 지도 한참 지났는데 강단사학계는 여전히 일제가 만들어 놓은 '식민사관 틀'에 갇혀 있다. 이상의 내용을 정리하면 〈표 10〉과 같다.

셋째, 백승충은 김수로를 시조신 추앙 관념에 따라 만들어낸 인물로 보고 있다. 일제 식민사학자와 백승충의 주장처럼 일연이 「가락국기」를 창작했다면 '김수로'는 역사적 실존인물이 아니다. 백승충이 어떻게 '김수로'를 부정하는지 보자.

그는 『삼국지 위서』 「동이전」 '한'조의 '(변한은) 귀신을 제사 지내는 것이 진한과 다르다'[274]라는 구절을 근거로 삼아서 "가야 사회가 이미

---

274 이에 대해서는 김명옥, 「「가락국기」를 통해 본 가야 건국 주체세력 출자에 관한 연구」

시조신에 대한 독자적인 관념이 있"[275]는데, 김수로가 시조신이 된 이유는 '신귀간(神鬼干)'이 '신귀간(臣貴干)'으로 바뀌는 것에서 찾을 수 있다고 했다. '신귀간(神鬼干)'은 제사 주관자인데, '신귀간(臣貴干)'으로 바뀐 것은 '신권(神權)'이 '정치권력'으로 전환했음을 시사하고, 이를 통해 수로가 가락국의 시조로 추앙받게 되었다는 것이다. 수로는 가야 건국 시조가 아닌데, 정치 이데올로기 창출에 따라 건국 시조로 만들어졌다는 것이다.[276]

백승충의 말처럼 정말 「가락국기」는 일연이 창작했고, 수로는 이데올로기 창출에 지나지 않는지 수로왕의 출자를 먼저 살펴보자.

「가락국기」는 김수로의 출자가 하늘이라고 했다. 『삼국사기』 「김유신열전」에는 "김유신은 서울 사람이다. 12대 선조 수로왕은 어떤 사람인지 알 수 없다. (······) 또한 헌원의 후예요, 소호의 자손이라 했으니 남가야 시조 수로왕은 신라와 성이 같다"[277]라고 했다. 김부식이 김유신의 12대 선조가 수로왕이고, 그의 원시조는 헌원의 후예인 소호금천씨라고 한 것이다.

가야계 시조를 알려주는 「대당고김씨부인묘명」은 1954년 중국 섬서성 곽가탄에서 발견되었는데, 비의 주인공인 김씨부인은 재당 신라인이다. 비는 '① 소호금천씨는 가문의 세조다, ② 이후 종파가 여러 갈래로 갈라져 번성했다, ③ 먼 조상의 이름은 일제인데, 흉노 조정에서

에서 원시조와 중시조를 자세히 언급했다. 소호금천씨와 김일제 선조 및 그와 그 후손의 이동 경로, 그리고 그들의 문화 계승 측면을 문헌과 유물로 논증하고 있다.
275 백승충, 앞의 글 「가야의 개국설화에 대한 검토」, p. 127.
276 백승충, 앞의 글 「가야의 개국설화에 대한 검토」.
277 김부식, 이재호 옮김, 『삼국사기 3』, 솔, 1997, pp. 261~262.

서한에 귀순해서 무제 때 투정후로 봉해졌다,[278] ④ 한나라가 덕을 드러내지 않아 난리가 나자 멀리 요동에 숨어 살게 되었다'로 요약된다.[279] 「대당고김씨부인묘명」에는 가야계의 원시조를 소호금천씨로, 중시조를 김일제로 명기했다. 후손이 선조의 계보를 잘못 알고 있는 경우는 없다. 김일제 후손이 멀리 요동에 숨어 살게 된 것은 왕망이 세운 신나라 조정에서 그들이 활약했기 때문에 후한이 들어서자 멀리 요동으로 숨어들었던 것이다.[280] 그러다 조선 유민과 섞여 살게 되고, 이후 남하해서 가야를 건국한 것이다.

4. 백승충이 본 가야 건국 시기와 세력

백승충은 가야의 건국신화를 일연이 창작했으며, 김수로는 정치 이데올로기 창출에 따라 시조로 추앙된 인물로 설정했다. 가야 건국신화가 버젓이 있는데, 그것을 부정한 것이다. 가야는 "후한의 세조 광무제 건무 18년 임인(42) 3월 상사일"[281]에 건국했다. 그러나 백승충은 이 기록을 믿지 않는다.

백승충은 건국 시기를 가짜로 만들려고 건국세력(정치세력)을 경제세력으로 그 성격을 바꿔버렸으며, 이를 위해 세 가지 논리를 폈다. 첫째, 가야와 신라의 전쟁 기사를 해상권 다툼으로 만들고, 둘째, 건국세

---

[278] 이덕일, 앞의 글 「신라 문무왕도 투후 김일제의 후손이다」.
[279] 권덕영, 앞의 글 「「대당고김씨부인묘명」과 관련한 몇 가지 문제」.
[280] 김명옥, 앞의 글 「「가락국기」를 통해 본 가야 건국 주체세력 출자에 관한 연구」.
[281] 일연, 이재호 옮김, 『삼국유사 1』, 솔, 2008(개정판), p. 342.

력을 대외교역 주체로 규정하고, 셋째, '염사(廉斯) 착[치(鑡)] 세력=김수로 세력=변진구야국' 도식을 만들었다.[282] 세 가지 논리를 하나하나 살펴보자.

첫째, 백승충은 가야와 신라의 전쟁 기사를 해상권 다툼으로 해석했다. 그는 『삼국사기』 「신라본기」 초기 기록인 아홉 건의 가야와 신라의 전쟁 기사[283]를 사로세력과 가야계 초기 세력이 낙동강을 차지하려는 해상권 다툼으로 설명한다.[284] 「신라본기」의 전쟁 기사는 '가야'와

---

[282] 백승충, 앞의 글 「1~3세기 가야세력의 성격과 그 추이: 수로집단의 등장과 포상팔국의 난을 중심으로」.

[283] ① 탈해이사금 21년(77) 가을 8월에 아찬(阿湌) 길문(吉門)이 가야 군사와 황산진 어귀에서 싸워 1천여 급을 베고 잡았다. 길문으로 파진찬(波珍湌)을 삼았으니 그 공을 표상한 것이다. ② 파사이사금 8년(87) 가을 7월에 영을 내렸다. "내 덕이 없으면서 이 나라를 다스리게 되어 서쪽으로는 백제와 이웃하고, 남쪽으로는 가야와 접경하게 되었다. (……) 이달에 가소(加召), 마두(馬頭)의 두 성을 쌓았다. ③ 15년(94) 봄 2월에 가야의 적군이 마두성을 포위하므로 아찬 길원(吉元)을 보내어 기병 1천을 거느리고 가 쳐서 쫓게 했다. 가을 8월에 알천에서 군사를 사열했다. ④ 17년(96) (……) 9월에 가야 사람들이 남쪽 변경을 습격하므로 가성주(加城主) 장세(長世)를 보내어 막게 했으나 적에게 살해되었다. 왕이 노하여 용사 5천을 거느리고 나가서 싸워 적을 쳐 이겨 물리쳤는데 포로가 매우 많았다. ⑤ 18년(97) 봄 정월에 군사를 일으켜 가야를 치고자 했으나, 그 나라 임금이 사신을 보내어 죄의 처벌을 청하므로 그만두었다. ⑥ 27년(106) (……) 가을 8월에는 마두성주에게 명하여 가야를 쳤다. ⑦ 29년(108) 여름 5월 큰 물이 져서 백성들이 굶주렸으므로 사자를 10도(十道)에 보내 창고를 열어 구제해주었다. 군사를 보내 비지국, 다벌국, 초팔국을 쳐서 이를 병합했다. ⑧ 지마이사금 4년(115) 2월에 가야가 남쪽 변경을 침범했다. 가을 7월에 왕이 친히 가야를 정벌했는데, 보병과 기병을 거느리고 황산하를 건너니 가야 사람들이 군사를 수풀 속에 숨겨두고 기다리고 있었다. 왕이 이 일을 모르고 바로 나아가니 복병이 일어나서 두어 겹이나 포위했다. 왕은 군사를 격려하여 분격해서 포위망을 뚫고 퇴각했다. ⑨ 5년(116) 가을 8월에 장수를 보내 가야를 침범케 하고, 왕은 강한 군사 1만 명을 거느리고 뒤따르니, 가야에서는 성안에서 굳게 지켰다. 마침 오랫동안 비가 내리므로 돌아왔다.

[284] 백승충, 앞의 글 「1~3세기 가야세력의 성격과 그 추이: 수로집단의 등장과 포상팔국의 난을 중심으로」.

'신라' 두 국명으로 기술되어 있지만, 그는 이를 '사로세력'과 '가야 초기 세력'으로 표기한다. 두 국명에 대한 기사를 '사로세력'과 '가야 초기 세력'으로 읽은 백승충의 속마음은 신라와 가야가 아직 건국되지 않았다는 뜻이다.

한편, 가야와 신라의 전쟁 기사와 무관한 '파사이사금 29년(108)' 조[285]를 인용해서 비지국(比只國), 다벌국(多伐國), 초팔국(草八國)은 청도 지역에 있는 가야계 지명이라고 했다.[286] 3국이 청도 지역에 있었던 소국이라고 증명하는 일은 차치하더라도 가야계였다는 근거는 제시해야 한다. 비지국, 다벌국, 초팔국이 '가야계'였다는 기록은 『삼국사기』나 『삼국유사』 그리고 『삼국지 위서』 「동이전」 '한전 변진'조 어디에도 없다. 백승충은 가야와 신라의 전쟁 기사에 '비지국, 다벌국, 초팔국' 3국의 정벌 기사를 인용한 의도는 "1~3세기의 초기 가야, 특히 김해 지역에 위치했던 것으로 추정되는 변진구야국"[287]의 주도세력이 수로집단이라고 하기 위해서라고 주장한다.

변진구야국은 『삼국지 위서』 「동이전」 '한전 변진'조에 속한 24개국 중의 하나다. 변진은 변한과 진한을 합해서 변진이라고 부른다.[288] 그런데 『삼국사기』 「신라본기」 '박혁거세 19년(서기전 39)'에 "봄 정월에

---

285 29년(108) 여름 5월 큰 물이 져서 백성들이 굶주렸으므로 사자를 10도에 보내 창고를 열어 구제해주었다. 군사를 보내 비지국, 다벌국, 초팔국을 쳐서 이를 병합했다.
286 백승충, 앞의 글 「1~3세기 가야세력의 성격과 그 추이: 수로집단의 등장과 포상팔국의 난을 중심으로」, p. 11.
287 백승충, 앞의 글 「1~3세기 가야세력의 성격과 그 추이: 수로집단의 등장과 포상팔국의 난을 중심으로」, p. 4.
288 "弁·辰韓合二十四國."

변한이 항복해 왔다"[289]고 했다. 또 '박혁거세 38년(서기전 20)'에 마한 왕이 호공(瓠公)을 꾸짖으며 "진한과 변한은 우리의 속국인데, 해마다 공물을 보내지 않으니"[290]라는 기사가 있다. 『삼국사기』에는 서기전 39년에 변한이 신라에 항복했다고 기록되어 있다.

『동번기요』[291]에도 마한은 혜제 원년(서기전 195) 나라를 세웠고, 왕망 2년(9) 백제 온조왕에게 멸망당했다고 하면서 "진한, 변한은 언제 세워졌는지 알 수 없다. 나중에 혁거세에게 멸망당했으니 (……) 삼한에 나라가 존재한 것이 한결같이 전한 당시에 해당하며, 후한대 초기에 이르면 삼한이 다 멸망되었으니 어디 조씨의 위나라까지 거론할 필요가 있겠는가"[292]라고 했다. 『삼국사기』와 『동번기요』 모두 변한이 서기전에 멸망했으며, 삼한은 모두 전한(서기전 202~서기 8) 시기에 존재했다고 했다. 백승충이 『삼국사기』 '박혁거세'조를 안 보고 글을 썼거나, 알고도 이 부분을 빼고 '변진구야국'이라고 했다면 '가야는 1세기에 건국되지 않았다'는 그의 속마음을 말한 것이다.

둘째, 백승충은 건국세력을 대외교역 주체로 규정했다. 그는 '1~3세기 가야세력의 성격'을 파악하면 가야사를 알 수 있다고 했는데, 그는 가야세력의 성격을 '우수한 철기문화 전파와 관련된 대외교역 주체'로 규정한다. 가야 건국세력을 경제세력으로 바꾸려는 시도다. 논리를 어

---

[289] 『삼국사기』 「신라본기」. "十九年, 春正月, 卞韓以國來降."
[290] 『삼국사기』 「신라본기」. "辰·卞二韓, 爲我屬国, 比年不輸職眞."
[291] 『동번기요』는 1882년 설배용(薛培榕)이 쓴 책으로 12권으로 되어 있다. 설배용이 오장경(吳長慶)을 따라 조선에 들어와 전적(典籍)을 수집해 엮은 책으로, 역사와 지리는 물론이거니와 제도, 도리, 교통, 중국과의 관계 등을 서술했다.
[292] 문성재 역주, 앞의 책 『정역 중국정사 조선·동이전 1』, p. 335에서 재인용.

떻게 펴는지 보자.

① 서기전 1세기 이후 사로세력은 우수한 철기문화를 도입하여 이를 바탕으로 1세기 이후 정복전쟁을 수행해서 주변의 소국을 3세기에 다 정복했다.
② 그러나 가야·사로 전쟁 기사는 그 성격을 달리하는 것으로 보인다.
③ 사로세력의 우수한 철기문화는 위만조선 멸망으로 인한 유이민의 남하로 북방의 선진 문물과 접촉한 결과다.
④ 가야·사로 세력은 당시의 선진 문물을 수용할 수 있는 여건이 마련되어 있었다.
⑤ 경남 해안 지역의 철기 유물 출토 상황을 봐도 사로세력의 출토 상황과 비교하더라도 결코 뒤지지 않는다.
⑥ 가야 지역에서 선진 문물이 출토된 배경에는 낙랑군과의 접촉이 있었음을 간과해서는 안 된다.[293]

백승충은 가야와 신라가 우수한 철기술과 선진 문화를 접할 수 있었던 것은 "중국계, 위만조선계 등의 유이민 집단들"[294]의 영향 때문이라고 한다. 평양 지역에 낙랑군이 설치된 후에 그들로부터 문화를 받아들였기 때문이라는 것이다. 이러한 주장을 볼 때, 백승충은 "변진에 철이 나는데, 한(韓), 예(濊), 왜(倭)와 교역하고, 철을 화폐처럼 사용했으

---

[293] 백승충, 앞의 글 「1~3세기 가야세력의 성격과 그 추이: 수로집단의 등장과 포상팔국의 난을 중심으로」, p. 14를 요약 정리.
[294] 백승충, 앞의 글 「1~3세기 가야세력의 성격과 그 추이: 수로집단의 등장과 포상팔국의 난을 중심으로」, p. 14

며, (낙랑과 대방) 두 군에도 공급했다"[295]는 『삼국지 위서』 「동이전」 '한전 변진'조와 『후한서』 「동이열전」 '삼한'조 기사를 애써 외면하거나 모르는 것이 틀림없다.

또한 백승충은 한사군의 설치 목적이 "정치적인 영향력 확대라기보다는 교역권 확대라는 의미를 보다 강하게 가졌다"[296]라고 주장한다. 전쟁의 정치적 목적에는 주권과 독립, 패권과 이권, 국내 권력 문제, 이념이나 종교, 약탈을 위한 식민지 획득 등이 있다.[297] 어떤 하나의 목적으로 전쟁을 일으켰다고 생각한다면 그것에 대한 세밀한 분석이 필요하다. 조·한전쟁도 마찬가지다. 당시의 시대적 상황과 주변의 정세 등을 따져서 전쟁의 목적을 설명하고 그 결과 한사군이 설치되었다고 설명하는 것이 맞다.

조·한전쟁 당시 위만조선은 강대해져서 한나라로 통하는 요동의 길을 막고, 한나라에 입조하지도 않았다. 이에 한무제는 외교적으로 이 문제를 해결하려고 섭하(涉何)를 위만조선으로 보냈는데, 섭하는 비왕장을 죽이고 한나라로 도망쳤다. 이에 한무제는 섭하를 요동동부도위(遼東東部都尉)로 임명했고, 우거왕이 공격해서 섭하를 죽인 것(『사기』 「조선열전」)이 조·한전쟁의 원인이다. 그렇다면 백승충의 주장처럼 조·한전쟁은 경제적 요인으로 일어난 것이 아니다. 정치적 요인이 훨

---

[295] 『삼국지 위서』 「동이전」 '한'조. "國出鐵, 韓·濊·倭皆從取之. 諸市買皆用鐵, 如中國用錢, 又以供給二郡."
[296] 백승충, 앞의 글 「1~3세기 가야세력의 성격과 그 추이: 수로집단의 등장과 포상팔국의 난을 중심으로」, p. 20.
[297] 이종학, 「클라우제비츠의 전쟁론 연구(3): 전쟁의 목적·폭표 및 수단에 대하여」, 『군사논단』 37, 한국군사학회, 2004.

씬 크며, 그 결과 한사군이 설치된 것이다.

셋째, 백승충은 '염사 착(치) 세력=김수로 세력=변진구야국'이라는 논리를 만들었다. 그는 『삼국사기』에 기록된 가야와 신라의 전쟁은 낙동강 해상권을 장악하는 싸움이며, "수로집단은 바로 당시의 해상권을 장악한 대외교역권의 주체로서 등장했다"라고 한다. "수로집단의 등장 배경은 서기전 108년 한군현의 설치에서 그 시원을 찾을 수 있다"[298]는 것이다. 그 근거로 『삼국지 위서』「동이전」 '한'조를 들고 있다. 여기에서는 '염사의 땅 착(치)은 진한의 우거수(右渠帥)였는데, 낙랑이 살기 좋다는 소리를 듣고 낙랑에 항복하러 가는 길에 한나라 사람 호래(戶來)를 만난다. 호래는 한나라 군인이었는데, 착은 호래가 1,500명과 함께 붙잡혀 와 노예가 되었다는 말을 듣고 같이 낙랑에 항복했다'는 내용을 전한다.

백승충은 "이들 기사는 낙랑군과 한반도 남부 지역과의 교섭 사실을 전하는 구체적이며 유일한 기사다"[299]라고 했다. 중국 1차 사료는 낙랑군 위치가 모두 요동이라고 말한다.[300] 그러나 백승충은 1차 사료를 통해 낙랑군의 위치를 검증하지 않고 한반도로 비정했다. 문제는 이것만이 아니다. 염사 착(치)의 출자를 "변한 지역, 그중에서도 김해 지역이었을 가능성이 높다"[301]고 했다. 즉, 백승충은 "한인 희생자 500명의 대

---

[298] 백승충, 앞의 글 「1~3세기 가야세력의 성격과 그 추이: 수로집단의 등장과 포상팔국의 난을 중심으로」, p. 33.
[299] 백승충, 앞의 글 「1~3세기 가야세력의 성격과 그 추이: 수로집단의 등장과 포상팔국의 난을 중심으로」, p. 21.
[300] 『사기』「하본기」. "太康地理志云「樂浪遂城縣有碣石山, 長城所起」."
[301] 백승충, 앞의 글 「1~3세기 가야세력의 성격과 그 추이: 수로집단의 등장과 포상팔국의 난을 중심으로」, p. 23.

가로 진한인 1만 5천 명과 변한포(弁韓布) 1만 5천 필을 강제로 거두어"[302] 갔는데, "일정 수의 노동력과 변한포가 염사 착(치)을 매개로 하여 낙랑과 교역한 사실을 전하는 것"[303]이라고 했다. 즉, 백승충은 1~3세기 한반도 김해 지역에서 낙랑과의 교역을 담당한 세력이 염사 착(치)이고, 염사 착(치) 세력이 김수로 세력이라고 주장한 것이다.

> 여기서 주목되는 것이 앞서 언급한 염사인들인데, 이들과 수로집단과의 관계를 굳이 동일집단, 동일인물로 가정하지 않더라도 등장인물 배경은 같은 것이라 할 수 있으며,『삼국유사』「가락국기」에 나오는 수로의 가락국 건국 연대도 같은 맥락에서 그 근거를 가질 수 있을 것이다.
> 「가락국기」에 의하면 김해 지역은 42년에 수로가 구간세력을 통합하여 가락국을 건국한 것으로 전하는데, 이들 세력은『삼국지 위서』「동이전」'한'조에 나타나는 독립된 정치집단인 변진구야국을 형성하는 하나의 커다란 주체세력임이 틀림없다.[304]

백승충에 따르면, 1~3세기 가야세력(김수로 세력)과 염사 착(치) 세력은 동일집단이며, '변진구야국'을 형성하는 세력이라는 것이다. '변진구야국=염사 착(치) 세력이고, 염사 착(치) 세력=가야계 세력(김수로 세력)'이 되려면 이것을 증명하는 중간 과정이 필요하다. 그런데 백승충

---

302 백승충, 앞의 글 「1~3세기 가야세력의 성격과 그 추이: 수로집단의 등장과 포상팔국의 난을 중심으로」, p. 22.
303 위와 같음.
304 백승충, 앞의 글 「1~3세기 가야세력의 성격과 그 추이: 수로집단의 등장과 포상팔국의 난을 중심으로」, pp. 24~25.

은 변진구야국이 김해 지역에 있고, 염사 착(치)이 김해 지역에서 출자했으며, 이때「가락국기」에서 가야가 건국했다고 하니 '변진구야국=염사 착(치) 세력=가야계 세력(김수로 세력)'이 된다는 것이다. 이러한 주장을 하려고 가야의 건국세력을 낙랑과 대외교역을 하는 경제세력으로 만들어버린 것이다.[305]

이처럼 백승충은『삼국지』와『동번기요』에 기록된 변진구야국의 존재 시기(서기전 202~서기 8)를 무시하고, 그 위치도 마음대로 한반도라고 비정하면서 가야의 건국세력을 경제세력으로 탈바꿈했다. 변진구야국이 존재했던 시기와 공간의 불일치에 대해서 한마디도 언급 없이 주장만 한 것이다. 변진구야국의 위치를 김해라고 비정하고, 염사 착(치)이 김해에서 출자했다고 주장하려면 사료를 제시해야 한다. 그러나 사료를 제시하지 않은 채 '틀림없다'고 우기고 있다. 이것만이 아니다. 위 인용문에서 서기 42년은 염사 착(치)이 낙랑군과 교역한 시기를 반영한 것이지, 가야의 실제 건국 연대를 말한 것이 아니라고 주장한다.

백승충은 가야 건국세력을 '대외교역 주체'로 가정하면서 "1~3세기에 김해 지역을 중심으로 가야세력권 내에 교역이라는 특수 기능을 수행하는 전문 집단"[306]이라고 명명한다. 수로가 가야를 서기 42년에 건국했다는「가락국기」의 기록을 믿을 수 없다는 말이다.

백승충에 따르면 가야는 건국된 적이 없다. 그가 지칭하는 가야세력

---

[305] 백승충, 앞의 글「1~3세기 가야세력의 성격과 그 추이: 수로집단의 등장과 포상팔국의 난을 중심으로」.
[306] 백승충, 앞의 글「1~3세기 가야세력의 성격과 그 추이: 수로집단의 등장과 포상팔국의 난을 중심으로」, p. 26.

은 대외교역권을 가진 세력이다.[307] 그는 "초기 가야 사회의 특징적 요소는 대외교역권에 기반한 것인데, 바로 국가 성격 중의 하나로서 엄연히 존재하는 것이다. 이를 근거로 초기 가야 사회는 이미 국가로서 존재했다고 주장하는 것은 아니다"[308]라고 했는데, 모순적이다. 국가 성격 중 하나가 대외교역권이지만 그것으로 국가가 존재했다고 주장할 수 없다는 것이다. 경제권을 가진 세력인데 정치세력은 아니라는 말이다. 한마디로 백승충은 가야를 국가로 인정하지 않는다. 과거나 현재나 대외교역은 국가 간 협약에 따라 이루어진다. 국가 간 협약 없이 기업이 아무 나라에 가서 물건을 팔 수 없다. 대외교역권이 있다면 그것은 국가가 존재했음을 보여준다.

5. 백승충이 가야를 경제세력으로 만든 진짜 이유

백승충에 따르면, 3세기 초반에 가야세력은 내전인 포상팔국전쟁으로 약화되었고, 사로세력은 2세기 말에 석씨계 임금이 등장하면서 본격적으로 정복전쟁을 펼친다.[309] 이때 낙동강 하구는 사로세력이, 한강 중심은 백제세력이 남부 대외교역권을 양분했고, 김해 지역에 있는 초

---

[307] 백승충, 앞의 글 「3~4세기 한반도 남부 지방의 제세력 동향: 초기 가야세력권의 변화를 중심으로」.
[308] 백승충, 앞의 글 「3~4세기 한반도 남부 지방의 제세력 동향: 초기 가야세력권의 변화를 중심으로」, p. 55.
[309] 백승충, 앞의 글 「3~4세기 한반도 남부 지방의 제세력 동향: 초기 가야세력권의 변화를 중심으로」.

기 가야세력은 분산되고 약화되었다. 그에 따르면 가야는 건국된 적이 없다.

백승충은 "왜의 관계 기사가 다름 아닌 가야 관계 기사"[310]라는 미시나 쇼에이의 말에 전적으로 동의한다. '왜=가야'라는 말이다. 그는 대외교역세력인 가야가 내부 갈등으로 세력이 약해졌고, 3세기에 사로국에 점령되었다가 이후에 임나가라가 되었다고 주장한다. 그의 말을 들어보자.

> 4세기 후반의 기록이지만 광개토왕비문이라든지 『삼국사기』, 『일본서기』 등을 참고해보면 (……) 광개토왕비문의 경우 김해·동래 지역에서는 가야세력으로 지칭할 만한 세력권의 대두는 전혀 찾아볼 수 없고, 대신 안라(安羅: 함안)가 고구려·신라 연합군에 대항하는 새로운 세력으로 등장하고 있고, 고령의 대가야는 임나가라라 하여 고구려에 공격당하고 있다.[311]

백승충은 안라와 고령 대가야가 '왜'이며 곧 '임나'라고 주장한다. 『일본서기』「신공기」 '49년'조[312]에 신라를 공격해 임나 7국을 평정했는데, 함안(안라)과 고령(가라), 즉 가야 지역이 '임나'라는 것이다. 「광개토호태왕릉비문」이나 『삼국사기』 그리고 『일본서기』에서 '가야=임

---

310 백승충, 앞의 글 「3~4세기 한반도 남부 지방의 제세력 동향: 초기 가야세력권의 변화를 중심으로」, p. 46.
311 백승충, 앞의 글 「3~4세기 한반도 남부 지방의 제세력 동향: 초기 가야세력권의 변화를 중심으로」, p. 47.
312 249년인데 2갑자를 더해 369년이라고도 한다.

시라토리 구라키치(출처: wiki)

나'라고 했다는 것이다. 그러나 이들 사료, 특히 『일본서기』에도 '함안이 안라'이고 '고령대가야가 임나가라'라고 한 곳은 없다. 일제 식민사학자들이 그렇게 주장할 뿐이다.

시라토리 구라키치는 "상대(上代)의 기록은 승려의 손에 의해 이루어"[313]져서 지명 등이 모두 불교 색채를 띠는데, "『위지(魏志)』에 구야국(狗倻國)이라는 것을, 뒤에는 주로 가야(伽耶), 가라(加羅)라고 쓰는 것과 같고, (……) 대가야의 사적(事跡)을 고령이라고 말하는 것도 불설에 근거한 명칭"[314]이라고 했다. 승려들에 의해 꾸며낸 이야기라고 말하는 것이다.

시라토리 구라키치의 주장은 일연이 구야국을 불교 용어를 빌려서 '가야' 또는 '가라'라고 썼듯이 대가야를 고령이라고 썼다는 것이다. 5세기 이후 맹주국이 된 대가야를 임나라고 하지 않고 고령이라고 잘못 썼으므로 일연의 잘못을 바로잡아서 고령대가야를 '가라'라고 한다는 것이다. 이 밖에도 고령대가야를 '가라'로 보는 일제 식민사학자들은 아유카이 후사노신(鮎貝房之進), 이마니시 류, 스에마쓰 야스카즈(末松保和) 등이 있다.

---

313 시라토리 구라키치, 조경철 옮김, 앞의 글 「단군고」, p. 190.
314 위와 같음.

⟨표 11⟩ 『일본서기』 「신공기」 '49년'조 7국에 대한 한일 학자들의 위치 비정[315]

임나 지명	아유카이 후사노신	이마니시 류	스에마쓰 야스카즈	김현구	김태식
비자벌	창녕	창녕	창녕	창녕	창녕
남가라	김해	김해	김해	김해	김해
탁국	경산	대구	경산	경산	영산~밀양
안라	함안	함안	함안	함안	함안
다라	합천	진주	합천	합천	합천
탁순	대구	창원	대구	대구	창원
가라	고령	고령	고령	고령	고령

'가야=임나'라는 주장은 "탁순에 모여 신라를 격파하고 비자발, 남가라, 탁국, 안라, 다라, 탁순, 가라 7국을 평정했다"[316]는 『일본서기』 「신공기」 '49년'조의 기록을 근거로 삼고 있다. 다른 어떤 사료적 근거도 없이 한반도 남부 가야 지역이 '임나 7국'이라는 것이다. 강단사학자들은 일제 식민사학자들의 주장을 일방적으로 추종한다. 백승충도 예외가 아니라서 고령대가야가 '임나가라'이고, 함안이 '안라'라고 주장한다. 이들은 분국설을 주장한 북한의 김석형[317]과 조희승[318]의 연

---

315 이덕일, 『가야사 정립 학술토론회 자료집』, 가야사 연구복원사업추진 특별위원회, 2021.
316 『일본서기』 「신공기」 '49년'조. "俱集于卓淳 擊新羅而破之 因以平定比自㶱·南加羅·㖨國·安羅·多羅·卓淳·加羅七國."
317 김석형, 『초기 조·일관계사(하)』, (평양)사회과학출판사, 1988.
318 조희승, 이덕일 주해, 앞의 책 『북한 학자 조희승의 임나일본부 해부』.

구나 남한의 최재석[319]을 비롯한 민족사학자들의 연구는 모르쇠로 일관한다.

『일본서기』「신공기」'49년'조 기사에 부합하려면, 가야는 연맹체의 맹주국이면 안 되고, 신공 49년 이전에 신라에 점령되어 있어야 한다. 그래서 백승충은 다음과 같이 말한다.

> 광개토왕 남정(南征) 기록과 이 같은 사실을 관련시켜보면, 김해, 동래, 창원 등의 지역은 당시 신라세력권의 영향하에 이들 임나·백제·왜 연합세력과 대항하는 접경 지역의 세력으로서 존재하면서 주전장화되었을 가능성이 상당히 높다. 한편 『일본서기』에서는 김해 지역을 남가라 등으로 칭하면서 가야세력권의 맹주로서가 아니라 다른 가야계 소국과 동일하게 취급하고 있을 따름이다.[320]

김해, 동래, 창원, 즉 금관가야와 아라가야 등이 신라세력권 영향하에 들어 있었다는 것이다. 그래야만 왜(임나·백제·왜 연합) 세력이 신라를 쳐서 7국을 정벌할 때, 금관가야가 『일본서기』에 있는 '남가라'라고 부르는 곳이 될 수 있기 때문이다. 그러려면 금관가야는 가야세력의 맹주가 아니라 소국에 지나지 않아야 한다. "『일본서기』에서는"이라고 하지만 백승충 자신이 금관가야를 소국으로 생각한다는 말이다. 그런데 『일본서기』 어디에도 '김해=남가라'라고 한 곳은 없다. 『일본서

---

[319] 최재석,『삼국사기 불신론 비판』, 만권당, 2016.
[320] 백승충, 앞의 글 「3~4세기 한반도 남부 지방의 제세력 동향: 초기 가야세력권의 변화를 중심으로」, p. 48.

기』에 '남가라'라고 쓰인 단어를 '김해'라고 읽는 사람들은 일제 식민사학자들과 그들을 추종하는 한국의 강단사학자들뿐이다. 백승충은 일제 식민사학자들의 주장을 반복하면서 역사를 왜곡한 것이다.

백승충은 "『일본서기』「신공기」'49년'조와 「광개토호태왕릉비문」을 통해 볼 때 백제·왜는 이미 특별한 관계"[321]일 수밖에 없다고 했다. "3세기 전후한 시기의 교역권 재편 과정에서 신라세력권에 포함될 수밖에 없었던 왜는 이제 자신의 보다 유리한 새로운 교역 루트의 확보 및 선진 문물 수입 등의 문제와 남해안 진출을 열망하는 백제의 의도가 상호일치"[322]되기 때문이라는 것이다. "신라세력권에 포함될 수밖에 없었던 왜"라고 표현했지만 이 '왜'가 '가야'라는 뜻이다. 그래서 "왜를 국가적 성격의 야마토(大和) 정권과 연결하여 '왜에 의한 임나 경영'이라는 각도에서 파악"[323]한다. '가야=임나'라는 것이다.

그는 3세기 초반 해상세력의 기능을 상실한 수로집단에 새로운 구심세력이 등장하는데, 일본열도에서 유이민이 이동해 와서 철기류와 철기 제작기술 등 수준 높은 문화를 구심점을 잃고 이합집산 중인 수로세력에 전래했다고 주장한다.[324] 즉 야마토 왜가 한반도 남부에 식민지 통치기관인 임나일본부를 설치하고, 그들이 가야를 통치하면서 수준 높은 문화를 이식시켰다는 것이다.

---

[321] 백승충, 앞의 글 「3~4세기 한반도 남부 지방의 제세력 동향: 초기 가야세력권의 변화를 중심으로」, p. 53.
[322] 위와 같음.
[323] 위와 같음.
[324] 백승충, 앞의 글 「3~4세기 한반도 남부 지방의 제세력 동향: 초기 가야세력권의 변화를 중심으로」, p. 55.

『양서(梁書)』「동이열전」 '부상국(扶桑國)'조에는 "그 땅에 철은 없고 청동이 있다"[325]라고 했다. 백승충에게만 철도 안 나는 왜가 철 생산국인 가야에 철기 제작기술을 전수해주었다는 말이 상식이 된다. 어떤 지역에서 특산물이 나면 그것의 활용도를 높이기 위해 기술을 발전시킨다. 철도 마찬가지다. 철이 생산되는 곳에서는 그것의 활용도를 높이기 위해 제철기술을 발전시킨다.

백승충은 '가야=임나'라고 주장하기 위해서 첫째, 가야 건국세력인 김수로 세력의 성격을 '대외무역세력'으로 만들었고, 둘째, 신라와 가야의 전쟁 기사를 무역에 용이한 해상권 장악 싸움으로 만들었으며, 셋째, 포상팔국전쟁을 대외무역권을 두고 다투는 가야세력의 내분으로 만들었다. 이 모든 것이 가능하려면 『삼국유사』에 수록된 「가락국기」는 가짜여야 한다. 금관가야는 가야세력의 맹주이면 안 된다. 가야 지역에 식민 지배 기관인 임나가 설치된 이후에 그들로부터 선진 문물을 받아들이는 것으로 만들어야 한다. 그래서 "구간은 형식적으로는 선주세력임에는 분명하지만 실질적으로는 가락국이라는 공간적 무대를 상징하면서 수로 등장의 역사적 당위성을 암시하고 있다"[326]며 뜬금없이 가야의 건국신화를 일본 신화와 견준다.

> 물론 일본 신화에서와 같이 '천손강림'에 대비하여 천상에서 사전 정지 작업을 위해 미리 '제신(祭臣)'을 보낸다든지 '무장군신(武裝群臣)'을 대

---

[325] 『양서』 「동이열전」 '부상국'조. "其地無鐵有銅." 표준국어대사전은 부상국을 "예전에 중국에서 '일본'을 달리 이르던 말"이라고 한다.
[326] 백승충, 앞의 글 「가야의 개국설화에 대한 검토」, pp. 121~122.

동하여 철저한 준비를 하는 등 외견상 뚜렷한 정복자적인 성격을 띠고 있는 것은 아니지만, 구간의 피동적인 성격이라든지 수로와 탈해의 경쟁관계 등을 통해서는 수로의 '무력적 성격'은 어느 정도 추출할 수 있다. 물론 여기에서는 군사적 측면뿐만 아니라 토착세력을 압도할 만한 경제적·문화적 선진성을 내포하고 있다고 보아야 할 것이다.[327]

위 인용문의 주요 내용은 "토착세력을 압도할 만한 경제적·문화적 선진성을 내포하고 있"는 왜의 문화가 한반도에 이식되었고, 그중에 천손사상이 담긴 일본 신화도 포함되어 있다는 말이다. 왜가 전승한 천손사상을 기반으로 해서 「가락국기」가 만들어졌다는 뜻이다. 백승충은 가야의 건국과 김수로 등을 허구로 몰려고 일본 신화의 영향을 받아 가야의 건국신화가 만들어졌다고 주장한 것이다. '가야'라는 나라는 한반도에 존재하지 않았다는 뜻이다. 그래야 3세기의 한반도에 임나가 있었다고 주장할 수 있기 때문이다.

이노우에 히데오는 천손강림신화의 가장 오랜 형태는 『일본서기』라고 했다.[328] 그러나 난생형 신화에 관한 가장 오래된 기록은 『사기』「은본기」다.[329] 난생형 건국신화는 은나라, 진나라, 서국을 비롯해 부여, 고구려, 신라, 가야 등의 건국신화로 이어진다. 반면 일본 신화는 천손사상을 담고 있지만 난생형이 아니다. 또 일본 신화는 가야와 신라가 일

---

[327] 백승충, 앞의 글 「가야의 개국설화에 대한 검토」, p. 122.
[328] 이노우에 히데오, 김진광 옮김, 앞의 글 「조선의 건국신화」, p. 180.
[329] 『사기』「은본기」. "殷契, 母曰簡狄, 有娀氏之女, 為帝嚳次妃. 三人行浴, 見玄鳥墮其卵, 簡狄取吞之, 因孕生契."

〈표 12〉 백승충의 가야사 왜곡

	건국신화 및 김수로 실존성	건국 42년에 대한 해석	건국세력에 대한 해석	세력 성격	활동 위치 및 내용	『삼국사기』의 가야, 신라 전쟁 기사
건국신화	토착신앙+김수로 탄생신화로 창작한 이야기					
1~3세기 중심 세력	가짜	염사 착이 진한 땅을 배반하고 낙랑군에 항복한 시기	변진구야국= 염사 착 세력= 김수로 세력	대외교역 주체(경제 주체)	낙랑군과 대외교역 (우수한 철기문화 수입)	해상권 쟁탈
3~4세기 중심 세력			① 내전인 포상팔국전쟁으로 세력 약화되어 신라에 속함. ② 신공 49년 이후 왜의 식민지인 임나가 중심 세력이 됨.	왜(임나 경영)	왜가 식민지인 임나에 제철기술 등의 선진 문물 이식시킴.	신라와 왜(=임나)의 기사

본에 전승한 신화다.[330] 백승충이 가야사를 어떻게 왜곡했는지를 정리하면 〈표 12〉와 같다.

---

[330] 김명옥, 앞의 글 「한국과 일본 천손강림신화로 본 니니기노미코토 원적 연구」.

6. 맺는말

이 글은 백승충의 가야사 연구에 대해서 비판적으로 검토한 글이다. 「가락국기」는 건국 주체가 아닌 토착세력의 관점에서 서술된 점이 특징이다. 「가락국기」에는 토착세력이 이주세력인 김수로 세력을 맞이하고 통합하는 과정이 서술되어 있으며, 당시의 상황에 대한 외교적 수사들이 상징화되어 있다. 그러나 백승충은 「가락국기」를 허구로 여긴다.

백승충은 가야사 연구를 통해 첫째, 김수로를 허구의 인물로 만들고, 둘째, 가야 건국 시기 42년을 부정하며, 셋째, 가야를 임나로 규정했다. 그는 김수로를 허구로 만들기 위해 세 가지 방법을 썼다. 첫째, 김씨 칭성은 가야 멸망 후에 생겨났다고 주장하기, 둘째, 신화의 성격 바꿔 버리기, 셋째, 시조신 추앙 관념에 따라 만들어낸 인물이라고 주장하기다. 김씨의 칭성은 가야가 멸망한 후에 생겨났고, '「가락국기」는 일연이 가야 지역의 고유 신앙인 집단강우축술 또는 풍요제의 변종이거나 기우제·지신제였던 설화를 김수로의 탄생신화와 결합시켜서 창작한 이야기'라는 것이다. 이러한 주장은 백승충의 독창적인 주장이 아니라 이노우에 히데오의 논리를 그대로 반복한 것이다. 이노우에 히데오는 일연이 1076년에 당시의 영신제의를 반영해서 「가락국기」를 창작했다고 주장한다. 시라토리 구라키치도 김수로는 일연이 만든 허구의 인물이라고 했다. 백승충의 주장은 이들 식민사학자들의 주장과 한 치의 어긋남도 없었다.

백승충은 자기의 주장을 뒷받침하기 위해 수로왕을 정치 이데올로기 창출에 따라 만들어진 건국 시조로 보았는데, '신귀간(神鬼干)'이 그 근거라고 했다. 제사 주관자인 '신귀간(神鬼干)'이 '신귀간(臣貴干)'으로 바뀐 것은 '신권'이 '정치권력'으로 전환했음을 시사하고, 이를 통해 수로가 가락국의 시조로 추앙받게 되었다는 것이다.

백승충이 서기 42년이라는 가야의 건국 시기를 부정하는 방법도 간단했다. 건국세력(정치세력)을 경제세력으로 그 성격을 바꿔버린 것이다. 이를 위해 3단논법을 펴는데, 첫째, 가야와 신라의 전쟁 기사를 해상권 다툼으로 해석하고, 둘째, 건국세력을 대외교역 주체로 규정하고, 셋째, '염사 착(치) 세력=김수로 세력=변진구야국'으로 만들어버렸다.

그는 『삼국사기』「신라본기」 초기 기록인 '파사이사금 29년(108)'을 인용해 비지국, 다벌국, 초팔국이 청도 지역에 있는 가야계 지명이라면서, 이 소국들이 김해 지역에 위치했던 변진구야국이자 수로집단이라고 주장한다. 또 그는 가야 건국세력을 대외교역 주체로 규정하는데, 가야가 대외교역 주체가 될 수 있었던 것은 낙랑군으로부터 우수한 선진 문화를 접할 수 있었기 때문이라고 주장한다. 그리고 대외교역 주체세력이 다름 아닌 『삼국지 위서』「동이전」 '한'조에 나오는 염사 착(치)이며, 이들이 바로 1~3세기 한반도 남부 김해 일대에서 활동한 김수로 세력이라는 것이다. 1~3세기 가야세력(김수로 세력)과 염사 착(치) 세력은 동일집단이며, '변진구야국'을 형성하는 세력이라는 것이다.

그런데 백승충이 이처럼 '변진구야국=염사 착(치) 세력=가야계 세력(김수로 세력)'으로 만든 이유는 따로 있었다. 가야를 임나라고 주장하기 위해서였다. 그는 대외교역세력인 가야가 내부 갈등으로 세력이 약해졌고, 3세기에 사로국에 점령되었다가 이후에 임나가라가 되었다고 주장한다. 그는 『일본서기』「신공기」 '49년'조를 근거로 삼았다. 신라를 공격해 임라 7국을 평정했는데, 함안(안라)과 고령(가라), 즉 가야 지역이 '임나'라는 것이다. 또 그는 가야는 본래 임나인데 일연이 불교 용어를 사용해서 임나를 가야라고 잘못 썼다는 시라토리 구라키치의 주장을 그대로 반복한다. 즉 '가야=임나'라고 주장한 것이다.

백승충은 '가야=임나'라고 주장하려고 첫째, 가야 건국세력인 김수로 세력의 성격을 '대외무역세력'으로 만들었고, 둘째, 신라와 가야의 전쟁 기사를 무역을 위한 해상권 장악 싸움으로 만들었으며, 셋째, 포상팔국전쟁을 대외무역권을 두고 다투는 가야세력의 내분으로 만들었다. 또 토착세력을 압도할 만한 경제적·문화적 선진성을 내포하고 있는 왜의 문화가 한반도에 이식되었고, 그중에 천손사상이 담긴 일본신화도 포함되어서, 천손사상을 기반으로 해서 「가락국기」가 만들어졌다고 주장한다. 이러한 주장은 백승충의 독자적인 주장이 아니다. 일제 식민사학자들이 만들어 놓은 식민 지배 이데올로기에 따른 것이다.

천손사상은 난생형 건국신화의 핵심 사상이며, 곧 우리 민족의 정체성을 나타낸다. 그래서 우리 민족이 세운 건국신화는 천손사상이 오롯이 담긴 것이다. 일제 식민사학자들은 천손이라는 자부심이 강한 민족을 지배하기란 쉽지 않아서 그것을 부정하는 식민 지배 이론들을 만들며 역사를 왜곡했는데, 해방이 된 지 반세기가 넘어도 여전히 그들의 지배 이론에서 벗어나지 못하고 있는 것이다.

참고문헌

1. 사료

「광개토호태왕릉비문」/「김해명월사사적비」/「대당고김씨부인묘명」/「동명왕편」/「문무왕릉비문」/「태사공자서」/『국어』/『논형』/『동국이상국집』/『동번기요』/『동사강목』/『북사』/『북제서』/『사기』/『사기색은』/『사기정의』/『사기집해』/『삼국사기』/『삼국유사』/『삼국지 위서』/『상서』/『설문해자』/『수서』/『시경』/『신당서』/『신역 사기』/『신증동국여지승람』/『아방강역고』/『여씨춘추』/『예기』/『일본서기』/『제왕세기』/『주서』/『진서』/『춘추좌전』/『한서』/『후한서』

2. 단행본

고전연구소 편찬, 『고려사 1』, (평양)과학출판사, 1962.
김병기, 『이병도·신석호는 해방 후 어떻게 한국 사학계를 장악했는가』, 한가람역사문화연구소, 2020.
김부식, 이재호 옮김, 『삼국사기 1』, 솔, 1998.
＿＿＿, 이재호 옮김, 『삼국사기 2』, 솔, 1997.
＿＿＿, 이재호 옮김, 『삼국사기 3』, 솔, 1997, 2001.
김석형, 『초기 조·일관계사(하)』, (평양)사회과학출판사, 1988.
김인희, 『소호씨 이야기』, 물레, 2009.
김재원, 『단군신화의 신연구』, 탐구당, 1964.
김종렬 글, 김홍모 그림, 『주몽』, 비룡소, 2011.
김향금 글, 김동성 그림, 『고구려를 세운 영웅 주몽』, 웅진주니어, 2009.
김화경, 『한국신화의 원류』, 지식산업사, 2005.
나경수, 『한국의 신화 연구』, 교문사, 1993.
낙빈기, 태산 역주, 『금문신고 1: 전적집』, 미래교류, 2011.
＿＿＿, 태산 역주, 『염제신농씨』, 미래교류, 2011.
노성환, 『일본신화와 고대한국』, 민속원, 2010.
노에 게이치, 김영주 옮김, 『이야기의 철학: 이야기는 무엇을 기록하는가』, 한국출판마케팅연구소, 2009.
도명, 『가야불교, 빗장을 열다』, 담앤북스, 2022.
리웅수, 『조선문학사: Ⅰ~ⅩⅣ세기』, (평양)교육도서출판, 1956.
리지린, 이덕일 해역, 『리지린의 고조선 연구』, 말, 2018.
무경, 박희병 옮김, 『베트남의 신화와 전설』, 돌베개, 2000.
문성재 역주, 『정역 중국정사 조선·동이전 1』, 우리역사연구재단, 2021.
박은식, 조준희 옮김, 『대통령이 들려주는 우리 역사』, 박문사, 2011.
백남운, 심우성 옮김, 『조선사회경제사』, 동문선, 2004.
부사년, 정재석 역주, 『이하동서설』, 우리역사연구재단, 2011.
북한사회과학원고전연구소 편찬, 『북역 고려사』, (평양)사회과학출판사, 1963.
사마천, 한가람역사문화연구소 사기연구실 옮김, 『신주 사마천 사기 1: 오제본기』, 한가람역사문화연구소, 2020.
＿＿＿, 한가람역사문화연구소 사기연구실 옮김, 『신주 사마천 사기 16: 봉선서·하거서·평준서』, 한가람역사문화연구소, 2021.
＿＿＿, 한가람역사문화연구소 사기연구실 옮김, 『신주 사마천 사기 2: 하본기』, 한가람역사문화연구소, 2020.
사회과학원 고고학연구소, 『단군릉과 고대 성곽 및 제단』, 조선고고학전서 10, 진인진, 2016.
서욱생, 조우연 옮김, 『중국 전설시대와 민족 형성(상)』, 학고방, 2012.
손진기, 임동석 옮김, 『동북민족원류』, 동문선, 1992.
송호정, 『단군, 만들어진 신화』, 산처럼, 2004.
신채호, 박기봉 옮김, 『조선상고 문화사』, 비봉, 2007.
＿＿＿, 박기봉 옮김, 『조선상고사』, 비봉, 2006.
아리엘 골란, 정석배 옮김, 『선사시대가 남긴 세계의 모든 문양』, 푸른역사, 2004.
앙드레 슈미드, 정여울 옮김, 『제국 그 사이의 한국 1895~1919』, 휴머니스트, 2007.
오오노야스마로, 권오엽·권정 옮김, 『고사기』, 고즈원, 2007.
원가, 김선자·이유진·홍윤희 옮김, 『중국신화사(상)』, 웅진지식하우스, 2010.
＿＿＿, 정석원 옮김, 『중국의 고대신화』, 문예출판사, 1987, 2012.
원이둬, 홍윤희 옮김, 『복희고』, 소명, 2013.
월터 J. 옹, 이기우·임명진 옮김, 『구술문화와 문자문화』, 문예출판사, 1995, 2019.
윤내현, 『고조선 연구(상)』, 만권당, 2015.
＿＿＿, 『고조선 연구(하)』, 만권당, 2016.
＿＿＿, 『한국열국사 연구』, 지식산업사, 1999.

이광수, 『인도에서 온 허왕후, 그 만들어진 신화』, 푸른역사, 2017.
이덕일, 『조선사편수회 식민사관 비판 1: 한사군은 요동에 있었다』, 한가람역사문화연구소, 2020.
_____, 『한국사 그들이 숨긴 진실』, 역사의아침, 2009.
_____, 『사기, 2천 년의 비밀』, 만권당, 2022.
이덕일·김병기, 『고구려는 천자의 제국이었다』, 역사의아침, 2007.
_____, 『고조선은 대륙의 지배자였다』, 역사의아침, 2006.
이도학, 『살아 있는 백제사』, 휴머니스트, 2003.
이병도, 『한국 고대사회와 그 문화』, 서문당, 1972.
이상진, 이지한 해역, 『서경』, 자유문고, 2004.
이재수, 『한국소설 연구』, 선명문화사, 1969.
이종석, 『북한-중국 국경: 역사와 현장』, 세종연구소, 2017.
이종호·이형석, 『고조선, 신화에서 역사로』, 우리책, 2009.
이진아, 『지구 위에서 본 우리 역사』, 루아크, 2017.
이형구, 『발해 연안에서 찾은 한국 고대 문화의 비밀』, 김영사, 2004.
이형구·이기환, 『코리안 루트를 찾아서』, 성안당, 2009.
이화, 김성기 옮김, 『이하선후설』, 성균관대학교출판부, 2021.
일연, 이재호 옮김, 『삼국유사 1』, 솔, 2002, 2008.
_____, 이재호 옮김, 『삼국유사 2』, 솔, 2008.
임기동이문화박물관 편, 『도설동이』.
장웨이, 이유진 옮김, 『제나라는 어디로 사라졌을까』, 글항아리, 2011.
전대준·최인철, 『조선단대사』, (평양)과학백과사전출판사, 2010.
전라도천년사편찬위원회, 『전라도 천년사 03: 선사·고대』, 전북연구원, 2022.
정구복 외, 『역주 삼국사기 1: 감교원문편』, 한국학중앙연구원, 2012.
_____, 『역주 삼국사기 3: 주석편(상)』, 한국학중앙연구원, 2012.
정해왕 글, 한태희 그림, 『주몽, 고구려를 세우다』, 현암사, 2010.
정홍교, 『조선문학사』, (평양)사회과학원문화연구소, 1991.
조동일, 『한국문학통사 1』, 지식산업사, 2015.
조호상 글, 조혜란 그림, 『주몽의 나라』, 알마, 2006.
조희승, 이덕일 주해, 『북한 학자 조희승의 임나일본부 해부』, 말, 2019.
진 쿠퍼, 이윤기 옮김, 『그림으로 보는 세계문화상징사전』, 까치, 1994.
최재석, 『삼국사기 불신론 비판』, 만권당, 2016.

카렌 암스트롱, 이다희 옮김, 『신화의 역사』, 문학동네, 2005.
클리퍼드 기어츠, 문옥표 옮김, 『문화의 해석』, 까치, 1998.
한국문화상징사전편찬위원회, 『한국문화상징사전 1』, 두산동아, 1992.
황순종, 『매국사학의 18가지 거짓말』, 만권당, 2017.
_____, 『식민사관의 감춰진 맨얼굴』, 만권당, 2014.
황패강, 『한국신화의 연구』, 새문사, 2006.

Anthony D. Smith, *Myths and Memories of the Nation*, New York: Oxford university press, 1999.
顧頡剛 編著, 『顧頡剛日記 卷八(1956~1959)』, 臺灣聯經經公司, 2007.
今西龍, 『壇君考』, 澤田佐市, 1929.
史善剛, 『河洛文化论纲』, (中國)河南人民出版社, 1994.
三品彰英, 『增補 日鮮神話伝說の硏究』, 平凡社, 1975.
徐光冀主 編, 『中國出土壁畫全集 5』, (北京)科學出版社, 2011.
臧勵龢 編, 『中國古今地名辭典』, 商務印書館, 重印, 1982.

3. 논문 외

강인숙, 「고조선의 건국 년대와 단군조선의 존재 기간」, 『력사과학』 153, (평양)과학백과사전종합출판사, 1995.
_____, 「단군신화와 력사 1」, 『력사과학』 127, (평양)과학백과사전출판사, 1988.
_____, 「단군신화와 력사 2」, 『력사과학』 128, (평양)사회과학출판사, 1988.
_____, 「단군신화와 력사 3」, 『력사과학』 133, (평양)사회과학출판사, 1990.
_____, 「단군신화의 근사한 원형」, 『력사과학』 124, (평양)과학, 백과사전출판사, 1987.
_____, 「단군신화의 형성 시기」, 『력사과학』 123, (평양)과학, 백과사전출판사, 1987.
_____, 「단군은 고조선의 건국 시조」, 『력사과학』 149, 과학백과사전종합출판사, 1994.
강인욱, 「리지린의 『고조선 연구』와 조중고고발굴대: 고힐강의 자료를 중심으로」, 『선사와고대』 45, 한국고대학회, 2015.
권덕영, 「「대당고김씨부인묘명」과 관련한 몇 가지 문제」, 『한국고대사연구』 54, 한국고대사학회, 2009.
권보드래, 「근대 초기 '민족' 개념의 변화: 1905~1910년 『대한매일신보』를 중심으로」, 『근대계몽기 지식의 굴절과 현실적 심화』, 소명, 2007.

금경숙, 「고구려 건국신화의 형성과 변용」, 『국학연구』 28, 한국국학진흥원, 2015.

김기흥, 「고구려 건국신화의 검토」, 『한국사연구』 113, 한국사연구회, 2001.

김명옥, 「'하백녀 유화' 연구사에 대한 비판적 고찰」, 『문화와융합』 38(6), 한국문화융합학회, 2016.

_____, 「고조선 건국신화와 난생신화의 연관성 연구」, 『문화와융합』 42(12), 한국문화융합학회, 2020.

_____, 「단군신화 역사성 인식에 관한 남북한 비교 연구」, 『스토리앤이미지텔링』 17, 건국대학교 스토리텔링연구소, 2019.

_____, 「단군신화 인식에 대한 역사적 고찰」, 『역사와융합』 3, 바른역사학술원, 2018.

_____, 「동아시아 난생신화와 중국 한족과의 관계 연구」, 『문화와융합』 42(5), 한국문화융합학회, 2020.

_____, 「백승충의 가야사 연구에 대한 비판적 검토」, 『리터러시연구』 13(2), 한국리터러시학회, 2022.

_____, 「역사인물동화 연구: 박문수를 중심으로」, 건국대학교 대학원 박사학위 논문, 2014.

_____, 「한국과 일본 천손강림신화로 본 니니기노미코토 원적 연구」, 『문화와융합』 43(3), 한국문화융합학회, 2021.

김병룡, 「단군조선의 중심지와 령역에 대하여」, 『력사과학』 153, (평양)과학백과사전종합출판사, 1995.

김선자, 「황제 신화와 국가주의: 중국신화 역사화 작업의 배경 탐색: 하신의 『논정치국가주의』」, 『중국어문학논집』 31, 중국어문학연구회, 2005.

김성환, 「한국 고대 선교(仙敎)의 '빛'의 상징에 관한 연구(하): '밝'의 신화와 서사를 중심으로」, 『도교문화연구』 32, 한국도교문화학회, 2010.

김영룡, 「'지금 이때'와 '남은 시간': 발터 벤야민의 「역사의 개념에 관하여」에 나타난 성스러운 구원의 시간 연구」, 『카프카연구』 34, 한국카프카학회, 2015.

김재붕, 「난생신화의 분포권」, 『한국문화인류학』 4(1), 한국문화인류학회, 1971.

김찬곤, 「국보 제141호 다뉴세문경 기본 무늬와 세계관 연구」, 『인문사회21』 11(3), 인문사회21, 2020.

김창호, 「김일성민족으로서의 우리 민족의 혈통을 고수해나가시는 위대한 령도」, 『력사과학』 2000-2, (평양)과학백과사전출판사, 2000.

김충환, 「막스 베버의 '자본주의정신'에서 바라본 한국 개신교의 기복신앙」, 『현상과인식』 38(3), 한국인문사회과학회, 2014.

김태식, 「『가락국기』 소재 허왕후 설화의 성격」, 『한국사연구』 102, 한국사연구회, 1998.

김학이, 「얀 아스만의 "문화적 기억"」, 『서양사연구』 33, 한국서양사연구회, 2005.
김홍겸, 「중국 난생신화의 초학제적 연구: 알의 상징성과 그 인식」, 『동양고전연구』 61, 동양고전학회, 2015.
김화경, 「한·일 신화의 비교 연구: 단군신화와 니니기노미코토 신화의 비교를 중심으로 한 고찰」, 『국학연구』 20, 한국국학진흥원, 2012.
＿＿＿, 「한국 난생신화의 연구: 난생신화의 남방기원설에 대한 비판적 접근」, 『민속학연구』 43, 국립민속박물관, 2018.
노성환, 「일본신화에 있어서 한국신화의 수용과 변용: 천손강림신화를 중심으로」, 『일본언어문화』 13, 한국일본언어문화학회, 2008.
노태돈, 「역사적 실체로서의 단군」, 『한국사 시민강좌』 27, 일조각, 2000.
다나카 도시아키, 송지연 옮김, 「단군신화의 역사성을 둘러싸고: 사료 비판의 재검토」, 『일본인들의 단군 연구』, 민속원, 2009.
당가홍, 정재서 역주, 「동이와 그 역사적 지위: 『동이고국사론(東夷古國史論) 서언(序言)』」, 『이하동서설』, 우리역사재단, 2011.
리상호, 「단군 설화의 년대 문제」, 『력사과학』 5, (평양)과학원, 1962.
＿＿＿, 「단군 설화의 력사성」, 『력사과학』 3, (평양)과학원, 1962.
린 헌트, 조한욱 옮김, 「문학, 비평 그리고 역사적 상상력: 헤이든 화이트와 도미니크 라카프라의 문학적 도전」, 『문화로 본 새로운 역사』, 조합공동체 소나무, 1997.
문일현, 「한국 고대 남북 난생신화 연원 연구」, 『Journal of Korean Culture』 9, 한국어문학국제학술포럼, 2007.
＿＿＿, 「한국 고대 조(鳥) 숭배와 난생신화의 기원 및 그 진화 연구」, 『한국어문학국제학술포럼 대회 자료집』, 한국어문학국제학술포럼, 2007.
문재인, 「평양 5·1 경기장 연설문」, MBN, 2018년 9월 19일.
미쓰이 다카시, 「'일선동조론'의 학문적 기반에 관한 시론: 한국병합 전후를 중심으로」, 『한국문화』 33, 서울대학교 규장각 한국학연구원, 2004.
박규태, 「스사노오 신화 해석의 문제: 한반도와의 관련성을 중심으로」, 『종교와문화』 19, 서울대학교 종교문제연구소, 2010.
박명숙, 「고대 동이계열 민족 형성 과정 중 새 토템 및 난생설화의 관계성 비교 연구」, 『국학연구』 14, 국학연구소, 2010.
박은식, 「한국통사」, 『백암 박은식 전집』 제1권, 백암박은식전집편찬위원회, 2002.
박준형, 「리지린의 북경대학 박사학위 논문 「고조선적 연구」의 발견과 검토」, 『선사와고대』 62, 한국고대학회, 2020.

백광준, 「청말, 한족 표상의 구축」, 『동아시아문화연구』 58, 동아시아문화연구소, 2014.
백승충, 「1~3세기 가야세력의 성격과 그 추이: 수로집단의 등장과 포상팔국의 난을 중심으로」, 『역사와세계』 13, 효원사학회, 1989.
_____, 「3~4세기 한반도 남부지방의 제세력 동향: 초기 가야세력권의 변화를 중심으로」, 『역사와경계』 19, 부산경남사학회, 1990.
_____, 「가야의 개국설화에 대한 검토」, 『역사와현실』 33, 한국역사연구회, 1999.
_____, 「김해 지역의 가야 관련 전승자료: 허왕후 설화를 중심으로」, 『향토사연구』 15, 한국향토사연구전국협의회, 2003.
서영대, 「고구려의 국가 제사: 동맹을 중심으로」, 『한국사연구』 120, 한국사연구회, 2003.
_____, 「전통시대의 단군 인식」, 『고조선단군학』 1, 고조선단군학회, 1999.
서유원, 「중국 시조신화의 특징과 현조신화의 고찰」, 『중국어문논역총간』 13, 중국어문논역학회, 2004.
선정규, 「하백신화고: 그 원류(源流)와 변천 과정을 중심으로」, 『중국문학연구』 10, 한국중문학회, 1992.
시라토리 구라키치, 김창겸·김희만·전혜빈 옮김, 「조선 고대 제국 명칭고」, 『'식민사관 형성' 기초 자료 번역』, 한국민족종교협의회, 2019.
_____, 김창겸·김희만·전혜빈 옮김, 「조선의 고전설고(朝鮮の古傳說考)」, 『'식민사관 형성' 기초 자료 번역』, 한국민족종교협의회, 2019.
_____, 조경철 옮김, 「단군고」, 『일본인들의 단군 연구』, 민속원, 2009.
심송교, 조우연 옮김, 「"나의 피 헌원에 바치리라": 황제신화와 청말 '네이션(민족)' 구조의 확립」, 『역사민속학』 27, 한국역사민속학회, 2008.
심희찬, 「근대역사학과 식민주의 역사학의 거리: 이마니시 류가 구축한 조선의 역사상」, 『한국사학사학보』 28, 한국사학사학회, 2013.
안광호, 「응소의 『풍속통의』에 수록된 '성씨편'의 유실과 집일(輯佚)」, 『전북사학』 62, 전북사학회, 2021.
양대언, 「요하 문명론과 홍산문화의 고찰」, 『국학연구론총』 5, 택민국학연구원, 2010.
오세정, 「유화와 자청비(自請妃)를 통해 본 한국 농경신의 성격」, 『한국고전여성문학연구』 21, 한국고전여성문학회, 2010.
왕명가, 조우연 옮김, 「'염황자손'과 관련된 근대 '네이션' 관념 구축의 고대적 기반: 황제(黃帝)와의 연줄 만들기[攀附]에 대해」, 『황제, 그리고 중국의 민족주의』, 한국학술정보, 2009.
왕희자, 「단군신화의 천부인 세 개와 일본 아마테라스 신화의 삼종의 신기(神器) 연구」, 『비교한국학』 5, 국제비교한국학회, 1999.

_____, 「한·일 양국 천손강림신화 비교 고찰」, 『비교한국학』 10(1), 국제비교한국학회, 2002.
우실하, 「'통일적다민족국가론'의 전개와 적용」, 『고구려발해연구』 29, 고구려발해학회, 2007.
_____, 「동북공정의 최종판 요하문명론」, 『고조선단군학』 15, 고조선단군학회, 2006.
원중호, 「중국 신석기시대 사회 구조에 대한 연구: 교동반도 대문구문화를 중심으로」, 『인문사회 21』 8(1), 아시아문화학술원, 2017.
유영선, 「한·만족 시조신화 비교 연구」, 『아세아문화연구』 5, 경원대학교 아시아문화연구소, 2001.
윤성용, 「고구려 건국신화와 제의」, 『한국고대사연구』 39, 한국고대사학회, 2005.
윤세원, 「전륜성왕의 개념 형성과 수용 과정에 관한 연구」, 『동양사회사상』 17, 동양사회사상학회, 2008.
이경섭, 「백남운의 단군신화 인식」, 『동국사학』 63, 동국역사문화연구소, 2017.
_____, 「북한 초기 역사학계의 단군신화 인식과 특징: 리상호와 리지린의 연구를 중심으로」, 『선사와고대』 45, 한국고대학회, 2015.
이광린, 「북한 학계에서의 「고조선」 연구」, 『역사학보』 124, 역사학회, 1989.
이광수, 「가락국 허왕후 도래 설화의 재검토: 부산-경남 지역 불교 사찰 설화를 중심으로」, 『한국고대사연구』 31, 한국고대사학회, 2003.
이기동, 「북한 역사학의 전개 과정」, 『한국사 시민강좌』 21, 일조각, 1997.
이기백, 「고조선의 국가 형성」, 『한국사 시민강좌』 2, 일조각, 1988.
이노우에 히데오, 김진광 옮김, 「조선의 건국신화」, 『일본인들의 단군 연구』, 민속원, 2009.
이덕일, 「『사기』 「오제본기」 황제 및 전욱에 관해서」, 『역사와융합』 6, 바른역사학술원, 2020.
_____, 「신라 문무왕도 투후 김일제의 후손이다」, 『경기신문』 2020년 12월 21일자.
_____, 「왕망과 김일제의 후손은 한 집안」, 『경기신문』 2020년 12월 28일자.
이마니시 류, 이복규 옮김, 「번역 「주몽전설」과 「노달치전설」」, 『국제어문』 19, 국제어문학회, 1988.
이문기, 「금관가야계의 시조 출자 전승과 칭성의 변화」, 『신라문화제학술발표논문집』 25, 동국대학교 신라문화연구소, 2004.
이승호, 「역사와 신화, 그리고 민족」, 『역사비평』, 역사비평사, 2015.
이용현, 「가야의 성씨와 '금관'국」, 『사총』 48, 고려대학교 역사연구소, 1998.
이유진, 「끊임없는 담론: 신화의 역사화, 역사의 신화화」, 『중국어문학논집』 24, 중국어문학연구회, 2003.
이재원, 「북한의 단군신화 인식에 대한 연구: 문학적 관점을 중심으로」, 『고조선단군학』 13, 고조선단군학회, 2005.

이정빈, 「북한의 고조선 교육과 '김일성민족'의 단군: 1993년 이후 고등중학교 『조선력사』를 중심으로」, 『한국사학사학보』 32, 한국사학사학회, 2015.

이종태, 「고구려 태조왕계의 등장과 주몽국조의식의 성립」, 국민대학교 대학원 석사학위 논문, 1987.

이종학, 「클라우제비츠의 전쟁론 연구(3): 전쟁의 목적·폭표 및 수단에 대하여」, 『군사논단』 37, 한국군사학회, 2004.

이지영, 「하백녀, 유화를 둘러싼 고구려 건국신화의 전승 문제」, 『동아시아고대학』 13, 동아시아고대학회, 2006.

이지희, 「고구려와 탁발선비 시조신화 비교 연구」, 성균관대학교 대학원 박사학위 논문, 2012.

_____, 「아시아 지역 난생신화의 유형과 의미 연구」, 성균관대학교 대학원 석사학위 논문, 2005.

이창윤, 「동북아 태양신화의 문화사적 전개와 한국신화의 문화 융합」, 안동대학교 대학원 박사학위 논문, 2020.

이항재·이희수, 「미군정기 성인 문맹퇴치운동의 정치적 동인」, 『학생생활연구』 1, 순천대학교 학생생활연구소, 1994.

이화선, 「가야문화권역 인디카(Indica)형 야생벼 분포 양상과 고고유적 속 벼 식물유체 분석을 통한 『삼국유사』 속 '허황옥 설화' 재조명」, 『문화와융합』 43(11), 한국문화융합학회, 2021.

임재해, 「단군신화로 본 고조선 문화의 기원 재인식」, 『고조선단군학』 19, 고조선단군학회, 2008.

_____, 「신시고국 환웅족 문화의 해 상징과 천신신앙의 지속성」, 『고조선단군학』 23, 고조선단군학회, 2010.

장신, 「일제하 일선동조론의 대중적 확산과 스사노오 신화」, 『역사문제연구』 21, 역사문제연구소, 2009.

장주협, 「『단군 건국신화』에 대한 과학토론회 진행」, 『력사과학』 6, (평양)과학원, 1962.

정경희, 「동아시아 '천손강림사상'의 원형 연구: 배달고국(倍達古國)의 '북두(北斗: 삼신하느님) 신앙'과 천둥번개신(電神) 환웅」, 『백산학보』 91, 백산학회, 2011.

정원주, 「고구려 건국신화의 전개와 변용」, 『고구려발해연구』 33, 고구려발해학회, 2009.

정일영, 「북한에서 민족주의 담론의 형성과 전개: '민족공조'와 '김일성민족'을 중심으로」, 『민족연구』 56, 한민족연구원, 2013.

조법종, 「단군 연구사 검토 및 역사적 의미」, 『민족문화논총』 52, 영남대학교 민족문화연구소, 2012.

_____, 「리지린, 『고조선 연구』의 학문적 계보 검토」, 『동북아역사문제』 88, 동북아역사재단, 2014.

_____, 「리지린의 『고조선 연구』와 북경대 고힐강 교수와의 관계」, 『신라문화』 48, 동국대학교

신라문화연구소, 2016.

조영광, 「고구려 초기의 국가 형성」, 경북대학교 대학원 박사학위 논문, 2012.

조현설, 「건국신화의 형성과 재편에 관한 연구: 티벳·몽골·만주·한국 신화의 비교를 중심으로」, 동국대학교 대학원 박사학위 논문, 1998.

조혜숙, 「메이지 시대 조선 문화의 소개 양상: 나카라이 도스이 『胡砂風吹く風』에 대해서」, 『일본사상』 16, 한국일본사상사학회, 2009.

진천화, 민정기 옮김, 「경제종」, 『20세기 초 반청혁명운동 자료선』, 성균관대학교출판부, 2011.

최남선, 「단군과 그 연구」, 『육당 최남선 전집 2』, 현암사, 1973.

_____, 「단군 부인의 망: 「문교의 조선」의 광론」, 『육당 최남선 전집 2』, 현암사, 1973.

_____, 「단군론」, 『육당 최남선 전집 2』, 현암사, 1973.

최영묵, 「북한의 역사연구기관·연구지 및 연구자 양성 과정」, 『역사와현실』 3, 한국역사연구회, 1990.

최원오, 「곡물 및 농경 관련 신화에 나타난 성적 우위의 양상과 그 의미: 「주몽신화」, 「세경본풀이」, 「목도령형 홍수신화」를 중심으로」, 『한중인문학연구』 19, 한중인문학회, 2006.

최재석, 「일본고대천황원적고: 원주민인가, 부여족인가, 또는 백제인인가」, 『한국학보』 14(2), 일지사, 1988.

최혜주, 「잡지 『조선』(1908~1911)에 나타난 일본 지식인의 조선 인식」, 『한국근현대사연구』 45, 한국근현대사학회, 2008.

추용, 백광준 옮김, 「혁명군」, 『20세기 초 반청혁명운동 자료선』, 성균관대학교출판부, 2011.

피에르 로라, 이용재 요약 번역, 「기억의 범세계적 도래」, 『프랑스사 연구』 14, 한국프랑스사학회, 2006.

홍윤희, 「1920년대 중국, '국가의 신화'를 찾아서: 호적(胡適), 노신(魯迅), 모순(茅盾)의 중국신화 단편성 논의를 중심으로」, 『중국어문학논집』 28, 중국어문학연구회, 2004.

唐蘭, 「中國奴隸社會的上限源在伍六千年前」, 『大汶口文化討論文集』, 齊魯書社, 1981.

三品彰英, 「久麻那利考(下)」, 『青丘學叢』 20, 大阪屋號書店, 1935.

_____, 「神話と文化境域」, 『神話と文化史』, 平凡社, 1977.

楊寬, 「中國上古史導論」, 『古史辨』 冊7, 開明書店, 1942(民國 30年).

_____, 「中國上古史導論」, 『古史辯』 七, 上海古籍出版社, 1982.

王孝廉, 「朱蒙神話: 中韓太陽始祖神話之比較」, 『中國的神話世界』 上卷, 時報文化出版企業有限公司, 2006.

陈玉龙, 「《东方文化研究丛书》序」, 『河洛文化论纲』, (中國)河南人民出版社, 1994.

찾아보기

ㄱ

가야 6, 13, 15~17, 21~22, 34, 115~117, 260, 369~370, 372~374, 376~378, 380, 382, 384~385, 391~393, 396, 398~402, 406, 408~409, 412, 415~422, 425~441, 443, 447~448, 453, 457~467, 469, 472~487, 489, 491~503

간적 5, 18, 21, 103, 120, 139, 423

감응신화 96, 376

건국사화 13~14, 16~17, 22~23, 30, 34~35, 37, 48, 50~52

건국신화 4, 6, 17, 20, 24, 27, 30, 34~36, 113~121, 123, 127~128, 133, 140~142, 144, 159, 162, 167, 171~173, 182, 188~189, 191, 194, 204, 206, 229~230, 258, 265~266, 273~274, 277, 279, 281, 299, 302, 306, 308, 311, 314~316, 320~322, 326, 328~329, 331, 333~339, 343~346, 350~353, 355~356, 359, 362~366, 370, 372~374, 376~378, 380, 393, 396~398, 400~404, 406~410, 412, 416, 418, 420~421, 426~428, 430~434, 436, 448, 462, 467~469, 472~474, 477~481, 483, 498~500, 503

걸왕 38

고구려 14, 16~17, 19, 34~36, 50~51, 113, 115~117, 119, 126~127, 133, 143, 154, 163, 169~170, 177, 183~184, 186, 208, 251, 273~279, 281, 299, 301~306, 308, 310~314, 316, 318~327, 329, 331, 333~337, 339, 343~344, 347, 350~353, 355~356, 359, 362~366, 389, 396, 401~402, 406, 419, 467~468, 493

고조선 113~117, 119~120, 125, 127~129, 133, 139~148, 155, 157, 162, 166~168, 170~175, 177, 181~182, 184, 188~189, 191, 193~194, 204~206, 208, 218~219, 221, 224, 226~227, 229~233, 246~247, 254~261, 264~269, 291, 293, 303~304, 308, 311, 316, 319~322, 325~327, 347, 371, 374, 389, 391, 393~394, 396~402, 406~410, 412, 417~430, 433, 468

고조선족 127, 211, 262, 428

고힐강 245, 262~265

곽박 285~287, 297, 299, 388

김부식 177~178, 195, 279, 303, 305~306, 333~334, 339~340, 342~343, 352, 355~356, 365, 482

김석형 166, 170, 243~244, 260, 495

김일제 369~372, 386~387, 389~391, 393, 399~401, 421~422, 429, 447, 477, 483

ㄴ

나카 미치요 153~156, 159, 163, 479, 481

낙빈기 35, 37, 65, 84~85, 93, 211,

227~228, 291
난생사화 30, 48, 50~51
난생신화 5, 13~16, 23, 30~32, 34~35, 50, 96, 113~121, 126~128, 132~133, 135, 139, 141~144, 374, 382, 396~398, 401, 406, 423, 429~430, 480
남만 42~43, 51
남방전래설 322, 328
남월 26
니니기노미코토 213, 402~405, 408~410, 412~416, 420, 422~423, 425~430, 467

ㄷ ─────────────

다카하시 도루 155~156
단군 5, 113, 116~117, 120, 132, 140, 145~148, 151~164, 167~171, 173~178, 181~190, 192~197, 199, 201~212, 219, 228~235, 237~238, 247~248, 251~258, 260, 265~269, 310~311, 319~320, 374, 409, 412, 467
단군신화 5, 114, 121~123, 145~148, 154~156, 158~164, 166~173, 175~183, 185~194, 201~207, 209~212, 219, 226, 229~230, 233~234, 247, 252, 254~255, 257~260, 265~270, 308~309, 320~321, 424, 434, 467, 472, 480~481
단군전설 154, 160, 177, 179~180, 252, 307~308, 316, 319~321, 479
담자 94
대문구문화 104~105, 123, 130, 133~134, 381~382, 385, 391, 397~398, 421, 429
대업 5, 21~22, 31, 118

동명왕 19~22, 118
동이 29~30, 34, 42~43, 51, 98, 105~106, 217, 223, 283~284, 295, 299, 388, 399
동이족 5, 15~16, 23, 31~32, 34~35, 37, 47~52, 81~87, 93~98, 104~109, 114, 121, 127, 130~135, 137~139, 141~144, 205, 217~219, 223, 228, 274~275, 277, 287~289, 291, 293~296, 298~301, 314, 316, 326~327, 374~375, 380~382, 396~398, 420, 424, 429~430, 467

ㄹ ─────────────

리상호 167~170, 173, 194, 206~207, 209, 218, 221~222, 226, 234, 266~267, 269
리지린 166, 171, 191, 206, 232~235, 241, 244~247, 259~261, 264~267, 269, 382

ㅁ ─────────────

모이셰존 32~33, 35, 51
무왕 38, 41, 68, 197, 205, 254
문랑국 17, 20, 24~25, 27, 32, 34~36, 51, 116~118, 142, 406
문무왕 389~390, 392, 400, 447, 460~461
「문무왕비문」 389, 392, 399, 421, 429
미시나 쇼에이 15, 155~156, 176, 179~180, 202, 304, 307~309, 315~316, 319~322, 324, 326~331, 445, 481

ㅂ ─────────────

박은식 238, 345, 348
반부 82, 102~104, 106, 108
배인 69, 71, 86, 283

백남운 163~164, 189, 193, 203~204, 226~227, 243~244
백월 27~28, 30
베트남 설화 16
복희 35~37, 46~47, 52~53, 93, 105, 130, 134~136, 380
부보 48, 73~74, 96, 376
부사년 23~24, 37, 47, 52, 288, 291, 295
부여 13, 16~17, 19, 34~35, 51, 113, 115~117, 127, 133, 142~143, 155~156, 199, 248, 251, 277, 303~304, 312~314, 316, 319, 321, 323~324, 326, 347, 353, 355~356, 362, 401, 406, 467, 499
북방전래설 321~322, 324, 326~329
북적 42~43, 51, 89

ㅅ

사마정 26, 46~47, 53, 69, 86, 90~93, 224, 293, 419
사마천 30~32, 38, 40, 46~48, 50~58, 65, 69~77, 79~81, 83~88, 91~94, 96, 100, 103, 106~109, 137~138, 376, 380~381
『산해경』 77, 80, 84, 89~91, 275, 284~286, 288, 297~299, 388
삼대(하은주) 38, 43~44
삼황 13, 46~47, 52~54, 74, 80, 84, 86~88
새 토템 16
서광 25
서국 14, 16~17, 19, 24, 32, 34~35, 51, 116~117, 127, 142~144, 382, 396, 401~402, 406, 467, 499

서언왕 18~22, 118, 382
서욱생 55, 73, 76, 79~80, 82, 84, 95, 97~98, 108
서융 42~43, 51, 106
석탈해 21, 117~118
성탕 38, 291
소호 35, 46~48, 51~53, 74, 81~82, 87, 92~95, 97~100, 105, 108, 123, 131~132, 134, 138~139, 287, 376, 379~381, 385, 387~388, 397~399, 421, 424, 475, 482
소호금천씨 31, 369~372, 376, 378~380, 382~384, 386~388, 392~393, 397~401, 421~424, 429~430, 477, 482~483
수로왕(김수로) 5~6, 21~22, 118, 123, 372, 375, 377~380, 390~393, 398, 400, 408~409, 412, 415~416, 418, 421, 432~437, 442, 444, 446~447, 456~460, 462~463, 465~466, 469, 471~475, 477~478, 480~483, 489~491, 498~503
시라토리 구라키치 153~157, 159, 163, 202, 444, 463, 480~481, 494, 501, 503
신라 13, 15~17, 21~22, 34, 51, 115~117, 127, 133, 142~143, 151, 183, 355~356, 370, 372, 375, 378~380, 384, 389~393, 396, 399~402, 406, 419, 421, 429, 433~434, 446~447, 450~453, 458, 460~464, 467, 476~477, 479, 482~487, 489, 493, 495~496, 498~500, 502~503
신석호 232~241, 247, 249~251, 255~256, 258~259, 268~269

신찬 156~157
신채호 162~163, 334, 345, 347, 349, 355~356
심송교 55, 82~83, 99, 102, 108

ㅇ ────────────

아리엘 골란 14, 33, 114, 127~128, 130, 139~141, 143, 385, 412, 424
안사고 26, 288
알 5, 14, 16~22, 31, 34, 115~120, 122~127, 132~133, 135, 141~144, 328, 338, 351~352, 357, 373~375, 377~378, 391, 396~398, 401, 406~407, 409, 418, 420, 423~424, 426, 430, 467, 470, 472, 478
앙소문화 104~105, 134, 425
양관 54, 85, 93, 97, 106, 223
양사영 104, 108, 130
여수 5, 21, 31
여신묘 219~220
여와 47, 53, 86, 99, 296
염제 35~37, 52~53, 62, 65~66, 69, 74, 79, 82, 93~95, 97~100, 108, 130~132
염제신농 20, 35~36
오다 쇼고 155~156, 158, 163, 186, 202, 480~481
오제 46~48, 52~53, 58, 74, 80, 84~87, 93, 97, 228
왕명가 55, 61~63, 78, 82~83, 102~103, 108
왕해 284~286, 299
용산문화 104~105, 130, 133~134, 137

웅녀 116~117, 120, 122, 132, 175~177, 179, 196, 219, 226~227, 253, 302~304, 307~310, 312~313, 315~316, 318~319, 321, 324, 330, 374, 409
웅왕 20~22, 25, 35~36, 118
원가 30~31, 33, 51, 121, 131, 139~140, 144, 403, 430
유화 20, 177~178, 253, 279~280, 302~309, 312~315, 317~319, 321, 323, 325~326, 330, 335, 338~343, 350~354, 358, 360~365, 468
융소 26, 64~65, 297
이규보 303, 306, 333~334, 339, 343, 354, 360, 364
이마니시 류 155~156, 159, 176~177, 179, 186, 202, 238, 247~253, 255, 257, 303~309, 315, 319, 330~331, 481, 494~495
이병도 175~176, 181, 212~213, 233, 240, 261, 268~269, 273~277, 303, 309, 312, 315~316, 319, 324, 480
일선동조론 146, 151~153
일연 169~170, 182, 187, 195, 200, 210, 253, 257, 311~312, 320, 333~334, 340, 457, 469, 477~483, 494, 501, 503
임나 6, 463~464, 466, 493~503

ㅈ ────────────

장광직 31
장수절 73~74, 80, 86, 94, 282~283, 289
전욱 31, 46~48, 50~51, 57, 67~68, 70, 75, 81, 89, 93, 97, 134, 138~140,

찾아보기 · 517

376~377, 380~381, 397~398, 401, 424, 430
정위 95
정현 43, 387
제곡 18, 46~48, 50~51, 53, 57, 86~87, 92~93, 97, 103, 134, 139, 380
제순 46~47, 53, 86~87, 137, 223
제요 46~47, 53, 86~87
제전욱 31, 53, 86~87
조선사편수회 233, 235~240, 250~251, 256, 268~269, 316, 322
조현설 6, 274, 277, 303, 313~316, 324, 326, 335
주몽 5, 19~22, 50, 118, 123, 155~156, 169, 177, 180, 184, 199, 251, 273~275, 277~278, 299, 304, 310~313, 318~321, 323~324, 327, 337~342, 350~354, 357, 360, 362~365
주몽신화 14, 155~156, 169, 176~177, 179~181, 186, 202, 252~253, 255, 274, 303, 309, 313, 315, 320, 323, 328, 336~337, 434, 472
주몽전설 177, 179~180, 202, 306~308, 320~321, 480
주은래 246~247, 262~263

ㅊ
창의 89, 91~93, 139, 376, 397, 424
창힐 63~64, 78, 91, 105
천손 4, 23, 117, 119, 121~122, 127, 255, 270, 375, 415~416, 467, 503
천손강림신화 203, 213, 402, 404, 406, 408~409, 412, 416, 420, 425, 428~430, 499
천손사상 4, 34, 114~115, 119, 121, 139, 143, 374, 378, 389, 396~397, 405, 425, 430, 467, 471, 499, 503
천하관 321, 324, 360, 365
청양 47, 90~93, 108
초주 69
최남선 158, 160~163, 193, 202~203, 212~213, 252

ㅌ
태양숭배사상 114~115, 128~130, 133, 135, 139, 141, 143~144, 397, 404, 423~424, 430, 467
태호 34, 97, 134, 287
태호복희씨 379~380

ㅍ
파사석탑 432~434, 436~437, 441, 449~454, 464, 467
풍이 275, 283~284, 288, 291, 296~301, 323, 327

ㅎ
하가점하층문화 205, 221, 291, 397
하백 5, 19, 117, 197, 199, 273~275, 277~289, 293~301, 304~305, 307~308, 310, 312~315, 317~318, 323~324, 326~327, 329, 335, 338~341, 344, 350~352, 354, 357~358, 361
하백녀 5~6, 117, 175~180, 197, 253,

273~275, 277, 302~310, 312~319, 321, 323~324, 326, 330, 338, 364
「하존」 45~46
한인 103, 489
한족 5, 13, 16, 30, 32, 46, 48~55, 58~60, 62, 78, 81~88, 93, 95~96, 98, 100, 105~109, 119, 132, 139
해모수 22, 117, 129, 175~177, 199, 251, 279~280, 308, 310, 312~313, 317~320, 328, 335, 338~341, 343, 350~352, 354~362, 407, 468
허왕후 6, 409, 431~434, 436~437, 440~449, 452~466
헌원 65~66, 369, 376~377, 379, 398, 421, 482
혁거세 123, 393~394, 396, 486
현효 91~93, 108
홍산문화 50, 138~139, 193, 205, 213~214, 216~217, 219~220, 225, 327, 397, 401, 424, 430
화하 41, 55, 59, 61~62, 64, 78, 98, 103, 106, 108
화하족 41, 43~44, 51, 81~83, 94, 96~98, 104, 106~108
환웅 4, 115~120, 122~123, 125, 128~129, 132~133, 140~141, 143~144, 170, 175~176, 194, 196~198, 200~201, 204, 206~208, 210~212, 217~219, 221, 225~230, 253, 255, 308, 310, 374, 406~407, 409, 412, 423~425, 428, 430, 467
황보밀 46~47, 52~53, 65, 69, 74, 80, 87, 90, 92~93, 108
황제 5, 13, 20, 30~31, 34~35, 46~48, 50~69, 73~75, 77~103, 106~109, 126, 131~132, 138~139, 228, 376, 380~381, 398, 424
흉노 75, 124, 303, 386~389, 399~400, 421, 482

신화에서 역사로

초판 1쇄 펴낸 날 2025. 9. 12.

지은이	김명옥
발행인	양진호
책임편집	김진희
디자인	김민정
발행처	도서출판 |만권당|

등 록	2014년 6월 27일(제2014-000189호)
주 소	(07207) 서울시 영등포구 양평로21가길 19, 우림라이온스밸리 B동 512호
전 화	(02) 338-5951~2
팩 스	(02) 338-5953
이메일	mangwonbooks@hanmail.net
ISBN	979-11-88992-23-2 93910

ⓒ 김명옥, 2025

이 책은 저작권법에 따라 보호받는 저작물이므로 무단전재와 무단복제를
금하며, 이 책 내용의 전부 또는 일부를 이용하려면 반드시 저작권자와
도서출판 만권당의 서면 동의를 받아야 합니다.

값은 뒤표지에 있습니다.
잘못 만들어진 책은 구입하신 서점에서 바꾸어 드립니다.